Diversidade do campesinato: expressões e categorias

MINISTÉRIO DO DESENVOLVIMENTO AGRÁRIO (MDA)
www.mda.gov.br

NÚCLEO DE ESTUDOS AGRÁRIOS E DESENVOLVIMENTO RURAL (NEAD)
SBN, Quadra 2, Edifício Sarkis –
Bloco D – loja 10 – sala S2
CEP: 70.040-910
Brasília/DF
Tel.: (61) 2020-0189
www.nead.org.br

PCT MDA/IICA – Apoio às Políticas e à Participação Social no Desenvolvimento Rural Sustentável

EMILIA PIETRAFESA DE GODOI
MARILDA APARECIDA DE MENEZES
ROSA ACEVEDO MARIN
(Orgs.)

Diversidade do campesinato: expressões e categorias

Estratégias de reprodução social

volume 2

editora unesp

Direitos de publicação reservados à:
Fundação Editora da UNESP (FEU)
Praça da Sé, 108
01001-900 – São Paulo – SP
Tel.: (0xx11) 3242-7171
Fax: (0xx11) 3242-7172
www.editoraunesp.com.br
feu@editora.unesp.br

CIP – Brasil. Catalogação na fonte
Sindicato Nacional dos Editores de Livros, RJ

D648
v.2

Diversidade do campesinato: expressões e categorias, v.2: estratégias de reprodução social/ Emilia Pietrafesa de Godoi, Marilda Aparecida de Menezes, Rosa Acevedo Marin (orgs.) – São Paulo: Editora UNESP; Brasília, DF : Núcleo de Estudos Agrários e Desenvolvimento Rural, 2009.

331p. : il. - (História social do campesinato brasileiro)

ISBN 978-85-7139-968-6 (Editora UNESP)
ISBN 978-85-60548-53-8 (NEAD)

1. Camponeses – Brasil – História. 2. Camponeses – Brasil – Condições sociais. 3. Camponeses – Identidade – Brasil. 4. Camponeses – Brasil – Atividades políticas. 4. Brasil – Condições rurais. 5. Posse da terra – Brasil. 6. Movimentos sociais rurais – Brasil –História. 7. Identidade social. 8. Cultura – Brasil. I. Godoi, Emilia Pietrafesa. II. Menezes, Marilda Aparecida de. III. Marin, Rosa Acevedo. IV. Núcleo de Estudos Agrários e Desenvolvimento Rural. V. Série.

09-4545. CDD: 305.5633
CDU: 316.343

Editora afiliada:

Asociación de Editoriales Universitarias de América Latina y el Caribe

Associação Brasileira de Editoras Universitárias

SUMÁRIO

Apresentação à coleção

Por uma recorrente visão linear e evolutiva dos processos históricos, as formas de vida social tendem a ser pensadas se sucedendo no tempo. Em cada etapa consecutiva, apenas são exaltados seus principais protagonistas, isto é, os protagonistas diretos de suas contradições principais. Os demais atores sociais seriam, em conclusão, os que, por alguma razão, se atrasaram para sair de cena. O campesinato foi freqüentemente visto dessa forma, como um resíduo. No caso particular do Brasil, a esta concepção se acrescenta outra que, tendo como modelo as formas camponesas européias medievais, aqui não reconhece a presença histórica do campesinato. A sociedade brasileira seria então configurada pela polarizada relação senhor–escravo e, posteriormente, capital–trabalho.

Ora, nos atuais embates no campo de construção de projetos concorrentes de reordenação social, a condição camponesa vem sendo socialmente reconhecida como uma forma eficaz e legítima de se apropriar de recursos produtivos.

O que entendemos por campesinato?

São diversas as possibilidades de definição conceitual do termo. Cada disciplina tende a acentuar perspectivas específicas e a destacar um ou outro de seus aspectos constitutivos. Da mesma forma, são diversos os contextos históricos nos quais o campesinato está presente nas sociedades. Todavia, há reconhecimento de princípios mínimos que permitem aos que investem, tanto no campo acadêmico quanto no político, dialogar em torno de reflexões capazes de demonstrar a presença da forma ou condição camponesa, sob a variedade de possibilidades de objetivação ou de situações sociais.

Em termos gerais, podemos afirmar que o campesinato, como categoria analítica e histórica, é constituído por poliprodutores, integrados ao jogo de forças sociais do mundo contemporâneo. Para a construção da história social do campesinato no Brasil, a categoria será reconhecida pela produção, em modo e grau variáveis, para o mercado, termo que abrange, guardadas as singularidades inerentes a cada forma, os mercados locais, os mercados em rede, os nacionais e os internacionais. Se a relação com o mercado é característica distintiva desses produtores (cultivadores, agricultores, extrativistas), as condições dessa produção guardam especificidades que se fundamentam na alocação ou no recrutamento de mão-de-obra familiar. Trata-se do investimento organizativo da condição de existência desses trabalhadores e de seu patrimônio material, produtivo e sociocultural, variável segundo sua capacidade produtiva (composição e tamanho da família, ciclo de vida do grupo doméstico, relação entre composição de unidade de produção e unidade de consumo). Por esses termos, a forma de alocação dos trabalhadores também incorpora referências de gestão produtiva, segundo valores sociais reconhecidos como orientadores das alternativas de reprodução familiar, condição da qual decorrem modos de gerir a herança, a sucessão, a socialização dos filhos, a construção de diferenciados projetos de inserção das gerações.

O campesinato emerge associadamente ao processo de seu reconhecimento político, ora negativo, ora positivo. Por tais circunstâncias, a questão política, constituída para o reconhecimento social, enquadrou tal segmento de produtores sob a perspectiva de sua capacidade adaptativa a diferentes formas econômicas dominantes, ora pensadas pela permanência, ora por seu imediato ou gradual desaparecimento. Como em muitos outros casos de enquadramento social e político, uma categoria de auto-identificação, portanto contextual, produto de investimentos de grupos específicos, desloca-se, sob empréstimo e (re)semantização, para os campos político e acadêmico e, nesses universos sociais, sob o caráter de signo de comportamentos especialmente hétero-atribuídos ou sob o caráter de conceito, apresenta-se como generalizável.

Vários autores, retratando a coexistência do campesinato em formações socioeconômicas diversas, já destacaram que o reconhecimento dessa nominação, atribuída para efeitos de investimentos políticos ou para reconhecimento de características comuns, só pode ser compreendido como conceito, cujos significados definem princípios gerais abstratos, motivo pelo qual podem iluminar a compreensão de tantos casos particulares. Para que a forma camponesa seja reconhecida, não basta considerar a especificidade da organização interna à unidade de produção e à família trabalhadora e gestora dos meios de produção alocados. Todavia, essa distinção é analiticamente fundamental para diferenciar os modos de existência dos camponeses dos de outros trabalhadores (urbanos e rurais), que não operam produtivamente sob tais princípios. Percebendo-se por essa distinção de modos de existência, muitos deles se encontram mobilizados politicamente para lutar pela objetivação daquela condição de vida e produção (camponesa).

Em quaisquer das alternativas, impõe-se a compreensão mais ampla do mundo cultural, político, econômico e social em que o camponês produz e se reproduz. Da coexistência com outros agentes sociais, o camponês se constitui como categoria política, reconhecendo-se pela possibilidade de referência identitária e de organização social, isto é, em luta por objetivos comuns ou, mediante a luta, tornados comuns e projetivos. A esse respeito, a construção da história social do campesinato, como de outras categorias socioeconômicas, deve romper com a primazia do econômico e privilegiar os aspectos ligados à cultura. Ao incorporar as múltiplas dimensões da prática dos agentes, destacamos o papel da experiência na compreensão e explicitação política das contradições do processo histórico. Essas contradições revelam conflitos entre normas e regras que referenciam modos distintos de viver, em plano local ou ocupacional, colocando em questão os meios que institucionalizam formas de dominação da sociedade inclusiva. Tais postulados serão demonstrados nos diversos artigos desta coletânea, voltada para registros da história social do campesinato brasileiro.

A prática faz aparecer uma infinidade de possibilidades e arranjos, vividos até mesmo por um mesmo grupo. Quanto mais se avança na pesquisa e no reconhecimento da organização política dos que objetivam a condição camponesa, mais se consolidam a importância e a amplitude do número de agricultores, coletores, extrativistas, ribeirinhos e tantos outros, nessa posição social ou que investem para essa conquista.

A diversidade da condição camponesa por nós considerada inclui os proprietários e os posseiros de terras públicas e privadas; os extrativistas que usufruem os recursos naturais como povos das florestas, agroextrativistas, ribeirinhos, pescadores artesanais e catadores de caranguejos que agregam atividade agrícola, castanheiros, quebradeiras de coco-babaçu, açaizeiros; os que usufruem os fundos de pasto até os pequenos arrendatários não-capitalistas, os parceiros, os foreiros e os que usufruem a terra por cessão; quilombolas e parcelas dos povos indígenas que se integram a mercados; os serranos, os caboclos e os colonos assim como os povos das fronteiras no sul do país; os agricultores familiares mais especializados, integrados aos modernos mercados, e os novos poliprodutores resultantes dos assentamentos de reforma agrária.

No caso da formação da sociedade brasileira, formas camponesas coexistem com outros modos de produzir, que mantêm relações de interdependência, fundamentais à reprodução social nas condições hierárquicas dominantes. Assim, a título de exemplo, ao lado ou no interior das grandes fazendas de produção de cana-de-açúcar, algodão e café, havia a incorporação de formas de imobilização de força de trabalho ou de atração de trabalho livre e relativamente autônomo, fundamentadas na imposição técnica do uso de trabalho basicamente manual e de trabalhadores familiares, isto é, membros da família do trabalhador alocado como responsável pela equipe. Esses fundamentais agentes camponeses agricultores apareciam sob designação de colonos, arrendatários, parceiros, agregados, moradores e até sitiantes, termos que não podem ser compreendidos sem a articulação com a grande produção agroindustrial e pastoril. Se recuarmos um pouco no tempo, veremos que, ao lado de donatários e sesmeiros, apareciam os foreiros, os posseiros ou – designando a condição de coadjuvante menos valorizada nesse sistema de posições hierárquicas – os intrusos ou invasores, os posseiros criminosos etc. Os textos da história geral do Brasil, nos capítulos que exaltam os feitos dos agentes envolvidos nos reconhecidos movimentos de entradas e bandeiras, trazem à tona a formação de pequenos povoados de agricultores relativamente autárquicos. Posteriormente, tais agentes produtivos serão celebrados pelo papel no abastecimento dos tropeiros que deslocavam metais e pedras preciosas, mas também outros produtos passíveis de exportação e de abastecimento da população das cidades ou das vilas portuárias.

Desse modo, o campesinato, forma política e acadêmica de reconhecimento conceitual de produtores familiares, sempre se constituiu, sob modalidades e intensidades distintas, um ator social da história do Brasil. Em todas as expressões de suas lutas sociais, seja de conquista de espaço e reconhecimento, seja de resistência às ameaças de destruição, ao longo do tempo e em espaços diferenciados, prevalece um traço comum que as define como lutas pela condição de protagonistas dos processos sociais.

Para escrever sobre essa história é preciso, portanto, antes de tudo, refletir sobre a impositiva produção dessa "amnésia social" ou dessa perspectiva unidimensional e essencializada, que apaga a presença do campesinato e oculta ou minimiza os movimentos sociais dos camponeses brasileiros, consagrando – com tradição inventada – a noção do caráter cordato e pacífico do homem do campo. Ou fazendo emergir a construção de uma caricatura esgarçada do pobre coitado, isolado em grande solidão e distanciamento da cultura oficial, analfabeto, mal-alimentado. Ora, tais traços aviltantes, para olhares que os tomassem como expressivos da condição de vida e não do sujeito social, revelavam as bases da exploração e da submissão em que viviam, seja como agentes fundamentais ou complementares do processo produtivo da atividade agroindustrial e exportadora.

Estimulados a coexistirem internamente, ao lado ou ao largo da grande produção, os agentes constituídos na condição camponesa não tinham reconhecidas suas formas de apropriação dos recursos produtivos. Assim sendo, são recorrentemente questionados e obrigados a se deslocar para se reconstituir, sob as mesmas condições, em áreas novamente periféricas. Da mesma forma, em outras circunstâncias, são submetidos a regras de coexistência consentidas e por vezes imediatamente questionadas, dada a exacerbação das posições hierarquizadas ou das desigualdades inerentes às condições de coexistência.

A presença dos camponeses é, pois, postulada pela ambigüidade e desqualificação, quando os recursos por eles apropriados se tornavam objeto de cobiça. Entendemos, no entanto, que, sob processos relativamente equivalentes, esses agentes elaboraram, como traço comum de sua presença social, projetos de existência fundamentados em regras legítimas e legais, princípios fundamentais para a construção de um éthos e de regras éticas, orientadores de seu modo de existência e coexistência. Sob tais circunstâncias, a constituição da condição camponesa torna o agente que lhe corresponde o portador de uma percepção de justiça, entendida aqui não como uma abstração teórica sobre o direito aos recursos produtivos, e sim como uma experiência baseada em modos de coexistência: sob formas de comunidade camponesa; na labuta diária pela sobrevivência; na relação com a natureza; e nas práticas costumeiras para a manutenção e a reprodução de um modo de vida compatível com a ordem social, institucionalizada por aqueles que se colocam socialmente como seus opressores.

Levando em consideração o conjunto de fatores que vimos destacando, podemos caracterizar alguns elementos constitutivos de certa tradição do campesinato brasileiro, isto é, como expressão da existência permitida sob determinadas constrições e provisoriedades e sob certos modos de negociação política. Essa negociação não exclui resistências, imposições contratuais, legais ou consuetudinárias, ou questionamentos jurídicos, que revelam e reafirmam a capacidade de adaptação às condições da produção econômica dominante. Menos do que um campesinato de constituição tradicional, no sentido da profundidade temporal da construção de um patrimônio material e familiar, vemos se institucionalizar, como elemento distintivo, um patrimônio cultural inscrito nas estratégias do aprendizado da mobilidade social e espacial. Estratégias que visam, entre outros objetivos, à busca do acesso aos recursos produtivos para a reprodução familiar e a exploração de alternativas, oferecidas pelas experiências particulares ou oficiais de incorporação de áreas improdutivas ou fracamente integradas aos mercados.

Os camponeses instauraram, na formação social brasileira, em situações diversas e singulares e mediante resistências de intensidades variadas, uma forma de acesso livre e autônomo aos recursos da terra, da floresta e das águas, cuja legitimidade é por eles reafirmada no tempo. Eles investiram na legitimidade desses mecanismos de acesso e apropriação, pela demonstração do valor de modos de vida decorrentes da forma de existência em vida familiar, vicinal e comunitária. A produção estrito senso se encontra, assim, articulada aos valores da sociabilidade e da reprodução da família, do parentesco, da vizinhança e da construção política de um "nós" que se contrapõe ou se reafirma por projetos comuns de existência e coexistência sociais. O modo de vida, assim estilizado para valorizar formas de apropriação, redistribuição e consumo de bens materiais e sociais, se apresenta, de fato, como um valor de referência, moralidade que se contrapõe aos modos de exploração e de desqualificação, que também foram sendo reproduzidos no decorrer da existência da posição camponesa na sociedade brasileira.

As formas exacerbadas de existência sob desigualdades socioeconômicas se expressam, sobretudo, na exploração da força de trabalho coletiva dos membros da família e na submissão aos intermediários da comercialização, que se associam a outros agentes dominantes para produzir um endividamento antecipado e expropriador. Essas formas de subordinação, que põem em questão as possibilidades de reprodução da condição camponesa, contrapõem-se à avaliação de perenizadas experiências positivas de construção da condição camponesa. Um exemplo de experiências positivas é a institucionalizada pelos sitiantes, dotados de autonomia para se agregarem por vida coletiva em bairros rurais.

No contexto de lutas sociais, os trabalhadores foram construindo um sistema de crenças partilhadas e inscritas em seu cotidiano de lutas pela sobrevivência e reprodução social. Essas lutas são orientadas pela definição do acesso aos recursos produtivos, de forma legal e autônoma, como fator fundamental para sua constituição como agente produtivo imediato, isto é, contraposto ao cativo ou subjugado no interior das fazendas e, por tal razão, dispondo de relativa autonomia. Nos termos dessa tradição, a liberdade é um valor para expandir uma potencialidade, ou seja, capacidade para projetar o futuro para os filhos e para socialmente se valorizar como portador de dignidade social. Na construção da formação social brasileira, o modo de existir reconhecido pela forma camponesa, menos que um peso da tradição da estabilidade e de longas genealogias, como ocorre, por exemplo, em formações sociais européias, é uma idéia-valor, orientadora de condutas e de modos de agregação familiar ou grupal. Na qualidade de valor, é um legado transmitido entre gerações, reatualizado e contextualizado a cada nova geração que investe nessa adesão política.

O peso desse legado, quando não compreendido, leva aos estranhamentos muito comuns em relação à persistência da luta pelo acesso aos recursos produtivos e mesmo em relação ao deslocamento de trabalhadores definidos como urbanos, que engrossam movimentos de sua conquista. As possibilidades de existência que a condição camponesa permite vão se contrapor, em parte por equivalência comparativa, às condições de exploração de trabalhadores da indústria, do comércio e de serviços. Esses traços, sempre presentes porque realimentados como um legado de memórias familiares e coletivas, vão atribuir sentido às constantes mobilidades de trabalhadores. Os deslocamentos justificam-se pela busca de espaços onde haja oportunidade de pôr em prática modos de produzir e de existência, desde que fundamentados pela gestão autônoma dos fatores produtivos, das condições e produtos do trabalho e da orientação produtiva.

Levando em conta tais elementos, definidos como constitutivos de uma tradição e alargando a compreensão da diversidade de situações, reafirmamos a presença do campesinato como constitutiva de toda a história do Brasil. Tais produtores estiveram vinculados à exploração colonial, integrando-se a mercados locais ou a distância; reafirmaram-se como posição desejada no decorrer da transição do trabalho escravo para o trabalho livre; abasteceram os processos de agroindustrialização de produtos destinados à exportação; e, entre outras tantas situações, por mais de um século, vêm ocupando a Amazônia. Atualmente, apresentam-se como um dos principais atores da cena política, constituída para tornar possível a construção de sociedade erguida sobre bases mais igualitárias, capazes, então, de fundamentar os princípios democráticos de coexistência social e política.

Portanto, as negociações em torno das alternativas de ocupação do espaço físico e social marcaram e impregnaram a proposição de modos de vida orientados por valores cuja elaboração tornou possível a legitimidade da coexistência política e cultural. Modos de vida que também reafirmam o direito à luta pela autonomia, emblematizada pela célebre referência à vida na *fartura*. Ora, tudo isso, relembramos, fora construído no contexto de imposição de formas de dominação objetivadas com base na grande produção. Por esse motivo, a vida segundo a lógica expropriatória objetivada na grande propriedade foi concebida como destruidora da dignidade social. A honra estava (assim e inclusive) pautada pela defesa do acesso à alimentação, todavia em condições socialmente concebidas como adequadas à reprodução saudável do trabalhador e dos membros de sua família.

Dessa forma, no Brasil, os produtores agregados pela forma de organização camponesa estão presentes como atores sociais que participaram e participam da construção da sociedade nacional. Esse reconhecimento não se funda tão-somente em uma dimensão politizada de defesa dessa visibilidade social. Ele também se explica pelos princípios de constituição das formas hegemônicas de organização da produção social. Destacaremos três dimensões desse protagonismo. Em primeiro lugar, o campesinato representa um pólo de uma das mais importantes contradições do capital no Brasil, que consiste em sua incapacidade de se "libertar" da propriedade fundiária. O significado que a propriedade da terra tem até hoje, como um elemento que ao mesmo tempo torna viável e fragiliza a reprodução do capital, gera uma polarização (de classe) entre o proprietário concentrador de terras (terras improdutivas) e aquele que não tem terras suficientes. Desse fato decorrem duas conseqüências principais. Por um lado, essa contradição não é residual na sociedade brasileira, constituindo-se um dos pilares de sua estrutura social; por outro, a principal luta dos camponeses é pela construção de seu patrimônio, condição *sine qua non* de sua existência. Essa luta foi e continua sendo muito forte em diversos momentos e sob as mais variadas formas. Ela tem um caráter eminentemente político e corresponde ao que se costuma chamar o "movimento camponês".

Assim, a luta pela terra e pelo acesso a outros recursos produtivos não assume apenas a dimensão mais visível das lutas camponesas. Ela se processa igualmente em um nível menos perceptível, por outras formas de resistência que dizem respeito às estratégias implementadas pelos camponeses para trabalhar, mesmo em condições tão adversas, e assegurar a reprodução da família. Essa dimensão tem, de fato, menor reconhecimento pela sociedade e mesmo na academia. Ao se afirmar historicamente essa dimensão, é importante ressaltar a capacidade dos camponeses de formular um projeto de vida, de resistir às circunstâncias nas quais estão inseridos e de construir uma forma de integração à sociedade. Essas são práticas que têm um caráter inovador ou que revelam grande capacidade de adaptação e de conquistas de espaços sociais que lhes são historicamente inacessíveis. Consideramos necessário registrar e reconhecer as vitórias, por mais invisíveis que sejam.

Por último, há uma terceira dimensão, também pouco reconhecida, até mesmo entre os acadêmicos, que consiste na valorização da forma de produzir do camponês. Esta se traduz pela adoção de práticas produtivas (diversificação, intensificação etc.), formas de uso da terra, relações com os recursos naturais etc. Formam-se, assim, os contornos de um saber específico que se produz e se reproduz contextualmente. É claro que o campesinato não se esgota na dimensão de um *métier* profissional, nem a ela corresponde um modelo imutável, incapaz de assimilar mudanças, mas é imprescindível para que se possa compreender seu lugar nas sociedades modernas. Sua competência, na melhor das hipóteses, é um trunfo para o desenvolvimento "de uma outra agricultura" ou para a perseguição da sustentabilidade ambiental e social como valor. E, na pior das hipóteses (para não idealizar a realidade), um potencial que poderia ser estimulado na mesma direção. Não é sem conseqüência que sua existência seja hoje tão exaltada como um dos pilares da luta pela reconstituição dos inerentes princípios de reprodução da natureza, tão subsumidos que estiveram e continuam estando a uma racionalidade técnica, em certos casos exagerada pela crença em uma artificialização dos recursos naturais reproduzidos em laboratórios e empresas industriais. Ora, os princípios de constituição e expansão do capitalismo desconhecem e desqualificam essa competência. Do ponto de vista político, a negação dessa dimensão, tanto à direita (que defende a grande propriedade como a única forma moderna ou modernizável) quanto à esquerda (que terminou enfatizando apenas a dimensão política da luta pela terra), tem como conseqüência a negação do camponês como agricultor. As políticas agrícolas chamadas "compensatórias" só reforçam a visão discriminadora.

Em conclusão, reiteramos, por um lado, a universalidade da presença do campesinato, que abarca os diversos espaços e os diferenciados tempos. E também, por outro, a variedade de existências contextuais, visto que essa variedade só indica a valorizada adaptabilidade dos agentes e dos princípios abrangentes de constituição da forma camponesa. Portanto, mesmo que corresponda à revalorização de uma tradição (patrimônio de valores institucionalizados nas memórias e na projeção social), a reprodução do campesinato nas sociedades contemporâneas é um fato social do mundo moderno, e não resquício do passado. Por essa perspectiva, ultrapassa-se a velha e surrada concepção unilinear da inexorável decomposição do campesinato. Como os processos históricos têm demonstrado, ela não é tendência geral ou lei inevitável. Em vez dessa concepção, que, reafirmando a substituição das classes fundamentais, augura (e até vaticina) o fim do campesinato, escolhemos pensar e registrar as múltiplas alternativas, resultado de conquistas e resistências de atores sociais que se referenciam a um modo de produzir e viver coexistente com um mundo moderno. Entrementes, é nesse mesmo mundo, cujos analistas vêm acenando (e, por que não, também vaticinando) com o desemprego em massa como princípio de constituição econômica, em que a diversidade cultural é reafirmada para fazer frente a uma vangloriada homogeneização política e cultural, que os camponeses se reorganizam em luta. Por essa conduta clamam exatamente pela manutenção da autonomia relativa, condição que o controle dos fatores de produção e da gestão do trabalho pode oferecer.

Conselho Editorial

Prefácio

Apresentamos aos leitores – especialmente aos militantes camponeses, aos interessados e aos estudiosos da questão camponesa no Brasil – uma obra que é o resultado de um fantástico esforço intelectual e coletivo. A elaboração da História Social do Campesinato no Brasil envolveu grande número de estudiosos e pesquisadores dos mais variados pontos do país, num esforço conjunto, planejado e articulado, que resulta agora na publicação de dez volumes retratando parte da história, resistências, lutas, expressões, diversidades, utopias, teorias explicativas, enfim, as várias faces e a trajetória histórica do campesinato brasileiro.

A idéia de organizar uma História Social do Campesinato no Brasil aflorou no fim de 2003, durante os estudos e os debates para a elaboração de estratégias de desenvolvimento do campesinato no Brasil que vinham sendo realizados desde meados desse ano por iniciativa do Movimento de Pequenos Agricultores (MPA), com envolvimento, em seguida, da Via Campesina Brasil, composta, além de pelo próprio MPA, pelo Movimento dos Trabalhadores Rurais Sem Terra (MST), pelo Movimento de Atingidos por Barragens (MAB), pelo Movimento de Mulheres Camponesas (MMC), pela Comissão Pastoral da Terra (CPT), pela Pastoral da Juventude Rural (PJR), pelo Conselho Indigenista Missionário (Cimi) e pela Federação dos Estudantes de Agronomia do Brasil (Feab).

Essa idéia foi ganhando corpo quando se envolveram, primeiro, o pesquisador Horácio Martins de Carvalho e os pesquisadores Delma Pessanha Neves, Márcia Maria Menendes Motta e Carlos Walter Porto-Gonçalvez, que decidiram, em reunião nas dependências da Universidade Federal Fluminense (UFF), no início de 2004, com dirigentes da Via Campesina, lançar o desafio a outros tantos que se dedicam ao tema no Brasil. O resultado foi o engajamento de grande número de pesquisadores, todos contribuindo de maneira voluntária.

Foram consultadas cerca de duas centenas de pesquisadores, professores e técnicos para verificar se a pretensão de elaborar uma História Social do

Campesinato no Brasil tinha sentido e pertinência. A idéia foi generosamente aceita, um Conselho Editorial foi constituído, muitas reuniões foram realizadas, os textos foram redigidos e o resultado é a publicação destes dez volumes da Coleção História Social do Campesinato no Brasil.

Nesta Coleção apresentamos diversas leituras sobre a história social do campesinato no Brasil. Nossa preocupação com os estudos sobre o campesinato se explica pelo fato de, na última década, ter havido um avanço dos trabalhos que promoveram os métodos do ajuste estrutural do campo às políticas neoliberais. Nessa perspectiva, a realidade do campo foi parcializada de acordo com os interesses das políticas das agências multilaterais que passaram a financiar fortemente a pesquisa para o desenvolvimento da agricultura.

Esses interesses pautaram, em grande medida, as pesquisas das universidades e determinaram os métodos e as metodologias de pesquisa com base em um referencial teórico de consenso para o desenvolvimento da agricultura capitalista. Desse ponto de vista, o campesinato tornou-se um objeto que necessita se adequar ao ajuste estrutural para que uma pequena parte possa sobreviver ao intenso processo de exploração e expropriação do capitalismo.

Poucos foram os grupos de pesquisa que mantiveram uma conduta autônoma e crítica a essa visão de mundo em que o capitalismo é compreendido como totalidade e fim de todas as coisas. Nesse princípio de século, o conhecimento é ainda mais relevante como condição de resistência, interpretação e explicação dos processos socioterritoriais. Portanto, controlá-lo, determiná-lo, limitá-lo, ajustá-lo e regulá-lo são condições de dominação.

Para criar um espaço em que se possa pensar o campesinato na história a partir de sua diversidade de experiências e lutas, a Via Campesina estendeu o convite a pesquisadores de várias áreas do conhecimento. Quase uma centena de cientistas responderam positivamente à nossa proposta de criar uma coleção sobre a história do campesinato brasileiro. Igualmente importante foi a resposta positiva da maior parte dos estudiosos convidada para publicar seus artigos, contribuindo com uma leitura do campesinato como sujeito histórico.

O campesinato é um dos principais protagonistas da história da humanidade. Todavia, por numerosas vezes, em diversas situações, foram empreendidos esforços para apagá-lo da história. Esses apagamentos ocorrem de tempos em tempos e de duas maneiras: pela execução de políticas para expropriá-lo de seus territórios e pela formulação de teorias para excluí-lo da história, atribuindo-lhe outros nomes a fim de regular sua rebeldia.

Por tudo isso, ao publicar esta importante obra, em nosso entender, de fôlego e profundidade, queremos fazer quatro singelos convites.

Convite à Leitura

Esta obra merece ser lida pela riqueza de informações, pela abrangência com que aborda o tema e pela importância da história social do campesinato para compreender o Brasil.

Convite ao Estudo

Além da mera leitura, é uma obra que deve ser estudada. É preciso que sobre ela nos debrucemos e reflitamos para conhecer esse tema em profundidade, quer em escolas, seminários, grupos de estudo, quer individualmente. Esta Coleção é um desafio, pois retrata uma realidade que, aqueles que estiverem comprometidos em entender o Brasil para transformá-lo, precisam conhecer profundamente.

Convite à Pesquisa

Esta obra, composta de dez volumes, é fruto e resultado de muita disciplinada e dedicada pesquisa. É, portanto, desafio a mais investigações e a que outros mais se dediquem a esses temas. Embora uma obra vasta, com certeza mais abre do que encerra perspectivas de novos estudos, sob novos ângulos, sobre aspectos insuficientemente abordados, sobre realidades e histórias não visibilizadas, com enfoques diferenciados. Há muito que desentranhar da rica e variada história social do campesinato brasileiro, e os autores desta obra sentir-se-ão imensamente realizados se muitas, rigorosas, profundas e novas pesquisas surgirem estimuladas por essa sua importante iniciativa.

Convite ao Debate

Esta não é uma obra de doutrina. E mesmo as doutrinas devem ser expostas ao debate e ao contraditório. Quanto mais uma obra sobre a história. Convidamos ao debate dos textos, mas, além disso, ao debate sobre o sujeito social do qual a Coleção se ocupa: o campesinato e sua trajetória ao longo da história do Brasil. E que esse não seja um debate estéril ou esterilizante que se perde nos meandros da polêmica pela polêmica, mas que gere ações na sociedade, nas academias, nos centros de pesquisas e nas políticas de Estado em relação aos camponeses e ao mundo que os circunda e no qual se fazem sujeitos históricos.

A Via Campesina do Brasil reconhece e agradece profundamente o trabalho árduo e voluntário dos membros do Conselho Editorial e de todos os envolvidos no projeto. Sem o desprendimento e o zelo desses professores, sem essa esperança renovada a cada dia pelas mais distintas formas e motivos, sem a acuidade acadêmica, o cuidado político e a generosidade de todos os envolvidos não teríamos alcançado os resultados previstos. De modo especial nosso reconhecimento ao professor Horácio Martins de Carvalho.

Agradecemos também ao Núcleo de Estudos Agrários e Desenvolvimento Rural (Nead), do Ministério do Desenvolvimento Agrário. Ao promover estudos e pesquisas sobre o universo rural brasileiro o Nead viabilizou, com a Editora da UNESP, a publicação desta Coleção.

A Via Campesina experimenta a satisfação do dever cumprido por ter participado desta importante iniciativa, desejando que se reproduza, se multiplique e gere frutos de consciência, organização e lutas nas bases camponesas em todo o território nacional.

Via Campesina do Brasil
agosto de 2008.

INTRODUÇÃO

Consoante com os propósitos da Coleção História Social do Campesinato no Brasil, o Tomo IV, intitulado *Diversidade do campesinato: expressões e categorias*, parte da idéia de que é necessário compreender as formas de organização econômica, social e cultural do campesinato considerando diferentes espaços sociais e contextos históricos. Nesse sentido, o primeiro volume foi dedicado às "construções identitárias e sociabilidades", e este segundo contempla as "estratégias de reprodução social", apresentando a diversidade das formas com que o campesinato se objetiva e se expressa nas diversas regiões brasileiras. Analisar tanto os processos históricos de formação das categorias sociais quanto as transformações mais recentes são igualmente importantes para se compreender as diversas configurações do campesinato no Brasil.

As configurações camponesas são bastante diversas, entretanto as visões correntes tendem a compreendê-las por meio de noções pré-concebidas, como a caracterização dos camponeses como praticantes de uma agricultura de subsistência e desprovidos de mecanismos de geração de renda. Assim, necessitam de intervenção exterior de modo a modernizar suas práticas agrícolas para se posicionarem no patamar de geradoras de renda e de maior inserção no mercado. Essa pré-noção, que pode ser identificada na formulação de diversos agentes como intelectuais, agências governamentais, igrejas e organizações não governamentais, não dá conta das diferentes formas de organização social, das instituições econômicas e das práticas culturais do campesinato.

Entendemos que uma história social desta diversidade do campesinato contempla não apenas as relações econômicas de reprodução social. Por isso, no *Volume I – As construções identitárias e sociabilidades*, procurou-se mapear as expressões da cultura, tais como relações de sociabilidade entre vizinhos, parentes e amigos, festas que marcam o calendário agrícola, danças, músicas, expressões da religiosidade. Associado às expressões de sociabilidade, este segundo volume contempla as relações entre sociedade e natureza, as estratégias de reprodução social da família, as relações de reciprocidade simétrica e assimétrica, as expressões da política no cotidiano e, ainda, as organizações políticas.

Com essa orientação, os textos no *Volume II – Estratégias de Reprodução Social* foram selecionados de maneira a apresentar de forma detalhada os agentes sociais nos mais diferentes planos situacionais, de modo que possamos cartografá-los e produzir uma imagem da diversidade do campesinato brasileiro. Essa diversidade é construída historicamente de distintas formas de apropriação e usos da terra e demais recursos naturais, como a apropriação e o uso comum, além da apropriação familiar, das transformações dos sistemas econômicos regionais, nacionais e internacionais, da relação com o Estado e as políticas públicas, além da agricultura agroexportadora e do agronegócio. Também são importantes as estratégias próprias de reprodução social do campesinato, como os arranjos matrimoniais, as formas de sucessão e de herança e a diversificação produtiva. Essas se fundamentam em uma ética e princípios de reciprocidade que visam garantir os mínimos sociais e culturais da família (Scott, 1976, Candido, 1977). A diversidade do campesinato fundamenta-se, também, nas múltiplas estratégias de renda monetária: migração para safras agrícolas ou áreas urbanas, pequeno negócio, artesanato, serviço público e agroindústrias. As ciências sociais têm sido instigadas por diversas demandas sociais a realizar a sistematização desse conhecimento, e os artigos aqui compilados pretendem trazer uma contribuição para este esforço intelectual.

FORMAS DE ACESSO À TERRA E OS SISTEMAS DE USO COMUM

Nesta coletânea, três artigos elaboram reflexões sobre os sistemas de uso comum enquanto estratégias de reprodução material e social do campesinato. Atualmente, essas formas estão em evidência nas denominadas "comunidade dos faxinais", "fundos de pasto" e "comunidades quilombolas", entre outras. Nesse sistema, o controle da terra e dos recursos não é exercido de forma livre e individualmente por um grupo doméstico de pequenos produtores diretos ou por um dos seus membros – são sistemas que representam soluções elaboradas historicamente por grupos sociais. Estudos etnográficos e históricos recentes focalizam a sua diversidade regional e apontam as situações adversas que lhe são impostas por ações e políticas governamentais que favorecem a especulação e a concentração fundiária, a expansão da soja, do dendê, da cana-de-açúcar, da pecuária, assim como os projetos de mineração e de hidroelétricas.

Trazemos um artigo seminal, escrito em 1989 por Alfredo Wagner Berno de Almeida, "Terras de preto, terras de santo, terras de índio: uso comum e conflito", que se tornou referência nos estudos sobre os sistemas de uso comum. O artigo mostra como nesses sistemas o controle da terra e demais recursos é feito mediante "normas específicas instituídas para além do código legal vigente". As normas são acatadas de maneira consensual "nos meandros das relações sociais estabelecidas entre vários grupos familiares que compõem uma unidade social". Estes sistemas têm sido incorporados nas estratégias de organização social e de sobrevivência de grupos camponeses, por meio dos quais se asseguram o acesso à terra, notadamente em situações de conflito aberto. Essas formas organizativas seguem os ditames de uma cooperação ampliada e de formas de uso comum da terra e dos recursos hídricos e florestais. São situações em que, a despeito das transformações ocorridas no mundo rural, "não se procedeu a uma divisão das terras em parcelas individuais", como o fez o campesinato parcelar, sobretudo da região Sudeste do Brasil.

Os sistemas de uso comum procedem de um conjunto de normas informadas por laços solidários e de ajuda mútua estabelecido pelos agentes sociais em um território que "funciona como fator de identificação, defesa e força"; essa base física – a terra comum – é considerada essencial e inalienável pelo grupo.

Por meio da análise das categorias êmicas que expressam a apropriação e o uso comuns – "terras de parente, terras de preto, terras de índio, terras de santo" – o autor tem acesso à gramática costumeira erigida por esses segmentos camponeses, e que orienta as relações com a terra e outros elementos da natureza e, desta forma, demonstra que a investigação científica de processos sociais não pode prescindir da compreensão dessas relações. O autor frisa que os sistemas de uso comum "representam resultados de uma multiplicidade de soluções engendradas historicamente por diferentes segmentos camponeses para assegurar o acesso à terra, notadamente em situações de conflito aberto".[1] Nessa perspectiva, estuda os sistemas de uso comum nas regiões de colonização agrária e de ocupação recente. Essas formas de uso e usufruto de recursos colidem com as formas de apropriação legal, mas advertem que "os fundamentos deste confronto não são redutíveis às oposições usualmente estabelecidas entre o privado e o comunal, entre o individual e o coletivo ou entre o legal e o fundado nos costumes", pois neles estão associadas "as noções de propriedade privada e de apossamento" em diferentes domínios da organização social. Elas se conjugam e se completam dentro de uma lógica específica.

Esses sistemas de uso comum têm relevância nas perspectivas econômicas regionais: eles têm sido alvos de tentativas de apossamento ilegal e

[1] O Projeto Nova Cartografia Social da Amazônia e o Projeto Nova Cartografia dos Povos e Comunidades Tradicionais do Brasil coordenado por Alfredo Wagner Berno de Almeida reúnem organizações e movimentos com grupos de pesquisadores que juntos realizam pesquisas visando cartografar essas situações e experiências sociais.

de grilagem cartorial e, como demonstra o autor, são um ponto crítico de tensão e conflito social na estrutura agrária brasileira.

O processo de ocupação camponesa e sua reprodução no sertão mato-grossense é objeto do artigo apresentado nesta coletânea por Suely Castro, com o título "Sesmaria como Terra da Parentalha: direito de fato *versus* direito legal". As "terras de sesmaria" ou "terras de parentalha" trazem o debate sobre o mecanismo que articulou o direito agrário português que se fundamentou no instituto sesmarial com o costume imemorial do direito à terra pela morada e pelo cultivo. A autora argumenta sobre o *éthos* jurídico que se configura mostrando "permeabilidade entre os princípios legais e as práticas sociais camponesas e sua reprodução".

As terras de sesmaria representam uma modalidade de sistema de uso comum que a autora caracteriza pelo "fato de serem domínios, titulados ou não, que, quando tornados espólios, permaneceram indivisos por várias gerações, sem que houvesse uma partilha formal, destacando-se o vínculo moral e significativo entre a terra e o parentesco". Essas terras de sesmaria enquadram-se nas situações descritas por vários estudiosos como "terras de herança". A apreensão deste objeto de pesquisa surgiu de um demorado trabalho empírico (1994-1998) na baixada cuiabana mato-grossense.

Trata-se de uma pesquisa etnográfica que foi conduzida de forma a desvelar aquele universo camponês "das terras de sesmaria", por meio dos sujeitos que se diziam seus "herdeiros" e uma pesquisa etno-histórica, no sentido de levantar documentos referidos à concessão, doação da Sesmaria Baús. O trabalho de Suely Castro também estabelece uma ponte com a historiografia ao discutir e negar a instituição da sesmaria, estudada exclusivamente como forma jurídica de apropriação e ocupação da terra no Brasil durante o período colonial associada ao latifúndio, que ocultava a relação entre sesmaria e campesinato.[2] A carta de doação desta confirma o direito de uso sobre as terras devolutas, nas "sobras de Mariano José da Silva, para o alferes Constantino de Arruda Botelho", em 1818. Mas é a memória social dos que permanecem na terra da parentalha da Sesmaria Baús, situada no distrito do mesmo nome, no município de Acorizal que instiga a busca em arquivos. Memória social e documentação de arquivos permitiram que a autora estabelecesse as associações entre o código costumeiro e o código oficial, base para a preservação do "patrimônio territorial' e para "entender a interface entre a lei e a ideologia dominante com os usos do direito comum e a consciência costumeira" (Thompson, 1987). Na compreensão

[2] A propósito do acesso à sesmaria por grupos domésticos, portanto, fora do padrão: sesmaria e grande propriedade, assim como a apropriação pelos camponeses dos instrumentos legais (a exemplo da lei de terras de 1850), conta com uma literatura. Ver, por exemplo, o livro de MOTTA, Márcia Menezes. *Nas fronteiras do poder*: conflito de terra e direito à terra no Brasil do século XIX. Rio de Janeiro: Vício de Leitura: Arquivo Público do Estado do Rio de Janeiro, 1998.

desse ordenamento de território de parentesco a "sesmaria é uma categoria que comporta dois sentidos: primeiro como um patrimônio da família, designando um espaço em que se reproduzem socialmente várias famílias de parentes descendentes de um ancestral comum; segundo, como um território em que os 'herdeiros' possuem o direito à 'casa de morada' (casa-quintal), à 'terra de respeito' (a área de roçado) e à 'terra de comum' (acesso à terra para o trabalho, a pastagens e a recursos naturais)". A autora acrescenta: "A terra como um bem coletivo é pertence dos mais velhos, 'os antigos', que a receberam como tradição e devem transmitir às suas gerações. A unidade familiar constituiu-se como a intermediação entre os parentes e as formas de usufruto da terra comum e estabelece as formas de apropriação privada do trabalho da família, nas quais os laços de reciprocidade estão no âmago da existência do grupo". As terras de parentalha experimentaram diversas intervenções que colocaram em risco o caráter indiviso. Na mais recente, em 1992, o Incra criou a Gleba Baús. As terras passaram a ser vendidas e retalhadas. A autora conclui refletindo sobre a persistência da ordem do território na celebração da Festa Santa, que representa simbolicamente a manutenção do pertencimento "do povo do Constantino" àquela territorialidade. A Festa atualiza e mantém vivos os laços de reciprocidade da parentela, assumindo a forma coletiva de um acontecimento do lugar – é "a tradição do nosso povo" – onde os personagens da Festa Santa colocam simbolicamente a própria ordem deste território definido como "Terra da Parentalha".

O fundo de pasto ou fecho de pasto é estudado por Sabourin e Caron no artigo "Camponeses e fundos de pasto no Nordeste da Bahia", na região de Massaroca (Juazeiro) destacando as relações sociais que vinculam os agentes com objetivo de desenvolver os meios de existência baseados no criatório. Fundo de pasto constitui reservas de pastagem em terras utilizadas para o pastoreio comunitário e constituem realidades locais observadas nos Estados de Pernambuco, Espírito Santo, Paraíba e Bahia. Calcula-se que hoje vivam 20 mil famílias sob este regime. Esse sistema de criação desenvolve-se juntamente com a agricultura; nele as culturas são cercadas, e destina-se à produção e ao consumo das unidades domésticas e à venda nas pequenas cidades. Sabourin e Caron apontam que, além do pasto, entram no sistema de uso comum a madeira o extrativismo (frutos do umbuzeiro *Spondia tuberosa*, mel) e a caça.

Os autores destacam explicações para a redução e raridade da exploração dos recursos naturais por meio desse sistema tradicional no sertão do Nordeste brasileiro. No início do século XX foi introduzido o gado zebu, menos resistente às condições climáticas do sertão e que pressionou pelas áreas de pastos na caatinga. Houve ainda a introdução de plantas perenes destinadas ao mercado e menos exigente de mão-de-obra que os cultivos de alimentos. A nova fase de integração ao mercado do sertão da Bahia significou a transferência de investimentos e os primeiros projetos de irrigação no vale do São Francisco, que estimularam a especulação sobre as áreas, o que acentuou a pressão sobre o território e a dinâmica de apropriação individual das superfícies utilizadas como fundo de pasto.

Sabourin e Caron enfatizam a organização social marcada pelo parentesco e a reciprocidade e, no caso estudado, destaca-se o "conselho de chefes de família", responsável por regular o acesso aos recursos coletivos – terra, pastos, água e equipamentos comuns – e pela redistribuição e trocas de trabalhos ou de solidariedade inter-familiar. A reciprocidade estende-se às festas de santos, quando são pagas as promessas ao santo padroeiro da comunidade e são convidados os vizinhos e amigos.

Outro ponto a ser destacado no artigo de Eric Sabourin e Patrick Caron é a análise dos processos de intervenção das Comunidades Eclesiásticas de Base e do Estado, ocorridos nos anos 1970, que tiveram impulso com as ameaças de cercamento ilegal, de invasão por fazendeiros, com as perdas e fuga do gado. O estudo de caso foi feito em Massaroca, por apresentar "lições e técnicas jurídicas que obrigam a repensar a política de reforma agrária, e suas propostas de legalização dos fundos de pasto". Segundo os autores, Massaroca mostra que "a capacidade de antecipação e domínio das evoluções de um território depende de processos de transformação camponesa e, ao mesmo tempo, produz novas transformações a adaptações do modelo camponês".

RECURSOS NATURAIS, SOCIEDADE E CONSTRUÇÕES IDENTITÁRIAS

O artigo de Ellen Woortmann, "O saber camponês: práticas ecológicas tradicionais e inovações", abre esta parte do presente volume, demonstrando que esse saber "revela um conhecimento complexo relativo a sua prática agrícola" que não se reduz às dimensões técnicas, mas incorpora e expressa princípios, revelando uma percepção moral da relação com a terra e entre os homens. A multiplicidade de concepções sobre a natureza influencia as estratégias de usos dos recursos e as formas de acesso à terra elaboradas pelos diferentes segmentos do campesinato, daí a importância das análises feitas pela autora.

As diversas observações procedidas sobre camponeses do sertão de Sergipe e de camponeses teuto-alemães levam-nos a refletir sobre essa concepção "etno-ecológica holística" que responde pela "humanização" da natureza. A compreensão desse sistema de saberes amplia a visão das "lógicas de consorciamento na lavoura" e de alocação de partes da terra. A autora focaliza uma lógica simbólica e uma ética camponesa, na qual enquadra o sentido de "proprietário" atribuído localmente aos fazendeiros que se apropriam do trabalho de outros, diferente de "dono", categoria local que identifica a relação entre trabalho e a terra. Para a autora, é importante ampliar as possibilidades da etnociência (domínio de saber, conhecimentos e técnicas) do mundo camponês, pois, como conclui, "para entender o camponês é preciso olhar o mundo através dos 'óculos' pelos quais eles o lêem".

Dione Moraes, em seu artigo "Um 'povo do cerrado' entre 'baixões' e 'chapadas': sobre modo de vida e 'crise ecológica' de populações camponesas nos cerrados do sudoeste piauiense", apresenta-nos as estratégias de reprodução social que se desenvolvem por meio de práticas diferenciadas nesses dois ecotipos: o *baixão* e a *chapada*, que expressam lógicas distintas. É a chapada que é objeto de intervenções da agricultura moderna, o lugar que guardava elementos do imaginário e porção do território camponês passível de apossamento e uso coletivo dentro de um sistema de uso, como tratado nos artigos da primeira parte deste volume. A autora aponta para a crise ecológica "sem precedentes" que passam a experimentar estes camponeses do Sudoeste piauiense com a interdição do uso das chapadas com agricultura intensiva (arroz do sequeiro) e o "progressivo encurralamento que lhes é imposto nos "baixões", com isto, explica-nos a autora, "o povo do cerrado" passa a operar um espaço social e territorial cada vez mas restrito, com perda de autonomia.

Questões sobre territorialidade, diversidade e organização social e cultural são focalizadas por Ricardo Scoles no artigo "Comunidade negra de Itacoã: território, biodiversidade e organização social, pilares para o etnodesenvolvimento¿". O estudo é realizado em Itacoã, povoado localizado no baixo rio Acará, Estado do Pará, e analisa como o manejo da biodiversidade estimula a adoção de diferentes estratégias de vida e trabalho da comunidade negra de Itacoã e que confirmam a estreita relação que se estabelece entre a natureza e os grupos humanos rurais na região amazônica. A variedade de frutas e plantas medicinais extraídas dos arredores das casas é um exemplo de como o conhecimento local e o manejo dos recursos naturais podem compatibilizar a conservação da diversidade biológica com a presença permanente de populações humanas. O manejo de açaizais nativos, os quintais das casas são autênticos sistemas agroflorestais, e as técnicas silvícolas propostas para aumentar a produção da palmeira de açaí são convergentes às utilizadas ancestralmente pelas populações quilombolas da Amazônia, observa o autor.

Scoles mostra-nos que projetos de intervenção pública e privada em Itacoã acabam por provocar uma pesada carga de obrigações e compromissos, inclusive financeiros (créditos, por exemplo), nas próprias famílias residentes, que podem chegar a gerar mudanças radicais na concepção de tempo, jornada de trabalho e necessidades econômicas, acabando por restringir a autonomia de decisão do grupo. Nos últimos tempos, os moradores de Itacoã estão se adaptando a importantes mudanças que afetam a reprodução social e cultural das unidades familiares. A perda de produtividade da terra e o abandono gradual das atividades de caça e pesca têm provocado, com o passar do tempo, uma tendência irreversível à adoção de estratégias de subsistência geradoras de renda, ou seja, adoção de atividades comerciais. Além disso, mostra o autor, a limitação territorial, o crescimento populacional e as crescentes necessidades econômicas forçaram em direção ao encaminhamento de novas iniciativas de produção mais intensiva e aparentemente mais eficientes na relação entre produção e espaço.

O artigo de José Antonio Magalhães Marinho, "Desenvolvimento do extrativismo do açaí e mudanças na socioeconomia de ribeirinhos marajoaras", retoma as especificidades do campesinato da Amazônia dedicado ao extrativismo vegetal. Analisa as transformações no extrativismo do açaí na várzea do médio rio Pracuúba, Marajó, Pará, estimuladas pela intensificação da demanda deste fruto pelos mercados locais e extra-locais. Examina, de um lado, as relações socioeconômicas estabelecidas na extração e na comercialização deste fruto, mostrando a coexistência de princípios de mercado ao lado de relações peculiares ao antigo sistema de aviamento, e, de outro, as interações da população com os açaizeiros dos diversos sistemas de manejo, adotados por conta da valorização de tais recursos. Assim, a economia do açaí, no plano socioeconômico, é caracterizada por "mudanças" e "continuidades" e, na esfera das interações homem/natureza, apresenta-se cada vez mais fortalecida pela intensificação das atividades de manejo.

As interpretações recorrentes sobre o extrativismo qualificam-no como um dos grandes males da região Amazônica, alçando-o ao nível de obstáculo ao desenvolvimento socioeconômico regional, gerador e reprodutor da pobreza. Marinho soma-se aos autores críticos dessas interpretações. A interpretação da economia do açaí e a organização social da produção no médio rio Pracuúba são feitas segundo o calendário agroextrativo, que inclui: extração do açaí, manejo dos açaizais, caça, pesca, agricultura e artesanato. Parte dessas atividades atende mais necessidades de uso do que de troca, observa o autor. No que concerne o campo das relações de trabalho são analisadas a **meia** e as **taxas fixas** como identificadores das relações entre "peconheiros"[3] e "proprietários" de açaizais no médio rio Pracuúba. Em ambas, o extrator é "submetido a mecanismos de exploração e, até mesmo, de coerção". Além desses aspectos, também a comercialização do açaí é tratada. Os diversos planos da relação entre *marreteiros de açaí e "proprietários" de açaizais* são estudados. Diferentemente de anos atrás, as relações adquirem outra dinâmica com o conhecimento sobre o preço do açaí na cidade, que permite que os proprietários atualizem o preço e negociem com vantagens. O artigo finaliza situando interesse e confrontos

[3] Esta expressão, no médio rio Pracuúba e outras regiões de ilha do estuário paraense, é usada para designar os extratores que atuam nos açaizais de outrem.

que representam o interesse de grupos capitalizados que intensificam as mudanças na economia do açaí, o que representara perda da autonomia dos ribeirinhos extratores.

RECONVERSÕES IDENTITÁRIAS, MOBILIDADE E CAMPESINATO

Abrimos a terceira parte deste volume com o artigo de Afrânio Garcia e Beatriz Heredia, "Campesinato, família e diversidade de explorações agrícolas no Brasil". Artigo denso e fecundo, por tudo o que nos faz pensar acerca das transformações do rural, da diversidade das formas de existência no e do mundo rural e sobre o conhecimento produzido das diversas situações. Os autores começam o artigo por um questionamento: "continuaríamos a ser prisioneiros da crença no caráter único e inexorável de apenas uma via de desenvolvimento do capitalismo no campo: a que privilegia os grandes estabelecimentos agroindustriais, hoje rebatizados de 'global players' [...]", para desde o início apontar que devemos estar atentos à pluralidade do rural. Mostram como muitos dos atores sociais foram invisibilizados ao longo da história do nosso país e esquadrinhando a produção acadêmica *pari passu* com as transformações políticas e sociais vividas no Brasil e como estes mesmos atores foram emergindo; aos poucos, vemos não mais um mundo rural composto pela casa grande e a senzala, mas gradualmente surgem descrições e análises do campesinato marginal às áreas de grande plantação, surgem os sitiantes, os colonos, os posseiros, os arrendatários, os agregados, os moradores de engenho. Eles estavam lá, mas a representação construída sobre o rural impedia que eles fossem vistos.

Afrânio Garcia e Beatriz Heredia insistem na necessidade de se considerar o significado das práticas usuais dos vários segmentos rurais e as categorias de pensamento que as acompanham; é assim que elaboram uma admirável análise da economia de pequenos produtores; é assim que questionam que sentidos têm o qualificativo familiar na expressão agricultura familiar e agricultor familiar e que usos e apropriações foram feitas dessas expressões, por vários agentes e pelo próprio Estado. O desenvolvimento do artigo foi levando o leitor a perceber os esforços empreendidos por grupos domésticos pela melhoria de seus padrões de existência, apontando a busca de "modalidades próprias de reconversão de setores desfavorecidos", no caso, os atores do mundo rural. Afrânio Garcia e Beatriz Heredia finalizam o artigo com indagações mais do que pertinentes no nosso momento atual, e as restituímos aqui: "A imagem de 'maior celeiro do mundo' servirá unicamente para reafirmar a hegemonia do agronegócio, condenando, como no passado, o campesinato à ameaça de fome e à incerteza quanto à sua reprodução? Ou abrirá espaço para afirmação da diversidade de explorações agrícolas no campo, permitindo que, à fartura do aprovisionamento das casas, se agregue a possibilidade de elaborar verdadeiros projetos de futuro por estas famílias?".

Os artigos de Parry Scott e Marilda Menezes destacam, entre outros pontos que comentaremos a seguir, tentativas de "reconversão" por meio da migração. O mundo camponês é um espaço de movimentos, deslocamentos que, em inúmeras situações, evidenciam lógicas de reprodução da condição camponesa. A análise da migração como estratégia de reprodução social é objeto dos clássicos do estudo do campesinato e obras de referência na literatura brasileira que os autores dos artigos que apresentamos adiante destacam no diálogo de pesquisa. Qual é o sentido da migração e qual é a especificidade enquanto estratégia? Os artigos de Parry Scott e Marilda Menezes descortinam essas realidades migratórias na perspectiva do Nordeste do Brasil. O primeiro realiza esse exame com base em quatro casos: a zona canavieira de Pernambuco, o agreste pernambucano, o Oeste maranhense e no rio São Francisco. Marilda Menezes elabora uma escuta atenciosa e interpreta as experiências de pequenos proprietários, moradores e rendeiros nas micro-regiões do Sertão de Cajazeiras e agreste da Borborema, no Estado da Paraíba, nas décadas de 1980 e 1990.

Parry Scott, em seu artigo "Famílias camponesas, migrações e contextos de poder no Nordeste: entre o 'cativeiro' e o 'meio do mundo'", elabora a teia de relações sociais e significados em que estão envolvidas famílias de camponeses que migram. Scott defende que por meio das migrações é possivel compreender estratégias de uso diversificado de mão-de-obra familiar, em tempos e locais diferentes. Nos anos 1970, a zona canaveira de Pernambuco mostra fluxos locais e nacionais que os camponeses e trabalhadores nos engenhos de cana-de-açúcar representam pela expressão: "entre o cativeiro e o meio do mundo". Segundo o autor, o *"Cativeiro e o Meio do Mundo são duas opções domésticas* entre as quais agricultores e trabalhadores rurais nordestinos se articulam historicamente. Como "cativos", colocam o seu trabalho à disposição de empregadores locais em troca do salário e de alguns "favores". Como viajantes "no meio do mundo", são móveis e disponíveis a empregadores em áreas mais dinâmicas, cada vez mais separadas das suas casas de origem. O trabalhador rural ou morador da zona da mata emprega essas noções para "referir-se às frustrações das suas tentativas de controlar a sua própria articulação da mão-de-obra familiar", interpretado pelo autor como "a multiplicidade de contextos de poder nos quais o campesinato se insere". Nos diversos "cativeiros", encontram as limitações impostas pelo sistema de decisão sobre a disposição do trabalho familiar no contexto local. O "meio do mundo" oferece uma liberdade de movimento em busca de uma vida melhor em face das ameaças de fragmentação da unidade do grupo doméstico. O autor indica aqui que a migração pode constiruir-se em uma "estratégia de recomposição dos grupos domésticos" por meio dos contatos regulares mantidos entre os que ficaram e os que partiram, inclusive no auxílio à manutenção da família no seu local de origem.

No agreste pernambucano e no Oeste maranhense dos anos 1980 predominam as migrações inter-regionais como uma estratégia doméstica de reprodução social. Indivíduos realizam migrações circulares, mantendo suas raízes nas localidades em que residem suas famílias. Camponeses migrantes vão para o Centro-Sul provenientes do agreste pernambucano, e aqueles originários do Oeste maranhense enviam famílias para a fronteira amazônica. Nesse mesmo período, os camponeses – *posseiros, meeiros* e *irrigantes* – da beira do São Francisco são removidos de suas localidades e, forçadamente, tornados *assentados*. Assim, altera-se a sua maneira cotidiana de produzir e relacionar-se, transformando a sua própria campesinidade.

Menezes e Scott desenvolvem uma proposição comum ao destacarem a migração camponesa como processo histórico; ambos refletem partindo de situações empíricas do Nordeste brasileiro. Em seu artigo "Migrações: uma experiência histórica do campesinato do Nordeste", Marilda Menezes parte de três eixos de análise: migrações enquanto processo social de adaptação permanente dos camponeses a contextos sociais que transformam as suas condições de existência; migrações e suas relações com a dinâmica da família, ou seja, com o ciclo de vida, gênero e idade dos filhos; e migrações como uma experiência inter-geracional do campesinato. A autora apresenta argumentos teóricos sobre a migração como estratégia familiar defendendo que "nem sempre expressam uma desintegração do campesinato", mas, ao contrário, têm representado uma estratégia histórica de sua reprodução social. Na mesma posição analítica de Scott, destaca como os deslocamentos de indivíduos e famílias em busca de trabalho estão relacionados aos processos de diferenciação social do campesinato. A realidade empírica focaliza os rendeiros, moradores e pequenos proprietários no Sertão e agreste paraibanos. Para os pequenos proprietários, a migração alivia a pressão demográfica sobre a terra. "Para os moradores e rendeiros, é um sinal de libertação da relação de dependência personalizada do dono da terra". Considerando a importância da mobilidade entre esses grupos de camponeses, a autora entende que as noções de redes familiares e de amizade parecem mais adequadas do que a de comunidade camponesa para compreender como o fluxo de pessoas, objetos e símbolos articulam espaços sociais diferenciados. Esta noção de redes orienta o estudo dos itinerários migratórios, das relações de reciprocidade na família e entre amigos e vizinhos, da organização dos espaços para onde os migrantes trabalham e vivem, tais como os alojamentos em usinas de cana-de-açúcar, favelas e bairros populares das grandes cidades. A questão para a autora é a migração "como uma estratégia permanente de adaptação das famílias camponesas às condições insuficientes de reprodução social".

O artigo de Emília Pietrafesa de Godói segue tratando da mobilidade de atores sociais nos contextos rurais, mas, desta vez, é a "circulação de crianças" que está em análise. No artigo "Reciprocidade e circulação de crianças entre camponeses do Sertão", a autora parte do pressuposto de que os "termos lingüísticos correspondem a fatos de cultura e de conduta" (Malinowski, 2002 [1935]). Mostra-nos a importância de conservar a expressão local "filhos de criação", pois esta, do ponto de vista dos camponeses, remete a condutas muito diferentes da "adoção", entendida como transferência permanente e total de crianças a outra unidade familiar, também presente nas situações estudadas. Revisitando estudos realizados no universo rural em várias partes do mundo, a autora propõe que a circulação de crianças só pode ser entendida se inserida na rede de prestações de outras ordens que envolvem parentes, vizinhos e compadres, remetendo a questões referentes ao casamento, herança e sucessão e, por conseqüência, à reprodução da própria existência social dessas populações. Emília Pietrafesa procede também a uma crítica às explicações deste fato social que se limita a relacioná-lo com a raridade ou a abundância dos recursos disponíveis e ao ajuste entre o número de pessoas ativas de uma unidade doméstica e sua produção, isto é, que a incorporação ou não de crianças por uma unidade doméstica esteja relacionada unicamente à pressão ecológica e a formas eficientes de produção. Propõe que se veja essa prática como parte de uma ética que a concebe como generosa e obrigatória entre vizinhos, parentes e compadres.

No artigo que fecha este volume, "De sitiantes a irrigantes: construção identitária, conversão e projetos de vida", Ramonildes Alves Gomes vai chamar a atenção para a intervenção de instituições, organizações políticas, na maioria das vezes, externas aos camponeses, que criam e recriam diversas categorias de classificação desses agentes sociais, pois, historicamente, o Estado revela a capacidade de nomeação dos sujeitos com base em suas ações políticas. No estudo realizado, é o processo de construção e legitimação da identidade de irrigante, o qual a autora vê como estratégia de resistência, que está sob análise. Essa categoria é criada para diferenciar os "agricultores da pequena produção que cultivam na faixa seca, dos agricultores das faixas úmidas de terras beneficiadas pelo Estado com infra-estrutura para instalação dos projetos de irrigação". Tal designação nomeia tanto grandes empresários do vale do São Francisco como agricultores familiares dos perímetros irrigados de municípios da Paraíba e encaixa-se em uma visão de ascensão social. O artigo de Ramonildes Alves sugere que a leitura dos processos desencadeados pela intervenção do Estado, em termos de classificação de grupos e pessoas, formas e modos de disciplinamento, situa uma perspectiva a ser aprofundada que remete a categorias e relações próprias de uma sociologia da intervenção. A autora insere observações sobre as condições em que se realiza o planejamento idealizado por políticas de desenvolvimento rural que produzem rupturas com "o passado camponês destas famílias representado pelos valores implícitos nos projetos de vida e nas expectativas em relação ao futuro, ou seja, libertar-se da sujeição do patrão, reproduzir o patrimônio e assegurar o futuro dos filhos".

Esperamos que o conjunto dos artigos publicados nos volumes I e II consiga ajudar a restituir no debate acadêmico a Diversidade do Campesinato em suas várias expressões e suas muitas estratégias de reprodução e que respondam, de algum modo, às demandas de vários setores sociais por uma sistematização do conhecimento acerca destas populações.

REFERÊNCIAS BIBLIOGRÁFICAS

CÂNDIDO, A. *Os parceiros do Rio Bonito*. 4.ed. Livraria Duas Cidades, 1977.

SCOTT, J. C. *The Moral Economy of the Peasant:* Rebellion and subsistence in southeast Asia. New Haven: Yale University, 1976.

_______. *Weapons of the Weak: Everyday Forms of Peasant Resistance*. New Haven: Yale University, 1985.

_______. Formas cotidianas da resistência camponesa. *Raízes*, Campina Grande, v.21, n.1, p.10-31, jan./jun. 2002.

_______. *Los dominados y el arte de la resistência*. México: Ediciones Era, 2000.

THOMPSON, E. P. El delito del anonimato. In: *Tradición, revuelta y consciencia de clase:* estúdios sobre la crisis de la sociedad preindustrial. Barcelona: Grupo Editorial Grijalbo, 1979. _______. *Formação da classe operária inglesa*. v.1. Rio de Janeiro: Paz e Terra, 1987.

_______. A economia moral da multidão inglesa no século XVIII. In: *Costumes em comum*. São Paulo: Companhia das Letras, 1998a, p.150-202.

_______. Economia Moral Revisitada. In: *Costumes em comum*. São Paulo: Companhia das Letras, 1998b, p.203-266.

_______. *Senhores & caçadores:* a origem da Lei Negra. Rio de Janeiro: Paz e Terra, 1987.

Parte I

Formas de acesso à terra e os sistemas de uso comum

1
TERRAS DE PRETO, TERRAS DE SANTO, TERRAS DE ÍNDIO: USO COMUM E CONFLITO*

Alfredo Wagner Berno de Almeida

SISTEMAS DE USO COMUM NA ESTRUTURA AGRÁRIA

Um aspecto muitas vezes ignorado da estrutura agrária brasileira refere-se às modalidades de uso comum da terra. Analiticamente, elas designam situações na quais o controle dos recursos básicos não é exercido livre e de maneira individual por um determinado grupo doméstico de pequenos produtores diretos ou por um de seus membros. Tal controle se dá por meio de normas específicas instituídas para além do código legal vigente e acatadas, de maneira consensual, nos meandros das relações sociais estabelecidas entre vários grupos familiares, que compõem uma unidade social. Tanto podem expressar um acesso estável à terra, como ocorre em áreas de colonização antiga, quanto evidenciam formas relativamente transitórias intrínsecas às regiões de ocupação recente.

A atualização dessas normas ocorre em territórios próprios, cujas delimitações são socialmente reconhecidas, inclusive pelos circundantes. A territorialidade funciona como fator de identificação, defesa e força. Laços solidários e de ajuda mútua informam um conjunto de regras firmadas sobre uma base física considerada comum, essencial e inalienável, não obstante disposições sucessórias, porventura existentes. De maneira genérica essas

* O presente trabalho teve sua primeira versão redigida em fins de 1985. Foi modificado em 1986 e consiste em uma versão ampliada e com modificações de ordem conceitual, sobretudo pela crítica exercida à noção anteriormente utilizada de posse comunal, do artigo intitulado "Terras de preto, terras de santo, terras de índio: posse comunal e conflito" (1987/88, p.42-9). Foi publicado, sob o mesmo título agora apresentado, sob organização de Castro e Hébette (1989, p.163-96).

extensões são representadas por seus ocupantes e por aqueles de áreas lindeiras sob a acepção corrente de terra comum.

Por seus desígnios peculiares, o acesso à terra para o exercício das atividades produtivas dá-se não apenas por meio das tradicionais estruturas intermediárias da família, dos grupos de parentes, do povoado ou da aldeia, mas também por certo grau de coesão e solidariedade obtido em face de antagonistas e em situações de extrema adversidade, que reforçam politicamente as redes de relações sociais. A não ser que existam relações de consangüinidade, estreitos laços de vizinhança e afinidade ou rituais de admissão, que assegurem a subordinação de novos membros às regras que disciplinam as formas de posse e uso da terra, tem-se interditado o acesso aos recursos básicos.

A limitação da força imperativa dessas normas a diferentes territórios descontínuos e dispersos geograficamente, com fundamentos históricos e etnológicos os mais diversos, chama a atenção para possíveis invariantes coextensivos ao constante significado de terra comum. Contudo, não se conhecendo dados que privilegiem a territorialidade como unidade de recorte, desdobra-se uma multiplicidade de categorias co-irmãs, tais como terras de parente, terras de preto, terras de índio, terras de santo, com o objetivo de proceder a uma investigação científica de processos sociais inseparavelmente vinculados a estas normas e aos grupos que as promulgam e acatam.

Noções pré-concebidas: desconhecimento e irrelevância

Os sistemas de usufruto comum da terra, por colidirem flagrantemente com as disposições jurídicas vigentes e com o senso comum de interpretações econômicas oficiosas e já cristalizadas, a despeito de factualmente percebidos, jamais foram objeto de qualquer inventário. As extensões que lhes correspondem nunca foram catalogadas, quantificadas ou sujeitas às técnicas dos métodos estatísticos e de cadastramento de imóveis adotadas pelos órgãos de planejamento da intervenção governamental na área rural. Prevalece a inexistência de qualquer "interesse prático" em examinar e compreender estes sistemas tidos como "obsoletos". Representariam, sob este prisma, anacronismos mais próprios de crônicas históricas, de documentos embolorados de arquivos, de verbetes dos dicionários de folclore e de cerimônias religiosas e festas tradicionais. São vistos como uma recriação intelectual de etnógrafos, que incorrem na reedição de antigos mitos ou, quem sabe, numa idealização dos políticos de ação localizada supostamente empenhados no reavivamento de utopias caras ao ideário populista.

As manifestações daqueles sistemas são, entretanto, empiricamente detectáveis por um conjunto finito de especialistas. Têm sido registradas por pesquisadores e cientistas sociais, que desenvolvem trabalhos de campo e de observação direta, por técnicos de órgãos governamentais que realizam vistorias de imóveis rurais e verificações *in loco* de ocorrência de conflitos agrários, assim como por integrantes de entidades confessionais e voluntárias de apoio aos movimentos dos trabalhadores rurais, que executam atividades análogas.

O censo agropecuário da FIBGE (1980) acusa tão-somente os denominados "pastos comuns ou abertos", assim mesmo em menção contida na "Introdução" e nos comentários à conceituação adotada no recenseamento, sem qualquer referência à sua dimensão, às áreas geográficas em que se verificam, à relevância de sua produção e a casos semelhantes em atividades agrícolas. Por força de uma redução metodológica não apenas a propriedade e a posse, mas também suas formas derivadas, parecem diluir-se na complexidade da categoria censitária "estabelecimento", indiferentes às particularidades que regem o processo produtivo das unidades de produção familiar dispostas naqueles mencionados sistemas.

As análises econômicas, ao se omitirem na interpretação das modalidades de uso comum da terra, fundam-se, no mais das vezes, em noções deterministas para expor o que classificam como sua absoluta irrelevância. Consideram que se trata de formas atrasadas, inexoravelmente condenadas ao desaparecimento, ou meros vestígios do passado, puramente medievais, que continuam a recair sobre os camponeses, subjugando-os. Neste enfoque, referem-se às terras de uso comum e a este estrato da camada camponesa que lhes corresponde como formas residuais ou "sobrevivências" de um modo de produção desaparecido, configuradas em instituições anacrônicas que imobilizam aquelas terras, impedindo que sejam colocadas no mercado e transacionadas livremente. Fatores étnicos, a lógica da endogamia e do casamento preferencial, as regras de sucessão e demais preceitos, que porventura reforcem a indivisibilidade do patrimônio daquelas unidades sociais, são interpretados como um obstáculo à apropriação individual e, por conseguinte, a que a terra seja livremente disposta no mercado. Não autorizando forma de partilha ou mecanismos de fracionamento que permitam a indivíduos dispô-las às ações de compra e venda, aqueles sistemas de uso comum da terra são entendidos como imobilizando a terra, na qualidade de mercadoria no seu sentido pleno, e impedindo que se constitua num fator de produção livremente utilizado.

Mediante tais argumentos, as interpretações ortodoxas[1] delineiam um quadro de desintegração potencial daqueles sistemas, porquanto fadados ao aniquilamento pelo progresso social e pelo desenvolvimento das forças produtivas. Em suma, consideram que a expansão capitalista no campo

[1] Destaque-se que a irrelevância ditada pelos determinismos é de tal ordem que, além de não ter sido contemplada oficial e formalmente, tem sido igualmente relegada mesmo na intensa polêmica acerca das relações de produção no campo, que congrega copiosas interpretações que insistem em classificá-las como "feudais" ou como "capitalistas". Para um aprofundamento da lógica da produção intelectual referida a esta polêmica leia: Palmeira (1971).

necessariamente libera aquelas terras ao mercado e à apropriação individual provocando uma transformação radical das estruturas que condicionam o seu uso. Às análises econômicas assim elaboradas, soam, portanto, indiferentes quaisquer das particularidades que caracterizam as formas de posse e uso comum da terra, visto que jamais constituem um obstáculo insuperável ao desenvolvimento capitalista.[2]

Questão imposta pelas mobilizações camponesas

Numa conjuntura política favorável ao reconhecimento dos direitos dos trabalhadores rurais de acesso à terra, a questão do conhecimento aprofundado das suas modalidades concretas de apropriação dos recursos básicos colocou-se como objeto necessário de reflexão. Com a intensificação das mobilizações camponesas por uma reforma agrária ampla e imediata, que teve um de seus pontos mais altos no IV Congresso Nacional dos Trabalhadores Rurais, realizado em Brasília entre 15 e 30 de maio de 1985, ocasião em que foi lançada pelo Mirad-Incra a Proposta ao I Plano de Reforma Agrária da Nova República, as suas reivindicações foram desdobradas e detalhadas pormenorizadamente, revelando a própria força política adquirida pelo movimento social. Inúmeras situações menosprezadas no período ditatorial passaram a representar questões prioritárias e, assim, colocadas aos órgãos fundiários oficiais. Os sistemas de apossamento preexistentes em áreas passíveis de desapropriação e regularização, já ocupadas por camponeses, consistiam, dentre muitos outros, num destes pontos.[3] Daí estavam esta-

---

[2] Com toda certeza tais interpretações inspiram-se na polêmica de V. I. Lênin com os populistas, tal como o debate se colocava em fins do século XIX (cf. LENIN, 1982, p.209-13) e pouco ou nada tem a ver com os deslocamentos conhecidos pela formulação original a partir da Revolução de 1917 e mais precisamente com o "Esboço inicial das teses sobre a questão agrária" para o II Congresso da Internacional Comunista, elaborado por Lênin, em junho de 1920 (ver LENIN, 1979, p.97-100).

[3] Nas diretrizes operacionais de regularização fundiária da Proposta aos I PNRA, tem-se o seguinte a este respeito: "A regularização fundiária levará em consideração, além da propriedade familiar, as formas de apropriação Condominial ou Comunitária da terra, dos recursos hídricos e florestais, de maneira que os trabalhadores rurais não tenham o seu acesso cortado a bens fundamentais efetivamente incorporados à sua economia. – Serão estabelecidas formas de reconhecimento de posse e titulação capazes de articular domínios de usufruto comum com regras de apropriação privada, também adotadas por estes grupos familiares, desde que neste sentido tenham as comunidades rurais se manifestado favoravelmente. A orientação a ser adotada refere-se à demarcação dos perímetros desses domínios de usufruto comum, que não pertencem individualmente a nenhum grupo familiar, e que lhes são essenciais, como: coqueiros, castanhais, fontes d'água, babaçuais, pastagens naturais, igarapés e reservas de mata, de onde as famílias de trabalhadores rurais retiram palha, talos, lenha, madeira para construções e espécies vegetais utilizadas em cerimônias religiosas ou de propriedades medicinais reconhecidas. – Parte-se do pressuposto de que a necessidade de titulação não destrua ou desarticule a organização e o sistema de apossamento pré-existente. Isso exigirá

belecidas as pré-condições para se colocar o problema da pertinência dos sistemas de uso comum da terra e sua importância econômica, tanto em regiões de colonização antiga quanto em áreas de ocupação recente. De maneira concomitante, impunha-se, ademais, uma reflexão detida e ágil, assim como medidas urgentes, de caráter emergencial, que assegurassem a permanência dos trabalhadores nessas terras. Isto porquanto a situação dominial geralmente indefinida e as dificuldades de reconstituição das cadeias dominiais tornavam essas áreas preferenciais à ação dos grileiros e de novos grupos interessados em adquirir vastas extensões. Mais de uma centena e meia de zonas críticas de tensão e conflito social, registradas oficialmente no decorrer de 1985 e 1986, no norte de Goiás, no Maranhão, no Pará, no Ceará, na Bahia e no sertão de Pernambuco referiam-se àquelas situações.[4]

Derivam, assim, das pressões encetadas pelos trabalhadores rurais a instrução preliminar de processos com vistas à desapropriação de inúmeros imóveis rurais e procedimentos técnicos de reconhecimento das denominadas *terras comuns*, como algumas medidas que objetivavam aprimorar os dados do cadastro técnico do Incra. Começavam a ser criadas, pois, as condições estatísticas elementares à sua compreensão. Neste âmbito, um primeiro esforço no sentido de um registro sistemático dessas extensões de uso comum é muito recente e data de julho de 1986. Trata-se do denominado Laudo Fundiário (LF), elaborado pelo Incra, que se destina a levantar informações sobre os imóveis rurais e seus detentores a qualquer título, parceiros e arrendatários. Nas áreas em que for aplicado o LF substituirá integralmente a Declaração de Imóveis Rural – DP. Neste documento, as terras de uso comum receberam a denominação genérica de "ocupações especiais", abrangendo, dentre outras, as chamadas terras de santo, terras de índio (que não devem ser confundidas com as *terras indígenas*), terras de negro, fundos de pasto e pastos comuns, também cognominados terras abertas, terras soltas e campos.[5]

Pode-se asseverar que as demandas sociais provocaram conhecimentos de realidades localizadas, mesmo que não se possa confiar no rigor da aplicação dos questionários do LF, nos procedimentos burocráticos de coligir os dados e nos resultados finais, que deverão se apurados em aproximadamente cinco anos. As apreensões neste sentido, justificadamente, aumentam com a derrocada geral da "reforma agrária da Nova República", cuja pá de cal

---

a compatibilização dos cadastros declaratórios e fundiários para que seja possível conciliar o sistema cadastral e a titulação derivada com estas formas de uso comum da terra que abrangem, inclusive, a combinação da agricultura com extrativismo em áreas descontínuas e outras associações de sistemas produtivos adequados à realidade regional" (grifo nosso). Cf. *Proposta para a elaboração do I Plano Nacional de Reforma Agrária* (MIRAD-INCRA, 1985, p.32-3).

[4] Cf. dados elaborados pela Coordenadoria de Conflitos Agrários do Mirad-Incra em dezembro de 1986.

[5] Para mais esclarecimentos, consultar *Manual de Preenchimento do Laudo Fundiário* (INCRA, 1986, p.19-20).

consistiu no decreto que estabelece limites de áreas para os imóveis rurais a serem objeto de desapropriação por interesse social e que extingue o Incra, datado de 22 de outubro de 1987.

Não é possível confundir, todavia, o tempo e o produto das ações fundiárias com as características peculiares àqueles sistemas de uso comum aqui referidos. Tais sistemas representam resultados de uma multiplicidade de soluções engendradas historicamente por diferentes segmentos camponeses para assegurar o acesso à terra, notadamente em situações de conflito aberto. Para tanto, foram erigidas normas de caráter consensual e consoantes crenças mágicas e religiosas, mecanismos rituais e reciprocidades econômicas positivas. A sua aceitação como legítimas não pressupõe qualquer tipo de imposição. Não constituem, portanto, resultado de injunções pelo uso da força, da persuasão política, religiosa ou do saber. Tampouco consistem em projetos elaborados *para camponeses*, fora de seus marcos políticos e sociais intrínsecos, ou *com camponeses*, de experiências de mobilização apoiadas por organizações formais.

Procedendo-se a esta clivagem é possível entender, em certa medida, porque não foram referidas ações implementadas pela Igreja Católica e entidades confessionais que estimulam as chamadas "roças comunitárias" e as experiências de "coletivação no campo".[6] Também não foram referidos os denominados projetos de assentamento "em forma de exploração de tipo coletivo" levados a cabo por órgãos fundiários oficiais, tais como o Incra, no caso do Saco de Belém,[7] no Ceará, e o IAF, no caso de Pirituba, em São Paulo (Beze, 1987).

Outros esclarecimentos se colocam. As reflexões ora desenvolvidas apóiam-se na literatura produzida por aquele, já mencionado, conjunto finito de especialistas. É, no entanto, vária em gênero. Compreende artigos, ensaios, dissertações de mestrado e exercícios acadêmicos, bem como trabalhos de investigação histórica. Abrange ainda relatórios, dossiês e informações técnicas produzidas no âmbito da burocracia estatal. Em suma, trata-se de diferentes modalidades de conhecimento baseadas em eventos empiricamente observáveis. O que caracteriza essa produção intelectual e permite aproximá-la é a constatação de que aí os referidos sistemas são factualmente percebidos e parcialmente descritos mesmo que de maneira tangencial aos objetivos precípuos de cada um dos textos arrolados. Prepondera, nesta ordem, a produção antropológica, resultado de trabalhos

[6] Para uma leitura em profundidade destas diferentes experiências, ou seja, "mutirão", "compra coletiva de alimentos", "barcos da comunidade", "trator comunitário", consulte: "Roças comunitárias & outras experiências de coletivização no campo", de Esterci e Dabul (1982).

[7] Vide: Projeto de Assentamento "Saco de Belém" em Santa Quitéria-CE. Trabalho realizado pelos professores e participantes do II Curso de Planejamento Físico para Colonização de Terras. Convênio BNB/Sudene/Incra/Israel. Fortaleza, 1982.

de campo realizados nos últimos 15 anos, secundada pela produção dos técnicos dos órgãos oficiais de ação fundiária, fruto da observação direta e de verificações locais de conflitos, empreendidas entre junho de 1985 e dezembro de 1986. Cabe esclarecer que nesta produção as terras de uso comum não se constituíram em objetos de reflexão destacados, sendo tão-somente considerados no decorrer das análises. Este destaque relativo adquire importância porque não se pode entender a economia dos pequenos produtores, dos casos em pauta, sem os levar em conta. Nas circunstâncias de aplicação direta de conhecimento, como nos casos dos relatórios alusivos às populações atingidas pela construção de barragens (Itapirica, Brumado – BA) ou de complexos militares (Centro de Lançamento de Alcântara), impõem-se, contudo, como dados fundamentais, em face das medidas preconizadas de remoção e reassentamento. Aliás, os relatórios citados, sem exceção, dizem respeito a trabalhos de ação localizada diante de conflitos e tensões sociais, cujo grau de antagonismo pressupõe medidas emergenciais.

USO COMUM NAS REGIÕES DE COLONIZAÇÃO AGRÁRIA

Fundamentos históricos e descrição

Os sistemas de uso comum nas regiões de colonização antiga podem ser observados sob as mais variadas formas e com certos aspectos fundamentais comuns, tanto de natureza histórica quanto relativos ao tipo de agricultura desenvolvida. Tais aspectos bem os distinguem, em termos qualitativos, daqueles referenciais históricos geralmente acionados e concernentes às "sobrevivências" e "vestígios feudais". Contrariando as interpretações de cunho evolucionista, observa-se que antes mesmo daqueles sistemas mencionados terem suas bases assentadas em outros modos de produção, como o escravismo ou o feudalismo, representam, em verdade, produtos de antagonismos e tensões peculiares ao próprio desenvolvimento do capitalismo. Constituem-se, por sua vez, paradoxal e concomitantemente, em modalidades de apropriação da terra, que se desdobraram marginalmente ao sistema econômico dominante. Emergiram, enquanto artifício de autodefesa e busca de alternativa de diferentes segmentos camponeses, para assegurar suas condições materiais de existência, em conjunturas de crise econômica também cognominadas pelos historiadores de "decadência da grande lavoura". Foram se constituindo em formas aproximadas de corporações territoriais, que se consolidaram notadamente em regiões periféricas, em meio a múltiplos conflitos, num momento de transição em que fica enfraquecido e debilitado o poderio do latifúndio sobre populações historicamente submissas (indígenas, escravos e agregados).

Tornaram-se formas estáveis de acesso e manutenção da terra, que foram assimiladas, sobretudo, nas relações de circulação. Distribuíram-se de maneira desigual e descontínua por inúmeras regiões geográficas sem guardar necessariamente maiores vínculos entre si, mas quase sempre cumprindo função de abastecimento de gêneros alimentícios (farinha, arroz, feijão) aos aglomerados urbanos regionais.

Vale esclarecer, todavia, que se há, por um lado, um sem-número de situações nas quais a disfuncionalidade explica a tolerância para com as formas de uso comum, existem, por outro lado, tentativas outras que conheceram medidas fortemente repressivas e completo aniquilamento, em especial, quando imbricadas em manifestações messiânicas e de banditismo social. No bojo desses movimentos religiosos e de rebeldia, especialmente em fins do século XIX[8] e primeiras décadas do século XX,[9] ocorreram tentativas de estabelecer novas formas de relações sociais com a terra. Promulgaram que a terra deveria ser tomada como um *bem comum*, indivisível e livre, cuja produção resultante seria apropriada comunalmente. Tanto no sertão nordestino quanto no Sul do país tais movimentos, ao conhecerem uma expansão e desenvolverem o que apregoavam, foram considerados uma ameaça ao sistema de poder. Ao estimularem o livre acesso à terra, fora de áreas tidas como periféricas, contrastavam vivamente com os mecanismos coercitivos adotados nas grandes propriedades, encerrando "grave ameaça" que findou coibida pela força das armas.

Do mesmo modo foram duramente reprimidas, mas não necessariamente aniquiladas em toda sua extensão, aquelas tentativas de se estabelecerem territórios libertos, que absorviam escravos evadidos das grandes fazendas de algodão e cana-de-açúcar (Almeida, 1983, p.156-87). Estas últimas formas conheceram sua expressão maior com a multiplicação de quilombos nos séculos XVIII e XIX, encravados em locais de difícil acesso, inclusive nas regiões de mineração aurífera. Lograram êxito, em inúmeras situações, na manutenção de seus domínios.

Os sistemas de uso comum podem ser lidos, neste sentido, como fenômenos fundados historicamente no processo de desagregação e decadência de *plantations* algodoeiras e de cana-de-açúcar. Representam formas que emergiram da fragmentação das grandes explorações agrícolas, baseadas na grande propriedade fundiária, na monocultura e nos mecanismos de imobilização da força de trabalho (escravidão e peonagem da dívida). Compreendem situações em que os mesmos proprietários entregaram, doaram formalmente ou abandonaram seus domínios diante da derrocada. Entenda-se que se tratavam de terras tituladas, já incorporadas formalmente ao mercado desde, pelo menos, a Lei n. 601, de 18 de setembro de 1850,

[8] Para aprofundamento, leia Cunha (1973) e Facó (1980).
[9] Leia Queiroz (1977) e Holanda (1983, p.15-21).

a qual dispunha sobre a mediação, a demarcação e a venda das chamadas "terras devolutas do Império". Em certa medida ocorre uma reversão numa tendência tida como ascensional de estabelecimento de domínios privados com valores monetários fixados.

As flutuações de preço dos produtos primários no mercado internacional provocaram sucessivas desorganizações no sistema produtivo das grandes explorações monocultoras. Antes mesmo da abolição da escravatura, que parece não servir como marco institucional que tenha favorecido esses sistemas de uso comum da terra, registram-se múltiplos casos de desmembramento e desagregação de grandes propriedades fundiárias. Em termos econômicos, o resultado mais imediato desse processo de dissolução, que se intensificou no final do século XIX em regiões cujas grandes explorações não lograram introduzir inovações tecnológicas ou adotar agriculturas comerciais assentadas em novas relações de trabalho, consistiu no afrouxamento dos mecanismos repressores da força de trabalho e na formação de um campesinato, congregando segmentos de trabalhadores rurais que viviam escravizados ou imobilizados naquelas unidades produtivas. Em diferentes situações examinadas, conforme se verificará adiante, registra-se que este campesinato pós-*plantation* não procedeu necessariamente a uma divisão da terra em parcelas individuais. A garantia da condição de produtores autônomos, uma vez ausente o grande proprietário ou por demais debilitado o seu poder, conduziu a formas organizativas, sendo os ditames de uma cooperação ampliada e de formas de uso comum da terra e dos recursos hídricos e florestais. Tais formas se impuseram não somente como necessidade produtiva, já que para abrir roçados e dominar áreas de mata e antigas capoeiras uma só unidade familiar era insuficiente, mas, sobretudo, por razões políticas e de autopreservação. Os sistemas de uso comum tornaram-se essenciais para estreitar vínculos e forjar uma coesão capaz, de certo modo, de garantir o livre acesso à terra diante de outros grupos sociais mais poderosos e circunstancialmente afastados. Certa estabilidade territorial foi alcançada pelo desenvolvimento de instituições permanentes, com suas regras de aliança e sucessão gravitando em torno do uso comum dos recursos básicos. Este passado de solidariedade e união íntima é narrado como "heróico" pelos seus atuais ocupantes, mais de um século depois, e também visto como confirmação de uma regra a ser observada para continuarem a manter seus domínios. Para além da representação idealizada, destaca-se que estabeleceram uma gestão econômica peculiar, ou seja, não necessariamente com base em princípios de igualdade, mas consoantes diferenciações internas e interesses nem sempre coincidentes de seus distintos segmentos.

Ao contrário do que poderiam supor as análises deterministas, verifica-se que há formas de uso comum da terra, as quais consistem em processos sociais resultantes de contradições do próprio desenvolvimento do capitalismo. Dessa forma é que foram harmonizados de maneira consolidada interesses de diferentes segmentos camponeses. Assim, os mecanismos que nas formulações ortodoxas deveriam de modo fatal os destruir ou absorver constituem, justamente, suas fontes e determinações principais. Não teria ocorrido nestes casos uma transformação em proletário do ex-escravo e do camponês subjugados ao latifúndio. Verifica-se o acamponesamento do primeiro e uma redefinição da condição do segundo, transformado, conforme expressão da literatura econômica, em campesinato livre.

Esses segmentos de camponeses e seus descendentes passaram a se autorepresentar e a designar suas extensões de acordo com denominações específicas atreladas ao sistema de uso comum. A noção corrente de terra comum é acionada como elemento de identidade indissociável do território ocupado e das regras de apropriação, que bem evidenciam, por meio de denominações específicas, a heterogeneidade das situações a que se acham referidas, a saber: terras de preto, terras de santo, terras de Irmandade, terras de parentes, terras de ausente, terras de herança (e/ou terras de herdeiros) e patrimônio.

As terras de preto

Tal denominação compreende aqueles domínios doados, entregues ou adquiridos, com ou sem formalização jurídica, por famílias de ex-escravos. Abarca também concessões feitas pelo Estado a tais famílias, mediante a prestação de serviços guerreiros. Os descendentes destas famílias permanecem nessas terras há várias gerações sem proceder ao formal de partilha, sem desmembrá-las e sem delas se apoderarem individualmente. Além de detectáveis na Baixada Ocidental,[10] nos vales dos Rios Mearim,[11] Itapecuru e Parnaíba,[12] no Estado do Maranhão, e na zona limítrofe deste com o Piauí, são também observáveis no Amapá, na Bahia,[13] no Pará e em antigas regiões de exploração mineral de São Paulo e Minas Gerais, onde as agriculturas comerciais não chegaram a se desenvolver de maneira plena.

Abrangida também pela denominação, encontram-se algumas situações peculiares em que se detecta a presença de descendentes diretos de grandes proprietários, sem grande poder de coerção, adotando o aforamento, ou seja, mantendo famílias de ex-escravos e seus descendentes numa condição designada como *foreiros*, sem quaisquer obrigações maiores, possibilitando, inclusive, uma coexistência de formas de uso comum com a cobrança simbólica de foro incidindo sobre parcelas por família, visando não deixar dúvidas sobre seu caráter privado. Os valores estipulados para pagamento

[10] Leia Mourão Sá (1975, p.60-93).
[11] Leia Soares (1981, p.223).
[12] Vide Correia Lima (1980, p.17).
[13] Leia Correia (1986).

são geralmente tidos como irrisórios e os próprios camponeses terminam por defini-los como "simples agrado".[14] Observa-se, ainda, que nessas regiões as agriculturas comerciais (cacau, café, algodão, cana-de-açúcar) não foram desenvolvidas.

A expressão terra de preto alcança também aqueles domínios ou extensões correspondentes a antigos quilombos e áreas de alforriados nas cercanias de antigos núcleos de mineração, que permaneceram em isolamento relativo, mantendo regras de uma concepção de direito, que orientavam uma apropriação comum dos recursos. Registrados em regiões do Tocantins Goiano[15] e da Serra Geral[16] no norte de Goiás, no vale do Maracassumé, no Maranhão, e nas antigas áreas mineradoras de Goiás e São Paulo.[17]

Sublinhe-se que há ainda as denominadas terras de preto que foram conquistadas por prestação de serviços guerreiros ao Estado, notadamente na guerra da Balaiada (1838-1841). A incorporação militar de escravos evadidos, que atuavam como "bandos armados", foi negociada e o pagamento consistiu em alforria e entrega de terras ao "chefe dos bandos". A evocação deste mesmo ancestral comum tem reforçado, durante século e meio, os laços solidários do grupo, e certas regras de uso comum, mesmo após o assentamento promovido pelo Incra-MA, nos anos 1976-1977, em Saco das Almas.[18]

Essas vias de acesso à terra[19] ocorrem, pois, com a desagregação da *plantation* ou *fora* de seus limites estritos, quando estão relativamente desativados os mecanismos de repressão da força de trabalho. Não correspondem precisamente às situações abrangidas pela noção de "protocampesinato escravo", isto é, "as atividades agrícolas autônomas dos escravos nas parcelas e no tempo para cultivá-las, que lhes eram concedidos *dentro* de plantation" (Cardoso, 1987, p.224, grifo nosso).[20]

---

[14] Leia Almeida (1985, p.10).

[15] Cf. Linhares (1985, mimeogr.).

[16] Ver Carvalho (1987, p.20). Referência ao trabalho de pesquisa da antropóloga Maria de Nazaré Baiochi da Universidade Federal de Goiás.

[17] Ver dossiê elaborado por técnicos da Sudelpa sobre "As comunidades negras do Vale do Ribeira". São Paulo, julho de 1986 (não há qualquer menção explícita aos autores).

[18] Sales (1984, mimeogr.).

[19] Não se registraram casos de aquisição de terras por escravos ou por ex-escravos, ainda que tenham sido detectadas recomendações de venda logo após a abolição. Para efeito de um possível cotejo, uma vez localizadas, foi detectada uma situação transcorrida na Província de Esmeraldas, no Equador, no ano de 1885, quando 62 famílias adquiriram uma área de 61.830 ha. Para mais esclarecimentos consultar Rivera (1986, p.19-60).

[20] Uma utilização rigorosa desta noção no presente exercício pressuporia o estabelecimento de comparações diversas entre o funcionamento das grandes explorações e o advento das formas de uso comum nas regiões enfocadas. A impossibilidade de executar esta operação analítica é que nos levou a estabelecer uma distinção dentro/fora, capaz tão-só de alertar superficialmente para uma possível diferença. Para um aprofundamento do que "Sidney Mintz chama de protocampesinato escravo" consulte Cardoso (1987, p.91-125).

As terras de santo

Para efeito de ilustração e tendo em vista a uma primeira tentativa de apreender o significado da expressão terra de santo, pode-se dizer que ela se refere à desagregação de extensos domínios territoriais pertencentes à Igreja. A desorganização das fazendas de algodão, a partir da segunda década do século XIX, fez, por exemplo, no Maranhão, que imensas extensões exploradas por ordens religiosas (jesuítas e depois carmelitas, mercedários) fossem abandonadas ou entregues a moradores, agregados e índios destribalizados e submetidos a uma condição de acamponesamento, que ali já cultivavam. Nesses domínios, a molde de outros com fundamentos históricos aproximados, passaram a prevalecer formas de uso comum, mesmo após as autoridades eclesiásticas terem interferido e entregue formalmente essas terras à administração do Estado, em finais do século XIX. Consoante o santo padroeiro dessas fazendas, foram sendo adotadas denominações próprias, que recobriam seus limites e lhe conferiam unidade territorial. Assim, têm-se as terras de Santa Tereza, de Santana e de São Raimundo.[21] Aliás, neste particular, não diferem das chamadas terras de preto, que têm como designação secundária a apoiá-las denominações de entidades religiosas, tais como: São Roque, Santo Antônio dos Pretos, São Cristóvão, São Domingos, Bom Jesus, São Miguel etc. Nas chamadas terras de santo, entretanto, as formas de uso comum coexistem, no nível da imaginação dos moradores, com uma legitimação jurídica de fato desses domínios, onde o santo aparece representado como proprietário legítimo, a despeito das formalidades legais requeridas pelo código da sociedade nacional (Mourão Sá, 1975, p.60-77).

Sobressaem nessas unidades sociais os denominados encarregados ou lideranças do grupo que teriam basicamente funções vinculadas ao ciclo de festas e ao cerimonial religioso. Além de administrarem os bens do santo, arrecadando um pagamento simbólico entre as famílias de moradores, geralmente denominado *jóia* (Prado, 1975), mantêm a coesão do grupo acionando rituais de devoção.

As denominadas terras de santo têm sido detectadas também nas regiões de grandes explorações de cana-de-açúcar da Zona da Mata pernambucana, cujas unidades produtivas se modernizaram em fins do século XIX com o advento dos engenhos centrais e das usinas. Nessas situações, encontram-se atreladas a uma noção que abrange extensões de terras disponíveis e abertas à pequena produção em contraposição às grandes propriedades fundiárias circundantes. Nem sempre abrigam formas de uso comum da terra e respondem também pela denominação de patrimônio, abrangendo,

[21] Para mais esclarecimentos consulte Mourão Sá e Prado (1975).

no mais das vezes, povoados camponeses encravados dentro de grandes propriedades, que permanentemente ameaçam ocupar seus domínios.[22]

A noção de patrimônio do santo remete ainda às regiões de expansão da frente pecuária no sertão nordestino, onde os campos e aguada são mantidos sob regras de uso comum.[23]

Remete também a ambigüidades que envolvem as chamadas "terras da Igreja", como no caso de *patrimônio* de Nossa Senhora da Conceição do Município de Benevides, Pará. Inicialmente, as autoridades diocesanas recebiam dos camponeses, que cultivavam as terras do patrimônio, contribuições anuais definidas como "renda". Em meados de 1983, entretanto, os camponeses recusaram-se a aceitar uma elevação do preço da "renda", consoante à legislação. Alegaram que a "terra era da santa" e não das autoridades eclesiásticas. A chamada "renda" era vivida como simbólica, correspondendo a doações voluntárias e não necessariamente prefixadas.

As denominadas terras de Irmandade constituem uma variante dessas formas de apossamento em antigos domínios de ordens religiosas. Foram observadas também no Estado do Rio de Janeiro, com referência aos confrontos e tensões verificadas na área conhecida como São José da Boa Morte.[24]

As terras de índio

Compreendem domínios titulados, os quais foram entregues formalmente a grupos indígenas ou seus remanescentes, na segunda metade do século passado e princípios deste, sob a forma de doação ou concessão por serviços prestados ao Estado. Abertura de estradas pioneiras, colaboração com expedições militares de desbravamento e outros serviços realizados em obras públicas explicam tais atos de consentimento. As titulações, entretanto, referem-se, muitas vezes, a tratos individuais, tendo sido concedidas a apenas determinado grupo de famílias. Destaque-se que práticas administrativas semelhantes, ao longo do tempo, têm nutrido tensões internas de difícil conciliação mesmo em áreas oficialmente classificadas como terras indígenas,[25] como sucede como os Potiguara da região denominada "extinta sesmaria dos índios de Monte-Mor" (Lobato de Azevedo, 1986, p.241), na Paraíba, a quem foram concedidos títulos de posses particulares pelo governo imperial entre 1867-1869.[26]

[22] Leia a propósito Rinaldi (1981).
[23] Leia a propósito Almeida e Esterci (1977, v.II).
[24] Ver O'Dwyer (1979, mimeogr.).
[25] Cf. art. 4º, § 4º e art. 198 da Constituição de 1946. Para um aprofundamento das implicações desta conceituação jurídica, consulte Oliveira Filho (1983).
[26] Cf. Azevedo (1986, p.230-50).

Tanto no Nordeste quanto em regiões do Sul, aqueles grupos alcançados pelas concessões governamentais, a exemplo de outros das áreas de colonização antiga, conheceram um acelerado processo de destribalização e de perda gradativa de identidade étnica e passam, no momento atual, por um processo de acamponesamento. A despeito deste processo que implicou, inclusive, perda da língua e de outros itens de cultura, nota-se que seus descendentes diretos permanecem nesses domínios, contrapõem-se às tentativas de intrusamento e continuam a denominá-los pela expressão com que foram originalmente tratados pela legislação e tal como são designados localmente, ou seja, terra de índio.[27] Mantêm-se cultivando e habitando nessas áreas, há várias gerações, sem qualquer ato de partilha legal que autorize apropriações individuais e desmembramentos. Correspondem a diversas extensões, localizadas no Vale do Pindaré (MA), no sertão nordestino, com inúmeros povoados e centenas de famílias, que adotam o uso comum dos recursos básicos e que também os denominam de terra comum (Andrade, 1985).

Os domínios aqui referidos não se encontram entre as áreas indígenas reconhecidas pela Funai e nem seus ocupantes postulam tal, diferentemente de outros grupos, como os chamados Tapeba, no Ceará. É que nas situações enfocadas não se registra uma tentativa de recriação da identidade étnica como meio de acesso à terra. A manutenção dos domínios, nesses casos, encontra-se assegurada de maneira plena, gerações após gerações. Isso causou, não obstante, possíveis tensões existentes entre a apropriação de tratos individuais e aquela das áreas de uso comum. Há momentos em que o acirramento das tensões internas ou de conflitos com os antagonistas tradicionais e externos levam os descendentes diretos a exibirem documentos que creem comprobatórios dos direitos outorgados a seus ancestrais. A eficácia dessa crença é julgada maior quando se defrontam com ameaças que julgam provenientes daqueles que adotam as normas legais vigentes. Nestes contextos, que tanto podem ser de estabelecer estratagemas para enfrentar grileiros quanto de decidir quem deve pagar para cultivar, têm-se reforçadas as regras que disciplinam a unidade social. Mecanismos de harmonização e equilíbrio entre os interesses individualizadores e aqueles favoráveis ao uso comum mantêm certa coesão, mobilizando-os constantemente. Ao contrário, percebe-se que domínios classificados oficialmente como áreas indígenas,[28] especialmente no Nordeste, não dispõem de mecanismos para

[27] São bastante escassas as referências bibliográficas que tratam deste tema específico, disposto entre os estudos etnológicos e as pesquisas relativas às sociedades camponesas. Para mais esclarecimentos, leia o artigo intitulado "Terra dos índios", de autoria de Maristela de Paula Andrade, elaborado para o trabalho de campo em Viana (MA), com fins de tese de doutorado em Sociologia na USP, e datado de agosto de 1985.

[28] Para aprofundamento da situação atual das áreas indígenas leia Oliveira Filho (1987, p.III-XXIX).

conciliar interesses e mesmo de adotar uma atitude consensual perante os instrumentos, que já usurparam parte considerável das respectivas áreas.

Desse modo, os casos referidos diferem daquelas extensões identificadas, delimitadas ou demarcadas legalmente que constituem as terras indígenas. Com propósito de uma primeira abordagem podem ser aproximados daquelas situações de espólios indivisos, posto que os títulos não foram revalidados com a morte do titular de direito e, ainda que tenha ocorrido o parcelamento, jamais foram assim apropriadas passado pelo menos um século. Novamente, está-se diante de uma reversão das medidas organizadoras do mercado de terras a partir da legislação de outubro de 1850. As titulações de posses particulares da demarcação de parcelas individuais, não obstante realizadas, não conseguiram que a ocupação da terra fosse pautada pelos cânones do direito civil. Procedeu-se aos atos formais, entretanto os ocupantes, sem contestações significativas, engendraram suas próprias regras de posse e uso da terra. Guardaram zelosamente os títulos sem nunca os revalidar (Azevedo, idem) contudo, e as próprias famílias conhecidas como "dos herdeiros" (Andrade, idem) trataram de diluir o planejado parcelamento na rotina das formas de uso comum.

As terras de herança

Abrangem domínios titulados, tornados espólios que permanecem indivisos, há várias gerações, sem que se proceda ao formal de partilha ou que seus títulos tenham sido revalidados por meio de inventários que, consoantes disposições legais, teriam de ser realizados quando da morte do titular de direito, a fim de transmiti-los a seus herdeiros legítimos. As chamadas terras de preto e terras de índio, igualmente tituladas, podem também responder por esta designação em contextos que envolvem disputas pela legitimação jurídica dos domínios. Junto a elas constatam-se ainda situações em que a desagregação de grandes explorações levou a uma condição de acamponesamento dos descendentes diretos de famílias dos outrora grandes proprietários. Diferem marcadamente numa primeira geração, posto que para os camponeses o título só se coloca como uma defesa de seus direitos de cultivo, contra direitos alegados por outros grupos sociais, que mantêm com a terra uma relação mercantil.

Durante várias gerações, que adensam a ocupação desses domínios, além de serem estabelecidas formas peculiares de utilização da terra, que permitem classificá-las junto àquelas de uso comum, percebe-se que a apropriação individual, em termos absolutos, perde gradativamente sua força num contexto em que os recursos são por demais escassos e que o grupo familiar não pode prescindir de reciprocidades econômicas. De maneira concomitante são adotadas medidas para contornar possíveis pressões de natureza demográfica, dado que o estoque de terras se mantém permanente, e para estimular o exercício de atividades acessórias. Não se constata a contratação de terceiros, e a força de trabalho é composta exclusivamente por membros do grupo familiar. Tais situações manifestam-se em regiões tradicionais de frente pecuária no sertão nordestino.[29] A inexistência de partilha formal, entretanto, é observada em quase todas as regiões de colonização antiga do país.

A custódia dos documentos e das escrituras compete a grupos familiares, que detêm uma autoridade considerada maior, que tanto pode ser por atributos econômicos, religiosos ou do grau de parentesco com os ancestrais comuns. Designadas como os "herdeiros" (Andrade, idem), tais famílias funcionam também como árbitros de quaisquer disputas, tais como "onde colocar o novo roçado", "a quem se concede a licença de capoeira", "quem deve pagar a renda" ou "quais os isentos de determinadas obrigações" etc. A eles competiria, pois, discernir na aplicação das normas, arbitrando contendas e atualizando regras.

Percebe-se também a ocorrência de expressões co-irmãs, no caso desses espólios. Trata-se das expressões terra de parente e terra de ausente. Esta última refere-se a casos em que foram realizados autos de partilha sem que herdeiros, porém, tenham se apropriado efetivamente das parcelas que lhes foram legalmente destinadas. Estas extensões acabam sendo consideradas liberadas ao cultivo pelos demais componentes do grupo familiar.[30]

As terras soltas ou abertas

A utilização de formas de uso comum nos domínios em que se exercem atividades pastoris parece ser uma prática por demais difundida em todo o sertão nordestino, desde os primeiros séculos da frente pecuária, e em algumas regiões da Amazônia, na Ilha de Marajó, e no Sul do país, no Paraná e em Santa Catarina. No sertão nordestino, as grandes propriedades jamais foram cercadas e mesmo seus limites, quase sempre imprecisos, sempre se confundiram gerando disputas entre seus proprietários. Consoante os códigos de posturas municipais, as aguadas eram de uso comum e o gado permanecia sendo criado solto. Somente os roçados deveriam ser mantidos com cercas para evitar que fossem destruídos pelos rebanhos. A inexistência de cercas para o criatório levava a que reses de diferentes proprietários se mantivessem juntas e aparentemente indiferenciadas pelos campos.[31]

---

[29] Cf. Almeida e Esterci (ibidem).

[30] Cf. observações de campo registradas, no decorrer de 1986, por Jair Borin, a serviço do Incra, no Município de Unaí, Minas Gerais.

[31] Leia Souza (1960, p.30-2). De acordo com o autor, de documentos e dos códigos de postura podia-se afirmar: "As pastagens e aguadas eram como se fossem bens de uso comum, e em torno delas se realizaram os primeiros contatos entre vaqueiros" (idem, p.31).

Os denominados faxinais da região Sul[32] podem ser aproximados destas formas, ressalvando-se que constituem extensões delimitadas para o pastoreio de acordo estabelecido pelos detentores dos títulos, em sua maior parte pequenos proprietários. Os chamados pastos comuns ou campos da Ilha de Marajó,[33] assim como os campos naturais da baixada maranhense[34] guardam maior proximidade com as regras da pecuária extensiva do sertão nordestino. Aí também o ato de apartar ou separar o gado criado solto para ser entregue aos seus respectivos donos acontece antes da invernada e recebe igualmente a denominação de *apartação*.[35] Prevalecem nessas regiões expressões como fundo de pasto, áreas comuns mais afastadas dos locais onde se erguem as sedes das fazendas, ou terras soltas, isto é, que não conhecem cercamentos, ou campos ou pastos comuns ou abertos, de acordo com o Censo Agropecuário da FIBGE (1980).

Constata-se neste contexto outra noção, já verificada quando se tratou das chamadas terras de santo, ou seja, patrimônio. Desdobra-se em significados. A noção de patrimônio da comunidade rural, empregada por Souza (idem, p.29), não se confunde, por exemplo, com aquela concernente ao patrimônio dos santos padroeiros (idem, p.22). Esta última se restringe às terras e ao gado doados por grandes proprietários para a construção de templos religiosos ou para arrecadar fundos a cada festa comemorativa do respectivo santo. A outra, por sua vez, diz respeito a um conjunto de recursos essenciais – aguadas, fontes e pastagens – que, a despeito de estarem sob domínio privado e serem áreas tituladas, se encontram dispostas a uma apropriação comum. A noção de patrimônio da comunidade rural sobrepõe-se, pois, a uma estrutura fundiária com base nos limites dos imóveis rurais, traçados com base nos memoriais descritivos das escrituras e na área firmada em título. Sob esta concepção, mesmo os pequenos proprietários podem manter suas reses soltas, já que as regras asseguram a manutenção e a reprodução dos rebanhos de vastíssimas redes de vizinhança nos terrenos secos das caatingas. Quaisquer que sejam seus detentores, têm direitos assegurados, até, em nível formal pelos códigos de postura municipais. À exceção das serras frescas onde a lavoura é que continua sendo praticada no aberto.

O acesso à terra não estaria condicionado ao título de propriedade e há casos em que mesmo as que aforam terras para cultivo mantêm reses nestes chamados pastos comuns.[36] A inexistência de partilha formal

[32] A propósito dos faxinais consulte Carvalho (1984, p.12-32, mimeogr.).

[33] Ver Tocantins (1973, p.115-25).

[34] Ver Almeida e Mourão Sá (1976).

[35] Cf. Azevedo (1966, p.17), Barroso (s. d., p.162-3) e Cascudo (1954, p.53).

[36] Nos campos naturais da Baixada Maranhense, que se estendem contornando o golfão, observamos povoados com dezenas de famílias de foreiros, localizados à beira-campo, no seio de antigos engenhos de açúcar, em áreas denominadas terras de preto (nos municípios

somada às freqüentes imprecisões de limites e a alguns bolsões de terras públicas, também alcançadas pelo uso comum, contribuíram para consolidar uma relação com os meios de produção, regulada baixo a coexistência de duas modalidades de apropriação: posse e uso comum e propriedade privada, atendendo basicamente às expectativas de reprodução de uma pecuária extensiva. Os cercamentos recentes destes pastos comuns e os repetidos casos de gado invadindo roçados, numa clara tentativa de afastar os pequenos produtores desses domínios, têm tornado estas áreas zonas críticas de conflito e tensão social.[37] Os pequenos produtores rurais que, tradicionalmente, não têm sido os principais beneficiados deste sistema de uso, atualmente têm sido compelidos a se afastar dada a concentração de domínios por grandes proprietários e novos grupos interessados na terra, cujos projetos de pecuária intensiva usufruem de incentivos fiscais e outros benefícios governamentais.

USO COMUM NAS REGIÕES DE OCUPAÇÃO RECENTE

As terras libertas e os centros

Nas frentes de expansão,[38] que avançam desigualmente na região amazônica, segmentos camponeses consideram a terra um bem não sujeito à apropriação individual em caráter permanente. O movimento de ocupação adquire sua expressão mais concreta nos pequenos aglomerados que se vão formando próximo aos novos locais de plantio que os camponeses, com o encapoeiramento dos antigos roçados, estabelecem, sucessivamente, no interior das extensões de mata.[39] Designados regionalmente como *centros*, tais locais de moradia e trabalho, onde são abertos os novos roçados, constituem a ponta de lança das frentes de expansão ou os seus segmentos mais destacados de penetração (Santos, 1983, p.23). Além da apropriação dos recursos básicos não ser permanente, não são contíguos às terras que cada grupo familiar explora.

de Pinheiro, São Bento, Pericumã) e terras da santa (Bequimão, Alcântara), que têm uma certa divisão de trabalho em que apenas um indivíduo do povoado toma conta das reses dos demais. Ele cuida do gado solto nos campos naturais não cercados e recebe remuneração por meio do conhecido sistema de sorte ou sob a forma de serviços prestados pelos demais em seu roçado.

[37] Cf. Almeida e Esterci (idem). As polêmicas em torno dos pastos comuns remetem ao início do século XIX. Consulte: "Memória sobre o plano que permite que se façam tapadas no terreno de Crato e sobre a inconveniência dos pastos comuns...", por Jerônimo Francisco Lobo (1803-?, fls. 230-40 do Doc. 16, v.22/Anac, Arquivo Nacional).

[38] Leia, para mais aprofundamentos, Velho (1972).

[39] Cf. Santos (1983, mimeogr.).

As famílias camponesas que acatam tais regras não compõem um grupo de trabalho autolimitado. Seus integrantes, em distintas etapas do ciclo agrícola, firmam múltiplas relações de reciprocidade com outros grupos domésticos. Algumas tarefas, como o desmatamento e a colheita do arroz, requerem níveis específicos de cooperação. A coincidência no tempo das etapas do calendário agrícola aproxima diferentes grupos familiares fixando padrões de ajuda mútua. Interdita-se o chamado *centro* à criação de animais, mantendo-se os roçados sem cercar. Não se autoriza que seja semeado capim e prevêem-se reservas de mata, igarapés e cocais, que não podem ser apropriados individualmente. De maneira concomitante, são estabelecidas áreas de apropriação comum e definidos os critérios de admissão de novos grupos domésticos. A anuência ocorre pela concessão das chamadas *licenças de capoeira*, que possibilitam aos recém-admitidos se estabelecerem dispondo de condições elementares. Somente as benfeitorias, produto do trabalho familiar, tornam-se objeto de virtuais transações. Semelhante representação difere daquela prevalecente em áreas de colonização antiga, onde se percebem famílias camponesas dispostas de maneira durável numa extensão de terra transmitida de geração em geração. Assim, nas regiões de fronteira não se registra um patrimônio constante em terras e benfeitorias sujeito a fracionamento e tradicionalmente repassado de uma geração a outra. Observa-se uma característica de ocupação efetivada por gerações de um campesinato expropriado, que já procederam a contínuos e intermitentes deslocamentos do Nordeste até essas regiões de terras disponíveis, designadas por eles como terra liberta ou terra sem dono. A abundância do recurso básico, as próprias condições que determinam o acesso e os freqüentes conflitos[40] em face da indefinição dominial e a grilagem impossibilitam uma reprodução do regime de posse e uso vigente nas regiões de origem, ou seja, áreas de colonização antiga.

Haveria, ainda, nesses denominados centros, instrumentos escassos e de propriedade de determinado grupo familiar, que se acham sob uma reciprocidade generalizada. Pilão, forno, casa de farinha e animal de tração podem ser compartilhados voluntariamente. Nesses gestos recíprocos os aspectos sociais da relação entre as famílias camponesas transcendem os aspectos materiais, não sendo incorporados aos cálculos propriamente econômicos. Partilha-se também voluntariamente a disposição de moradias nos centros, o produto da caça, da pesca e da coleta de certos frutos. Aliás, a área para construção das casas é escolhida em comum acordo com o denominado *assituante*, ou seja, o primeiro a colocar roçados e habitação, abrindo o centro e convidando outros grupos familiares a ali se instalarem. A limpeza de caminhos, a construção de casas e a manutenção das áreas

[40] Com pequenas alterações este parágrafo foi reproduzido do seguinte artigo: Almeida (1986, p.198-265).

de trânsito, nas partes centrais dos povoados, também são realizadas em cooperação.[41] Os produtos dos roçados, por sua vez, não se encontram sujeitos a partilhas, são indivisíveis, mesmo que formas de cooperação com outros grupos tenham sido acionadas em diferentes etapas do ciclo agrícola. Trata-se de atividade principal e autônoma à realização econômica da unidade de trabalho familiar.

Os camponeses percebem suas atividades naqueles domínios mencionados como parte de interesses sociais comuns. A reciprocidade generalizada representa um componente destacado da vida social, não obstante, as disputas internas, o faccionalismo e a diferenciação econômica que quebram com as visões idílicas de unidade camponesa. Além disso, o processo de descampesinização, nas regiões de fronteira, espelha uma mobilidade social que agrava aqueles antagonismos truculentos por parte de grileiros que buscam usurpar esses domínios de posse.[42]

DIFERENCIAÇÃO INTERNA E ANTAGONISMOS

A representação da terra nas regiões em que se verificam formas de uso comum, excetuando-se os campos e pastagens comuns, remete às regras de um direito camponês que prescrevem métodos de cultivo em extensões que podem ser utilizadas consoante a vontade de cada grupo familiar, sem exigência de áreas contíguas e permanentes ou de ter o conjunto de suas atividades produtivas confinadas numa parcela determinada. Não há contigüidade entre as áreas de cultivo de um mesmo grupo familiar. Os seus roçados distribuem-se, segundo certa dispersão, pelas várias áreas destinadas, consensualmente, aos cultivos. Não se registra também contigüidade entre essas áreas e aquelas onde se localizam os demais recursos apropriados. Delineiam-se, ainda, intercaladas entre as áreas de cultivo apropriadas individualmente pelos grupos familiares, domínios de uso comum, que não pertencem a nenhuma família em particular e que são considerados vitais para a sobrevivência do conjunto das unidades familiares. Nesses sistemas são articulados domínios de posse e usufruto comunal com regras de apropriação privada. A casa e o quintal com seus jiraus de plantas medicinais, com seus pomares e pequenas criações avícolas são apropriados individualmente pelos respectivos grupos familiares, do mesmo modo que o produto das colheitas e os demais frutos dos roçados. O resultado dessa ação de trabalho pertence individualmente ao grupo doméstico que a realizou ou a um de seus membros em particular, como

---

[41] Cf. Santos, (idem, p.17).

[42] A dimensão política que esses antagonismos adquirem nas regiões de fronteira pode ser aprofundada com a consulta a Martins (1980, p.103-24).

no caso das denominadas rocinhas, que são cultivadas para atender a determinada necessidade de consumo.

Semelhante articulação de domínios confronta-se com as normas legais vigentes. Seu significado não coincide, antes colide com as formas de apropriação legalmente assinaladas. Todavia não é necessariamente infratora das leis. Há níveis de assimilação assegurados de fato no plano das relações de circulação e permitindo que seja absorvida, sem senões, a produção agrícola correspondente.

Os fundamentos desse confronto não são redutíveis às oposições usualmente estabelecidas entre o privado e o comunal, entre o individual e o coletivo ou entre o legal e o fundado nos costumes. A própria noção de posse comunal soa inadequada para nomear tais domínios, já que seu significado se encontra fortemente marcado pelas referências às "comunas primitivas". Carecem igualmente de rigor as interpretações de inspiração evolucionista que fazem com que um dos pólos, por aproximações sucessivas, se dilua no outro. No desenvolvimento desse tipo de análise, as normas de privatização gradativamente iriam se impondo com a concomitante derrocada do império das entidades familiares ou tribais e suas respectivas formas de cooperação e reciprocidade consideradas inibidoras dos direitos individuais. Em sentido contrário, mas com pressupostos similares, têm-se aquelas outras interpretações que consideram as formas de uso comum como formas incipientes de socialismo, tomando o comunal como coletivo e reproduzindo análises aproximáveis àquelas dos populistas de fins do século XIX.[43]

Aparecem imbricadas nas normas camponesas, que as articulam e combinam, as noções de propriedade privada e de apossamento pelo uso comum. Tais noções se realizam indissociadas em diferentes domínios da organização social. Não representam elementos destacáveis ou propensos à separação. Conjugam-se e completam-se dentro de uma lógica econômica específica. A noção de propriedade privada existe nesse sistema de relações sociais sempre marcado por laços de reciprocidade e por uma diversidade de obrigações para com os demais grupos de parentes e vizinhos.

Assim pensados, tais sistemas de uso comum diferem qualitativamente daquelas situações concernentes às "comunas primitivas", em que as atividades produtivas são realizadas em comum e o produto é igualmente apropriado de forma comunal, salvo a parte proporcional reservada para a reprodução. As necessidades do consumo é que orientariam, nessas comunas, os critérios de repartição do produto das colheitas.

Esses sistemas referidos nada têm a ver também com as recriações *savants* ou religiosas de formas comunais e com as recentes redescobertas das

[43] Para aprofundamento das polêmicas mantidas com os populistas consulte Fernandes (Org.) (1982).

"origens do comunalismo", baseadas em utopias e em experiências como as de R. Owen, Fourier e J. Warren.[44]

As unidades sociais aqui referidas não representam totalidades homogêneas e de caráter igualitário, como se poderia imaginar. Pelo contrário, estão atravessadas por um grau de diferenciação interna bastante forte, mas não o bastante para fazê-las eclodir em antagonismos insolúveis. A desigualdade no acesso aos recursos básicos existe no interior dessas unidades, não se podendo revelar apenas os aspectos comunais da cooperação. Estes servem como elemento contrastante para fora e diante dos antagonistas que visam usurpar seus domínios com pretensões de concentração da propriedade fundiária pelas grilagens.

A gestão que os camponeses, livres dos mecanismos repressores da força de trabalho, realizam nesses domínios não se apóia em princípios gerais de igualdade. Há hierarquias e diferenciações econômicas que não permitem confundi-la com modalidades de apropriação coletiva ou com formas associativas implementadas pelos órgãos oficiais. As terras de uso comum tanto em áreas de ocupação recente, quanto nas regiões de colonização antiga, apresentam-se sujeitas a um controle efetivo pelos grupos familiares mais abastados do campesinato, não obstante os domínios de uso comum se constituírem numa fonte potencial de recursos essenciais, sobretudo para os camponeses mais pobres. Àqueles grupos corresponde o monopólio da administração das cerimônias religiosas nas chamadas terras de santo, assim como a cobrança das denominadas jóias, ou contribuições voluntárias que cada família anualmente oferece ao santo. A apropriação privada do fundo de manutenção pelas famílias dos encarregados, nas terras de santo, e dos herdeiros, nos domínios titulados sem formal de partilha, consolidam diferenciações entre os vários segmentos. Do mesmo modo as famílias de assituantes nos denominados centros detêm maiores possibilidades de comercialização da produção agrícola e de localização de seus roçados nas faixas de maior fertilidade. Tais segmentos são responsáveis, nas áreas tituladas, pela guarda da documentação e funcionam em todas elas como os principais guardiões da vigência das regras de uso comum.

A consolidação da diferenciação leva a tensões agudas entre os membros desses grupos familiares mais avançados. Há aqueles que, esposando um nítido projeto de descampesinização, se empenham em dispor aquelas terras ao mercado. Assim, nas chamadas terras de índio, um dos membros da família designada como dos "herdeiros" (Andrade, idem) é que pretende vender toda a área a uma empresa agropecuária, entrando em conflito com todo o grupo familiar e, por extensão, com o conjunto de famílias daquela unidade social. Nos denominados centros, percebem-se membros da família

[44] Leia Rexroth (1975).

do assituante (Santos, 1983, idem) querendo impor uma cobrança de "renda" à revelia do próprio líder. Então, pode-se dizer que as famílias abastadas são as principais beneficiárias do sistema de uso comum; pode-se dizer também que as tensões internas aí verificadas transcendem os limites de uma disputa familiar e afetam a unidade social como um todo. Uma maior tecnificação, as possibilidades de comercialização e as relações de intermediação com os poderes regionais tornam essas famílias, ou pelo menos alguns de seus membros, com maior probabilidade de adotar um projeto de descampesinização. Este tipo de disputa nos casos mencionados não indica que o tal projeto tenha logrado êxito sobre os domínios mantidos pelo grupo.

As situações referidas, passado mais de um século, em se tratando das regiões de colonização antiga, e muitas décadas, quando se mencionam as áreas de ocupação recente, continuam a manter um sistema de uso comum e têm relevância nas respectivas economias regionais.[45] As denominações examinadas prosseguem funcionando como categorias de confronto, pelas quais uma unidade social se distingue e se contrapõe a outras, afirmando seus direitos inalienáveis. O fato de manterem uma atualidade é bem indicativo de que mantêm sua eficácia diante dos antagonistas. Por sua vez, indica também que são constantes as situações de conflito e tensão que as ameaçam. Neste aspecto, acentuam-se, quando se verifica que os índices alarmantes de violência no campo e a concentração da propriedade fundiária se manifestam consoante uma ação geral, cujos objetivos são dirigidos notadamente contra os fatores considerados imobilizadores. Tais sistemas de uso comum são representados como formas ideológicas de imobilização, que favorecem a família camponesa, a comunidade, a tribo ou a etnia, não permitindo conferir à terra um sentido pleno de mercadoria (Almeida, 1985, p.53-9). São vistos como impedindo que imensos domínios sejam transacionados nos mercados imobiliários capitalistas. Devido a isto, sob essa ótica, precisariam ser desativados para que os referidos mercados pudessem absorver livremente as nossas extensões, com valores monetários fixados. A expansão capitalista lograria, deste modo, destruir tais formas convertendo as terras de uso comum à possibilidade de apropriação individual, resgatando-as ao mercado pela desmobilização daqueles fatores, que são vistos como subvertendo, em certa medida, o caráter privado da apropriação. Tais transações imobiliárias e o respectivo registro legal e individual dessas terras constituem mecanismos fundamentais ao desenvolvimento capitalista em detrimento das práticas de mercado de sistemas econômicos específicos e subordinados. Os mercados informais que abarcam as transações de terras e as permissões de plantio entre camponeses, que não são escrituradas e se apóiam em contratos verbais, como as chamadas

[45] Esta afirmação tem que ser relativizada e sujeita aos resultados da aplicação de métodos estatísticos de quantificação dos domínios e de sua produção efetiva.

licenças de capoeira ou as transações que envolvem as denominadas "posses itinerantes",[46] que compreendem regras de sucessão e transferência que desconhecem os cânones legais. Estas práticas contrapõem-se a uma idéia de modernização agrícola apoiada em operações creditícias com empresas bancárias e agências do mercado financeiro em geral.

O tipo de contradição resultante faz que os sistemas de uso comum estejam sujeitos à pressão constante de programas de titulação, financiados pelo BIRD (mesmo levando-se em conta as tentativas frustradas de inovações contidas na Proposta ao Plano de Reforma Agrária de maio de 1985), que objetivam o parcelamento e a individualização de lotes. As tentativas de apossamento ilegítimo e de grilagem cartorial parecem também ter aumentado consideravelmente, mantendo um clima de conflito e tensão.

Em termos gerais, entretanto, parece que o grau de solidariedade e coesão apresentado pelos camponeses nessas terras de uso comum tem sido forte o bastante para garantir a manutenção de seus domínios. Os vínculos sólidos que mantêm e a estabilidade territorial alcançada constituem a expressão de toda uma rede de relações sociais construída numa situação de confronto e que parece ser reativada a cada novo conflito exercendo uma influência destacada na resistência àquelas múltiplas pressões. Esta disposição seria uma das razões pelas quais, com o acirramento dos confrontos, tais domínios podem ser classificados hoje como uma dentre as zonas mais críticas de conflito e tensão social na estrutura agrária brasileira.

ANEXO

CÂMARA MUNICIPAL DE ANTÔNIO GONÇALVES
Praça Eduardo Pinto Guirra, 50 – Tel.: (**74)3547-2807
CEP: 44.780-000 – Antônio Gonçalves – BA
C.G.C.: 13.233.150/0001-97

PROJETO DE LEI DO LEGISLATIVO N. 04/2005.

Que cria a lei do licuri livre ou lei do ouricuri, sua preservação, extrativismo e comercialização.

O Prefeito Municipal de Antônio Gonçalves, Estado da Bahia, no uso de suas atribuições legais, especialmente amparado nos incisos IV e VI do art. 201 da lei orgânica do Município.

[46] A própria figura da "posse itinerante", urdida pelos órgãos de ação fundiária nos anos 70, numa tentativa de estabelecer uma aproximação formal à modalidade de ocupação camponesa nas regiões amazônicas, teria que ser revista, posto que não pressupõe a utilização simultânea de várias extensões de terras cultivadas não contíguas.

Faço saber que a Câmara Municipal aprovou e eu sanciono a seguinte lei:

CAPÍTULO I
Da constituição

Art. 1º – Fica criada e aprovada a lei do licuri livre, vinculada à Secretaria de Agricultura e Meio Ambiente do Município, e conselho das associações que representam os trabalhadores rurais do município de Antônio Gonçalves.

CAPÍTULO II
Dos objetivos

Art. 2º – São objetivos desta lei; proteger os ouricurizeiros como planta de preservação permanente, seu cultivo e geração de renda para as comunidades e famílias de baixa renda, bem como alimento para os animais.

I – Prover as comunidades e os catadores do licuri no âmbito do município, assegurar a continuidade da exploração dessa cultura extrativista.

II – Que os catadores do ouricuri ou ouricultores respeitem as propriedades, bem como: não cortar arames ou danificar cercas, proteger a fauna e a flora.

Parágrafo Primeiro

São de livre acesso por meio de cancelas, porteiras e passadores, o uso comum dos catadores do licuri e suas famílias, que as exploram em regime de economia familiar e comunitária.

Parágrafo Segundo

Para proporcionar melhor produção aos ouricurizeiros e desenvolvimento de outras plantas, os proprietários devem seguir uma metragem de aproximadamente 3 a 5 metros de uma planta a outra.

Art. 3º – Os trabalhos de raleamento dos oricurizeiros deverão ser comunicados com prazo mínimo de 15 dias aos órgãos ambientais do município de Antônio Gonçalves.

Parágrafo Terceiro

Aos catadores fica proibido: cortar as palhas finais ou as do olho do ouricurizeiro, bem como acender fogo indevidamente nas propriedades particulares, cortar caichos verdes que não sirvam para o aproveitamento.

Parágrafo Único

Do que trata o parágrafo terceiro, exceto os trabalhadores em artesanato que produzem vassouras, chapéus, esteiras..., deixando sempre as duas palhas finais.

Art. 4º – Entidades ou órgãos parceiros: Secretarias Municipais de Agricultura e meio ambiente, Sindicato dos Trabalhadores rurais de Antônio Gonçalves, Escola Família Agrícola de Antônio Gonçalves, e conselho das associações do município que representem os trabalhadores rurais.

Art. 5º – O descumprimento desta lei em agressão ao meio ambiente implicará em multa.

I – A multa será arbitrada pela Secretaria do Meio Ambiente e agricultura de Antônio Gonçalves e conselho das associações que representam os trabalhadores rurais do município.

II – Para garantir melhor produção, comercialização dos produtos derivados do ouricurizeiro.

III – Que o Município proporcione aos catadores organizarem-se em associações e cooperativas.

Disposições Finais

O município viabilizará os recursos humanos e financeiros capacitação de pessoal, melhor aproveitamento e comercialização dos produtos vindo do ouricurizeiro, o Poder Executivo e Legislativo, respaldados por esta lei, fará a efetivação necessária na busca de programas para a melhoria da qualidade de vida das famílias do município de Antônio Gonçalves.

Art. 6º – Esta lei entra em vigor na data da sua publicação, revogando-se as disposições em contrário.

Sala das sessões da Câmara Municipal, 5 de agosto de 2005.

Jurandy de Jesus Menezes
Vereador

REFERÊNCIAS BIBLIOGRÁFICAS

ALMEIDA, A. W. B. de. As áreas indígenas e o mercado de terras. *Aconteceu* (São Paulo), v.1984, Cedi, p.53-9, 1985.

______. *Estrutura fundiária e expansão camponesa.* Carajás – desafio político, ecologia e desenvolvimento. Brasília: CNPq/Brasiliense, 1986.

______. Quilombolas, selvagens e fascinorosos: pânico na capital e no sertão. In: *A ideologia da decadência* – leitura antropológica a uma história da agricultura no Maranhão. São Luís: Fipes, 1983.

______, CORREIA, C. M. et al. *A economia dos pequenos produtores agrícolas e a implantação do centro de lançamento de Alcântara*. Brasília: CCA/Mirad, 1985.
______, ESTERCI, N. Terras soltas e o avanço das cercas. *Projeto Emprego e Mudança Sócio-Econômica no Nordeste* (Rio de Janeiro), v.II, MN/UFRJ/Ipea, 1977.
______, MOURÃO SÁ, L. Questões agrárias no Maranhão. *Pesquisa Antropológica* (Brasília), n.9/10, 1976.
ANDRADE, M. de P. *Terra dos índios*. São Paulo, 1985. Tese (Doutorado em Sociologia – USP).
AZEVEDO, G. *Vocabulário do criatório norte-riograndense*. Rio de Janeiro: MA – Serviço de Informação Agrícola, 1966.
AZEVEDO, R. C. *Uma experiência em comunidades negras rurais*. São Luís: Gráfica São Luis, 1982.
BARROSO, V. *Marajó:* estudo etnográfico, geológico e geográfico da grande Ilha. Belém: Imprensa Oficial, s. d.
BEZE, Z. Exposição sobre a Fazenda Pirituba. São Paulo: PUC-Proter, 22 de maio de 1987.
CARDOSO, C. F. S. *Escravo ou camponês?* – O protocampesinato negro nas Américas. São Paulo: Brasiliense, 1987.
CARVALHO, H. M. de. *Da aventura à esperança:* a experiência autogestionária no uso comum da terra. Curitiba, 1984. (Mimeogr.).
CARVALHO, J. Serra goiana tem quilombo de 150 anos. *Jornal do Brasil,* Rio de Janeiro, 23 ago. 1987. p.20.
CASCUDO, L. da C. *Dicionário do folclore brasileiro*. Rio de Janeiro: INL, 1954.
CASTRO, E. M. R. de; HÉBETTE, J. (Orgs.) Terras de preto, terras de santo, terras de índio: posse comunal e conflito. *Cadernos NAEA* (Belém), n.10, p.163-96, 1989.
CORREIA, C. M. *Populações atingidas pela Barragem do Brumado, Bahia*. Brasília: CCA/Mirad, 1986.
CORREIA LIMA, O. *Isolados negros do Maranhão*. São Luís: São José, 1980.
SALES, C. M. V. *Os descendentes de Timóteo* – lutas dos camponeses numa área de conflito do Baixo Paranaíba. São Luís, 1984. (Mimeogr.).
CUNHA, E. da. *Os sertões*. São Paulo/Brasília: Cultrix/INL, 1973.
ESTERCI, N., DABUL, L. Roças comunitárias & outras experiências de coletivização no campo. *Cadernos do Cedi* (Rio de Janeiro), n.10, abr. 1982.
FACÓ, R. *Cangaceiros e fanáticos*. Rio de Janeiro: Civilização Brasileira – UFC, 1980.
FERNANDES, R. C. (Org.). *Dilemas do socialismo* – A controvérsia entre Marx, Engels e os populistas russos. Rio de Janeiro: Paz e Terra, 1982.
FIBGE. *Censo agropecuário*, 1980.
HOLANDA, F. Fortaleza nos tempos do Caldeirão. *Nação Cariri*, n.9, p.15-21, nov./dez. 1983.
INCRA. *Manual de preenchimento do laudo fundiário* – declaração para cadastro de imóvel rural e documento para habilitação de detentor. Brasília: jul. 1986, p.19-20.
______. "Saco de Belém" em Santa Quitéria-CE. Fortaleza: BNB/Sudene/Incra/Israel, 1982. 76p.
LENIN, V. I. *O desenvolvimento do capitalismo na Rússia*. São Paulo: Abril, 1982.
______. *Programa Agrário II*. Belo Horizonte: Global, 1979.
LINHARES, L. F. R. *Conflitos de terra na Agropig*. Brasília, ago. 1985. (Mimeogr.).
LOBATO DE AZEVEDO, A. L. *A Terra somo nossa:* uma análise de processos políticos na construção da terra Potigura. Rio de Janeiro, 1986. Dissertação (Mestrado) – PPGAS-MN-UFRJ.

LOBO, J. F. Arquivo Nacional, doc. 16, v.22/Anac, fls. 230-40, 1803-?.

MARTINS, J. de S. Lutando pela terra: índios e posseiros na Amazônia Legal. In: *Os camponeses e a política no Brasil.* Petrópolis: Vozes, 1980.

MIRAD-INCRA. *Proposta para a elaboração do I Plano Nacional de Reforma Agrária.* Brasília: Mirad, maio 1985.

MOURÃO SÁ, L. *O pão da terra:* propriedade comunal e campesinato livre na Baixa Ocidental Maranhense. Rio de Janeiro, 1975. Dissertação (Mestrado) – PPGAS/ Museu Nacional/UFRJ.

______, PRADO, R. *Todo ano tem.* Rio de Janeiro, 1975. Dissertação (Mestrado) – PPGAS/Museu Nacional/UFRJ.

O'DWYER, E. *Reconstituição do conflito de São José da Boa Morte.* Rio de Janeiro, 1979. (Mimeogr.).

OLIVEIRA FILHO, J. P. de Terras indígenas no Brasil: uma tentativa de abordagem sociológica. *Boletim do Museu Nacional,* n.44, p.4, out. 1983.

______.Terras indígenas: mito e verdade. In: *Terras indígenas no Brasil.* Cedi/Museu Nacional, 1987.

PALMEIRA, M. G. S. *Latifundium et Capitalisme au Brésil.* Lecture critique d'un débat. Paris, 1971. Tese (Doutorado).

QUEIROZ, M. V. de. *Messianismo e conflito social.* São Paulo: Ática, 1977.

REXROTH, K. *Communalism:* From its Origins to the Twentieth Century. London: Peter Owen, 1975.

RINALDI, D. *A terra do santo e o mundo dos engenhos.* Rio de Janeiro: Paz e Terra, 1981.

RIVERA, F. La comuna de negros del Rio Santiago em cien años de história. In: *Campesinato y organización en Esmeraldas.* Quito: CAAP/ Ocame, 1986.

SANTOS, M. Fronteiras: a expansão camponesa no Vale do Rio Caru. In: *Estrutura agrária e colonização na fronteira amazônica.* Belém: Museu P. E. Goeldi – CNPq, 1983. (Mimeogr.).

SOARES, L. E. *Campesinato, ideologia e política.* Rio de Janeiro: Zahar, 1981. p.223.

SOUZA, J. B. de. *Quixadá de fazenda a cidade (1755-1955).* Rio de Janeiro: IBGE – Conselho Nacional de Estatística, 1960.

SUDELPA. *As comunidades negras do Vale do Ribeira.* São Paulo, jul. 1986.

TOCANTINS, L. Campos e currais. In: *O rio comanda a vida: uma interpretação da Amazônia.* Rio de Janeiro: Biblioteca do Exército, 1973.

VELHO, O. G. *Frentes de expansão e estrutura agrária.* Rio de Janeiro: Zahar, 1972.

2
SESMARIA COMO TERRA DA PARENTALHA: DIREITO DE FATO *VERSUS* DIREITO LEGAL

Sueli Pereira Castro

Este artigo, que tem como questão central o processo de ocupação e reprodução de camponeses do sertão mato-grossense em terras de sesmarias, definidas como "terra da parentalha" pelos seus sujeitos, procura analisar a articulação entre o direito agrário português – instituto sesmarial – e o costume imemorial do direito à terra pela morada e pelo cultivo, na configuração de um *éthos* jurídico que mostra permeabilidade entre os princípios legais e as práticas sociais do camponês e sua reprodução.

Na baixada cuiabana mato-grossense, onde realizamos nosso trabalho empírico entre 1994 e 1998, as áreas denominadas de Terras de Sesmarias caracterizam-se como um espaço com forte presença de uma campesinidade.[1] A atividade econômica desta espacialidade está ancorada na produção de alimentos *in natura*, como a mandioca, o milho e o arroz de sequeiro, ou transformados, como a farinha de mandioca e a rapadura, a pecuária extensiva de pequeno porte, marcando uma economia muito mais de aprovisionamento doméstico do que de mercado, tendo a mão-de-obra familiar como base de sua organização produtiva. E, como uma de suas características básicas, há o fato de serem domínios, titulados ou não, que, quando tornados espólios, permaneceram indivisos por várias gerações, sem que houvesse uma partilha formal, destacando-se o vínculo moral e significativo entre a terra e o parentesco. Essas Terras de Sesmarias enquadram-se entre as situações descritas por vários estudiosos como "terras de herança" (Almeida, 1988).

[1] O termo campesinidade é usado no sentido de indicar distintas manifestações camponesas em tempos e lugares diferentes e, portanto, em contextos culturais particulares, mas que podem ser vistas como transformações de uma matriz básica (WOORTMANN, 1990).

A sesmaria como forma jurídica de apropriação e ocupação da terra no Brasil durante o período colonial está fortemente associada ao latifúndio.[2] Na nossa historiografia, sobretudo na história econômica brasileira, a sesmaria significa o elemento que atendeu a uma forma de ocupação do território brasileiro em função dos interesses mercantis europeus e implicou no estabelecimento de grandes unidades de produção rural.

O regime de sesmaria e o regime de escravidão são colocados como recorrentes entre si, pois, para requerer sesmaria, era preciso ter escravos, e, para realizar investimentos em escravos, era indispensável dispor de garantias de apropriação da terra para realização de excedentes produzidos pelo trabalho escravo. Assim, as propriedades da terra e do capital vinculam-se ao processo produtivo. Então, como explicar a relação entre sesmaria e campesinato que a realidade na baixada cuiabana revelava?

Buscando na historiografia mato-grossense elementos que pudessem fornecer um quadro de referência para a compreensão do processo de formação social do campesinato na região, o encontrado não difere da literatura histórica consagrada, sobre o processo de ocupação nacional, cujo campesinato continua sendo "a face oculta da economia e da sociedade colonial" (Linhares e Silva, 1981, p.58). As referências históricas sobre sesmarias privilegiam as que vieram a se tornar grandes fazendas tradicionais. A ênfase era sobre aquelas sesmarias que se transformaram em imensas fazendas, principalmente na segunda metade de século XIX, ligadas aos "clãs" que dominaram econômica e politicamente o Estado, ou, então, as que se destacaram pela sua enorme extensão e produção, como nos casos das fazendas Jacobina e São João. Dessa forma, a literatura não nos fornecia elementos que permitissem a construção de um panorama geral sobre a constituição do campesinato local, a não ser de forma muito vaga, o que dificultava a compreensão da diversidade de apropriação e uso da terra.

Para o entendimento da relação entre sesmaria e campesinato em Mato Grosso, optou-se por realizar uma pesquisa que permitisse desvelar aquele universo campesino, "das terras de sesmaria", por meio dos sujeitos que se diziam seus *herdeiros*, e, neste enfoque, o trabalho etnográfico impôs-se como instrumento necessário. A Sesmaria Baús, situada no distrito do mesmo nome, no município de Acorizal, que pertencia, até 1953, ao município de Nossa Senhora do Livramento, em Mato Grosso, constituiu-se na base empírica do trabalho etnográfico.[3]

O recorte desse espaço, Sesmaria Baús, área de ocupação muito antiga, vincula-se ao fato que, dentre as áreas visitadas da baixada cuiabana, é em

---

[2] Guimarães (1977) e Prado Jr. (1967) são duas das referências sobre o regime de sesmaria nesta concepção.

[3] O trabalho de campo subsidiou minha tese de doutorado, de 2001, cujo título é "A festa santa na Terra da Parentalha: festeiros, herdeiros e parentes. Sesmaria na baixada cuiabana matogrossense".

Baús que o "patriarca"[4] da sesmaria colocou de forma clara o que isso representava na região: "Olha, a senhora quer saber o que é sesmaria? Sabe, sesmaria é a terra da parentalha". Foi o encontro do fio da meada para o desvelamento das Terras de Sesmaria na baixada cuiabana. A memória social, marcada pela tradição oral, referenciada numa experiência coletiva, entrelaçando terra e parentesco, e a compulsão a documentação em arquivos, permitiu que se acompanhassem as formas de associação entre o código costumeiro e o código oficial, possibilitando à preservação do patrimônio territorial e também a compreensão da interface entre a lei e a ideologia dominante com os usos do direito comum e a consciência costumeira.

SESMARIA: TERRA DA PARENTALHA

O princípio da história da Sesmaria Baús, segundo a tradição oral, é o ato de requisição das terras pelo sertanista Constantino, "lá no Livramento". Este recorte ao passado, mais do que uma linha fluente de fatos ocorridos, enuncia uma tradição na medida em que revela as concepções presentes que exprimem os traços da identidade do "povo do Constantino":

> Aqui era assim: O Constantino requereu esta terra no Livramento. Eu tenho a escritura dele. Aí morreu o Constantino e ficou o Eduardo Arruda Botelho. Nós somos descendência do Constantino e do Eduardo. Aí veio aparecendo os netos do Eduardo e foi saindo nós. Assim óh: Constantino, o Eduardo que teve o Sebastião, o Feliciano, o Faustino, o Manuel. O Sebastião casou com a Maria Felirmina de Arruda, sobrinha dele. Daí meu avô Sebastião que morreu, ficou papai, daí bateu o derrame nele e ficou prá mim. [...] O Constantino requereu essa terra de sesmaria, que era devoluta e deu princípio. Que ele veio lá das bandas de São Paulo e começou tudo. Foi num tempo muito, muito antigo. Tudo que é daqui, quer dizer, terra e o povo nosso, é pertença do Constantino, porque a gente veio do ramo do Eduardo que era filho dele. Então, tudo é dele [...] Os da beira da estrada, que tem lá aqueles comerciantes, os dois irmãos dele e o sobrinho, esse povo são geração da Rússia. Então, é outro povo. Nosso povo é do Constantino e do filho dele, Eduardo, e que depois foi saindo os netos do Eduardo e saiu nós. O povo da beira da estrada, estes que estão aí [descendentes de garimpeiros], e o povo da geração da Rússia [comerciantes locais] não são bauanos. É só nós que é geração do Constantino. (Sr. Palmiro)

O ponto central expresso na tradição oral, retida na memória social, é o ato primevo que possibilitou a origem do "povo do Constantino", um sertanista, vindo "lá das bandas de São Paulo", que requereu aquelas terras

[4] Designação utilizada pela pesquisadora para definir o papel que exerce um dos herdeiros de Constantino, o primeiro que requereu aquelas terras e que detém autoridade sobre o grupo familiar, pelo direito de descendência patrilinear. A sua autoridade confirma-se pelo fato de ser o guardião dos pertences da família: o documento de propriedade da sesmaria – que o Constantino requereu –, a Bíblia da família e da parentalha

vazias, isto é, natureza, e constituiu a "família", que será a geradora do seu povo, "os Arruda Botelho". A fundação do mundo é a fundação dos laços de parentesco, ocorrido *in illo tempore* (Eliade, 1957) e, nesse sentido, sesmaria é gênese porque revela a sua criação e a sua geração. O acontecimento ocorrido no tempo primordial só pode ser contado porque os mais velhos – "os antigos" – narraram para as novas gerações.

Como memória coletiva, sesmaria é um espaço criado e recriado, um processo social, em que o ato de fundação é remetido para um tempo imemorial, portanto, não vivido pelo grupo, mas que, fundido a uma genealogia, traz um sistema de classificação que liga a atual geração ao ancestral comum e lhes dá identidade. As narrativas, ao evocarem sempre a origem da sesmaria, o *princípio* ou *início*, também destacam que seu fundador deixou como herdeiro da sesmaria seus quatro filhos, todos do sexo masculino, que vieram a formar "os ramos do Constantino". A "parentalha", portanto, constitui-se do conjunto dos "ramos" formados pelos filhos do fundador: o Eduardo, o Antônio, o João e o Manoel.

Assim, os moradores do arraial são os do ramo do Eduardo, que é filho primogênito do Constantino. Aquele, ao morrer, deixa para seu filho Sebastião, também o primogênito, a sua sucessão como autoridade moral, que deve zelar pela continuidade dos "pertences" do Constantino: terra e parentesco.

Os "mapas" que situam a rede de parentesco que levam a uma ascendência até o ancestral fundador possuem um forte viés patrilinear, assim como a transmissão da terra, como informa a tradição oral. A rede de parentesco tem o papel de um esquema organizador de práticas, que delimitam tanto a territorialidade, como os direitos e os deveres entre pai e filho e da parentela com o patrimônio. Desta forma, o parentesco é uma linguagem que define direitos, estes relacionados à descendência

Dessa forma, como um território do parentesco, sesmaria é uma categoria que comporta dois sentidos: primeiro como um patrimônio da família, designando um espaço em que se reproduzem socialmente várias famílias de parentes descendentes de um ancestral comum. Assemelha-se ao caso do sítio camponês no nordeste (Woortmann, 1983; Godói, 1999) ou a terra de índios no Maranhão (Andrade, 1990); o segundo, como um território em que os "herdeiros" possuem o direito à "casa de morada" (casa-quintal), à "terra de respeito" (a área de roçado) e à "terra de comum" (acesso à terra para o trabalho, a pastagens e a recursos naturais).

A terra como um bem coletivo é pertence dos mais velhos, "os antigos", que a receberam como tradição e devem transmitir às suas gerações. A unidade familiar constituiu-se como a intermediação entre os parentes e as formas de usufruto da terra comum e estabeleceu as formas de apropriação privada do trabalho da família, nas quais os laços de reciprocidade estão no âmago da existência do grupo.

Como um território, a sesmaria comporta teoricamente um modelo comunitário e corporativo, no qual a noção de pertencimento à comunidade é dada pelo parentesco. A terra, mais que um bem, constitui uma ordem moral, um bem indivisível, o que implica a indivisão da família para perpetuação do grupo doméstico.

Entretanto, o produto das "terras de respeito", isto é, o roçado de cada grupo familiar, é apropriado privadamente pelo grupo doméstico que a realizou, como resultado de um trabalho pertencente ao grupo. A parentela constitui um grupo formado por várias famílias nucleares, vivendo cada qual em sua moradia, e, regra geral, economicamente independente umas das outras. Ocorre uma articulação entre a apropriação familiar e o usufruto comum dos recursos da natureza. A apropriação privada, na realidade, é sempre marcada por laços de reciprocidade e por uma diversidade de obrigações para com os demais grupos de parentes.

> Aqui cada um mora no seu. Agora esse tinha casa, como o Milton, aqui e eu moro lá em cima, daí tinha vez nós tinha um mato e a gente fazia tudo reunido, do contrário cada um faz e planta que gosta desde uma rama, uma cana, um cará, uma banana, uma batata, tudo. (Sr. Gastão)

Como território, a sesmaria é, portanto, um espaço moral e define-se por intermédio de contrastes, complementaridade e oposições (DaMatta, 1997).

A tradição oral revela-se, assim, produtora de uma identidade definidora "dos nossos" e "os de fora", o que implica um conjunto de princípios e regras que determinam o pertencimento ou a exclusão do grupo, como consangüinidade, territorialidade, residência e endogamia.

A palavra sesmaria, dessa forma, é o nome que referencia uma tradição, termo aqui empregado no seu sentido etimológico *traditio* – aquilo que se entrega, o que é passado de geração a geração: saber e terra. Traz o peso acumulado das experiências das gerações passadas e realizadas como tradição. Assim, sesmaria é uma palavra performativa, nela estando presentes significante e significado, e, assim, podendo "criar ou modificar a 'realidade" (DaMatta, 1997).

TERRA REQUERIDA: "PÔR-EM-FORMA"

Além da descrição de laços de parentesco e de linhas de ascendência em todas as narrativas, assinalando os dois princípios, ato de fundação e ascendência, matriz do grupo sem o qual não haveria a terra de sesmaria, evoca-se também a posse do documento – "a escritura" – que comprova ser a sesmaria propriedade dos herdeiros do Constantino –, "que requereu as terras lá no Livramento", sendo transmitida para a sua geração.

O ato de requerer a sesmaria foi uma fixação regular em todas as narrativas, colocada sempre de forma sumária, mas enfática. A referência ao documento leva em seguida à informação de seu "guardião", e de que o primeiro lhe foi transmitido pelo pai, que recebeu do avô. Este, na realidade, expressa a cadeia de transmissão do patrimônio, e o documento, portanto, consubstancia a seqüência de gerações. É o elemento escrito entregue, passado de geração para geração, constituindo-se um marcador significativo da memória coletiva, uma vez que ele identifica os acontecimentos que marcaram a vida do grupo, como a experiência fundadora e a cadeia de transmissão do patrimônio à descendência dos ancestrais. Portanto, condensa uma dimensão do que é vivido e representado, constituindo-se como um símbolo porque corporifica os direitos e a identidade do grupo.[5] Além disso, ele é o responsável pela guarda da Bíblia da família. Ele constitui-se um elo da corrente da geração do Constantino, revestindo-se de uma autoridade maior, que lhe confere o direito do controle sobre o grupo familiar, pelo direito de descendência patrilinear. E consubstancia os laços solidários nos princípios do parentesco e do direito.

O documento, assim, mais do que um legalismo, constitui-se um símbolo, já que se relaciona ao ato primordial – o de "requisição das terras devolutas" –, gênese da terra e do parentesco. E corporifica, portanto, a percepção coletiva da unidade comunitária.

Entretanto, tal afirmativa não significa dizer que o grupo não tenha consciência do papel do aparelho jurídico, já que a sesmaria como terra requerida representa um código do direito agrário português, e insere-se, portanto, no âmbito do direito positivo, isto é, das normas escritas. Mais que isso, ao se compulsar a documentação para comprovar a legitimidade da propriedade jurídica da sesmaria dos "herdeiros de Constantino", que a oralidade trazia à baila, pode-se perceber como a "arraia miúda" (Costa, 1992) buscava "pôr-em-forma" a situação jurídica de "dono" (Bourdieu, 1989, p.240-51) da terra há muito ocupada.

Os primeiros documentos nos quais se encontra referência à Sesmaria Baús são os que envolvem sua concessão, desde o seu requerimento até a carta de doação desta, confirmando o direito de uso sobre as terras devolutas, nas "sobras de Mariano José da Silva, para o alferes Constantino de Arruda Botelho", em 1818, em que o "suplicante prezentemente tem sua arranchação" [sic].[6] A requisição da doação da sesmaria, das terras já ocupadas,[7]

[5] A atenção aos "papéis" muito antigos ou documentos que atestam a propriedade das terras para comunidades camponesas sul-americanas também foi detectado por Hobsbawn. (Apud SOARES, 1981, p.53).

[6] Informe da Câmara de Cuiabá em 17 de junho de 1818. Requerimento/1819 (Arquivo Público: lata referente à sesmaria de 1819/22).

[7] O perfil de Constantino de Arruda Botelho mostra não ser uma exceção conforme demonstra a documentação compulsada sobre solicitações e doações de sesmarias. Nela há um predomínio

busca legitimá-la dentro da forma jurídica fundada no instituto sesmarial.[8] Apesar de a realidade fundiária colonial nada ter em comum com a portuguesa, o que implicou em especificidades na sua implantação na Colônia (Faoro, 1987; Smith, 1990; Jones, 1997), o instituto sesmarial, na realidade, preservou na sua essência um fato de maior relevância na sua legislação, a exigência do cultivo e da exploração da terra para a concessão e sua manutenção. A posse da terra, desta forma, está sujeita a uma série de obrigações, cláusulas resolutivas e atribuições de responsabilidades que os concessionários deviam assumir diante da Coroa portuguesa. Caso as obrigações não fossem cumpridas, as terras se tornariam passíveis de ser transferidas a "quem as lavre e semeie".

Os documentos compulsados, sobre a Sesmaria Baús, trazem todo o rito que envolvia o processo de uma doação de sesmaria, permitindo que se vissem suas nuanças burocráticas. Após os editais proclamados pelo senado, ocorreu uma contestação por parte do tenente-coronel José Antonio Pinto de Figueiredo sobre os limites da sesmaria solicitada, que se confronta com a sua, bem como sobre o fato de o suplicante não ter posses suficientes para a solicitação de uma sesmaria. Após tal contestação, o alferes passa a ser sargento nas diversas correspondências e pareceres sobre o caso e, por fim, o juiz pela ordenação e provedor da Coroa e Fazenda Caetano da Costa Araújo Mello dá um parecer favorável ao suplicante Constantino de Arruda Botelho, pois este "se faz digno da graça que pede à sua Ex. de conceder-lhe a sesmaria de terras com extensão e lugar não obstante obstante a posição de José Antonio Pinto de Figueiredo",[9] sendo, então, concedida a carta de doação da sesmaria ao requerente em 13 de agosto de 1819, registrada na 3ª folha do livro 6 de Sesmaria,[10] nas folhas 103 a 108.

A sesmaria concedida a Constantino de Arruda Botelho, que seguiu todos os trâmites legais, veio, na realidade, confirmar o direito de uso das terras que ele "há muito já ocupava", praticando uma agricultura e criação de gado "que é de interesse público promover".[11] Esses documentos evi-

de militares de baixa patente, sendo que uma parcela significativa somente solicita a confirmação de terras onde já trabalhavam, produzindo suas roças por mais de dez anos. Mostra-se assim que a posse precede a titulação.

[8] O regime jurídico da sesmaria, legislação agrária portuguesa cuja origem remonta ao século IV e que se entrelaça ao direito costumeiro imemorial referente à ocupação e ao uso das terras comunais do município medievo, foi transplantado para a Colônia mediante as mesmas disposições legais vigentes em Portugal (LIMA, 1954).

[9] Documento do Juiz pela ordenação e provedor da Coroa e Fazenda ao Sr. Governador e Capitão General desta Província Francisco de Paula Maggese Tavares de Carvalho em 24 de maio de 1819 (Arquivo Público: lata referente à sesmaria de 1819/22).

[10] Conforme Carta de Sesmaria transcrita das páginas do Livro de Propriedades do município de Livramento, ano de 1894. Livro n.1, n.66. A (fls. 185/187).

[11] Parecer do processo de Constantino em 23 de abril de 1819 de Antonio José Carvalho Chaves (Arquivo Público: lata referente à sesmaria de 1819/22).

denciam que o requerente, alferes, não possui posses significativas como escravos ou um grande quartel de gado, praticando em sua posse, onde se achava arranchado, uma atividade agrícola que atendia mais às necessidade familiares, como se pode ver em documentação posterior: seu inventário *post mortem*, poucos anos após a confirmação a seu requerimento da sesmaria.

Em 1854, os quatro filhos herdeiros do Constantino, Eduardo d'Arruda Botelho, Antonio d'Arruda e Oliveira, José d'Arruda e Oliveira e Manoel Joaquim Pinto d'Arruda, confirmam estarem estabelecidos no lugar denominado Bahu, em terras "demarcadas":

> ... tendo uma légua de testada e duas de fundo, nas sobras da medição da Sesmaria de Mariano José dos Santos, correndo aos fundos de Norte a Sul, aonde têm residência habitual os ditos declarantes, cujas terras forão concedidas a Constantino de Arruda Botelho, em 13 de agosto de 1819 pelo Governador e Capitão General d'esta mesma província....[sic]

Este registro no Livro Paroquial de Nossa Senhora da Guia foi realizado com o que dispunha o artigo do regulamento número 1.318 de 30 de janeiro de 1854, do período imperial, logo após a promulgação da Lei n.601 de 1850, conhecida como a Lei da Terra, instituída quase trinta anos após o fim do instituto sesmarial.

Tal lei deu uma nova feição à forma de apropriação e uso do solo, já que instituiu a propriedade privada, isto é, o domínio pleno de particulares sobre a terra. Assim, essa nova lei, diferentemente do regime sesmarial, não foi um projeto de colonização como era a antiga lei, mas é, efetivamente, a lei da propriedade territorial. Ela representou o papel fundamental de transição do trabalho escravo para o trabalho livre, concedendo ao Estado Imperial o controle sobre as terras devolutas, que desde o fim do regime de concessão de sesmarias, em 1822, vinham passando de forma livre e desordenada ao patrimônio particular.

Após a institucionalização da lei, o direito de propriedade não era mais condicionado à sua utilização e aproveitamento como na situação anterior. A terra foi transformada em mercadoria. A lei proibia a aquisição de terras devolutas por outros meios que não a compra e estabelecia uma nova definição para o conceito de terra devoluta.

Foram atribuídas como terras particulares as sesmarias revalidadas e as concessões do governo provincial que se achassem cultivadas, bem como as posses mansas e pacíficas que se achassem cultivadas ou com princípios de cultura e morada habitual do posseiro. Também previa que, em caso de disputas entre posseiros e sesmeiros, o critério seria sempre o de favorecer aquele que cultivasse as terras. Os possuidores que deixassem de proceder à medição nos prazos marcados seriam reputados, caídos em comisso e perderiam os benefícios da lei, conservando apenas o direito de serem mantidos na posse do terreno que ocupassem com efetiva morada habitual, considerando-se devoluto o que se achasse inculto. Coube ao governo, então, prover de meios práticos pelos quais seria extremado o domínio público do particular (Silva, 1996).

Uma das providências para definição das terras de domínio público e particular foi a organização por freguesias, com registros de terras possuídas mediante declarações feitas pelos próprios possuidores, impondo multas aos que deixassem de fazê-lo nos prazos demarcados.

Assim, os herdeiros de Constantino registraram as suas terras na Paróquia da Freguesia de Nossa Senhora da Guia, transformando a sesmaria em propriedade privada da família Arruda Botelho, conforme definia a lei.

A sesmaria foi registrada com a sua extensão original, isto é, indivisa, e os "declarantes as houve por legítima de seu finado pai o dito Constantino d'Arruda Botelho",[12] apesar de cada "ramo" ter formado um novo núcleo dentro da área de sesmaria.

A sesmaria, como "Terra da Parentalha", teve o seu espaço dividido entre os filhos varões, uma vez que, como demonstra o inventário de Constantino, as filhas são excluídas dessa divisão e também da memória coletiva. Os depoimentos das novas gerações apresentam apenas os quatro filhos que herdaram as terras e formaram novos núcleos de povoamento, tendo ao seu entorno as terras de uso comum para a plantação de roças temporárias, "a terra de respeito", e para usos pastais.

A divisão interna dos "ramos" de Constantino, entretanto, não consta no registro paroquial da Freguesia de Nossa Senhora da Guia. Manteve-se o "tronco" que une e define aquela territorialidade: "que é tudo dos pertences do Constantino, que requereu a terra".[13]

Assim, o registro da Sesmaria Baús de forma indivisa configura a manutenção da forma de uso comum da terra pela parentela, os pertences de Constantino, mesmo após a Lei da Terra, que instituiu a propriedade parcelar da terra, preservando o direito costumeiro.

Com o advento da República, a Constituição de 1891 transfere para os Estados da Federação autonomia política, legislativa e administrativa das "... minas e terras devolutas situadas nos seus respectivos territórios, cabendo à União apenas a porção de território que for indispensável para defesa das fronteiras, fortificações, construções militares e estradas de ferro federais".[14]

Em 1892, em Mato Grosso, foi sancionada a primeira lei de terras estadual, n.20/11, dispondo sobre o processo de regularização fundiária e a

[12] Livro Paroquial Freguesia de Nossa Senhora da Guia (Instituto Histórico de Cuiabá).

[13] Na realidade, as terras de uso comum continuaram legitimadas na Lei de Terra, como informa o § 4º do art. 5º, da Lei n.601: "Os campos de uso comum dos moradores de uma ou mais freguesias, municípios e comarcas serão conservados em toda a extensão de suas divisas, e continuarão a prestar o mesmo uso, conforme a prática atual, enquanto por lei não se dispuser o contrário". (Brasil, 1983, p.357).

[14] Constituição da República dos Estados Unidos do Brasil, 1981, art. 64.

lei n.24/11, criando a primeira repartição pública de terras: a Diretoria de Obras Públicas, Terras Minas e Colonização, com sede na capital. Esta lei dispunha sobre os processos de revalidação das sesmarias, legitimação das posses e vendas das terras devolutas, seguindo os princípios norteadores da Lei Imperial de Terras n.601/50.

Nesse novo período, após a proclamação da República, delineia-se uma nova forma de Estado, adotando-se o federalismo, o regime presidencialista e a descentralização nas unidades estaduais da federação, para onde se transferem os domínios das terras devolutas; coube aos estados a discriminação das terras privadas e das terras devolutas, e, para implementar suas políticas de colonização, criaram-se, então, os departamentos de terras. Nesse novo contexto os sesmeiros e posseiros foram convocados novamente a revalidar seus direitos.

Em 1894, os herdeiros de Constantino registram a carta de concessão que foi transcrita no 1º livro de título de propriedade do Município de Livramento.[15] Este documento é o evocado na tradição oral – a "escritura" –, e reveste-se tanto de um caráter simbólico para o grupo, já que tal escritura é associada ao ato de requisição da sesmaria pelo Constantino em Livramento, matriz geradora do patrimônio da família Arruda Botelho, como representa a legalidade da terra ancestral.

O que a tradição oral preservou foi, então, esse momento de averbação da sesmaria, registrado no primeiro livro de Propriedade de Nossa Senhora do Livramento, em período republicano. Neste momento da história agrária brasileira, de acordo com a Constituição de 1891, as terras de domínio público e o poder de legislar sobre a sua concessão, discriminação e legitimação, passaram a ser jurisdição dos Estados. A preservação deste evento, que se transformou no início, ato da fundação, quando se requereu as terras, está relacionada ao fato de ser ele o mencionado em todos os documentos subseqüentes.

Em 1942, o sr. Palmiro de Arruda Botelho obteve da Diretoria de Terras e Obras Públicas de Mato Grosso,[16] sessão de Terras em Cuiabá, um certificado confirmando a revalidação do título de sesmaria doado a Constantino de Arruda Botelho,[17] em 1819. Neste certificado foi transcrita parte da carta

[15] O município de Nossa Senhora do Livramento foi criado em 1883, e a Freguesia de Nossa Senhora da Guia, à qual pertence Baús, passou a ser subordinada a ela.

[16] Criado em 1902, este órgão, que tinha como atribuição a regularização fundiária, foi substituído pelo Departamento de Terras e Colonização, em 1946. Além daquelas atribuições, coube "propiciar facilidades" à aquisição de terras no Estado, especialmente para projetos de colonização visando atender a uma população econômica e politicamente privilegiada. Para ampliar a discussão sobre o processo de especulação das terras devolutas do estado, suas irregularidades e corrupções, nas décadas de 1950 e 1960, que levaram ao seu fechamento, ver as obras de Ferreira (1986) e Moreno (1994).

[17] No livro número um de registros de propriedade do município de Nossa Senhora do Livramento, de 1891.

de doação da sesmaria, contendo sua localização e área. Aquele, assim procedendo, deu continuidade à tradição do "seu povo".

Como autoridade maior, era responsável pela preservação da unidade dos descendentes de Constantino e de seu patrimônio. Competiam-lhe tanto decisões sobre as tensões internas entre a parentela, como também as questões que envolvessem a manutenção do domínio do patrimônio da família. Como guardião dos documentos, deveria cumprir as exigências do direito dominante no que se referia ao patrimônio, mantendo a terra legalizada, conforme a exigência da lei, e o pagamento do imposto territorial. Era, portanto, o mediador entre o universo da "terra da parentalha" e o aparato administrativo e jurídico dos órgãos públicos responsáveis pelas questões da terra, tanto para o registro de confirmação da propriedade como para o pagamento dos impostos.

Os patriarcas ascendentes assim procederam ao providenciarem o registro paroquial da sesmaria em 1854 e, também, o registro de propriedade da sesmaria em Nossa Senhora do Livramento, em 1891, quando Baús estava subordinada administrativamente àquele município. Mantendo a tradição, o último patriarca, ao assumir, buscou "pôr-em-forma" o documento, requerendo um certificado de propriedade da sesmaria na Diretoria de Terras e Obras Públicas de Mato Grosso, na época, responsável pela regularização das terras no Estado.

GLEBA BAÚS: TERRA REPARTIDA

A Sesmaria Baús, como "Terra da Parentalha", foi dividida espacialmente entre os quatro filhos herdeiros do fundador, segundo as narrativas orais, fundando os "ramos do Constantino", conforme já se salientou. A divisão do território em *ramos* ocorreu em determinado momento do ciclo evolutivo da família elementar do ancestral, com o casamento dos filhos homens, transformando esta em uma família extensa. Com o casamento, cada um dos filhos fez sua "arranchação". Os povoados foram formados próximos dos rios, nas extremidades das áreas da sesmaria, mantendo-se na parte interna as terras de uso comum para a plantação de roças temporárias, "a terra de respeito", e a terra para usos pastais. Nos povoados ficaram as moradias e os quintais, havendo, a cada nova geração, um adensamento populacional.

Atualmente, a Sesmaria Baús designa, portanto, o conjunto mais amplo da parentela, formado pelos descendentes de "Constantino", que, ao se casarem e estabelecerem seus sítios distantes do arraial, formaram novos núcleos de povoamento: na barra do Baús, nas Três Pedras, na Laginha, ficando com Baús o arraial fundado pelo ancestral, o primogênito. Cada ramo da família ficou, então, com uma parte da sesmaria, que se constituiu em um núcleo de um novo bairro rural.

Em cada um dos quatro ramos havia, até período recente, um líder local, chamado de "avô" por todos do grupo, com o papel de ser o guardião da tradição oral e de estabelecer os laços entre a parentela e o patriarca. Baús, mantendo a tradição, sempre foi do ramo de Eduardo, o filho primogênito do ancestral fundador.

Cada chefe era uma autoridade moral, respeitada pelo conjunto dos grupos familiares de cada ramo, e era responsável pelas situações de interesse comum da sua espacialidade. Uma dessas situações era a arrecadação do dinheiro para o pagamento do imposto territorial. Para manter a terra legalizada, cabia, como obrigação, o pagamento de impostos. O pagamento do imposto, na realidade, trazia a própria lógica interna da reprodução social do grupo, padrões de parentesco e a ocupação do espaço da sesmaria. Quando se recebia a cobrança do imposto, este era dividido em quatro partes, cabendo a cada "chefe do setor" recolher o dinheiro, entregando-o ao patriarca, para pagar em março de cada ano.

O imposto territorial estadual era calculado baseando-se na área total da sesmaria, de oito mil setecentos e doze hectares (8.712 ha) como constava no certificado da Diretoria de Terras e Obras Públicas de Mato Grosso, "pago na exatoria".[18]

Esta tradição, a "união do povo", existiu até recentemente, quando ocorreu a quebra dos laços solidários: os impostos deixaram de ser pagos. Este momento, referenciado em todas as narrativas, e que culminou com a "perda dos direitos" sobre a terra de comum, segundo suas representações, apontou para um momento de acirramento das tensões entre os grupos internos.

Nesse momento de maior tensão entre a parentela, quando um dos setores, "o povo do Laginha", deixou de pagar sua parte do imposto, o patriarca resolveu, então, não mais pagar o imposto da terra, devolvendo o dinheiro aos outros setores que já haviam entregado suas partes. Esta atitude, objeto de críticas dissimuladas por alguns parentes, na realidade, foi resultado de tensões internas ao grupo, que se vinham manifestando. Segundo o patriarca, o "povo da Laginha", mesmo antes do não-pagamento do imposto, questionava o aumento do valor do imposto a cada ano. Colocavam em dúvida a sua honra, ao desconfiarem dos valores cobrados.

Apesar de não se conseguir precisar a data do evento (para alguns foi há vinte anos, para outros ocorreu há mais de dez anos), vários indicadores apontaram o final dos anos de 1970 como o momento em que o valor do imposto passou a ser questionado, levando um dos setores a não pagar a sua parte.

---

[18] Localizou-se um comprovante entre os "papéis" guardados pelo patriarca. Era uma guia, expedida pelo Departamento de Terras e Colonização, órgão de instância estadual, do ano de 1966. Na guia constava o nome do sr. Palmiro de Arruda Botelho como proprietário único dos 8.712 ha, e o estabelecimento estava classificado como latifúndio, classificação esta que parece ter sido dada também pelo Incra.

De modo geral, pode-se afirmar que esta época se caracterizou por um período de elevação das taxas médias de inflação, tornando incompreensível o comportamento dos preços e dos impostos. Este contexto poderia ser o desencadeador da tensão gerada entre a parentela.

> Noutro tempo não tinha cerca nenhuma. Era só um. Lembro só do meu avô, o Sebastião, que era pai da minha mãe, a Laurinda. O Sebastião tomava conta da terra. Era dono de tudo. A gente pagava o imposto prá ele. Mas agora ficou tudo largado. Ficou tudo picado. O INCRA mediu. (Sr. Gastão)

Os técnicos do Incra chegaram ao local em 1982, para fazer uma caracterização da área e um levantamento dos moradores e de suas respectivas áreas de "ocupação".

Os técnicos, durante o período que ficaram no local, levantaram os dados necessários para a realização do laudo técnico: localização certa da área, esboço circunstanciado da gleba, a relação de todos os titulares de domínio, a relação das ocupações conhecidas, localização com suas confrontações e nomes dos confrontantes, tamanho certo, ou aproximado, da área de cada ocupação, valor estimado, benfeitorias realizadas, culturas e criações existentes.

Para "o povo do Incra", a cerca, como se pode observar nos laudos de vistoria, com os respectivos croquis, correspondia à benfeitoria mais significativa para a demarcação dos lotes, significando a "ocupação". E, como demonstram os diversos depoimentos dos "herdeiros", os técnicos sempre informaram que somente as áreas com cerca seriam consideradas efetivamente ocupadas.

A cerca, antes utilizada somente nas áreas de plantio, para que o gado não destruísse a plantação, estava relacionada ao espaço roça–pasto, que articulava a lavoura e a pecuária em um único processo de trabalho, nas terras de comum, onde se praticava a lavoura tradicional de pousio de longa duração. A cerca era sempre provisória e objetivava impedir que o gado, criado solto, destruísse o "roçado".

Assim, a forma de apropriação familiar do uso do solo se faz de um código ético costumeiro, que se traduz por "terra de respeito" e onde o roçado pode não corresponder a uma propriedade individual, podendo, conforme o caso, em outros anos agrícolas, ser utilizado por diferentes unidades domésticas. Tal forma de apropriação confronta-se com a lógica de propriedade parcelar.

Em 24 de março de 1984, conforme faculdade prevista no art. 28 da Lei n.6.383/76,[19] e em consonância com as diretrizes traçadas pela instrução/INCRA/n.22/77, o processo de n.185 da Coordenadoria Regional de Mato

---

[19] Lei n.6.383, de 7 de dezembro de 1976, dispõe sobre o processo discriminatório de terras devolutas da União e dá outras previdências (Brasil, 1983, p.297).

Grosso do INCRA encaminha uma proposta de arrecadação sumária da Gleba Baús para regularização fundiária.

O ato para a regularização fundiária implica a realização de uma ação discriminatória, a qual consiste em separar as terras devolutas, públicas, das que se encontram em domínio particular legítimo, procedimento instituído formalmente em 1850, com a Lei de Terras. Conforme a lei citada, é competência do Poder Público Federal ou Estadual promover a identificação e a separação das terras devolutas das de propriedade particular, já tituladas e extremadas do domínio público.

No caso enfocado, procedeu-se a arrecadação sumária, que, diferentemente do procedimento administrativo sistemático, consistia em levantar nos cartórios e registros de imóveis a inexistência de domínios particulares na área a ser arrecadada, especialmente nas que eram declaradas indispensáveis à segurança e ao desenvolvimento nacional. Diante da não contestação de terceiros, a terra era considerada devoluta e matriculada em nome da União. Assim, o rito sumário permitia que os trâmites do processo fossem ágeis. Esta forma de procedimento fundamenta-se na emissão de certidões negativas pelos Cartórios de Registros de Imóveis e pelo Serviço de Patrimônio da União (SPU) e, no caso de Mato Grosso, pelo Órgão Estadual da Terra (Intermat).

Como o Estado de Mato Grosso faz parte da Amazônia Legal, as faixas de terras situadas às margens das rodovias federais em uma faixa extensão de 100 km de cada lado do seu eixo, mais as áreas situadas ao longo das fronteiras, foram consideradas de domínio da União (art. 1º do Decreto-lei n.1.164/71). Assim, o Incra era responsável por mais de 60% das terras estaduais, demonstrando a clara interferência dos Governos Militares no processo de ocupação do território, como demonstra Moreno (1994, p.277).

A forma de arrecadação que deveria ser uma exceção constituiu-se no Mato Grosso, em regra.[20] A arrecadação sumária, dispensando a vistoria *in loco*, partindo *a priori* que a área fosse livre de titulação e que poderia ser levada a efeito a qualquer momento, diferentemente da discriminação administrativa – esta poderia levar anos para ser concluída –, fez que o governo estadual optasse por esta forma mais rápida e mais conveniente na arrecadação de terras devolutas, para repassá-las "a quem mais interessassem, e, como se viu, com fins duvidosos" (Moreno, 1993, p.336).

No período entre 1970 e 1990, a arrecadação sumária foi utilizada em áreas de região abertas às novas frentes de ocupação no norte do Estado

[20] "Com base no regulamento do Código de Terra (Decreto n.1260/78), delegou competência ao Estado de Mato Grosso para executar a arrecadação sumária sempre que se apurar, mediante pesquisas nos registros públicos, a inexistência de domínio particular em áreas rurais de sua jurisdição, consideradas indispensáveis ao seu desenvolvimento econômico social" (art.7) (MORENO, 1994, p.333-4).

de Mato Grosso, e entregue "de graça" para grandes grupos econômicos especularem com as terras, sobretudo de territórios de nações indígenas (Oliveira, 1989 e 1997). Recentemente, nos finais de 1980 e intensamente nos anos 90, a baixada cuiabana foi o palco para a ação de regularização fundiária.

Apesar de ser a área de ocupação mais antiga do Estado, onde ocorreram as doações de terras em sesmarias, também o rito sumário de arrecadação de terras foi a forma utilizada, desconsiderando-se sua titularidade, e impondo a forma de propriedade parcelar da terra.

A Sesmaria Baús, por se localizar na área pertencente ao domínio da União, considerada indispensável à segurança e ao desenvolvimento nacional, é arrecadada sumariamente, mediante uma Certidão de Inexistência de Registros sobre a área de Terras, expedida pelo cartório do Sétimo Ofício, Comarca da Capital do Estado de Mato Grosso, e pela Certidão expedida pela Delegacia de Serviço do Patrimônio da União em Mato Grosso, que também atestava. O processo, "devidamente instruído" com as certidões negativas e os laudos técnicos,[21] foi encaminhado à Coordenadoria Fundiária Central – CFC –, a fim de que se procedesse à arrecadação da Gleba Baús, seguindo em anexo a minuta da Portaria (ibidem, p.22).

Junto ao processo seguia um ofício ressaltando que a área constava no Programa Operacional da Coordenadoria do Incra, em Mato Grosso, para a titulação das terras no Estado, e que beneficiaria de "imediato 10 (dez) famílias de agricultores posseiros; legalizando-lhes a posse e propiciando-lhes, assim, o acesso à assistência técnica e creditícia" (Processo 185/1984/ Incra, p.17). Em 5 de julho de 1984, a portaria de n.136 publicada no Diário Oficial transformou a Sesmaria Baús em terra devoluta e a incorporou ao Patrimônio da União, conforme atesta publicação no Diário Oficial de 5/7/1984, para projeto fundiário de assentamento.

Assim, a Sesmaria Baús, que foi requerida por Constantino em 1818 como terra devoluta, estando nela arranchado, transformou-se, em 1984, novamente em terra devoluta, arrecadada como patrimônio da União, em virtude da "inexistência de domínio particular", para fins de projeto fundiário de assentamento, para atendimento de "interesse social". Transformou os herdeiros legítimos da terra em posseiros a serem assentados.

Entretanto, segundo a lei de 1850, são devolutas as terras públicas incultas, não aproveitadas, não apossadas, não habitadas. São terras que, não sendo próprias nem aplicadas a algum uso público, não se incorporaram ao domínio privado, não sendo este o caso da Sesmaria Baús, como já foi

[21] Estes laudos técnicos basearam-se nos trabalhos de Discriminatória *Caracterização e Identificação da área* para a sua arrecadação sumária. Constatavam a incidência de famílias posseiras que exerciam suas ocupações mansas e pacíficas por mais de vinte anos, não sendo "identificadas presenças indígenas, nem reservas florestais".

demonstrado. Desde o ancestral fundador até os descendentes da quinta geração, os trâmites burocráticos, a fim de manter a legalidade da terra, sempre foram cumpridos. Em 1854, seguindo o rito necessário, os filhos do sesmeiro fizeram registro paroquial da sesmaria, que, como informa o inventário, era demarcada, transformando-a em propriedade privada, como rege a lei.

Desta forma, entende-se que os elementos que compõem o processo possuem um vício na origem, uma vez que o rito sumário não poderia ser aplicado a uma terra titulada. Como poderiam o Serviço de Patrimônio da União (SPU) e o Órgão Estadual da Terra (Intermat) expedirem uma certidão comprovando a inexistência de domínio particular sobre a área denominada "Gleba Baús", se os próprios órgãos responsáveis pela regularização fundiária, estadual e federal emitiram documentos que confirmavam o título legítimo, de reconhecimento público? O primeiro, o Departamento de Terras do Estado, expediu um certificado, em 1942, de propriedade daquelas terras, confirmando o título legítimo da Sesmaria Baús, conforme indicava o registro da terra em 1892, em Nossa Senhora do Livramento, e, com base neste certificado, cobrava-se o imposto territorial, até 1966, quando de seu fechamento. O segundo, federal, o Incra, ao assumir a função do departamento estadual fechado, continuou cobrando o referido imposto.

A Sesmaria Baús foi ocupada há quase dois séculos, desde os primórdios do povoamento da região, pelos herdeiros do fundador. Estes mantiveram na forma costumeira a concepção da terra do direito realengo, atualizando a legalidade do "documento", conforme as exigências da lei e, em 1984, foram expropriados de suas terras de uso comum, quando o Incra incorporou as terras ao patrimônio da União, transformando-as em mercadoria.

Assim, de herdeiros legitimados pelo "documento da sesmaria que o Constantino requereu", o qual foi atualizado na forma da lei, transformaram-se em posseiros a serem assentados, aguardando um documento da terra, mas que, como ressaltam, será "tudo de terra repartida".

A introdução da forma parcelar de propriedade, dentro de uma lógica diferenciada, na qual estavam estruturadas as formas de manejo tradicionalmente utilizadas para o rocio e para as pastagens, nas áreas denominadas de terras de sesmarias, implicou a desestruturação desse campesinato. As terras de comum, ao serem *retalhadas*, inviabilizaram o uso costumeiro que dela faziam.

Em 1995, o projeto de assentamento da Gleba Baús passou a ser domínio não mais do Governo Federal, mas do Estadual. O Intermat, então, passou a ser o órgão responsável pelo projeto de assentamento da Gleba Baús, e, em vez de titular os herdeiros que se encontravam morando no local, base para os laudos técnicos realizados pelo Incra, transformou o processo em um projeto, com o mesmos laudos, para assentar sem-terras nas áreas antes utilizadas de forma comum pelos "antigos", sendo estas já tituladas atualmente.

Utilizando-se da mesma área arrecadada para a Gleba Baús, e transformada em domínio da União, fez-se um projeto fundiário para assentamento dos sem-terras.

Assim, a Sesmaria Baús foi transformada na Gleba Baús pelo Incra, inicialmente com o objetivo de regularização fundiária das terras dos antigos herdeiros. Quando o processo foi transferido para o Intermat, órgão de regularização fundiária do Estado de Mato Grosso, este assentou "os sem-terras" nas áreas comuns da sesmaria, dando-lhes a titulação das terras que eram, no passado recente, utilizadas pelos herdeiros de forma comum – "as terras lá do pé da serra que o gado ia".

CONSIDERAÇÕES FINAIS

A análise deste universo, tendo como eixo as categorias autodefinidoras do grupo, a terra e a parentalha, demonstrou que a Sesmaria Baús se configura como um território dos "pertences do Constantino", este o ancestral comum que, ao "requerer aquelas devolutas", fundou o povoado e deu origem ao "seu povo". Estes, no ciclo de evolução da família, vieram, por meio de uma descendência patrilinear, formando novos ramos de parentelas, cujo conjunto constitui a "Terra da Parentalha".

Os dados do trabalho etnográfico evidenciaram um universo camponês que apresenta semelhanças com as diversas situações empíricas analisadas da realidade agrária brasileira, nas quais o acesso à terra ocorre por meio de usufruto comum da terra e dos recursos naturais – "terra de comum" –, articulado com a apropriação familiar – "terra de respeito". Sua gênese, como demonstraram os documentos compulsados, está relacionada à ocupação das terras ao entorno das regiões auríferas por sertanistas para a produção de alimentos, apontando para a configuração de um campesinato livre, não étnico, que se faz presente desde os primórdios da colonização como "sitiantes tradicionais" ou "pequenos lavradores". Este campesinato não se constitui, portanto, como resultante da decadência de uma grande exploração monocultora, fundado no processo de desagregação das *plantations*.

O levantamento em arquivos, na busca dos múltiplos fios que ligam a família Constantino a um ambiente, a uma sociedade historicamente determinada, trouxe elementos significativos para a compreensão da dinâmica de ocupação desses sertões mato-grossenses, onde sertanistas como Constantino foram modestos povoadores típicos, fundando, com seus pertences – terra e parentela –, arraiais e vilas no Brasil Colônia, permitindo tecer algumas considerações sobre o processo de ocupação e povoamento da região das imediações da região mineradora da Cuiabá, Vila Bela e Diamantino – Cuiabá rio acima.

Como território conquistado, pertencente à Coroa espanhola, cabia a garantia da posse pelo povoamento para invocar-se o princípio do *uti possidetis*, para a efetivação da conquista lusitana. Conquista esta que se fez, sobretudo, subjugando ou exterminando povos autóctones, invadindo suas terras, explorando-os como força de trabalho compulsório, ou, então, eliminando-os quando não se subjugavam.

Assim, o primeiro momento de ocupação do sertão mato-grossense aponta para um processo de ocupação e colonização efetivado por uma "guerra justa", e como recompensa o rei contemplou com doações de terras os que participaram da empresa, tanto na luta contra os povos autóctones, como contra os espanhóis, além daqueles que, também por meio da moradia e do cultivo, garantiram o direito de posse do território para a Colônia portuguesa americana. Todo este contexto evidencia que foram as presúrias, como direito de conquista, que cumpriram o papel de elemento colonizador. E aqueles homens livres e pobres que conseguiram a concessão de terras de sesmarias e se fixaram no local, desenvolvendo atividades de lavoura e de pecuária de pequeno porte, constituíram-se em uma parcela significativa do campesinato local.

A documentação compulsada, juntamente com a legislação sobre o sistema sesmarial e alguns elementos da historiografia, evidenciou que o ato de requerer a sesmaria e receber a carta de doação não foi unicamente um privilégio da elite agrária rural, embora se constitua em um segmento privilegiado com as doações, mas que a busca pela legalidade da posse, ocupada com a roça e a moradia, por meio de instituições jurídicas competentes, também foi uma recorrência da qual se utilizou a arraia-miúda. Tal documentação, apesar de não permitir generalizações, evidenciou a presença do direito costumeiro imemorial à posse pela moradia e cultivo sobre as terras requeridas em sesmaria.

Assim, no caso estudado, a sesmaria como uma tradição – "Terra da Parentalha" – e a sesmaria como categoria das ordenações – "Terra Requerida" – remeteram a um contexto em que, mais do que diferenciações, são matrizes: o costume imemorial do direito à terra pela morada e pelo cultivo – direito de fato. Ela é, portanto, uma prática social que internaliza preceitos legais ao "pôr-em-forma" a terra – direito legal – para deixar ali a sua geração.

Constitui-se, portanto, em um *habitus*, isto é, as relações sociais construídas de forma prática, a tradição do "povo do Constantino", que traz entranhados os costumes e a noção de direitos da instituição sesmarial, originária do direito consuetudinário, que vincula o direito à posse pelo cultivo da terra. Assim, "Terra da Parentalha" e "Terra Requerida" informam categorias e instituições estruturadoras e estruturantes (Bourdieu, 1974) deste universo do "povo do Constantino", engendradas historicamente.

Sesmaria como terra a que o costume está vinculado, ou como lei agrária do período colonial, mostraram-se como interfaces. Em ambos, no costume e na lei, a essência da forma se mantém: a obrigação da prática da lavoura e o semeio como condição da posse da terra comunal.

Neste contexto, sesmaria, mais do que um código do direito agrário português ou um direito costumeiro, representa, como apontamos, uma categoria fundada num *éthos* jurídico que mostra permeabilidade entre os princípios legais e as práticas sociais.

Sesmaria não remete a um título da terra, um poder de direito, pois representa o direito da posse por ocupação, o direito de fato, tendo como essência o aproveitamento da terra, orientando a forma de uso e apropriação da natureza para uma economia de aprovisionamento, uma *economia moral*, constituindo-se, pois, em um *habitus*, que veio confrontando-se com situações constantemente renovadas, mas que até período recente mantiveram a terra indivisa.

Neste caso particular, o grupo, desde o seu fundador, buscou "pôr-em-forma" a situação jurídica de "dono" (Bourdieu, 1989, p.250-1), que a ocupação com cultivo lhe garantia, conforme o direito sesmarial no seu sentido mais amplo. E os documentos compulsados sobre a Sesmaria Baús demonstraram que os seus descendentes, os "guardiões do documento", buscaram recorrentemente manter a legalidade das suas terras (poder de direito), legitimadas (poder de fato) pelo ato de fundação e o da ascendência comum ao fundador.

Como uma instituição jurídica, a sesmaria não comporta uma concepção individualizada do direito de propriedade, estando atrelada também ao instituto do morgadio. A terra como um bem de morgadio é um bem de propriedade limitada, devendo permanecer perpetuamente em mãos da família, sem que jamais possa ser partilhado ou alienado. Diante da instituição da propriedade parcelar da terra e o fim do morgadio, com a Lei de Terra, em 1850, os descendentes buscaram "pôr em forma da lei", mantendo a legalidade das terras, mas dentro dos princípios da tradição: transmissão das terras avoengas, um bem indiviso. Assim, as categorias legais são internalizadas diferentemente como um *habitus* (Bourdieu, 1989).

O caso aponta para o fato de que as terras indivisas, por meio da instituição do morgadio, não se constituíram só em uma estratégia da elite. Concorda-se com Woortmann (1995) que, provavelmente, tanto entre os grandes detentores da terra como entre os sitiantes e, no caso aqui estudado, entre os sesmeiros, predominavam as regras de parentesco nas formas de uso e transmissão da terra. E, como demonstrou Virgínia Rau (1984), o sistema de uso comum da terra está entrelaçado ao direito sesmarial, do qual o morgadio era uma instituição jurídica.

O percurso pelos documentos oficiais sobre a sesmaria traz desde o requerimento da sesmaria e a carta de confirmação desta até os que a transformaram em terras devolutas, em período recente da história, 1984, e impôs uma busca e estudo da legislação fundiária brasileira e mato-grossense, ressaltando, na realidade, os contornos da questão agrária brasileira, constituindo-se em uma travessia do caso particularizado, a Sesmaria Baús, a "Terra da Parentalha", com o processo histórico de apropriação do solo, para o seu uso, que marcaram a constituição da sociedade agrária brasileira.

Assim, os documentos permitem, por um lado, relacionar a pequena saga de uma família sertaneja com as formas de apropriação e uso da terra da história brasileira desde a Colônia até os dias atuais, tornando possível uma verdadeira travessia pelos marcos significativos da nação na sua configuração fundiária. Por outro lado, deixa evidente o intrincado jogo jurídico com o qual os camponeses se deparam para a legitimação de suas terras, garantidas pela lei. Além disso, este percurso evidencia os meandros da lei e as formas fraudulentas de aplicá-la por meio da "violência escondida e legal", conforme expressão usada por Silva (1999), para usurparem os direitos legítimos de camponeses para quem terra de sesmaria representa a Terra da Parentalha, cujo fundador marca o início da saga dessa família, cujos descendentes marcam essa territorialidade delimitada por uma memória genealógica, que se faz presente por meio de uma forte tradição oral, produtora de uma identidade definidora do nós, os Arruda Botelho, geração de Constantino. Da condição de herdeiros foram transformados em sem-terra a serem assentados. Ao se fazerem as expropriações das terras de uso comum, na realidade, inviabilizou-se a continuidade daquela forma de organização social em que o gado constituía o pecúlio principal, estando vinculado, até, ao dote para o matrimônio.

A regularização fundiária das Terras de Sesmarias, na baixada cuiabana, a partir da década de 1980, constituiu uma das metas prioritárias das políticas oficiais, tanto federal como estadual, para a implantação de programas de desenvolvimento, objetivando o processo de modernização das atividades econômicas, sob a doutrina da "segurança nacional" (governo militar). Entretanto, mais do que resolver as tensões que se faziam presentes, muitas relacionadas à inexistência de partilha, às freqüentes imprecisões de limites e a alguns bolsões de terras públicas, a regularização efetivou o processo de expropriação dos camponeses de suas terras ancestrais, vistas como um fator de "atraso" da região, como no caso aqui estudado.

Em grande parte, essas terras transformaram-se em pastos, e seus antigos "donos" transformaram-se em parceiros ou trabalhadores volantes nessas terras. Os incentivos fiscais para a modernização agropecuária, bem como a valorização dessas terras de uso comum, acabaram por intensificar os conflitos pela posse e uso da terra na região.

O "povo do Constantino" não se apercebeu da chegada do "estranho" (Martins, 1994), e acabou por romper o código ético do grupo, havendo a venda do direito para "os de fora", os casamentos ocorrendo fora do grupo de parentes, a cerca passando a ser necessária para garantir "os direitos" das famílias. Quando se rompem os símbolos básicos da cultura, como os laços de solidariedade que os identificam como grupo, por meio de um código ético, os "antigos" explicam o fato pela elaboração mítica: "o fim dos tempos", pois "dois mil anos não se alcança".

No momento em que as terras de uso comum, isto é, a "terra de respeito", já não mais se fazem presentes, a Festa Santa – conjunto de comemorações em homenagem aos santos de devoção comunitários: O Divino, Nossa Senhora da Conceição e São Benedito – representa simbolicamente a manutenção do pertencimento "do povo do Constantino" naquela territorialidade. Ela é "a tradição do nosso povo". Ela atualiza e mantém vivos os laços de reciprocidade da parentela, assumindo a forma coletiva de um acontecimento do lugar, onde os personagens da Festa Santa colocam simbolicamente a própria ordem deste território definido como "Terra da Parentalha".

REFERÊNCIAS BIBLIOGRÁFICAS

ALMEIDA, A. W. B. Terras de preto, terras de santo, terras de índio: posse comunal e conflito. *Revista Humanidade,* n.15, 1988.

ANDRADE, M. de P. *Terra de índio* – terra de uso comum e resistência camponesa. São Paulo: USP, 1990. (Tese de Doutorado).

BOURDIEU, P. *A economia das trocas simbólicas*. São Paulo: Perspectiva, 1974.

________. *O poder simbólico*. São Paulo: Difel, 1989.

BRASIL. Ministério Extraordinário para Assuntos Fundiários. *Coletânea: legislação agrária, legislação de registros públicos, jurisprudência.* Brasília, 1983.

CASTRO, S. P. et al. *A colonização oficial em Mato Grosso:* a "nata e a borra da sociedade". Cuiabá: EDUFMT, 1994.

________. *A festa santa na Terra da Parentalha:* festeiros, herdeiros e parentes. Sesmaria na baixada cuiabana mato-grossense. São Paulo: FFLCH/USP, 2001. Tese (Doutorado em Antropologia Social).

COSTA, I. N. da. *Arraia-miúda*: um estudo sobre os não-proprietários de escravos no Brasil. São Paulo: MGSP, 1992.

DAMATTA, R. *A casa e a rua*. 5.ed. Rio de Janeiro: Rocco, 1997.

ELIADE, M. *O sagrado e o profano*: a essência das religiões. São Paulo: Martins Fontes, 1992 (Tópicos).

FAORO, R. *Os donos do poder*: formação do patronato brasileiro. São Paulo: Globo, 1987.

FERREIRA, E. de C. *Posse e propriedade territorial*: a luta pela terra em Mato Grosso. Campinas: Ed. da Unicamp, 1986 (Série Teses).

GODOI, E. P. de. *O trabalho da memória*: cotidiano e história no sertão do Piauí. São Paulo: Ed. da Unicamp, 1999.

GUIMARÃES, A. P. *Quatro séculos de latifúndio*. 4.ed. Rio de Janeiro: Paz e Terra, 1977.

JONES, A. da S. A política fundiária do regime militar (do instituto de sesmaria ao estatuto da terra). São Paulo: FFLCH/USP, 1997. Tese (Doutorado).

LIMA, R. C. *Pequena história territorial do Brasil*: sesmaria e terras devolutas. Porto Alegre: Livraria Sulina, 1954.

LINHARES, M. Y., SILVA, F. C. T. *História da agricultura brasileira*: combates e controvérsias. São Paulo: Brasiliense, 1981.

MARTINS, J. de S. *A chegada do estranho*. São Paulo: Hucitec, 1994.

MORENO, G. *Os (des)caminhos da apropriação capitalista da terra em Mato Grosso*. São Paulo: FFLCH/USP, 1994 (Tese Doutorado em Geografia Humana).

MOURA, M. M. *Os herdeiros da terra*: parentesco e herança numa área rural. São Paulo: Hucitec, 1978.

OLIVEIRA, A. U. *A fronteira amazônica mato-grossense*: grilagem, corrupção e violência. São Paulo: USP, 1997. (Tese de Livre Docência em Geografia Humana).

OLIVEIRA B. C. C. *Os posseiros de Mirassolzinho*. São Paulo: FFLCH/USP, 1989. Dissertação (Mestrado em Antropologia Social).

PRADO Jr. C. *História econômica do Brasil*. São Paulo: Brasiliense, 1967.

RAU, V. A grande exploração agrária em Portugal à partir dos fins da Idade Média Presúrias. In: *Estudos sobre a história económica e social do antigo regime*. Portugal: Presença, 1984.

SILVA, M. O. *Terras devolutas e latifúndio*. Campinas, São Paulo: Editora da Unicamp, 1996 (Repertórios).

SILVA, M. A. de M. *Errantes do fim do século*. São Paulo: Editora UNESP, 1999 (Prismas).

SMITH, R. *Propriedade da terra & transição*: estudo da formação da propriedade privada da terra e transição para o capitalismo no Brasil. São Paulo: Brasiliense, 1990.

SOARES, L. E. *Campesinato*: ideologia e política. Rio de Janeiro: Zahar, 1981.

WOORTMANN, E. F. O sítio camponês. *Anuário Antropológico, 81*. Rio de Janeiro: Tempo Brasileiro, 1983.

_______. *Herdeiros, parentes e compadres*. Colonos do Sul e sitiantes do Nordeste. São Paulo/Brasília: Hucitec, 1995.

WOORTMANN, K. Com parente não se neguceia. *Anuário Antropológico, 87*. Rio de Janeiro: Tempo Brasileiro, 1990.

3
CAMPONESES E FUNDOS DE PASTO NO NORDESTE DA BAHIA*

Eric Sabourin e Patrick Caron

INTRODUÇÃO

No norte do Estado da Bahia, chamam-se *fundo de pasto* ou *fecho de pasto* as reservas de pastagem em terras utilizadas para o pastoreio comunitário. Essas terras comuns fazem parte do patrimônio coletivo de comunidades camponesas, como aquelas da pequena região de Massaroca (Juazeiro). Os fundos de pasto estão tradicionalmente associados à pecuária extensiva por meio do pastoreio da vegetação natural da caatinga.[1] Esse modo de exploração dos recursos naturais funcionou durante vários séculos, mas hoje tornou-se mais raro no sertão do Nordeste brasileiro, onde, geralmente, o espaço foi apropriado e cercado de maneira individual.

O texto parte da constatação da permanência de formas de agricultura camponesa, precisamente onde se mantiveram comunidades camponesas, no sentido de Mendras (1978), quer dizer, de sociedades locais, envolvidas por uma sociedade rural cada vez mais integrada ao mercado capitalista global. Para argumentar essa tese, examinamos primeiro a origem histórica dessa agricultura camponesa, no marco do desmembramento das grandes sesmarias do Sertão do São Francisco, a sua reprodução diversificada e la-

* Este texto é fruto de um estudo realizado em parceria com as organizações de produtores de Massaroca (Juazeiro-Bahia), no marco de um programa de pesquisa sobre a agricultura familiar do semi-árido, conduzido pela Embrapa e pelo Cirad entre 1993 e 1998. A análise do manejo do fundo de pasto foi atualizada em 2003.

1 Caatinga em tupi significa floresta branca. É uma formação muito diversificada em função do tipo de solo – árvores e arbustos espinhosos e do tipo caducifólios (que dão a cor cinza durante a seca), plantas suculentas: cactáceas e euforbiáceas, bromeliáceas terrestres, coriáceas e espinhosas, bem como uma capa herbácea constituída de espécies anuais.

boriosa, no contexto econômico e político hostil dos anos de 1960-1970 e o seu fortalecimento local por meio da negociação pelo movimento sindical, de uma intervenção pública em áreas conhecidas como fundo de pasto e associadas a essas comunidades camponesas. O exemplo do manejo dos fundos de pasto na região de Massaroca ilustra as características da constituição de um campesinato e da evolução das suas formas de organização. Permite também analisar as transformações em curso e tirar ensinamentos mais gerais para a região do Nordeste semi-árido.

A primeira parte do texto tenta explicar essa situação específica, no marco da história fundiária e da emergência de uma agricultura camponesa na região. A segunda parte apresenta o processo de organização e de desenvolvimento local que permitiu preservar os fundos de pasto no sertão da Bahia e, com eles, um sistema de produção e um modo de vida camponês. A terceira parte tira alguns ensinamentos em relação à resistência ou ao projeto de agricultura camponesa num contexto novo.

ORIGEM DO CAMPESINATO NO SERTÃO DO VALE DO SÃO FRANCISCO

A agricultura sertaneja foi, por muito tempo, apenas produtora de alimentos para a sua população e as pequenas cidades da região. A produção agrícola era marginal ou concentrada nas zonas mais elevadas e úmidas dos agrestes e dos brejos, às margens da zona semi-árida. A agricultura irrigada é recente e seu potencial é limitado a 5% dos 940 mil km^2 da região semi-árida, nas terras aluviais dos vales ou várzeas, situadas nas falhas geológicas. A história da agricultura camponesa do sertão nordestino confunde-se, portanto, com aquela da evolução dos sistemas de criação (Caron, 1998).

A colonização do sertão

Os primeiros domínios territoriais no sertão nordestino foram conquistados no século XVII, nas terras das tribos indígenas. Eram verdadeiros impérios, as sesmarias, concedidos pelas capitanias – representando a Coroa portuguesa – aos nobres, aos grandes proprietários, aos senhores da terra. As sesmarias eram medidas em léguas,[2] de cada um dos lados dos riachos, sem limites físicos determinados. Era comum manter-se uma margem de uma légua, não concedida a ninguém, entre dois domínios, para se evitarem misturas de gado e outros litígios (Garcez e Sena, 1992).

[2] Uma légua corresponde a cerca de 6 km.

A colonização foi, portanto, marcada pela concentração e imprecisão dos limites fundiários, pelo absenteísmo dos proprietários das terras e pelos fracos investimentos no setor agrícola. O crescimento da produção efetuava-se pela exploração de novas terras. Daí, apareceram os primeiros conflitos, que opunham as grandes famílias entre elas, ou com as comunidades indígenas (Garcez e Sena, 1992).

A ocupação efetuou-se em diferentes datas, segundo as regiões do sertão. As vias naturais de acesso, as características mais ou menos hostis do meio local, a presença de recursos hídricos, bem como a localização estratégica de determinados locais no cruzamento de eixos de comunicação influíram nesses processos. No sertão do São Francisco, na metade do século XVII, a maior parte das terras pertencia a duas famílias, Guedes de Brito e Dias d'Ávila. Esta última possuía, em 1710, "mais de 340 léguas de terras nas margens do São Francisco e dos seus afluentes" (Andrade, 1986).

A região de Pintadas, por exemplo, no centro do Estado da Bahia (Figura 3.1), foi explorada apenas a partir do século XIX, ao passo que as regiões vizinhas (Mundo Novo, Baixa Grande) já haviam sido ocupadas desde o século anterior. Pintadas situa-se numa região menos chuvosa, fora dos eixos de comunicação, e não dispunha de uma fonte permanente de água. A pecuária bovina representava a principal atividade econômica. Dependia da exploração extensiva da caatinga por animais de origem portuguesa, chamados *crioulos* ou *pé duro*. A carga animal era baixa, da ordem de uma cabeça para 15 hectares. O proprietário, muitas vezes ausente, confiava ao vaqueiro o cuidado dos bezerros contra os predadores e o trabalho de cavar cacimbas na estação seca. O rebanho divagava solto nas áreas de caatinga não delimitadas. No século XVIII, os centros comerciais apareceram no cruzamento das rotas das boiadas, que conduziam os animais para os centros consumidores de Pernambuco e da Bahia. É o caso de Juazeiro, situado no cruzamento entre as boiadas que ligavam o Sertão Norte e o os centros urbanos e, também, o Sertão Sul por meio do eixo fluvial do São Francisco.

A lei da terra, o recuo econômico e o surgimento dos camponeses

Em 1850, a Lei da Terra[3] do Brasil impossibilita a obtenção de terras, a não ser por compra. Ela cria o mercado fundiário. A lei é promulgada pelo Estado para realizar um inventário do patrimônio público constituído de terras devolutas. Mas os meios cadastrais são fracos. Os censos, confiados às paróquias, indicam limites imprecisos e registros incompletos (Garcez e Sena, 1992). Aparecem litígios, por exemplo, entre o Estado e a Igreja, sobre as atribuições

[3] Lei n.601, de 18 de setembro de 1850 (Decreto de Aplicação n.1.318 de 30 de janeiro de 1854).

Figura 3.1: Localização da área de estudo.

anteriores da Coroa portuguesa doadas às ordens missionárias, encarregadas de evangelizar as comunidades indígenas, que lhes atribuía o direito de coletar o imposto. A municipalidade de Juazeiro opõe-se, assim, desde 1840 à paróquia local. A separação da Igreja e do Estado com a proclamação da República, no fim do século XIX, complica a situação. No caso de Juazeiro, o litígio só será resolvido em 1927, pela demarcação dos perímetros respectivos da paróquia e do município (Garcez e Sena, 1992). Votada sob a pressão de certos grandes proprietários preocupados em limitar as ocupações ilegais de terras, cada vez mais freqüentes, a Lei da Terra traduz-se, de fato, pela instalação de numerosas famílias. Ela regulariza a situação dos ocupantes. Permite legalmente aos vaqueiros comprar terra dos fazendeiros e instalar-se com o rebanho constituído pelo sistema de remuneração em gado. O vaqueiro recebe um bezerro sobre quatro segundo a prática de quarteação.

No decurso do século XVIII, o crescimento da mineração no Estado de Minas Gerais e a crise do setor açucareiro acarretaram uma crise na economia nordestina e o deslocamento da produção bovina para o Sul do Brasil (Furtado, 1981). Os grandes latifúndios começaram a ser fracionados devido à ausência dos proprietários e à crise da pecuária bovina no Nordeste.

No sertão do São Francisco, de clima muito seco, ocorreram fenômenos de abandono de terras. As áreas vizinhas ao rio que ofereciam oportunidades de produção mais interessantes concentraram os investimentos. Depois da Lei da Terra, os pequenos proprietários e camponeses começaram a estabelecer-se. Comunidades apareciam e materializavam-se em sítios nas proximidades dos poços. A existência de fontes d'água (riachos temporários, "caldeirões", lagoas) permitia a instalação das famílias. Foi o que aconteceu na pequena região de Massaroca, onde as famílias dos vaqueiros se instalaram nas terras dos ex-donos, conservando o nome da antiga fazenda para o sítio ou a comunidade (Tonneau, 1994). Atualmente, seus membros são os descendentes dos primeiros ocupantes ou dos compradores das antigas fazendas. O primeiro recenseamento de terras privadas, realizado entre 1857 e 1860 pela paróquia de Juazeiro, evidencia "o pouco número de latifúndios que superaram a crise e o seu tamanho reduzido" (Garcez e Sena, 1992). Assim, numerosos vaqueiros, mestiços, escravos alforriados ou ex-condenados tomaram posse de terras situadas entre as sesmarias ou mesmo inexploradas (Prado Júnior, 1960).

Uma economia camponesa, em parte dependente do mercado regional, surgiu e desenvolveu-se em pequenas unidades agrícolas, cada vez mais numerosas. Nas zonas mais áridas, os caprinos, mais adaptados às secas e às necessidades de consumo das famílias, eram preferidos aos bovinos. As incertezas climáticas tornavam aleatória qualquer atividade agrícola, na maioria dos casos, para prover as necessidades de consumo. As culturas ocupavam pequenas áreas cercadas. Certos produtos, como queijo, sementes de mamona e pequenos ruminantes, eram vendidos para comprar outros: pimenta-do-reino, sal, tecidos, café, entre outros.

As frentes pioneiras, a apropriação do espaço e a modernização agrícola

Desde o início do século XX, o crescimento demográfico traduz-se por uma pressão sobre o espaço, em particular sobre os pastos na caatinga. A falta de forragem na época das secas leva grandes proprietários a cercar suas terras a partir dos anos 1920, ainda mais porque os primeiros zebus introduzidos nessa época são menos resistentes às condições climáticas do sertão. Inicia-se a apropriação individual de recursos explorados até então coletivamente. A difusão de plantas perenes permite o aproveitamento de novas oportunidades de mercado. Elas exigem menos mão-de-obra do que os cultivos alimentares.[4] O plantio de alguns hectares todos os anos permite marcar o território e estender as áreas das "propriedades". É o caso do algodão em arbusto, desde a Guerra de Secessão. É também o caso do sisal ou da mamona, a partir de 1950, no sertão central da Bahia. É, enfim, o caso da produção de forragem, a partir dos anos 30, para a palma forrageira (*Opuntia* sp.) e nos anos 70 para as gramíneas, como o capim *buffel* (*Cenchrus ciliaris*).

O arame farpado que substitui as cercas de madeira, a partir dos anos 60, permite cercar mais rapidamente grandes áreas e demanda pouca manutenção e mão-de-obra.

A estrutura rural local e a presença ou ausência de grandes fazendeiros condicionam as dinâmicas pioneiras. A presença de fazendeiros acentua a pressão sobre o espaço e seus recursos. Eles são os primeiros que historicamente cercam os espaços, graças aos meios financeiros dos quais dispõem ou que podem mobilizar, por meio de projetos públicos de desenvolvimento. Durante a estação das chuvas, seus animais pastam em terras não cercadas, e, na estação seca, alimentam-se da produção de forragem dos pastos cercados. A pressão sobre os recursos acarreta, então, uma generalização rápida da instalação de cercas. Conflitos acontecem freqüentemente. Alguns, provocados pela colocação selvagem de cercas em terras que não pertencem a ninguém. Trata-se da grilagem,[5] que acaba seja em banho de sangue, seja em resignação do proprietário lesado, real ou suposto. Outros têm como base novas regras jurídicas: a lei do "pé alto" é especialmente exemplar a esse respeito. Ao passo que anteriormente a situação que prevalecia obrigava aquele que cultivava a proteger seus campos, em 1964, em alguns municípios, como Pintadas

---

[4] As áreas de culturas anuais continuam escassas e raramente ultrapassam dois ou três hectares por unidade familiar. O trabalho é manual, e a exigência de mão-de-obra é grande, em particular para as cercas de madeira necessárias à proteção das culturas.

[5] Grilagem: apropriação fraudulenta de terras, freqüentemente violenta, que se traduz pela expulsão dos ocupantes dessas terras. Grileiro (aquele que se apropria das terras) e grilagem vêm de grilo, pois os fazendeiros que usavam esta prática colocavam os falsos títulos das propriedades em gavetas cheias de grilos, para que ficassem amarelados e parecessem antigos.

e Ipirá, os pecuaristas conseguiram fazer votar um decreto municipal para a aplicação de uma lei federal, que obrigava os criadores a controlar seus animais, impedindo-os de vaguear. Assim, em vez de cercar suas pastagens com sete a dez fios de arame farpado para impedir a entrada de pequenos ruminantes, eles podiam reduzir o investimento a quatro fios, suficientes para os bovinos, pois o deslocamento dos animais estava controlado. Tal obrigação transformou-se, freqüentemente, para aqueles que dispunham dos meios, em apropriação: "a terra pertence àquele que a cerca". Assim surgiram inúmeros casos de grilagem, que foram seguidos de conflitos.

Os espaços diversificam-se. No Nordeste eles são, em geral, inteiramente divididos por cercas. Os sistemas técnicos de produção, suportes e conseqüências dessas transformações evoluem. O desflorestamento e o cultivo das áreas de caatinga aumentam. Assistimos à generalização das cercas de três ou quatro fios de arame farpado. Os pastos de gramíneas forrageais espalham-se consideravelmente. Eles permitem o aumento da capacidade de pastagens e, em certos casos, reconversão para a produção leiteira. Essas evoluções são acompanhadas pelo crescimento rápido das pequenas propriedades rurais, os minifúndios. Na verdade, não há mais novos espaços a serem colonizados, e os patrimônios territoriais continuam a dividir-se em ritmo acelerado. Aqueles que não conseguem se adaptar se tornam assalariados agrícolas ou migram para o Sul ou para as frentes pioneiras na Amazônia. O desmoronamento da cotação de produtos agropecuários de cultivo seco, a partir dos anos 80, provoca uma reconversão de inúmeros produtores para a pecuária, grande consumidora de espaço.

As evoluções e recomposições desenvolvem-se num contexto de incerteza fundiária. Até a década de 1980, a maioria dos camponeses não possuía título de propriedade.

Essas imprecisões legais acarretaram conflitos jurídicos nos quais se vê o ressurgimento de títulos de propriedade datando da monarquia. Tais imprecisões são acompanhadas por uma ausência de delimitação física: os limites territoriais estão freqüentemente sujeitos a conflitos. O aparato regulamentar do Estado é deficiente, prevalecendo a lei do mais forte.

A permanência dos fundos de pasto

No sertão norte da Bahia não se observava cerca de forma generalizada até a década de 1970. Por causa do clima seco, os fazendeiros estiveram menos presentes, e a pressão sobre o espaço foi mais tênue. O uso coletivo das áreas dominava, não sendo questionado devido ao aumento relativamente lento da densidade demográfica. As culturas alimentares anuais (milho, feijão, mandioca), com rendimento aleatório, eram praticadas para o autoconsumo em pequenas áreas cercadas.

De acordo com Garcez (1987), as terras de uso coletivo constituem uma forma de organização social, característica das comunidades camponesas do sertão do São Francisco, no norte do Estado da Bahia. Remanescente de práticas tradicionais de exploração do meio, a reserva de pasto corresponde à figura jurídica do "compascuus", "fundo de pasto"[6] ou, ainda, *campos*, não tendo uma realidade jurídica única. Pode-se tratar de um uso concedido por um grande proprietário, de um acordo entre proprietários vizinhos, da exploração coletiva de terras devolutas ou de terras compradas ou ocupadas por um criador cujos descendentes são os membros atuais da comunidade. No último caso, geralmente não existe divisão do território entre os membros. Isto permite evitar o surgimento de conflitos de ordem patrimonial intra ou interfamiliar que ameaçariam a reprodução dos sistemas de criação.

Nos lugares onde foram mantidos os fundos de pasto, os sistemas de produção foram profundamente transformados a partir dos anos 70 (Silva et al., 1994). A "modernização" agrícola da região está marcada por dois fenômenos. Primeiro, os sistemas de produção das comunidades camponesas conheceram um desenvolvimento da agricultura de sequeiro, das cercas e das áreas forrageiras. Segundo, a apropriação individual das terras intensificou-se, provocando conflitos. As comunidades locais e as autoridades municipais ou regionais implementaram diversas estratégias para preservar e valorizar melhor esse patrimônio hereditário, adaptando-se às condições novas. Procuram-se respostas ao que Bourbouze e Rubino (1992) chamam "o vasto problema das terras sem donos, onde os sistemas de uso comunitário dos recursos, organizados de maneira coletiva, entram em conflito com estratégias complexas de apropriação, transmissão e repartição".

ORGANIZAÇÃO CAMPONESA E MANEJO DOS FUNDOS DE PASTO EM MASSAROCA

A partir dos anos 70 no sertão da Bahia, a intensificação da integração ao mercado, a inflação crescente com a transferência de investimentos para os imóveis e os primeiros projetos de irrigação no vale do São Francisco estimularam novas especulações sobre as terras (Garcez, 1987). Tudo isso resultou em uma acentuada pressão sobre o território, legal ou não, e uma dinâmica de apropriação individual de superfícies até então utilizadas como fundo de pasto.

No município de Juazeiro (Bahia), devido à proximidade do rio São Francisco, as especulações fundiárias são intensas, principalmente nas extensões da irrigação, levando ao surgimento de conflitos. Poder-se-ia esperar

[6] Por oposição às roças próximas das moradias, os pastos ficaram no "fundo" da fazenda.

uma repetição histórica dos fenômenos conhecidos em outras partes do Nordeste, a saber, a apropriação fundiária privada e individual por meio das cercas. Entretanto, as estratégias camponesas dos pequenos criadores e as propostas institucionais deram lugar a formas originais de gestão das áreas comuns, e, também, a uma adaptação regional da política de reforma agrária. O caso das comunidades do distrito de Massaroca é aqui analisado como ilustração dessa dinâmica que teve lugar no conjunto no nordeste da Bahia desde o município de Euclides da Cunha, até aqueles de Remanso e Sobradinho, na fronteira com os Estados de Piauí e Pernambuco, passando pelos municípios de Canudos, Senhor do Bonfim, Uauá, Jaguaribe etc. Massaroca é um dos sete distritos do município de Juazeiro, localiza-se a 57 km da sede municipal, em direção ao sul e é a imagem viva da grande diversidade de situações ambientais observadas no trópico semi-árido brasileiro.

Tabela 3.1 Dados sobre Juazeiro e Massaroca

Critérios	Superfície (km²)	População urbana (1991)	População rural (1991)	N. estabel. (1991)	Caprinos (1995)	Ovinos (1995)	Bovino (1995)
Município de Juazeiro	5.614	101.288	27.403	2.400	547.185	168.514	41.450
Distrito de Massaroca	1.017	779	2.146	215	30.000	8.500	900

Fonte: Instituto Brasileiro de Geografia e Estatísticas (IBGE), 1991, 1995.

SISTEMAS DE PRODUÇÃO

A criação extensiva de pequenos ruminantes encontra-se estreita e historicamente associada ao fundo de pasto. De fato, trata-se de um espaço aberto de uso coletivo dos recursos naturais, "que é o sítio de extrações diversas, acessíveis a todos os membros da comunidade: pasto, mas também madeira, extrativismo (frutos do umbuzeiro *Spondia tuberosa*, mel) e caça" (Caron et al., 1994). O fundo de pasto constitui uma extensão diferenciada de vegetação natural. Ele é dividido em zonas de usos diversificados: reservas forrageiras ou fundiárias, áreas de percursos para os animais e áreas protegidas. As parcelas individuais cercadas são destinadas aos cultivos alimentares (milho, feijão, mandioca). Freire Vieira e Weber (1997) evocam, assim, de maneira global "a apropriação dos recursos, entre os quais os direitos sobre o solo são parciais e a propriedade, apenas um caso particular". Esta é uma característica fundamental do fundo de pasto. Mais que uma propriedade coletiva, ele teve por origem uma ausência de propriedade e um direito de uso generalizado entre os membros de uma mesma comunidade. Essas sociedades desenvolveram direitos que reportam essencialmente sobre os recursos naturais, e não sobre o solo (Vieira e Weber, 1997). Sabe-se que tais sistemas correm perigo quando seus recursos encontram um mercado (Hardin, 1968).

Até a década de 1950, a pecuária bovina era a principal atividade. Após esta década, com a redução do tamanho das propriedades, o acesso ao mercado, as estradas, os curtumes e a valorização dos pequenos animais (carne e couro), a exploração pecuária evoluiu para paridade em termos econômicos entre bovinos e caprinos ou ovinos. Hoje em dia, a criação dos pequenos ruminantes continua sendo a principal fonte de renda, superando geralmente a do rebanho bovino.

Graças à construção da rodovia Salvador-Juazeiro nos anos 50, apareceram alguns cultivos de renda, a exemplo do algodão, mamona, sisal e, hoje, melancia de sequeiro. No entanto, o sistema de produção dominante continua sendo a pecuária extensiva em campo aberto. Com a diversificação da agricultura e a integração ao mercado, as áreas cercadas para os cultivos aumentaram, enquanto as áreas de caatinga são sempre destinadas à criação do rebanho. Os recursos hídricos de superfície são restritos a riachos temporários e algumas lagoas e caldeirões de pedras que secam na época de estiagem. Os recursos em água subterrânea são de substancial importância, porém com água, por vezes, salobra. São utilizáveis para o consumo animal e eventualmente para pequenas irrigações de salvação. A prática de um sistema de produção semelhante não exclui diferenças de situações entre os agricultores, mesmo dentro da comunidade camponesa. Tonneau (1994) resume esta diferenciação em três grandes tipos, correspondendo às principais lógicas de produção (Quadro 3.1).

Quadro 3.1 Os tipos de produtores em Massaroca

A lógica de sobrevivência É aquela dos minifundistas (1 a 3 ha) que associam aos cultivos alimentares cinco a dez caprinos-ovinos. O agricultor vende mão-de-obra para sobreviver e fica dependente dos mais velhos, dos mais ricos ou de patrões.
A lógica de produção diversificada Capitalizando progressivamente na compra de terra por herança ou da mão-de-obra familiar, o agricultor mantém um equilíbrio entre cultivos alimentares, de renda (melancia, mamona) e forrageiros para uma pecuária diversificada. São produtores ainda jovens, promotores e primeiros beneficiários das ações de desenvolvimento local.
A lógica de renda Com a integração ao mercado de carne e peles, de frutas e grãos, o autoconsumo diminui; o agricultor conta com as suas rendas para resistir às diferentes crises. Toma crédito, recorre à mão-de-obra assalariada temporária.

EVOLUÇÃO DAS FORMAS DE ORGANIZAÇÃO CAMPONESA EM MASSAROCA

A comunidade, tradicionalmente dirigida por um conselho de chefes de família, regula o acesso aos recursos coletivos: a terra, em particular os pastos comunais, a água e os equipamentos comuns. Ela trata dos casos de litígio nos contratos de meias. Suas competências estendem-se às práticas de redistribuição e trocas de trabalhos ou de solidariedade interfamiliar (doações de alimentos e auxílios em trabalhos no caso de colheitas mal-sucedidas, doença ou acidente em alguma das famílias). Os agricultores reconhecem que, devido às repetidas secas, nos últimos anos, as famílias só se reúnem de maneira espontânea para ajudar um vizinho em dificuldades ou nos raros momentos de abundância relativa. É aí, então, que são pagas as promessas feitas ao santo padroeiro da comunidade ou a um dos santos populares da região (São Gonçalo, São Cristóvão), com danças e rodas, para as quais são convidados os vizinhos e amigos (Sabourin, 2003).

A organização social comunitária está ainda marcada por duas características: o parentesco e a reciprocidade (Sabourin, 2001a). O parentesco é onipresente. Em Massaroca, todos são primos. Como efeito do sistema de herança por divisão igualitária do patrimônio e de casamentos intralocais, as comunidades reúnem os familiares[7] dos descendentes do proprietário de uma antiga fazenda desmembrada no século passado. Na comunidade da Lagoinha, em 1991, em cada cem habitantes, somente sete não descendiam do antepassado fundador.

A reciprocidade corresponde a um princípio econômico e social de alocação de recursos, identificado por Polanyi (1944) e Lévi-Strauss (1967) e qualificado por Temple (1997) como o redobramento de uma ação ou de uma prestação. Nas sociedades camponesas, ela se caracteriza essencialmente por formas de reciprocidade produtiva ou de solidariedade na produção, pelo compartilhamento dos recursos e pela redistribuição de produtos (grãos, forragens, alimentos). Ela se expressa segundo duas dinâmicas distintas, freqüentemente conjugadas ou paralelas (Temple, 1983)

Por um lado, as formas de reciprocidade vertical são marcadas pela hierarquia. Em Massaroca, a idade constitui a forma de hierarquia mais freqüente. A concentração do poder ocorria em torno de um centro de redistribuição (Temple, 1983): tradicionalmente, o chefe de família era o proprietário ou o patrão.

Antigamente, essas formas de reciprocidade davam também lugar a relações assimétricas. O grande proprietário remunerava seus vaqueiros e trabalhadores cedendo-lhes terras em sistema de meeiro (Andrade, 1986). Em contrapartida, ele os protegia contra os bandidos (a região foi marcada

[7] Vinte famílias em média.

pelo cangaço) ou lhes distribuía água em caso de seca. Apesar do acesso dos camponeses à terra, tais formas de dependência perpetuam-se no mundo rural nordestino por meio de diversas expressões do paternalismo ou do clientelismo político, mantidas por grandes proprietário ou lideranças políticas locais (Lanna, 1995; Lena et al., 1996).

Por outro lado, as formas de reciprocidade horizontal expressam-se, geralmente, pela ajuda mútua entre as famílias, comunidades ou outros grupos segmentares. Trata-se do mutirão,[8] de convites de trabalho chamados "batalhão" em Massaroca e, também, do compadrio, que permite o cruzamento de relações parentais e de alianças amigais fortes, intra ou extracomunitárias.

O termo mutirão designa dois tipos de cooperação camponesa. Uma concerne os bens comuns e coletivos (construção ou conservação de estrada, escola, barragem, cisterna), a outra, os convites de trabalho para o benefício de uma família, geralmente trabalhos penosos (desmatar um campo, erguer uma cerca, construir uma casa etc.).

O número de diárias de uma família não é contabilizado para ajudas mútuas. No caso das tarefas coletivas, a pressão social pressupõe a participação de todas as famílias da comunidade. Os homens jovens e adultos são mobilizados para o trabalho pesado, as crianças e os adolescentes, para a limpeza das fontes de água, as mulheres, para descascar mandioca antes da farinhada.

Essas práticas de reciprocidade foram construídas e fortalecidas quando do aparecimento da agricultura camponesa e da colonização de novas terras no fim do século XIX e no começo do século XX. Na região de Massaroca, de acordo com os agricultores, elas se reduziram entre 1940 e 1970, durante uma fase de consolidação da pequena agricultura em torno da família nuclear. A monetarização das relações e a penetração da economia de intercâmbio mercantil concorreram para reforçar as estratégias individuais.

Formas de solidariedade na produção reapareceram nos anos 70, sob a influência da Igreja Católica. Foi a época das Comunidades Eclesiásticas de Base, que consagraram o termo de comunidade (Tonneau, 1994). Desde então, a comunidade reúne "as famílias que rezam juntas". Esta denominação, aliás, não se limita às comunidades católicas; a comunidade de Caldeirão do Tibério reúne, por exemplo, exclusivamente famílias evangélicas. Com o fim da ditadura, a retomada da reforma agrária e os projetos especiais de apoio à pequena produção rural da década de 1980, o Estado, no rastro da Igreja, passou a apoiar as organizações comunitárias, por meio de diversas formas de investimento coletivo e de incentivo financeiro (Sabourin et al., 1995).

Pode-se resumir a dinâmica de organização social no século XX na região de Juazeiro-Massaroca, em três fases:

[8] Palavra de origem tupi, literalmente, "colocar a mão no trabalho", significa ajuda mútua.

a) No começo do século, a coabitação entre grandes propriedades e pequena produção camponesa dependente (meeiro, arrendamento) deu lugar a estruturas camponesas dominadas, coexistindo formas de reciprocidade vertical e horizontal.
b) Em meados desse século, um fechamento da identidade camponesa, associado a opções de compra individual da terra, favoreceu o surgimento de dinâmicas familiares construídas em torno da célula de base, e muito menos em torno da família extensa, sob a tutela do patriarca. Correspondeu a uma das formas de consolidação da agricultura familiar camponesa no Nordeste do Brasil: a da autonomia e da subsistência que, no caso de Massaroca, foi também ligada aos ciclos de migração temporária no Sul do país que permitiram a vários agricultores capitalizar para a compra de terra e gado.
c) Os anos de 1970-1980 correspondem a uma modernização da reciprocidade camponesa por vias comunitárias e associativas, mas num contexto novo, com a intervenção de instituições externas, essencialmente a Igreja e o Estado (Sabourin, 2001b). Concretamente, para manter certas relações de reciprocidade em torno da ajuda mútua e do manejo de recursos comuns, as famílias camponesas tiveram que recorrer a novas estruturas de organização social e econômica: essencialmente, a comunidade (como evolução da antiga fazenda patriarcal) e a associação de produtores (para conseguir a atribuição dos títulos de propriedade coletiva das áreas comuns e financiamentos de infra-estruturas comunitárias). Para garantir as relações de reciprocidade, as regras anteriores foram-se adaptando às novas regras de funcionamento das estruturas "modernas" que constituem a comunidade, a associação ou a federação de associações (Sabourin, 2001a e 2003).

Essas etapas, formalizadas em realção a dinâmicas locais, podem ser verificadas na reconstrução participativa da trajetória de desenvolvimento da pequena região (Quadro 3.2, Silva et al., 2000).

Quadro 3.2: Etapas da trajetória de desenvolvimento das comunidades rurais de Massaroca-BA

1. Ocupação e apropriação fundiária de 1807 a 1950
Os primeiros vaqueiros instalam-se na proximidade das fontes de água. A partir de 1850, a Lei da Terra permite legitimar essa ocupação. As fazendas estão divididas entre os herdeiros, sem registro dessas transmissões. O fundo de pasto permanece como propriedade indivisível da família. As famílias vivem principalmente da pecuária extensiva praticada em pastagem livre e para o autoconsumo, de cultivos alimentares produzidos em pequenas parcelas cercadas. A construção de uma ferrovia traduziu-se por uma intensificação dos cortes de madeira no início do século XX.

Continua

Quadro 3.2: *Continuação*

2. Produção agrícola e integração regional de 1950 a 1982 A construção da estrada Salvador-Juazeiro, unindo o sertão com o Sul do país, permite o escoamento dos produtos agropecuários. Os cultivos desenvolvem-se até em lugares distantes como as serras colonizadas a partir de 1970. Além do autoconsumo, essas culturas são destinadas à indústria (algodão, sisal, mamona) ou aos mercados locais (mandioca, melancia). As cercas e as culturas são exigentes em mão-de-obra e existe pouca força de trabalho disponível. As migrações, definitivas ou temporárias, intensificam-se no período da industrialização do Sul do Brasil, especialmente durante as fases de seca.
3. Intervenção externa, cercas e diferenciações a partir de 1982 Num contexto de abertura democrática, Igreja, extensão rural e pesquisa apóiam-se na criação de associações, capacitação a novas técnicas e assumem um papel de intermediários entre as associações e os poderes públicos. A maioria das mudanças técnicas (alimentação animal, cultivos forrageiros, infra-estruturas hídricas) e econômicas apóia-se na extensão das áreas cercadas, levando a processos de diferenciação entre as unidades de produção. O contexto econômico nacional muda. A migração dos jovens para o Sul do país não permite mais acumular, mas permanece como o último recurso possível em caso de seca prolongada.

UMA INTERVENÇÃO PÚBLICA ORIGINAL: O PROJETO FUNDO DE PASTO

A partir de 1982, no quadro da política de reforma agrária,[9] o Instituto de Terras da Bahia (Interba) tornou-se responsável pela execução de um projeto de regularização dos títulos fundiários financiado pelo Banco Mundial, pela Superintendência de Desenvolvimento do Nordeste (Sudene) e pela Companhia de Desenvolvimento e de Ação Regional do Estado da Bahia (CAR). As especulações em torno dos fundos de pasto levaram essas instituições a proporem ações de apoio financeiro e técnico, ultrapassando o objetivo inicial de regularização fundiária e de cadastramento das terras públicas (Garcez, 1987).

Sob o aspecto jurídico, a situação era pouco segura. Geralmente, não existiam títulos de propriedade oficiais, nem individuais nem coletivos. Tratou-se, por parte do Estado, de uma legalização das práticas rurais e das formas de uso comunitário dos recursos via propriedade coletiva ou associativa. Juridicamente, os agricultores de uma mesma comunidade ou usuários de uma área determinada de fundo de pasto constituem uma associação de direito civil sem fim lucrativo. Esta lhes garante um título de propriedade coletiva equiparado à legislação de reforma agrária. Com esse título, a associação comunitária e também os produtores membros, individualmente, almejam as vantagens dos beneficiários dos projetos de

[9] A constituição do Estado da Bahia prevê no art. 178 a concessão de uso, gravando cláusula de inalienabilidade à associação legitimamente constituída e integrada por todos os seus reais ocupantes, nas áreas de fundos de pasto.

reforma agrária: ajudas financeiras subsidiadas para investimentos produtivos individuais (cerca, formação de pastos artificiais) e coletivos (campos comunitários, casas de farinha de mandioca) e assistência técnica pública[10] (Sabourin et al., 2001).

IMPACTO DA INTERVENÇÃO E GESTÃO DOS FUNDOS DE PASTO EM MASSAROCA

É no contexto dessa intervenção que ocorre a evolução da gestão das terras de fundo de pasto. Há uma convergência de interesses entre os programas do Estado, os projetos das comunidades camponesas e os outros atores que intervêm localmente, tais como a Igreja, os sindicatos agrícolas e os técnicos dos serviços de apoio:

a) Os agricultores reagrupados e unidos em torno das comunidades de base buscam preservar seus sistemas de produção baseados no acesso às áreas de pastoreio, em um contexto de insegurança exacerbada. Na região de Massaroca, isto se deve às especulações fundiárias geradas pela concepção de um projeto de irrigação, o *Salitrão*, cujo primeiro traçado compreende as áreas de fundo de pasto de várias comunidades.
b) O Estado procura fixar e assegurar os pequenos produtores na zona rural, integrando-os à economia nacional.
c) A Igreja Católica, os sindicatos agrícolas e as organizações não-governamentais (ONGs) "defendem" os camponeses. Com o desaparecimento dos *coronéis*, eles se afirmam como novos intermediários entre o Estado e os agricultores. Procuram promover a autonomia das comunidades, mas exercem novas formas de poder e de tutela sobre os pequenos produtores que se tornaram eleitores (Sabourin et al., 1996). Essas duas estratégias podem igualmente se achar dialeticamente associadas, como é freqüente no caso das tutelas ideológicas, exercidas pela Igreja Católica, os partidos políticos ou os sindicatos agrícolas.

Várias associações foram criadas entre 1982 e 1987. Nove delas[11] foram confederadas, em 1989, em uma organização supracomunitária, o Comitê das Associações Agropastoris de Massaroca (CAAM). Constituído como instrumento de defesa dos interesses coletivos, o Comitê elabora um projeto de desenvolvimento local da região de Massaroca (Caron et al., 1988; Tonneau, 1994). Este compreende a mobilização de recursos para a implantação

[10] Essas diversas formas de apoio foram implementadas, essencialmente nos anos 80, por meio de projetos especiais: Polonordeste, Padre Cícero e o Programa de Apoio ao Pequeno Produtor (PAPP).

[11] Cachoerinha, Caldeirão do Tibério, Canoa, Cipó, Curral Novo, Juá, Lagoa do Angico, Lagoa do Meio e Lagoinha.

de infra-estruturas, de ações de apoio à produção por meio da atribuição de créditos e de intervenções sociais e culturais, em particular em matéria de formação e de educação. Sete das nove comunidades do CAAM dispõem de áreas de fundo de pasto. Elas representam cerca de uma centena de hectares por família. Mas, no momento, somente as comunidades de Lagoinha, Cachoeirinha e Curral Novo possuem um título de propriedade (Tabela 3.2). Em duas comunidades, Cipó e Caldeirão do Tibério, o fundo de pasto está delimitado, mas em razão de litígios, o título de propriedade ainda não está registrado. Os trabalhos de cadastro não puderam ser realizados nas comunidades de Lagoa do Meio e Juá, no entanto, dotadas de associações.

Tabela 3.2 Repartição das terras em quatro comunidades da região de Massaroca

Comunidades	Superfície fundo de pasto (ha)	Área de propriedade individ. legalizada (ha)	Total de superfícies legalizadas (ha)	Situação legal do fundo de pasto	Nº de famílias
Cachoeirinha	1.336,58	811	2.150	Em curso litígio	10
Curral Novo	1.393,65	546	1.940	Titularizadas	20
Cipó	1.203,65	243	1.446	Litígio	13
Lagoinha	2.246,41	847	3.095	Titularizadas	27

Fonte: Instituto das Terras da Bahia (Interba), 1991.

Em um primeiro momento, os projetos administrados pelas associações e pelo Comitê concerniam apenas indiretamente à gestão dos fundos de pasto. Mas, rapidamente, as ações de apoio à criação e à concessão de créditos têm acelerado a dinâmica de cercamento dos espaços individuais, reduzindo por si mesmo as áreas de pastoreio comum. Caron et al. (1994) mostram como os criadores de Massaroca manejam a pressão do risco climático, para a alimentação dos rebanhos, pela utilização racional, no tempo, de dois tipos de espaço descontínuos: "a) o espaço cercado das propriedades de uso individual, cultivado ou não; b) o espaço aberto constituído de áreas coletivas, de reservas fundiárias comunitárias de direito costumeiro destinadas à instalação dos jovens e das terras individuais não cercadas".

Isso vale para o conjunto das associações. Até hoje, aquelas que não dispõem de fundos de pasto reconhecidos têm acesso àqueles das comunidades vizinhas. Enfim, como a grande maioria das propriedades individuais não está cercada, essas áreas são pastoreadas coletivamente.[12]

Os jovens não têm procurado se instalar apenas em áreas de fundo de pasto por duas razões: são vertissolos, que não permitem reservas de água

[12] Por essas razões, a noção de carga animal por superfície não tem nenhuma significação no âmbito da comunidade.

para cultivos anuais (sem irrigação), ao contrário dos solos bruno não cálcico (carrasco) ou das areias (regossolos). No momento da sua instalação, os jovens cercavam terras individuais ainda abertas na proximidade das sedes das comunidades situadas em solos de carrasco ou areias.

O cercamento é o suporte de estratégias complexas de apropriação e de valorização do espaço. Uma terra pode ser cercada para o plantio de cultura de subsistência ou de renda. O criador que cerca uma terra para instalar um pasto artificial associa as plantas forrageiras aos cultivos anuais de subsistência ou de renda, quando a qualidade do solo o permite. Quando a produção das culturas de renda é satisfatória, o rendimento importante, mas aleatório, permite que se recupere em um ou dois anos o investimento realizado. Depois de um, dois ou três anos durante os quais os restos de cultura foram utilizados para a alimentação animal, os pastos estão prontos. O criador vai então colonizar novas terras e a frente pioneira avança.

Tradicionalmente, os criadores deixam os ruminantes (ver efetivos na Tabela 3.3) na *caatinga* seguindo diversas modalidades, de acordo com a época e o número de animais. Entretanto, essa prática de manejo é mais limitada à estação verde. A importância crescente das superfícies cercadas e a pressão sobre as pastagens modificaram a condução do rebanho na estação seca. Como salientam Bourbouze e Rubino (1992), as transformações, por sua vez, são acompanhadas de "uma regressão da mobilidade e de uma mudança nos modos de deslocamento e de transformação dos sistemas de alimentação dos animais". O crédito, essencialmente dedicado aos projetos de pecuária, pela implantação de pastagens, tem reforçado a intensidade do fenômeno de apropriação privada do espaço. As avaliações confirmam uma aceleração do processo de acumulação pela cerca e, evidentemente, de diferenciação socioeconômica entre os produtores (Choudens, 1992; Sabourin et al., 1996).

Tabela 3.3: Estimativa de rebanhos por comunidade

Comunidade	Ovinos	Bovinos	Caprinos	Total UA[13]
Cachoeirinha	300	150	2.700	750
Curral Novo	500	60	2.500	660
Lagoinha	420	250	2.500	860

Fonte: Comitê das Associações Agropastoris de Massaroca (1996).

Se, originariamente, uma dinâmica associativa e um consenso social permitiram a legalização dos direitos de propriedade das áreas comuns, o mesmo não é válido no que concerne aos investimentos e às arrumações que poderiam ser realizadas (Caron et al., 1994). Várias estratégias se destacam (Caron, 2001):

[13] 1 bovino = 1 Unidade Animal (UA); 1 pequeno ruminante = 0,2 UA.

a) A estratégia "tradicional" anti-risco se mantém. Certas comunidades ou certas famílias em seu seio preferem optar pelo "resguardo" relativo das áreas comuns para fins de reserva forrageira para os anos de seca e de reserva fundiária para a instalação dos jovens. Esta estratégia de espera prudente é acompanhada de uma ausência de investimentos, mesmo de recursos hídricos.
b) As comunidades de Juá e de Lagoa do Meio dispõem de vastas áreas comuns não delimitadas oficialmente e sem título de propriedade. E continuam a gerenciá-las segundo a estratégia costumeira que prevê acolher rebanhos de agricultores atingidos pela seca. Em nome da solidariedade camponesa, fazendeiros do município vizinho de Senhor do Bonfim utilizaram e abusaram da hospitalidade dos pequenos agricultores da comunidade de Juá, que colocaram em perigo suas próprias reservas forrageiras. Esta prática se monetarizou recentemente. Em teoria, os criadores remuneram uma família ou um agricultor para ter acesso a suas pastagens individuais. Mas, na ausência de cercas, os animais espalham-se pelo fundo de pasto da comunidade.
c) Em decorrência disso, a comunidade de Cipó, mais ameaçada[14] pelos especuladores e outros invasores, optou por uma estratégia de defesa ativa, com o fechamento das áreas comuns situadas na divisa com o projeto de irrigação Salitrão. Este procedimento coloca a questão da solidariedade intercomunitária no caso das comunidades cujos fundos de pasto se comunicam, como Lagoinha e Curral Novo. De fato, uma seca pode afetar mais severamente uma ou outra comunidade em razão da localização muito variável das precipitações. A cerca impede a dispersão dos animais de uma comunidade para outra e aumenta os riscos de déficit forrageiro ou hídrico. De maneira geral, esse tipo de estratégia marca um fechamento comunitário em relação à dinâmica supracomunitária do Comitê. Será isto uma conseqüência do reconhecimento da propriedade que, mesmo coletiva, marca uma forma de exclusão, ou pelo menos de fechamento do espaço?

No entanto, até hoje, nenhuma comunidade de Massaroca optou pela privatização ou pela "redistribuição" individual das áreas comuns, como foi o caso em outras áreas, inclusive com ocorrência de conflitos (Garcez, 1987). Sensível às evoluções em curso, o Comitê abriu uma linha de crédito para as associações comunitárias dedicada a financiar investimentos coletivos. A maior parte das associações beneficiou-se com infra-estruturas hídricas (cisternas, poços, cata-vento para bombeamento, entre outros). Apenas duas delas optaram por utilizar seus recursos para cercar o fundo de pasto.

[14] Ao contrário das comunidades de Lagoa do Meio e de Juá, seu fundo de pasto está incluído no primeiro traçado do projeto de irrigação *Salitrão*.

Em todos os casos, a realização de investimentos e o pagamento do imposto fundiário[15] são fontes de problemas decorrentes do fato de que os produtores não contribuem em função do uso feito por eles das áreas comuns, mas de maneira igual entre cada família (Caron et al., 1994). Em conseqüência, as famílias que possuem os maiores rebanhos são mais beneficiadas. Os projetos de interesse coletivo servem também às estratégias individuais. No caso de Lagoinha, por exemplo, o argumento utilizado pelo presidente da associação para justificar a contribuição equivalente de cada família para o imposto é uma hipotética distribuição igualitária das terras em caso "da chegada do projeto de irrigação".

ANÁLISE E ENSINAMENTOS DA EXPERIÊNCIA DE MASSAROCA

Vinte anos depois: a necessidade de elaborar novas regras comuns

Voltamos a analisar a situação das comunidades camponesas de Massaroca em 2003, vinte anos depois da criação da primeira associação comunitária e dez anos depois do nosso primeiro estudo sobre o fundo de pasto.

O programa de preservação dos fundos de pasto mostra uma limitação dos processos de diferenciação econômica e de exclusão social, preservando o sistema de produção fundado na pequena criação extensiva, protegendo varias famílias camponesas do êxodo. Mas foi apenas um prazo; outros questionamentos e desafios apareceram.

Primeiro, houve o problema da cobrança de um imposto fundiário bem mais elevado para terras não cultivadas. Em decorrência de uma lei federal das mais justas, destinada a combater a especulação e a existência de grandes domínios improdutivos, as terras não cultivadas como o fundo de pasto são bem mais taxadas. Em se tratando das terras de fundo de pasto recentemente atribuídas, tal majoração do imposto, obrigando os pequenos produtores a pagarem por milhares de hectares de áreas comuns, é insustentável. Sua aplicação é irracional no contexto local, pois essas terras de pastagem natural são, freqüentemente, impróprias para a cultura de sequeiro. Há contradição entre a legislação federal e o uso local dos recursos, entre a lei e a prática no campo.

As conseqüências podem ser consideráveis. Para ter acesso aos empréstimos subsidiados no âmbito da reforma agrária, as comunidades devem quitar o imposto fundiário. Às vezes, as dívidas atrasadas com o Instituto

[15] O imposto é quitado apenas em caso da existência de um título de propriedade.

Nacional de Colonização e Reforma Agrária (Incra) são tão altas que o montante de imposto pode ser comparável aos empréstimos solicitados. Assinalado como uma constante por Bourbouze e Rubino (1992), trata-se "de uma profunda inadequação entre as legislações e as práticas realmente adotadas... sendo necessário 'reavaliar, revisar, completar os dispositivos legislativos atuais denunciados como confusos, desiguais, inaplicáveis...' é importante que um regime jurídico claro possa ser substituído por dispositivos administrativos favorecendo a implementação de modos de gestão adaptados".

Segundo, houve questões de identidade e de solidariedade de classe. De fato, as comunidades de Massaroca mobilizaram seu comitê em torno de problemas fundiários que não podiam ser resolvidos em nível local ou regional. O Comitê, até então, relativamente isolado e fora das grandes organizações sindicais e profissionais, endossou as reivindicações relativas à reforma agrária e ao crédito. E foi um choque para camponeses vaqueiros do sertão o fato de sentirem-se associados ao Movimento dos Sem-Terra durante os debates pela reforma agrária. Foi também uma ocasião para descobrir a força das articulações e o interesse para tratar as questões relevantes da jurisdição federal no âmbito apropriado, ou seja, por meio das instâncias profissionais nacionais, em Brasília. Para as comunidades de Massaroca, isso pode ser uma oportunidade de extensão da reciprocidade camponesa, motivada por um novo contexto, o de uma aliança necessária com um movimento social em escala nacional (Sabourin et al., 2001).

De modo geral, a reclusão de identidade em torno da propriedade, seja ela individual, familiar ou coletiva, constitui uma das formas de alienação das dinâmicas de reciprocidade que, para serem vitoriosas, devem ser generalizáveis e ampliadas (Temple, 1997). Uma das razões que prevaleceram, até o momento, na manutenção da identidade familiar das comunidades é o temor de ver instalar-se no povoado um produtor de fora (com a chegada da irrigação) ou um fazendeiro que reivindique o direito à apropriação individual de uma parte das terras de fundo de pasto.

Terceiro, os invasores não desistiram. Há casos de cercamento ilegal e de invasão (grilagem) por fazendeiros nos limites com as grandes propriedades vizinhas. Existem fugas e perdas de gado por roubo ou por fuga do gado da comunidade acompanhando a retirada dos animais de fora. Durante os períodos de seca houve convites para os rebanhos de parentes e compadres distantes por sócios das associações. Em alguns casos, sócios das comunidades fizeram negócios aceitando, contra remuneração, a entrada de rebanhos de grandes proprietários de áreas vizinhas. Por fim, existem alguns casos de membros da associação que cercam a área, ultrapassando os seus limites individuais. De fato, o Comitê das Associações não sabe como limitar esses convites abusivos, por conta da tradição de hospitalidade e dos laços entre famílias.

Entretanto, um diagnóstico mais aprofundado mostra que os maiores questionamentos ligados ao manejo dos recursos forrageiros disponíveis são internos: em Massaroca, houve um aumento da pressão sobre o recurso comum, por meio do crescimento dos rebanhos (Tabela 3.4). Os fundos de pasto estão ameaçados de ser aproveitados de forma desigual pelas famílias com grandes rebanhos, se essas não autolimitam o seu acesso ou o número de animais. Existe uma grande diferença entre os pequenos criadores de Massaroca (50/60 ovinos ou caprinos) e as famílias que reúnem mil cabeças ou mais. De fato, o modelo dos grandes rebanhos associado às grandes fazendas continua sendo uma referência forte. Atualmente, cabe de novo negociar a mudança das regras de acesso e de uso dos fundos de pasto entre as associações e com as comunidades vizinhas, o que é seguramente o mais difícil. Algumas propostas estão sendo discutidas em Massaroca:

a) Cercar os fundos de pasto "por fora" do lado dos principais invasores e ao longo da estrada federal BR 154.
b) Reorganizar o regulamento e as normas de uso entre as famílias de uma mesma comunidade (no nível das associações) e entre as comunidades ao nível do Comitê, com controle do acesso.
c) Não autorizar o cercamento de áreas individuais quando impede o acesso dos vizinhos ao fundo de pasto.

Tabela 3.4 Estimativa de rebanhos por comunidade em 2000

Comunidade	Área fundo de pasto	Ovinos	Caprinos	Bovinos	UA
Cachoeirinha	1.336	3.000	4.000	350	2.250
Caldeirão de Tibério	700	1.000	500	100	400
Canoa	120	700	1.000	40	380
Cipó	1.203	1.800	2.000	85	850
Curral Novo	1.394	3.500	2.500	400	2.100
Juá saquinho		500	3.000	250	
Lagoinha	2.246	1.500	5.500	600	2.000
Lagoa Meio	2.500	2.000	3.000	500	1.500
Lagoa Angico	0	1.600	2.500	1.300	2.120
Total	9.499	15.600	24.000	3.300	11.600

Fonte: Diagnóstico rural participativo realizado pela Associação de desenvolvimento e Ação Comunitária, ADAC, junho 2000.

Em função das modificações do contexto (mercado, tecnologias, pluviometria, pressão demográfica e carga animal), os criadores de Massaroca são novamente confrontados diante do dilema da gestão das pastagens comuns. Além do modelo da superexploração dos comuns estudado por

Hardin (1968), o desafio é saber se mais uma vez as comunidades vão encontrar modalidades de regulação institucional por meio da elaboração de novas normas de compartilhamento do recurso ou de reciprocidade (Ostrom, 1998).

Permanência e transformação de uma agricultura camponesa

O caso de Massaroca, pela permanência do manejo coletivo dos fundos de pasto, constitui uma situação peculiar no marco da agricultura familiar brasileira, embora não se trate de uma situação isolada no Sertão norte da Bahia (Garcez, 1987).

São testemunhas da existência atual de comunidades camponesas que, de fato, correspondem às características essenciais do modelo das sociedades camponesas de Mendras (2000):

a) a relativa autonomia da comunidade local com relação à sociedade global envolvente;
b) uma vida social e econômica estruturada pelo grupo doméstico;
c) a autonomia econômica parcial, associando produção e consumo sem contabilização do trabalho familiar, destinando-se os excedentes ao mercado;
d) relações de interconhecimento e de proximidade;
e) papel de mediação de agentes externos com a sociedade envolvente.

De fato, atualmente, os políticos locais e as ONGs têm-se substituído ao proprietário ou ao coronel, mas certos mecanismos de mediação e de dominação subsistem. A descentralização brasileira corresponde também a uma municipalização dos recursos federais e estaduais para saúde, educação, transporte e, agora, para o desenvolvimento rural com o Programa Nacional de Apoio à Agricultura Familiar (Pronaf). Para ter acesso a tais recursos, as comunidades rurais dependem de relações clientelistas (de voto) por meio de cabo eleitoral, de vereadores, ou, até melhor, reduzindo o número de intermediários, diretamente com o prefeito. Para as comunidades mais organizadas, uma das raras alternativas é diversificar as fontes de apoio por meio dos recursos federais ou internacionais. A mediação passa, então, por ONGs que têm uma tendência natural para manter as suas fontes de financiamento e de consultoria e instrumentalizar a seu favor os projetos ou as organizações camponesas que apóiam.

Podemos verificar a validade e a robustez do modelo das sociedades camponesas, aliás, confirmada por Ellis (2000) em trabalhos recentes, ou lamentar que, apesar de uma relativa autonomia e segurança alimentar, permaneçam relações de dominação e de exploração.

A experiência de Massaroca e, de maneira geral, a preservação dos fundos de pasto do lado baiano do vale do rio São Francisco têm a ver com a associação de dois elementos-chave: a resistência, há vinte anos, à ilusão da salvação pelo modelo da irrigação do qual os camponeses se sabiam excluídos e o sentimento compartilhado de que a manutenção dos fundos de pasto era essencial para se preservar seu sistema de produção. Mas era preciso também pensar no futuro dos filhos. Portanto, ao mesmo tempo em que as associações resistiam à própria exclusão pela difusão da irrigação, negociaram a aprendizagem da pequena irrigação de cata-ventos associados a poços nos aluviões. A aprendizagem individual e coletiva abriu novos caminhos e fortaleceu a capacidade de elaboração de novas estratégias e de novas regras. Para o Comitê, é preciso preservar a base do sistema de pecuária em torno dos fundos de pasto. Coletiva ou individualmente, os produtores investiram em alternativas técnicas (reservas estratégicas de forragem e de caatinga, alimentação e seleção dos animais), mas também apostaram na diversificação: frutas (pequenas áreas de produção de maracujá irrigado, valorização do umbu) e transformação da carne caprina e ovina de qualidade (projeto de "bode do sertão agroecológico").

O Comitê reivindicou a instalação de uma extensão da adutora que traz água do rio São Francisco para a mina de Carraiba Metais, para trazer água potável às comunidades. Os passos sucessivos permitiram a obtenção de energia elétrica, de recursos da cooperação internacional para criar uma escola rural, de transporte escolar etc. Em dez anos, várias inovações coletivas ou compartilhadas abriram caminho para uma diversificação e intensificação da produção.

Essas estratégias bem camponesas de diversificação, visando reduzir os riscos, foram adotadas pelos agricultores de Massaroca e por suas organizações. Ao mesmo tempo, aumentou a dependência dos apoios e recursos externos e, em particular, daqueles que dependem da mediação dos políticos locais (Sabourin et al., 1996).

De um lado, a associação moderna, com personalidade jurídica, relaciona-se com as instituições de desenvolvimento. Permite o acesso ao crédito, aos subsídios, à lógica do intercâmbio e do mercado, mas também à representação formal da população camponesa e ao poder. De outro lado, as estruturas da comunidade permitem o jogo de relações de proximidade, as relações de patrocínio político, de compadrio, as redes interfamiliares, mas também o acesso às redistribuições clientelistas da política municipal ou estadual, por exemplo, durante as grandes secas de 1983, 1993 e 1998. Como estrutura camponesa, permite o funcionamento de relações de reciprocidade vertical (com as autoridades políticas) ou horizontal (entre comunidades e famílias), mesmo num contexto administrativo e jurídico hostil, que não reconhece as regras da reciprocidade.

A habilidade dos responsáveis pelo Comitê de Massaroca é de ter sabido gerir a interface entre lógicas locais camponesas de reciprocidade e lógicas de concorrência e de troca. Isto foi possível com o domínio das regras das duas lógicas. Para a gestão dos recursos coletivos, das relações de proximidade, das alianças, dos apadrinhamentos políticos e das redes familiares, o Comitê apoiou-se na comunidade e no mutirão. Para negociar o apoio à produção agropecuária, à sua valorização no mercado ou para ter acesso a infra-estruturas coletivas, ao crédito etc., o Comitê apresentou-se como uma federação de associações de produtores profissionais (Sabourin et al., 1996).

Há continuidade e até modernização das relações de reciprocidade de modo a garantir formas de coesão social ou de proximidade, praticáveis em um novo contexto e de maneira a aproveitar novas oportunidades. Tal aprendizagem não acontece sem tensões entre os indivíduos e os grupos que entravam na coordenação, mas podem ser resolvidas pela construção de novas regras. Estas dependem, às vezes, de intervenções externas para facilitar o reconhecimento de objetos ou de objetivos comuns. Com freqüência, a solução passa por novas formas de organização e pelas definições de ações locais ou territoriais. Esse tipo de dispositivo permite uma abertura externa para projetos mais vastos, uma escala de organização mais ampla (federação), e para alianças específicas, técnicas, políticas (redes sociopolíticas e sociotécnicas). Neste sentido, existe uma atualização da dinâmica de reciprocidade camponesa. É o que expressam os camponeses de Massaroca que participam das trocas com sem-terras do sul do Brasil ou produtores das *garrigues* francesas.

O presidente do Comitê lembra também a importância do plano simbólico. Os agricultores de Massaroca viram-se projetados na mídia pelo programa Globo Rural que apresentou, em 1991, a sua experiência de resistência à seca. A partir dessa data, os camponeses de Massaroca passaram a ter uma existência (global) para os poderes públicos, para Juazeiro e para o resto do Brasil. Dando a conhecer a sua capacidade de convívio com a seca, conseguiram motivar apoios privados e, logo, públicos, e, como diz o presidente do Comitê, "acabamos por nos convencer, nós mesmo, da importância e do valor da nossa agricultura". Em plena seca de 1998, quase dez anos mais tarde, o jornalista da TV Globo voltou a Massaroca para filmar a evolução de uma seca para outra. A estiagem de 1998 foi bem pior para a região de Juazeiro que aquela de 1990, mas parecia não ter afetado tanto as comunidades de Massaroca. Os agricultores mostraram, entre diversas inovações, a Escola Rural, funcionando no princípio da pedagogia da alternância entre "estudo e trabalho na unidade familiar". Lembraram que, para os jovens, migrar para São Paulo não era mais o projeto prioritário, porque aprenderam a lutar para criar alternativas de renda "no nosso sertão". A agricultura camponesa em Massaroca existe, também, por conta da força dessa afirmação voluntarista, identitária e política da sua viabilidade

(Tonneau, 1994). Para Bourdieu (1987), existia a preocupação de criar "uma sociologia da construção das visões do mundo que possam contribuir, por elas mesmas, para a construção desse mundo".

CONSIDERAÇÕES FINAIS

O estudo dos fundos de pasto de Massaroca mostra novas diversidades e especificidades em relação ao quadro geral da evolução fundiária do Nordeste do Brasil. Nunca se assiste à repetição da história de forma idêntica, e a apropriação das terras por meio da cerca, generalizada no Nordeste no curso do século XX, representa apenas um dos futuros possíveis das terras de fundo de pasto que ainda existem. Outras formas de manejo são consideradas, pelo menos na Bahia. O estudo das estratégias dos camponeses e das suas organizações revela evoluções rápidas do seu comportamento, uma incontestável flexibilidade do aparelho do Estado contrastando com a natureza dos textos regulamentares em vigor e o surgimento de novos intermediários locais em lugar das tutelas tradicionais.

Experiências como a de Massaroca trazem lições técnicas e jurídicas, no momento em que o Brasil, sociedade e Estado confundidos vêem-se obrigados a repensar a política de reforma agrária. Os projetos de legalização dos fundos de pasto oferecem referências práticas e institucionais para a região Nordeste e para outras zonas agro-silvo-pastoris do país como as "terras gerais" do norte do Estado de Minas Gerais (áreas de caatinga ou de cerrados), as pastagens "comuns" no Paraná, ou ainda para as zonas agroflorestais da Amazônia: áreas comunitárias ou municipais de extrativismo e de preservação ambiental.

O quadro proposto para analisar a construção da organização permite articular mudanças sociais, mudanças técnicas e contexto institucional ou, em outros termos, evoluções endógenas e intervenções externas. As transformações institucionais observadas em Massaroca são características de várias dinâmicas de evolução no Nordeste todo. Elas traduzem diversas formas de gestão da passagem de uma economia camponesa regulada pela reciprocidade para sistemas mistos, mais integrados ao mercado regional e ainda marcados pelas regras da sociedade camponesa (Wanderley, 2003). Além da clássica oposição entre comunidade e sociedade ou de esquemas redutores de tipo subsistência/integração ao mercado ou pré-capitalista/capitalista, temos uma situação de coabitação e de negociação entre valores e mundos diferentes.

Finalmente, a experiência de Massaroca ilustra a noção de desenvolvimento territorial, entendida como o aumento da capacidade dos atores locais para controlar as evoluções do seu território. Massaroca constitui, neste sentido, uma referência, num momento de mobilização da abordagem territorial. Este caso oferece a possibilidade de se refletir sobre as modalidades de uma intervenção que vem fortalecer e enriquecer as dinâmicas locais em vez de pretender difundir soluções baseadas numa participação decretada. Mostra, sobretudo, como essa capacidade de antecipação e domínio das evoluções de um território depende de processos de transformação camponesa e, ao mesmo tempo, produz novas transformações a adaptações do modelo camponês. Confrontadas a um contexto novo, formas de organização, valores e práticas estão sendo (des)construídas e (re)construídas. O manejo dos fundos de pasto cristaliza aqui esse tipo de processo. Levou a novas intermediações com o ambiente externo, a efeitos multiplicadores. Exigiu a aprendizagem de novas práticas e de novas regras, assim como a aprendizagem da capacidade de elaboração dessas regras novas.

REFERÊNCIAS BIBLIOGRÁFICAS

ALMEIDA, A. W. B. de. Terras de preto, terras de santo, terras de índio – uso comum e conflito. *Caderno do NAEA*. (10), p.163-96, 1989.

ANDRADE, M. C. de. *A terra e o homem do Nordeste.* São Paulo: Atlas, 1986.

BOURDIEU, P. *Choses dites.* Paris: Editions de Minuit, 1987.

BOURBOUZE, A., RUBINO, R. Grandeur, décadence... et renouveau sur les terres utilisées en commun dans les pays de la Méditerranée. In: ______ (eds.). *Terres collectives en Méditerranée*. Roma: FAO/Réseau Parcours Euro-africain, 1992.

CARON, P. *Espace, élevage et dynamique du changement. Analyse, niveaux d'organisation et action. Le cas du Nordeste semi-aride du Brésil.* Université Paris X – Nanterre, 1998. (Thèse de Doctorat en Géographie).

______. Modélisation graphique et chorèmes: la gestion des parcours collectifs à Massaroca (Brésil du Nordeste). *Mappemonde*, v.62, n.2, p.17-21, 2001.

______, SABOURIN, E. (ed.). *Camponeses do sertão.* As mutações das agriculturas familiares no Nordeste do Brasil. Brasília: Embrapa-Sct, Cirad, 2003.

______., PREVOST, F., GUIMARAES FILHO, C., TONNEAU, J. P. Prendre en compte les stratégies des éleveurs dans l'orientation d'un projet de développement: le cas d'une petite région du Sertão brésilien. In: *International Symposium on Livestock Farming Systems,* 1992. Zaragossa, Espanha: EAAP, 1994.

CHOUDENS, N. de. *Etude de l'impact sur le terrain du projet de recherche-développement de Massaroca*. Monptellier, 1992. Dissertação – CNEARC-ESAT/CIRAD-SAR.

ELLIS, F. The determinants of rural livelihood diversification in developing countries. *Journal of Agricultural Economics*, v.51, n.2, p.289-302, 2000.

FREIRE VIEIRA, P., WEBER J. (orgs.). *Gestão de recursos naturais renováveis e desenvolvimento*: novos desafios para a pesquisa ambiental. São Paulo: Cortez, 1997.

FURTADO, C. *O Brasil pós-"milagre"*. Rio de Janeiro: Paz e Terra, 1981.

GARCEZ, A. N. *Fundos de pasto*: um projeto de vida sertanejo. Salvador: Interba, CAR, 1987.

______, SENA, C. P. de. *Juazeiro, trajetória histórica.* Juazeiro: Gráfica Gutenberg, 1992.

HARDIN, G. The tragedy of the Commons. *Science*, p.1243-8, 1968.

LANNA, M. P. D. *A dívida divina*: troca e patronagem no Nordeste Brasileiro. Campinas: Ed. da Unicamp, 1995.

LENA, P., GEFFRAY, C., ARAUJO, R. (dir.). L'oppression paternaliste au Brésil. In: *Lusotopie*, p.105-354, 1996.

LEVI-STRAUSS, C. *Les structures élémentaires de la parenté, les cycles de la réciprocité.* La Haye: Mouton, 1967 [1947].

MENDRAS, H. *Sociedades camponesas*. Rio de Janeiro: Zahar, 1978.

______. L'invention de la paysannerie. *Revue Française de Sociologie,* n.41-3, p.539-52, 2000.

OSTROM, E. A behavioural approach to the rational-choice theory of collective action. *American Political Science Review*, v.92, p.1-22, 1998.

POLANYI K. *A grande transformação* – as origens de nossa época. Rio de Janeiro: Campus, 1980 [1944].

PRADO JÚNIOR, C. *Contribuição para análise da questão agrária no Brasil.* n.28. São Paulo: Brasiliense, 1960.

SABOURIN, E. Mudanças sociais, organização dos produtores e intervenção externa. In: CARON P., SABOURIN, E. (eds.). *Camponeses do sertão.* As mutações das agriculturas familiares no Nordeste do Brasil. Brasília: Embrapa-Sct, Cirad, 2003.

______. Reciprocidad e intercambio en comunidades campesinas del Nordeste: Massaroca (Bahía, Brasil). *Revista Ibero americana de Autogestión y acción comunal,* n.35-36-37, p.101-12, 2001a.

______. Ação coletiva, reciprocidade e organização dos produtores no Nordeste semi-árido. *Antropolítica*. v.8, p.41-58, 2001b.

______, CARON, P., SILVA., P. C. G. Enjeux fonciers et gestion des communs dans le Nordeste du Brésil: le cas des vaines pâtures dans la région de Massaroca-Bahia. *Cahiers de la Recherche-Développement*. v.42, p.5-27, 1995.

______, TONNEAU, J. P., CARON, P. Seu Neném, leader paysan à Massaroca (Bahia, Brésil): une trajectoire nordestine. *Cahiers de l'APAD*. v.11, p.102-7, 1996.

______, CARON, P., SILVA, P. C. G. O manejo dos fundos de pasto no nordeste baiano: um exemplo de reforma agrária sustentável. *Raízes*. v.20, p.90-102, 2001.

SILVA, P. C. G. da, CARON, P., SABOURIN, E., HUBERT, B., CLOUET, Y. Contribution à la planification du développement sans objectif final: proposition pour la région Nordeste, Brésil. In: *Symposium Recherches-Systeme en Agriculture et Developpement Rural,* Montpellier. AFSR/CIRAD, Proceedings, p.199-205, 1994.

______, SABOURIN, E., CARON, P., HUBERT, B. Estudo de trajetórias de desenvolvimento local e da construção do espaço rural no Nordeste semi-árido. *Agricultura familiar*. v.2, n.2, p.5-27, 2000.

TEMPLE, D. *La dialectique du don.* Essai sur l'économie des communautés indigènes. Paris: Diffusion Inti, 1983.

______. L'économie humaine. *La revue du MAUSS*, v.1, n.10, p.103-9, 1997.

TONNEAU, J. P. *Modernisation des espaces ruraux et paysanneries, le cas du Nordeste du Brésil*. Nanterre: Université Paris X, 1994. Tese (Doutorado em Geografia).

WANDERLEY, M. N. B. Agricultura familiar e campesinato: rupturas e continuidades. *Estudos Sociedade e Agricultura* (Rio de Janeiro), n.21, 2003.

PARTE II

RECURSOS NATURAIS, SOCIEDADE E CONSTRUÇÕES IDENTITÁRIAS

4
O SABER CAMPONÊS: PRÁTICAS ECOLÓGICAS TRADICIONAIS E INOVAÇÕES*

Ellen F. Woortmann

O saber camponês revela um conhecimento complexo relativo à sua prática agrícola. Um levantamento dos sistemas agrícolas de sitiantes sergipanos identificou 26 modalidades de consorciamento entre plantas cultivadas, expressão sofisticada da relação entre o homem e a natureza, que expressa não apenas dimensões técnicas, mas também princípios morais. Refiro-me ao que se pode chamar de "triângulo Deus, Homem, Terra", uma percepção moral da relação com a terra e entre os homens, como mostramos em *O trabalho da terra:* a lógica e a simbólica da lavoura camponesa (Woortmann e Woortmann, 1995) e como ressalta o ensaio de Klaas Woortmann (1990) "Com parente não se neguceia: o campesinato como ordem moral", que se aproxima ao que Carlos Brandão (1981) aponta como um *éthos* camponês, ou o que, nos termos de Godói (1998), constitui parte do "sistema do lugar".

Configura-se uma relação de reciprocidade entre os três pólos daquele triângulo. O trabalho do homem implica respeito para com a terra (e a natureza em geral) esperando dela aquilo que "ela pode e quer dar", em especial os alimentos que é capaz de produzir. O homem não deve forçar a terra a dar aquilo que não é de sua vocação, isto é, não deve "corrigir o solo", como se a natureza pudesse estar "errada". O sitiante como que dialoga com a terra, avaliando "o que a terra quer produzir, o que ela quer dar".

O trabalho do homem é o de preparar a terra e, quando necessário, alimentá-la, fortificá-la com a "vitamina" do adubo. Por sua vez, o trabalho da terra é o de receber a semente, fazer nascer e crescer a planta, alimentando-a

* Trabalho apresentado, em outra versão, em *O campo no século XXI*, organizado por Ariovaldo Umbelino de Oliveira e Marta Inez Medeiros Marques, Depto. de Geografia Agrária, USP.

com sua "vitamina". A terra agradecida retribui o trabalho do homem com uma colheita abundante. Quando ela "recebe a vitamina dada pelo homem e a chuva de Deus, ela fica alegre e agradece, dando muito alimento" e trazendo "fartura". Mas, se a terra trabalha, tal como o homem, ela fica "cansada", e é preciso respeitar seu tempo de "descanso" (pousio), para que possa renovar suas forças.

Em contrapartida, o trabalho de Deus é fazer cair a chuva (num ciclo anual relacionado a determinados santos). Mas isto depende da conduta dos homens que, com freqüência, afrontam a vontade divina. Em vez da chuva, vem então a seca. Como se costuma dizer naquela região, "a seca é o castigo de Deus pela maldade dos homens", o que exige a penitência.

Tem-se, portanto, como que uma "humanização" da natureza, uma concepção "etno-ecológica holista". O homem deve saber que a terra "precisa ser bem tratada", do que resulta uma forma de reciprocidade positiva. Mas, se o homem desgastar a terra, não a deixando "descansar quando ela precisa" ou não der "a vitamina que ela necessita", ela se tornará estéril; ela "se vingará" não o provendo de alimentos e, por conseguinte, deixando sua família em situação de "precisão".

Ao se estudar a lógica do consorciamento na lavoura daqueles "sitiantes", ficou evidente que a produção camponesa é familiar não apenas no sentido de usar a força de trabalho familiar (o que implica mudanças ao longo do ciclo de desenvolvimento do grupo doméstico, como já mostrara Chayanov, 1974), mas também que o sítio produz de acordo com as necessidades dos variados membros da família – crianças, mulheres gestantes ou "de resguardo", doentes, idosos –, o que implica não só distintos consorciamentos, mas variadas alocações de partes da terra disponível.

De outra perspectiva, o perfil da família e suas necessidades são um dos fatores centrais em torno do que se organiza a lógica produtiva do sitiante. A presença de idosos ou doentes levará ao ou elevará o plantio, por exemplo, de uma variedade de milho branco, "mais fraco" e mais macio, assim como do milho vermelho, "mais forte", destinado ao consumo de outros membros do grupo doméstico e à alimentação dos animais.

Tal como já foi discutido (Woortmann, 1983), o sítio não é concebido como uma extensão uniforme; ele é organizado pelo trabalho em espaços diferenciados, nos quais a diversidade e a disponibilidade de solos, com situações distintas quanto à inclinação do terreno, à água etc. constituem fatores importantes. Esses espaços e as atividades neles desenvolvidas articulam-se entre si. Essa articulação engendra uma espécie de modelo de insumo–produto, no qual cada espaço-atividade gera insumos para outros espaços-atividades. Tal modelo obedece ao princípio de "internalização dos supostos da produção". Assim, por exemplo, do pasto vem o estrume que dará "força" ao solo destinado à plantação. Esta última fornecerá a "palhada" que alimentará as vacas com cria. Da mandioca se extrai o veneno para combater formigas.

A análise do consorciamento apontou também outro plano. Plantas são consorciadas segundo sua classificação, e essa classificação remete ao que poderíamos chamar de um modelo cosmológico. Basicamente, as plantas são classificadas em "quentes" e "frias" e "fortes" e "fracas". Tais oposições, contudo, também dizem respeito aos solos, mas vão além disso. Alimentos também são "quentes" ou "frios", "fortes" ou "fracos", e isso se aplica ao corpo humano e às doenças. A oposição quente-frio no que se refere a alimentos, doenças e corpo foi muito estudada no Brasil e na América hispânica, como mostram os trabalhos de Ibañes-Novión (1976), Peirano (1979), Brandão (1981), Maués (1993) e outros, configurando o que foi chamado de "síndrome quente–frio", central para as concepções de saúde e para as práticas de saúde tradicionais. Destaque-se que na concepção desses sitiantes, e de outros com os quais compartilham esse modelo, "tudo na natureza de Deus ou é quente ou é frio".

Essa matriz cognitiva, de origem circum-mediterrânea, trazida para a América Latina pela via ibérica, é derivada da tradição grega codificada por Hipócrates, não apenas em sua teoria médica dos humores – que inclui também a oposição "seco" e "úmido", igualmente encontrada no Nordeste brasileiro –, mas num plano mais amplo. Hipócrates também foi geógrafo e, tal como Heródoto, organizava o mundo segundo essas combinações, que também serviram para classificar povos. Assim, os citas que habitavam o norte frio e seco eram opostos aos egípcios que habitavam o sul quente e úmido (Woortmann, 2000).

Se "tudo na natureza de Deus ou é quente ou é frio", também os solos podem ser quentes ou frios ou transitarem do quente para o frio. Solos argilosos são sempre quentes, ao passo que os arenosos, inicialmente quentes, vão-se tornando frios e podem ser adubados com o "unto", isto é, o estrume animal que é quente. Terras quentes, por sua vez, nunca podem receber o "unto". Há uma analogia entre a terra e o corpo, pois uma pessoa com o corpo quente (por motivo de certas doenças ou estados fisiológicos como a menstruação) não pode comer alimentos quentes; pelo contrário, deve comer alimentos frios. A alimentação ideal para pessoas saudáveis é aquela que combina um alimento quente com outro frio. Não é por acaso que o "feijão com arroz" é fundamental na alimentação brasileira, pois o feijão é quente e o arroz é frio. As carnes também se classificam segundo um gradiente no qual a carne de caça é muito quente, seguida da de porco e de gado, esta última a menos quente de todos. A primeira delas só pode ser consumida por adultos saudáveis. No outro pólo temos a carne de galinha e de peixe, próprias para o consumo de pessoas debilitadas, idosos e crianças. O frango de granja é considerado mais frio que o da galinha de criação doméstica.

Quanto ao consorciamento, não se pode plantar lado a lado duas plantas quentes, mas deve-se combinar uma quente com outra fria, ou intercalar uma planta fria entre duas quentes. E é preciso considerar o ciclo de cada planta, isto é, a dimensão temporal. Assim, o algodão começa frio, mas torna-se quente e não deve ser consorciado com outra planta quente. É preciso também alternar plantas quentes de curto tempo de maturação, como o feijão, com plantas frias de longo tempo, como a mandioca, a fim de que "um não empate com o outro". Ademais, é preciso considerar condições meteorológicas, pois algumas plantas exigem maior incidência de chuvas que outras ou melhor ventilação ao longo de seu ciclo, como o feijão, que exige um espaçamento maior a fim de evitar excesso de folhas em detrimento das vagens.

Essa oposição quente–frio, que não tem conotação térmica, pois diz respeito à "natureza" das plantas e dos solos ou dos alimentos, expressa um princípio fundamental, que é o do "equilíbrio". De um modo mais amplo, é preciso manter o equilíbrio da natureza, como mostramos em detalhe em nosso livro *O trabalho da terra* (1995), tanto quanto aquele que deve presidir as relações entre os homens, pelo princípio da reciprocidade.

A "síndrome quente-frio" é, pois, um fundamento cognitivo que permite a leitura da natureza, mas, como já mencionado, ela não se restringe à lavoura. Ela é parte de um modelo maior, de uma cosmologia, que dá inteligibilidade ao mundo e que o percebe "são" como um mundo equilibrado.

Outro par de oposições, também observado por Cardel (1992) e por Almeida (1988), é aquele entre "fraco" e "forte", que igualmente se estende dos solos às plantas e aos homens. Assim, existem sitiantes "fortes" e "fracos" (e ambos se pensam como fracos em relação aos fazendeiros), tanto quanto terras ou comidas fortes e fracas. Mas essa oposição também dá conta do tempo histórico. Como mostra Almeida (1988), o grupo camponês de origem nordestina por ele estudado em Mato Grosso percebe a si próprio num constante trânsito cíclico entre uma condição de forte para outra de fraco para retornar a forte etc. Ela pode também se articular com a oposição "dentro" e "fora", na qual o "dentro" tende ao forte e o "fora", ao fraco (Cardel, 1992).

O estudo de Almeida aponta ainda para outro ciclo forte–fraco. É o "governo da lua". Os camponeses por ele estudados não concebem o ciclo lunar como lua cheia, minguante, nova, crescente. A lua transita entre uma condição de forte e outra de fraca, e a lavoura deve seguir seu "governo". Assim, plantas fortes devem ser plantadas na lua fraca, e plantas fracas, na lua forte. O mesmo governo estabelece tempos distintos para o plantio de plantas nas quais o interesse está na raiz e para aquelas nas quais o interesse está nas folhas.

Plantas fortes podem proteger um roçado. Assim, o gergelim, considerado muito forte, é plantado ao redor da roça, formando uma defesa natural contra insetos daninhos. Plantas fortes, contudo, não devem ser plantadas em terra fraca, porque retiram muita força do solo.

A lógica simbólica da lavoura camponesa expressa, destarte, uma ética de equilíbrio, na medida em que cria condições para o sustento da família e em que é feita segundo uma perspectiva "etno-ecológica" que envolve o cuidado com a natureza – a "natureza de Deus" – desde a mata e as nascentes de água até a terra cultivada. Respeitando a natureza, o camponês estará respeitando Deus.

Camponeses são como gerentes da natureza pelo trabalho, o que me leva a outra dimensão da ética camponesa.

Perguntei a um sitiante se seu pai era proprietário da terra de seu sítio. A resposta foi que não, o que me deixou um tanto confusa, pois eu sabia da existência de documentos que atestavam a propriedade legal de sua terra. E o sitiante me disse: "a sra. quer saber se ele era dono, não é?" Em resposta, foi esclarecido que, para esses sitiantes, proprietário é uma categoria aplicada aos grandes fazendeiros que auferem lucros com o trabalho dos outros. Seu pai era dono "porque trabalhou a terra e deixou ela para os filhos". Há vários significados envolvidos nessa afirmação. Nos termos dos valores camponeses, alguém é "dono" por efeito do "trabalho, pelo suor nela investido". Essa concepção tem um fundamento que remonta à Queda Bíblica. A sina do homem expulso do Éden é trabalhar, como se lê em Gênesis – "no suor do rosto comerás o teu pão". De acordo com os "sitiantes" sergipanos, "Deus botou os homens no mundo para sofrer"; mas, ao mesmo tempo, "deu a natureza para o homem trabalhar". Se Deus deu a natureza para ser usada pelo homem, este tem a obrigação de trabalhá-la. Por isso mesmo, é pelo trabalho que se tem direito à terra.

Mas a terra – que em última análise pertence a Deus – não é, ou não deveria ser, propriedade mercantil de um indivíduo, mas patrimônio de uma família. É também pelo trabalho, e pelo saber que o informa, que se é "pai de família", mas este status implica transmitir a terra tanto quanto o saber que torna possível trabalhá-la. Mais que indivíduo – na acepção de Dumont (1985) em seu ensaio sobre o individualismo como valor moral – e proprietário de uma mercadoria, o pai, uma pessoa relacional, gerencia um bem patrimonial que deve ser transmitido de uma geração para as gerações futuras, juntamente com o cuidado com a natureza.

Sempre que possível – pois vários fatores históricos se contrapõem à ideologia camponesa – é preciso também transmitir os supostos da produção. Assim, o desenvolvimento de outras atividades, como uma "arte" ou o "negócio", ou ainda atividades ligadas à migração sazonal, capazes de gerar rendimentos para a subsistência da família, podem tornar possível a manutenção de um trecho de mata, necessário para o funcionamento ideal do sítio quando não é mais possível o acesso às chamadas "soltas", terras livres não apropriadas pelas grandes fazendas (cf. Woortmann, 1983). Como disse um "sitiante" sergipano: "Fazem uns 35 anos que eu não corto um pedaço de pau, só deixo mesmo é apanhar lenha caída. Quero passar isso para meu filho; quero que ele se lembre que fui um sitiante caprichoso".

É um ponto de honra para o pai legar esse trecho de mata para o filho, e é um fator de reconhecimento diante da comunidade.

Entre outros camponeses, os colonos teuto-brasileiros do Rio Grande do Sul mantêm em curso um processo de reflorestamento pelo plantio de acácias, insumo básico para a indústria de couros. Até cerca de 1950, realizava-se uma espécie de "reflorestamento ritual". Por ocasião do batizado de uma criança, o pai, padrinho ou avô com alguma disponibilidade de terras plantava algumas araucárias em área ainda em mata, na margem de algum córrego ou mesmo na beira do caminho, formando um "corredor". Com isso, cada recém-nascido teria no futuro algo "para começar na vida". Da perspectiva da memória, era também uma forma de o ascendente ser lembrado na paisagem, principalmente quando "não estivesse mais aí". Como o casamento era tardio (Woortman, 1995), esta era uma maneira para formar uma poupança para os filhos não herdeiros – dado o princípio da unigenitura, em que apenas um filho herda a propriedade –, destinada a contribuir para a compra de terra em alguma colônia nova, para a construção da casa por ocasião do casamento ou mesmo para a formação de uma "ajuda" em um novo começo na cidade. Em caso de crise, os pinheiros podiam ser vendidos pelo pai, que ficava em débito com relação ao filho ao qual pertenciam as árvores. Essa "poupança" também podia ser usada para financiar o estudo em seminário para os filhos destinados ao sacerdócio.

No caso de colonos "fortes" com mata maior e mais densa, na ocasião que antecedia o batizado, o pai, com a ajuda de familiares, além de selecionar pinheiros, selecionava também algumas árvores de madeira de lei destinando-as ao recém-nascido e fazendo a "limpa" ao redor delas "para que crescessem bonito".

Os "pinheiros poupança" que relacionam o cuidado com a natureza aos ritos de passagem não se confundiam com aqueles plantados para outro fim ritual, de caráter religioso: as "árvores de Natal" ou "pinheiros de Natal". Estes eram plantados pela mãe de família, e não pelo pai, e eram cortados anualmente; alguns deles, porém, podiam ser incorporados ao rol dos "pinheiros poupança".

Segundo um colono:

> Hoje [final dos anos 90], quem pode planta ou deixa crescer de novo um pedaço de mato; não é tanto como antigamente... quando cada pai de família mostrava que era mesmo caprichoso... e ele podia tirar do seu mato as toras para [construir] as casas de cada filho. Agora, a gente aqui dentro [da colônia] não pode mais plantar aqueles corredores bonitos nos caminhos, como tinha antigamente. O pessoal vem e rouba. Hoje se planta na roça, na beira do arroio. Mas já é alguma coisa... tem muito bicho que está voltando. Se Deus quiser, quando esse aqui [apontando para um menino de cerca de dez a 12 anos] estiver arrastando asas para alguma guria, ele pode levar esses pinheiros de ali; para as tábuas de sua casa ele já tem.

No contexto dessas práticas, altera-se o significado do pinhão, fruto das araucárias. De complemento alimentar da família e da criação de porcos, ele passa a ter demanda no mercado urbano, tornando-se uma fonte de renda complementar para a família. Essa renda é, em muitos casos, usada para custear as despesas escolares do filho "dono dos pinheiros", a quem cabe a coleta, sendo a comercialização atributo do pai

Fato análogo aconteceu com a erva-mate, inicialmente uma espécie nativa endêmica em muitas áreas coloniais, a ponto de marcar a toponímia de algumas, como *Teewald* (mata de erva-mate), hoje Santa Maria do Herval (Rio Grande do Sul). Em várias regiões, ao serem abertas áreas de mata para cultivo, eram mantidos os espécimes nativos, cujas folhas e ramas finas eram colhidas pelos ervateiros em troca da erva-mate beneficiada. Eram, pois, parte complementar da economia de subsistência da família. A partir de 1980, aumenta a demanda urbana pelo produto e, ao lado dos espécimes nativos antigos, novos são plantados, tornando-se a erva-mate um produto comercial (sobre a atividade ervateira em Santa Catarina, ver Renk, 1997).

Também os recursos hídricos eram protegidos, para que todos (pessoas e animais) "tivessem sempre água boa" e permanecessem saudáveis. É considerado importante manter as fontes, poços e riachos na sombra, porque "beber água esquentada pelo sol faz mal". No "tempo dos antigos", quando havia maior disponibilidade de terras, a vegetação das encostas dos morros era poupada, para que "a chuva não levasse embora a terra boa" e para que os cursos d'água não fossem assoreados. Em caso de surgimento de alguma voçoroca (desmoronamento causado por fortes chuvas), plantas de vários tamanhos eram jogadas com os galhos e ramas no sentido oposto ao da água, finalizando-se o fechamento com o plantio de bananeiras.

Entre esses mesmos colonos, a diversidade de relevos exige diversidade de práticas. A batata inglesa da "safra", por exemplo, era plantada no alto dos morros a fim de aproveitar melhor a incidência do sol no começo da primavera. Já a batata da "safrinha" de verão era plantada no sopé dos morros e coberta com a palha da safra anterior para reduzir a incidência dos raios solares e para manter a terra "gorda", isto é, fértil.

A classificação das terras em "gordas" e "magras" pelos colonos teuto-brasileiros do Rio Grande do Sul equivale àquela dos camponeses sergipanos que as definem como fortes ou fracas.

Num clima frio, com longos períodos de inverno, quando os camponeses do norte europeu permaneciam em suas casas, a gordura era fundamental. Ademais, o trabalho camponês, como em qualquer lugar, exigia altos dispêndios de energia. A disponibilidade de gordura podia ser uma questão de vida ou morte. Ter gordura em casa era ter certeza de vida até a chegada da primavera. Esse princípio acompanhou os imigrantes até o Brasil, que aqui chegaram, vale lembrar, ainda antes dos avanços da tecnologia. Tanto as pessoas como a terra deviam ser "gordas", e não deixa de ser significativo que mulheres magras fossem consideradas de pouca fertilidade e de pouco apelo estético.

Observo também que tal como os camponeses estudados por Almeida (1988), os quais circundam a roça com gergelim, os colonos cercam suas hortas com uma variedade de flor, o "cravo de defunto", também percebido como defesa contra insetos. O que à primeira vista pode parecer uma desordem – legumes junto com flores – é uma forma de evitar a compra de inseticidas. De um lado, é a mesma lógica da internalização dos supostos da produção; mas é também uma prática ecológica. Em seus próprios termos, isso se faz "para não envenenar a terra e o que se come".

Além de reterem um saber tradicional, camponeses também incorporam novos procedimentos. Voltando aos sitiantes sergipanos, ficou claro que a lógica do consorciamento e a presença de variedades de uma mesma espécie não podiam ser facilmente "lidas" pelo pesquisador. Tomando como exemplo um roçado com cerca de cinco hectares, constatei que nele havia cinco variedades de mandioca, das quais quatro eram tradicionais e a quinta, uma variedade recém-incorporada: "foi a rama que o povo do sindicato deu". A primeira pergunta que fiz foi por que tantas variedades num espaço tão exíguo de terra? E a resposta do sitiante foi para mim surpreendente: "é a terra que pede e é a terra que atende às necessidades da família". Por que a terra "pede" uma variedade e não outra?

Num tom condescendente, o sitiante explicou que uma variedade só dá nas baixadas, em solo brejado; mesmo não sendo muito apreciada por seu gosto, sempre pode ser transformada em farinha. "Mesmo na pior seca ela agüenta." É uma variedade ainda dos "tempos dos antigos", sempre plantada (quando existem baixadas) como uma espécie de "seguro" em face de estiagem prolongada.

Outra variedade, a "do cedo" tem um rápido crescimento, ainda que pouco volume; ela é fundamental em períodos que sucedem uma seca prolongada. "É ela que enche o prato depois de um tempo de precisão." Outra variedade, ainda, exige terra com muito "unto", mas tem maior valor comercial; "é a farinha que o povo da feira mais gosta; a gente conta com ela para fazer feira", isto é, comprar os artigos necessários à reprodução social, como roupas ou ferramentas. Ela também tem um caráter de investimento, pois "quando Nosso Senhor manda inverno bom, é com ela que eu compro alguma coisa... essa bicicleta mesmo eu comprei com o rendo dela do ano passado".

A variedade mais recentemente incorporada ainda está sendo testada. "Diz o povo que deu as ramas, que ela não é exigente, dá em qualquer canto e tem um rendo maior". Outra qualidade dessa mesma variedade que está sendo testada é que ela "não pega doença", ou seja, é mais resistente às pragas usuais da região.

Ao visitar uma roça, notei – eu já conseguia ler um pouco o "texto" do espaço produtivo – que havia duas áreas contíguas separadas entre si, ainda que no mesmo solo e com o mesmo consorciamento. Ao ser indagado, o sitiante respondeu: "estou experimentando um adubo novo. É que quando eu estive em São Paulo, eu vi que eles usam adubo de serragem e nós aqui só usamos o unto". E justificou "a gente tem que ver, experimentar, ver se aqui dá rendo", explicando que plantou as mesmas variedades mantendo o mesmo "timing" e usando as mesmas sementes, "tirei o milho do mesmo saco".

Sua preocupação era verificar comparativamente a qualidade do novo adubo em face do tradicional. A serragem podia ser obtida quase de graça, ao passo que o estrume custava caro (quando a produção interna do sítio era pequena em vista de um pequeno número de cabeças de gado). Pelo experimento, ele poderia classificar a serragem como forte ou fraca. De acordo com suas observações preliminares, ela se situaria no nível mais baixo dos adubos quanto à força, se comparada ao unto e ao adubo de galinha, o mais forte. Ademais, ele se preocupava em determinar se a serragem seria fria ou quente; no primeiro caso, poderia ser usada em solos quentes.

Um ponto que deve ser levado em consideração é que camponeses são sempre cautelosos, pois os riscos que correm são grandes. Os resultados de um experimento são cuidadosamente avaliados. No caso descrito ficou claro que o adubo de serragem é bom se comparado ao químico, classificado como caro e "venenoso". Mas, como se mostrou fraco, concluiu o sitiante que "enquanto eu puder, planto com o unto porque é mais forte; se precisar eu pego serragem". Se esta não foi empregada, ela permaneceu, contudo, no universo cognitivo como alternativa a ser posta em uso quando necessário.

Em perspectiva análoga, entre os colonos do Sul, novas variedades de batata foram recentemente introduzidas na lavoura comercial-subsistência – variedades com maior produtividade, menor sensibilidade a variações climáticas e com maior valor de mercado. Essas variedades foram inicialmente recebidas com reservas e durante alguns anos foram cultivadas em pequenos trechos de roça, fora das principais áreas de cultivo, a título de experiência. Posteriormente, tomaram lugar na roça principal da família. Mas ficou evidente que seu cultivo envolvia um risco: não havia um domínio cognitivo sobre as novas variedades; ademais, o "pacote tecnológico" que as acompanhava exigia a compra de novos insumos e a aplicação de um "veneno" não conhecido. E havia ainda outro fator negativo envolvendo a inovação: ela exigiria a disponibilidade de recursos que certamente levaria o colono a submeter-se a empréstimo bancário, o que em seus termos "é ter de ir à cidade de chapéu na mão, se ajoelhar diante dos homens". O crédito bancário, além de ser percebido como um risco, e implicando o domínio de uma linguagem que lhe é estranha, contraria o princípio básico da internalização dos supostos da produção.

No entanto, as variedades tradicionais não foram descartadas. As variedades antigas, consideradas mais saborosas, foram re-significadas numa espécie de contexto ritual e de "distinção": hoje são definidas como "um luxo" limitado aos colonos fortes, e seu consumo deixou de ser parte do cotidiano para se restringir a ocasiões especiais, como o Kerb, a festa do padroeiro nas comunidades católicas ou do "aniversário" da inauguração da igreja local, nas luteranas. Ou ainda por ocasião de batizados ou casamentos.

Para concluir, pergunto por que importar "pacotes tecnológicos" sem levar em consideração o saber tradicional? Mais do que isso, por que fazer aquilo que Klaas Woortmann (1983) observou em seu artigo "A transformação da subordinação", mostrando que as escolas agrícolas levam os filhos de camponeses a desprezar o saber dos pais?

O camponês não é obtuso, impermeável à mudança. Ele é observador e cauteloso. Não pode colocar em jogo a reprodução social de sua família só porque alguém em algum gabinete resolveu impor uma inovação tecnológica à "população de baixa renda".

Para entender o mundo camponês e realizar o que Geertz (1975) chamou de "descrição densa", é preciso acompanhar o sitiante na roça. É preciso se colocar na situação de aprendiz e deixar claro que "aqui o senhor é meu professor. Por favor, explique-me o trabalho na roça e desculpe alguma pergunta boba".

É preciso também não ignorar as relações de gênero. O universo camponês feminino é tão importante quanto o masculino. A mulher conduz seus próprios espaços, e sua atividade é tão fundamental para a reprodução social da família quanto a do homem, ainda que menos visibilizada se comparada à dele no plano público e voltada mais para a reciprocidade que para o mercado (Woortmann, 1992, 1998).

O esforço para entender o mundo camponês deve ser no sentido de compreendê-lo em seus próprios termos. Novamente citando Geertz (1975), deve-se ler seu mundo "por sobre seus ombros", em busca de uma aproximação de sua perspectiva sobre a natureza e o trabalho, ainda que consciente de que é tão-somente uma aproximação; nunca todos os seus conhecimentos, toda a plenitude de seu saber e de sua sabedoria.

Por fim, é importante que se envidem esforços no sentido de desvendar dimensões do mundo camponês, numa busca do que Brandão (1986) destacou em seu artigo "Os nomes do trabalho". Nossa tarefa é levantar o cabedal de conhecimentos camponeses e de suas práticas. Quanto mais nos inteirarmos de contextos, mais respeitaremos – e faremos respeitar por outros – sua relação com a natureza. E entenderemos as estratégias inteligentes desenvolvidas, como as tomadas em face do fechamento das "aguadas", quando pelo trabalho em mutirão foi construído um tanque de uso coletivo. Para entender o camponês é preciso olhar o mundo através dos "óculos" pelos quais ele o lê.

REFERÊNCIAS BIBLIOGRÁFICAS

ALMEIDA, R. *O saber camponês*. Departamento de Antropologia, UnB, Brasília, 1988. (Dissertação).

BRANDÃO, C. R. *Plantar, colher, comer*. Rio de Janeiro: Graal, 1986 [1981].

______. Os nomes do trabalho. *Anuário Antropológico, 85*. Rio de Janeiro: Tempo Brasileiro, 1986.

CARDEL, L. M. *Os olhos que olham a água*. Departamento de Antropologia, UnB, Brasília, 1992. (Dissertação de Mestrado).

CHAYANOV, A. A. *La organización de la unidad econômica campesina*. Buenos Aires: Nueva Visión, 1974.

DUMONT, L. *O individualismo*. Rio de Janeiro: Rocco, 1985.

GEERTZ, C. *The interpretation of culture*. London: Hutchinson, 1975.

GODOI, E. P. de. O sistema do lugar: história, território e memória no sertão. In: NIEMEYER, A. M., GODOI, E. P. de. *Além dos territórios*. Campinas: Mercado das Letras, 1998.

IBAÑEZ-NOVIÓN, M. A. *A anátomo-fisiologia popular e alimentação na mulher e no binômio mãe e filho*. Departamento de Antropologia, 1976. (Mimeogr.).

MAUÉS, M. A. *Trabalhadeiras e camarados*. Belém: Ed. Universitária, 1993.

PEIRANO, M. A Reima do Peixe. *Pesquisa Antropológica*, n.21, UnB, 1979.

RENK, A. *A luta da erva*: um ofício étnico. Chapecó: Grifos, 1997.

WOORTMANN, E. F. O sítio camponês. *Anuário Antropológico, 81*. Brasília: Tempo Brasileiro, 1983.

______. O ambiente e a mulher: o caso do litoral do Rio Grande do Norte. *Latin American Studies*. v.12, p.31-53, 1992. The Association for Latin American Studies. Tóquio.

______. *Herdeiros, parentes e compadres*. São Paulo/Brasília: Hucitec/Ed. UnB, 1995.

______. Homens de hoje; mulheres de ontem – gênero e memória no seringal. *Memória*. Goiânia: Ed. UCG, 1998. (Série Seminários n.3).

______, WOORTMANN, K. *O trabalho da terra*: a lógica e a simbólica da lavoura camponesa. Brasília: Ed. Unb, 1995.

WOORTMANN, K. A transformação da subordinação. *Anuário Antropológico, 81*. Brasília: Tempo Brasileiro, 1983.

______. Com parente não se neguceia: o campesinato como ordem moral. *Anuário Antropológico, 87*. Rio de Janeiro: Tempo Brasileiro, 1990.

______. O selvagem na História. *Revista de Antropologia*, v.43, n.1, p.14-55, 2000.

5

UM *POVO DO CERRADO* ENTRE *BAIXÕES* E *CHAPADAS*: MODO DE VIDA E CRISE ECOLÓGICA DE CAMPONESES(AS) NOS CERRADOS DO SUDOESTE PIAUIENSE*

Maria Dione Carvalho de Moraes

INTRODUÇÃO

Para falar de populações camponesas nos cerrados lembro, de saída, com Shanin (1980), Vincent (1987) e Godói (1999), que o conceito de camponês pode tornar-se uma abstração se não refere, empiricamente, o conjunto de práticas permeadas pelo universo simbólico, categorias e regras mediante as quais os sujeitos sociais aludidos vivem, sentem e pensam suas existências. A conexão entre as práticas e seus supostos funciona em um nível mais profundo do que revela a aparência imediata, interessando, aqui, como dito por Pierre Bourdieu, tratar do *modus operandi* de camponeses(as) que traga à tona o modo de engendramento dessas práticas, até por meio dos seus discursos sobre elas.

Os camponeses e camponesas referidos estão situados no Nordeste brasileiro, na região sudoeste do Piauí, está constituída, em seus aspectos naturais, pelo bioma cerrados (Figura 5.1). Tal região, nas três últimas décadas do século XX, veio sendo paulatinamente incorporada pela moderna agricultura do complexo carnes/grãos para exportação,[1] de modo que os segmentos camponeses que ali desenvolvem a tradicional ancoragem de

* Artigo baseado na tese de doutorado de Moraes (2000) cuja pesquisa de campo foi realizada de 1996 a 2000, no sudoeste piauiense, com ênfase em Uruçuí, e em outras investigações que coordenei (MORAES e VILELA, 2003a) e de que participei (MORAES e VILELA, 2003b; 2003c), ambas no sudoeste piauiense, em Urucuí e Bom Jesus.

[1] A respeito da incorporação do sudoeste piauiense ao "novo" Nordeste dos cerrados, (sul-maranhense, oeste baiano e sudoeste piauiense) pela moderna agricultura do complexo carnes/grãos, ver Moraes (2000, 2002). Sobre o "novo" Nordeste dos cerrados, ver também Costa (1995).

vida entre "baixões" e "chapadas" se vêem envolvidos numa crise ecológica (Wolf, 1984) sem precedentes.

As pesquisas que deram origem a este artigo flagram esse momento na vida dessas populações de pequenos(as) proprietários(as) e posseiros(as) com história de ocupação antiga na região em foco, essencialmente dedicadas ao cultivo da terra, tomando decisões relativamente autônomas nesse processo e empregando, tradicionalmente, o chamado sistema de roça-de-toco (Andrade, 1984, 1995; Gutberlet, 1994; Toffoli e Oliveira, 1997). Trata-se de povos agricultores inseridos de maneira restrita no mercado de fatores (Ellis, 1988): a mão-de-obra é familiar, com raras contratações de trabalho por salário; a terra é, em sua maioria, "apossada",[2] raramente arrendada ou comprada; e o emprego de insumos e instrumentos manufaturados é mínimo ou nulo.

Também no mercado de produtos, tanto pela oferta quanto pela demanda, a participação é parcial: nem todo produto ou mesmo sua maior parte chega ao grande mercado, circulando em mercados locais e regional, sendo o consumo de bens importados relativamente baixo. Utilizam-se esquemas tradicionais de acesso à terra e ao trabalho (de parentes e vizinhos) e técnicas transmitidas em círculos personalizados, num sistema irredutível à dimensão estritamente econômica (Moraes, 2000). Na região, há 39.830 estabelecimentos (Tabela 5.1), o que, se multiplicados por seis (média de pessoas a cada um) dá um resultado aproximado da população diretamente envolvida com a agricultura familiar camponesa, considerando-se que o módulo fiscal nos municípios da região está em torno de 75 hectares.

Tabela 5.1 Estabelecimento por grupo de área

Mesorregião	Menos de 10 ha	10 a 100 ha	100 a 200 ha	200 a 500 ha	Total
Sudoeste piauiense	19.750	15.267	3.056	1.757	39.830

Fonte: IBGE, Censo Agropecuário 95/96, Piauí, Tabela 4- Estabelecimento por grupo de área total, segundo microrregiões, mesorregiões e municípios.

Trata-se de um campesinato que visa o aprovisionamento material e a manutenção da posição social num círculo restrito de relações, no contexto de um contrato social fundado na reciprocidade como valor (Valensi et al., 1978; Woortmann, 1990; Sabourin, 2000), não se podendo falar apenas de pequenos produtores mas, sobretudo, de atores sociais e históricos como *homo moralis* (Woortmann, 1990).[3] Nesse sentido, terra, família e trabalho são categorias centrais e relacionais, vinculando-se a valores e princípios organi-

[2] "Terra apossada", na linguagem local, refere-se ao vínculo com a terra por relações de posse e de não-propriedade jurídica.

[3] Sobre campesinato como ordem moral e a idéia de campesinidade em graus diversos de articulação ambígua com a modernidade, ver Woortmann (1990).

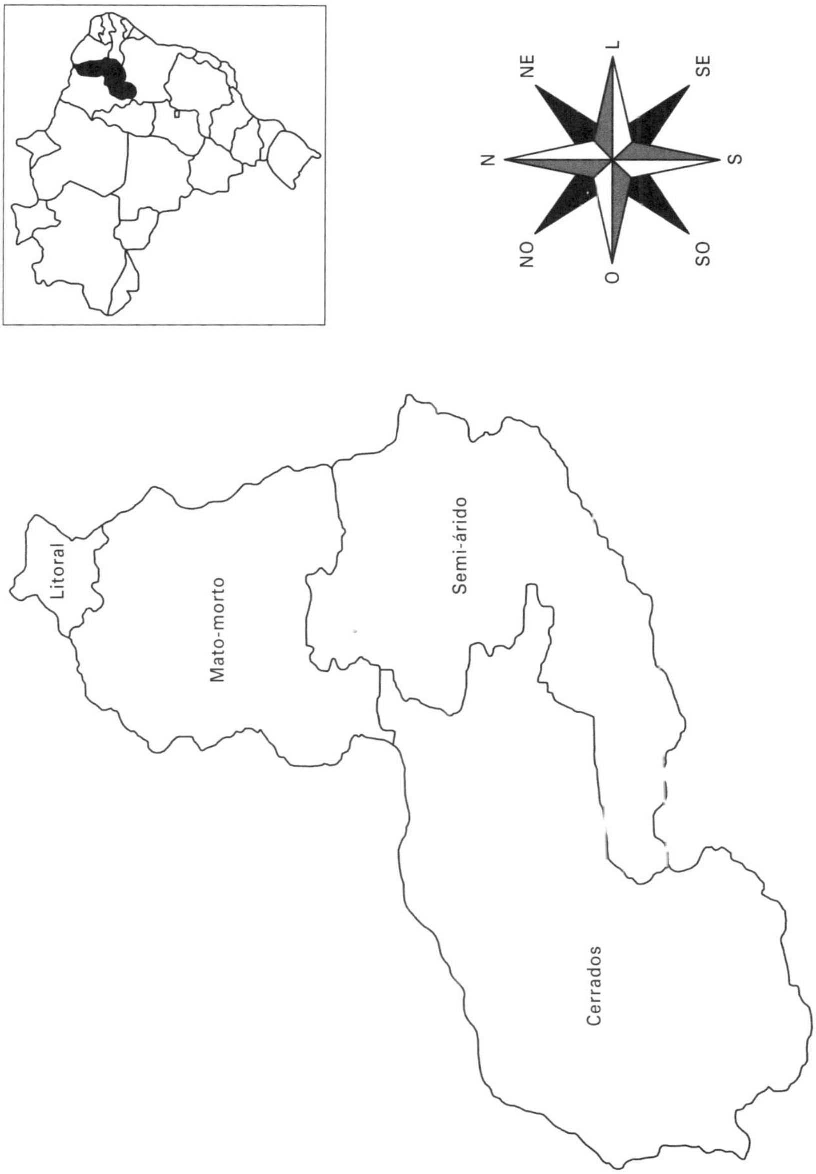

Figura 5.1. Mapa do Piauí, com destaque da região dos cerrados no sudoeste do Estado.

Fonte: Seplan/Governo do Piauí (2005).

zatórios como honra e hierarquia, ainda mais prescritivos nas situações de crise social, como ocorrem na região, devido ao processo de incorporação das terras de "chapadas" pelo agronegócio do complexo carnes/grãos, em que concepções da terra como valor se contrapõem, flagrantemente, às utilitaristas mercantis.[4]

Compra e venda são limitadas e visam prover o grupo daquilo que ele não produz, a depender de circunstâncias como a carência de dinheiro em determinadas ocasiões e a quantidade de produto colhido em relação às necessidades anuais de consumo. De fato, trata-se de uma agricultura de aprovisionamento (Sahlins, 1983):[5]

> Quando às vezes, a produção é boa, a gente tira uma parte [para venda] e, quando é fraca, às vezes não dá pra vender, encosta pra comer. A preocupação é essa! As outras coisas a gente vai tirando pra frente, levando a vida (...). (G.P.S., camponês de Sangue, Uruçuí, PI)[6]

Esses grupos camponeses organizam-se no quadro e nas condições oferecidos pela natureza, no sentido de uma simbiose (ecúmeno) (Mendras, 1978) resultante de suas relações com o meio, num intercâmbio que adquire, ao longo do tempo, uma dinâmica própria e uma forma peculiar. Isto remonta ao *habitat* (Mendras, 1978), que supõe territorialidade e relação com o lugar (Tuan, 1983; Augé, 1994), e, ao mesmo tempo, habitação (alojamento), refúgio, local de trabalho e limite de vida.

No conjunto das terras de moradia e de trabalho (cultivo, criações, extrativismo, caça, pesca), instituído ao longo do tempo pela coletividade camponesa, inscreve-se a organização social, a história do grupo humano que ali se estabelece e o modo como organiza e explora para uso próprio áreas cultivadas e ocupadas com habitação e criações, como lida com as reservas naturais, como pensa atuar em caso de expansão demográfica e como se vale de seu saber tecnológico e agronômico. Organização e saber que, por sua vez, remetem a um *savoir-faire* (Godelier [196-]), que faz funcionar sistemas de cultivo (Wolf, 1976; Mendras, 1978) aos quais subjaz determinado eco-tipo (Wolf, 1976). Esse intercâmbio adquire, ao longo do tempo, uma dinâmica própria e uma forma peculiar.

---

[4] As categorias terra, família e trabalho não estão ausentes nas sociedades individualizadas e voltadas para o mercado, mas estão separadas umas das outras, ao passo que nas camponesas não se separam, havendo aí, também, relações de oposição entre a arte de aquisição e de enriquecimento (WOORTMANN, 1990).

[5] Isso não implica que os(as) camponeses(as) pesquisados(as) se caracterizem como as sociedades tribais estudadas por Sahlins (1983), que recorreu, em suas análises, à literatura sobre campesinato, em particular à de Alexander Chayanov, sobre o funcionamento de formas de organização da produção. A propósito, ver, ainda, Godói (1999).

[6] As falas transcritas neste artigo são trechos de entrevistas e histórias de vida editadas em Moraes (2000).

Um sistema de cultivo pressupõe duas exigências de naturezas diferentes: uma de ordem técnica e a outra, social. Seus modelos tecnológicos implicam uma combinação de diversos elementos (ferramenta, planta, animal, técnica cultural) cujas interligações, tipos de arranjo e graus de liberdade supõem, ainda, determinada estrutura da sociedade agrária (Mendras, 1978). Entre camponeses(as) dos cerrados, por exemplo, a reprodução vincula-se estreitamente à apropriação das diversas possibilidades oferecidas pelos ecossistemas desse ambiente, as quais, como dito por Godelier ([196-]), são transformadas em "recursos". Isto se dá, ressalte-se, numa agricultura que conjuga(va), tradicionalmente, sistemas de posse ou de pequena propriedade nos "baixões", com sistemas de uso coletivo do solo nas "chapadas" cujo resultado é conhecido pela experiência e pelo *habitus* (Thompson, 1981; Bourdieu, 1994).

De fato, a utilização das diversas potencialidades do ambiente natural dos cerrados supõe um saber e um saber fazer, uma ciência do concreto (Lévi-Strauss, 1989), um sistema de conhecimento (Suarez et al., 1983) capaz de transformar possibilidades em recursos, num quadro de relações sociais cuja dinâmica determina as transformações nesse sistema. Claro que esse saber pode atuar como fator positivo de reprodução social ou como limite, dependendo do nível de desenvolvimento das forças produtivas. Mas deve ser pensado, sobretudo, como prática que, na lógica do *habitus* (Bourdieu, 1994), implica inventividade e criatividade e não se restringe à mera execução repetitiva. Assim se compreendem as atualizações no modelo agrícola tradicional, mesmo quando contingenciadas por imposições do sistema dominante, como se dará com o cultivo do arroz de sequeiro na "chapada".

Falo de camponeses(as) com uma economia que relaciona meios e fins num complexo sistema cuja racionalidade diverge da dos grandes projetos de agricultura intensiva e pode ser pensada com base em uma economia moral (Scott, 1976; Thompson, 1984)[7] que orienta condutas pelas quais "chapadas", "buritizais" e "babaçuais" são, tradicionalmente, áreas consideradas de usufruto comum e integram o cálculo econômico camponês. Tal princípio foi, porém, subvertido pelos novos agentes sociais ocupantes dos cerrados, guiados pela lógica da apropriação privada e pelo uso intensivo de grandes áreas contínuas para o agronegócio do complexo carnes/grãos.

Embora os apossamentos comuns dos recursos naturais combinados com a apropriação familiar não sejam estranhos ao mundo rural brasileiro,[8] essa prática tradicional do uso comum de terras de "chapada", sem cerca-

---

[7] Pela idéia de economia moral, Thompson (1984) critica o reducionismo do *homo economicus*, opondo-lhe a noção de legitimidade. Scott (1976) trata de exploração e rebelião camponesa no Sudeste da Ásia, com base em concepções de justiça social, direitos e obrigações e reciprocidade.

[8] A respeito, ver Sá (1975), Meyer (1989), Andrade (1984, 1995a, 1995b), Moura (1988), Almeida (1988), Godói (1999) e Silva (1999).

mento, tem alimentado uma visão etnocêntrica de técnicos, planejadores e até pesquisadores, para quem tais áreas não eram utilizadas pelos camponeses e camponesas por lhes atribuírem "pouco valor" (Andrade, 1995), uma vez que, no sistema agrícola tradicional, a "chapada" não era lugar de agricultura. Dissemina-se, assim, o ideário produtivista da "chapada" como espaço vazio, justificando discursos de não expulsão de camponeses(as) dessas áreas pelos grandes projetos agropecuários.

Tal perspectiva revela-se, no entanto, limitada quanto ao conhecimento dos usos do "baixão" e da "chapada" pelas populações camponesas dos cerrados. Presa à dicotomia de atraso/progresso, ela deixa de captar a complexidade de sistemas operacionais agrícolas tradicionais e os seus processos de resistência e adaptação às transformações em curso, bem como os processos mais amplos de reprodução camponesa, a relação entre a terra, a família e o trabalho, os sistemas de produção – em especial quanto à relação com as variadas possibilidades agroecológicas que os diversos ecossistemas dos cerrados ofereciam aos(às) cultivadores(as) tradicionais, e os limites e favorabilidades da reprodução social dessas populações ante a incorporação das "chapadas" pela agricultura intensiva. Enfim, assim referido, escapa a reorientação das estratégias de sobrevivência das ditas populações camponesas, guiadas pela lógica do aprovisionamento.

SENTIDOS DAS EXPERIÊNCIAS ENTRE "BAIXÕES" E "CHAPADAS"

A crise ecológica que atinge os povos dos cerrados (Figura 5.2)[9] piauienses está diretamente relacionada ao conflito entre a monocultura dos grandes projetos agropecuários e à policultura camponesa que sempre articulou os usos dos "baixões" ao das "chapadas". Esse embate se expressa no plano dos sistemas de usos da terra e dos demais recursos naturais – apoiados numa economia moral, da parte dos(as) camponeses(as), em oposição à apropriação privada do território e dos recursos naturais, pelos grandes empreendimentos agropecuários.

Segundo Andrade (1984), não há, na economia camponesa, espaço inútil ou vazio, como querem as narrativas mestras (Moraes, 2000) dos cerrados. De fato, camponeses e camponesas, no relacionamento com esse meio ambiente, elaboram uma complexa classificação dos tipos de terrenos existentes, designando características relativas ao solo, clima e vegetação. Isso é feito pela relação entre as diversas formas de utilização desses espaços naturais, cujas potencialidades são acionadas como recursos, em função da

[9] As fotos utilizadas neste artigo (figuras 5.2, 5.3, 5.4 e 5.5) compõem o caderno fotográfico em Moraes (2000), tendo sido realizadas em pesquisa de campo pela própria pesquisadora.

combinação do conjunto de atividades no qual sobressaem, dentre outros, o cultivo do "legume" (culturas), o "criatório" (gado), a "miúnça" (porcos, ovinos e caprinos), o "criatório pequeno" ou "criação" (aves), o extrativismo, a caça, a coleta de frutos, a pesca e o artesanato utilitário.

Figura 5.2. Família camponesa em frente da casa de morada, no interior. (Comunidade Sangue, Uruçuí-PI.)

Tal relacionamento ancora-se em um saber fazer que subjaz, por exemplo, a complexa classificação dos tipos de terrenos, associada ao importante par classificatório "baixão/chapada".[10] Com base nesse contraste morfológico, distinguem-se características de solo (barro, areia, vazantes e brejos), vegetação (capim, mato, árvores altas, árvores baixas), clima (lugar úmido, fresco ou frio, seco), formações vegetais (buritizais, babaçuais e catingas,[11] agreste, carrascos e cerradões) e usos (agricultura, pecuária, extrativismo, caça).

[10] Sobre a importância da relação "baixão/chapada", ver Moura (1988) e Silva (1999), em estudos realizados no Vale do Jequitinhonha, MG, e Godói (1999), em pesquisa feita no sertão semi-árido do Piauí.

[11] Por "catinga" referem-se áreas de mata, nos "baixões" ou mesmo nas chapadas. Ferreira (1999) registra as grafias caatinga ou catinga. A definição de catinga utilizada pelos(as) camponeses(as) pesquisados(as) para referir-se a áreas de mata nos "baixões" se aproxima daquela dada por Carvalho (1924). Para detalhes, ver Moraes (2000).

Na taxonomia local, "chapada" ou "serra" designa os terrenos altos e planos de longa extensão, com solos "de barro" (maior teor de argila) ou "de areia" (mais arenosos) e o "clima seco", com árvores esparsas e de porte baixo (cerrado), e um tipo de capim, o "agresto", encontrando-se, ainda, ali, áreas de "carrasco", o que corresponde a uma vegetação mais compacta, propícia para caça e coleta, e áreas de "cerradão", com árvores mais elevadas, com madeiras consideradas nobres. Na economia camponesa tradicional, "chapadas" são áreas de caça, coleta de frutos, mel e plantas terapêuticas e de criação do gado e da "miunça" "na solta".

Já o "baixão" ou interior[12] corresponde às terras baixas, com solos tidos como mais ricos e úmidos que os da "chapada", devido à presença de rios, riachos, lagoas e brejos. Aí, localizam-se áreas de "catinga", matas com árvores de porte mais elevado, madeiras nobres como cedro (*Cedrella odoratta*) e pau-d'arco amarelo e roxo (respectivamente, *Tebebuia serralifolia* e *Tebebuia avellanedae*). Há também dois tipos de terreno muito importantes: vazantes (margens dos rios) e brejos (alagadiços), onde, florescem os buritizais e, nas imediações, os babaçuais, fundamentais nas atividades extrativistas. Os brejos (Figura 5.3) são estratégicos no rodízio inverno/verão:

> No brejo, terra alagoada, faz uma vala no meio do brejo, a água encana ali e planta feijão, arroz... Arroz é em algum lugar, e é algum [camponês] que planta. Dependendo do brejo, planta a cana, a banana. Se ele não encharcar no inverno, planta a laranja, a banana, o ananás... O que alimenta o brejo é a chuva ou algum olho-d'água. Antigamente, era permanente, de seca a verde. Hoje, nós teve que abandonar o trabalho no brejo pra recuperar ele (...). Numa época de verão, o brejo secou, ficou todo seco, aí todo mundo abandonou o brejo.[13] Aí voltou [a ser como] o tempo antigo: juntar água, sustentar água, normalzinho. A gente hoje em dia abandonou o brejo e voltou a conservar a vertente. Se não conserva, apiora. Aqui, nesse brejo, é onde, pelo verão, quando tá um bicho meio magro, a gente coloca aqui dentro – porque aqui não falta o capim verde. A gente passa o verão botando [o gado no brejo] e quando é novembro, nas primeiras chuvas, a gente solta ele, cria na serra. (G. P. S., camponês de Sangue, Uruçuí, PI)

No "baixão" se dá o cultivo do "legume", de verduras e frutas, e pastos, sendo também o lugar de assentamento e morada, embora seja comum a posse de uma segunda residência na sede do município, em bairros periféricos, ambas as casas construídas pelos próprios grupos domésticos, seguindo-se, nas duas, o mesmo padrão de mobiliário e edificação – esta, com a utilização do adobe, com diferença apenas na cobertura; aquelas se cobrem de palha e as da cidade, de telhas. A residência citadina insere-se na

[12] Sobre a relação entre o termo "interior" e o imaginário de sertão no Piauí, ver Moraes (2006).

[13] As áreas de brejo vêm sendo postas em risco tanto pelo desmatamento indiscriminado das "chapadas", que compromete as nascentes, quanto pelo uso intensivo das populações camponesas, de modo que a percepção do risco tem levado camponeses(as) a serem mais cautelosos(as) com o uso dos brejos, nos "baixões".

Figura 5.3. Camponês em sua área de brejo. (Comunidade Sangue, Uruçuí-PI.)

lógica camponesa de reprodução do grupo doméstico, também, do grupo de vizinhança do ambiente social da comunidade rural de origem, considerando-se parte das necessidades familiares a escola para os filhos, tratamento de saúde e o encaminhamento de toda sorte de providências cotidianas traduzidas como "negócios": recados, encomendas, reuniões, transporte de pessoas e objetos, visitas a bancos, vendas e compras de produtos e, mais recentemente, as providências relativas ao "negócio do cerrado".

A reprodução do grupo de vizinhança na cidade tem, assim como a segunda residência, importante função social, tanto na manutenção de padrões de sociabilidade, quanto em termos práticos de "tocar as coisas" no cotidiano, passando em alguns casos a ser residência principal de parte da família durante certas épocas do ano, mormente para aquelas cujos(as) filhos(as), ainda pequenos(as), estudam na cidade e dependem da presença, notadamente, da mãe, sendo constante o ir-e-vir do chefe de família do "interior" para a cidade e vice-versa. Nesse sentido, a segunda residência é um prolongamento do "interior" e da comunidade original que funciona, de acordo com Mendras (1978), como a cápsula protetora do campesinato.

O ir-e-vir cotidiano desses sujeitos remete a espaços analisados, sobretudo pela literatura antropológica (Heredia, 1979; Soares, 1981; Godoi, 1999) – a casa e a roça –, como referências ao grupo doméstico camponês. Assim, a casa (no "interior" e na cidade) é a referência de assentamento da família, em estreita relação com a roça, espaço da produção do "legume", base do aprovisonamento. O quintal (em ambas as casas, embora menor na da cidade e sem as mesmas funções que o da casa do "baixão") é o espaço contíguo destinado ao cultivo de verduras, fruteiras e alguma roça menor (macaxeira, milho e feijão, para serem consumidos verdes). O "baixão" é também o lugar da "bateção" do feijão, onde se constroem os chiqueiros das aves, os fornos para confecção de bolos e biscoitos e se improvisam ou se edificam os banheiros: cercados de talos de buriti e sem cobertura. Nas casas da cidade, o quintal é uma réplica, em menor escala, daquele do "interior", onde, geralmente, nos limites entre ele e a roça, são construídas as casas de farinha. Já o pasto (cultivado), no "baixão", é um espaço contíguo à roça, cercado, no qual, na fase de formação, certos legumes podem ser consorciados com o capim. Mais recentemente, a "serra" designa o lugar do cultivo do "arroz da chapada", o "negócio do cerrado" (Moraes, 2001).

A LÓGICA DO "BAIXÃO"

Pode-se dizer que esse povo do cerrado pensa e vê o mundo partindo do "baixão" (Figura 5.4). É dessa ancoragem que a forma tradicional de estabelecimento e de manejo dos recursos naturais comporta um olhar para o ambiente e suas possibilidades de recursos.

> É que foi na época que tirava negócio de posse, comprava título de posse, aí meu pai foi e adquiriu essa posse, depois veio a demarcação, aí o fazendeiro deu ordem pra ele topar no perímetro até onde ele quisesse ir na serra, mas era muito atrasado naquelas época, ele só tirou próximo, perto do ribeirão, não aprofundou na serra, não topou no pique dele em cima da serra.[14] Aí, ficou solta dentro, a gleba dele. Pega uma chapada também. Chapada e brejo, porque a chapada é muito grande, não dá pra pegar só brejo, não. É brejo e morro. Eu não tô lembrado bem, mas eu faço a base que era cinqüenta a cinqüenta e dois [1952], nessa faixa, que eu era pequeno quando nós se mudemos pra esse terreno (...). (Sr. G. P. S., camponês de Sangue, Uruçuí, PI)

[14] Agricultura então praticada nas "chapadas" para cultivo, motivo pelo qual o pai do depoente não se interessou por uma área maior desse terreno.

Figura 5.4. Vista de um baixão, da chapada (entre os municípios de Uruçuí e Antônio Almeida-PI).

De fato, é o "baixão" o lugar da agricultura de aprovisionamento: o arroz (*Oryza sativa*), o feijão (*Vigna unguiculata*), a fava (*Phaseolus lunatus*), a mandioca (*Manihot sculenta*) e o milho (*Zea mays*), cujo cultivo anual atinge, no máximo, dez tarefas.[15] São cultivos em escala adequada à provisão alimentar, diferentemente da "verdura" ou "verdurinha", cultivada em pequenas hortas nos quintais ou, ainda, de alguns vegetais (abóbora, jerimum, quiabo, melancia, maxixe), cultivados em pequena quantidade, no meio das roças de "legume",[16] nas "leiras" (restos de arbustos amontoados

[15] Três tarefas correspondem a um hectare. Com o uso do trator nos "baixões", a área cultivada chega a cinco hectares.

[16] Ferreira (1999) registra como legume "qualquer cereal no sertão", mas Heredia (1979) alerta para a variante na classificação (verduras/legumes) segundo os momentos do processo produtivo. Nos cerrados, isso pode depender, ainda, do volume da produção: melancia e mandioca, no roçado, em grande quantidade, são tidas como legume.

em linhas ao longo do terreno). O "legume" afirma-se, assim, como base dessa economia de aprovisionamento.

No sistema de cultivo praticado, chamado roça-de-toco, a vegetação baixa é cortada (ou roçada), as árvores maiores são derrubadas e, após a queima, a madeira é aproveitada. A lenha e o carvão também são utilizados, sendo este produto do resto das árvores e arbustos enleirado para a conclusão da queima. Planta-se por um período de três a quatro anos numa mesma área, que então deve ser deixada em descanso, partindo-se para outra. Este sistema e suas variantes, a coivara ou queimada, são largamente utilizados entre povos camponeses de diversas regiões brasileiras e conhecido em língua inglesa como *swidden* (Wolf, 1976). Implica o pousio de áreas de cultivo conseguidas pelo fogo e cultivadas com enxada; como dito por Eric Wolf, lembram eco-tipos paleotécnicos da primeira revolução agrícola.

Esse sistema de cultivo funciona no ritmo de um ciclo anual dividido em duas estações: inverno ou estação das águas – nos cerrados, o período de novembro a março, podendo iniciar-se até mesmo em outubro, indo até abril, em anos "bons de chuva" – e verão ou "estação seca" – meses de abril a outubro. A primeira estação propicia uma intensa atividade agrícola, e a segunda, a entressafra, período no qual se vive do que se colheu na anterior, do fabrico e comercialização da farinha, do manejo do gado e de serviços extras em ofícios vários (pedreiro, carpinteiro, pequeno comércio e migrações temporárias), do extrativismo ou "dando a diária" em alguma fazenda da região.

No que tange à dependência do ciclo de chuvas, tal sistema é semelhante ao que vigora na Zona da Mata pernambucana (Heredia, 1979) e no semi-árido piauiense (Godoi, 1999), diferindo daquela quanto às correspondentes épocas do ano e do semi-árido quanto ao volume e maior regularidade de chuvas anuais, embora os cerrados piauienses sejam sujeitos a veranicos que volta e meia interferem com prejuízos na safra dos legumes e na formação das pastagens natural e cultivada.

Um terreno é cultivado por três a quatro anos, quando começa a ficar difícil o trabalho da "limpa" ou capina manual, feita com enxada, com intervalos de cerca de trinta dias, num total de duas a três capinas por produto cultivado, dependendo do ciclo de cada produto. Uma área cultivada por três ou quatro anos consecutivos é considerada "velha" ou "encapoeirada", ou seja, a intensidade da presença do "mato" (arbustos; vegetação nativa pioneira) aumenta a necessidade de limpas, o que indica que a área está "perdendo a força".

> A gente passa a trabalhar três, quatro anos, aí o mato aumenta na terra. Aí, o que a gente faz? A gente já vai escolher o tipo de legume pra plantar naquela área que dá muito mato. É o feijão que tira com noventa dias, é o milho... já o arroz, ninguém planta. A mandioca, às vezes, a gente planta, mas já não quer mais plantar porque não dá conta do mato e é extenso o tempo [o ciclo é longo]. Aí, quando o

> mato aparece muito, a gente abandona a área, deixa ela formar a mata. O tempo [de recomposição da mata] depende do local. Tem local, região, que ela forma... dentro de três a quatro anos a mata tá formada. E outras áreas, às vezes passa cinco, seis anos e a mata tá pequena, sem formar.[17] Aí, quando ela forma, a gente esperou esse tempo, a terra tá seminova. O mato é mais pouco, nem cria tanto mato, aí derriba de novo. Quando fica velha, aí abandona de novo e vai caçar outra área pra trabalhar (...). A gente dá o nome – quando tá com uns três ou quatro anos que a gente trabalha – chama de terra encapoeirada. Porque aí a terra já tá mansa. Porque quando a gente vai derribar a mata virgem, ela tá braba, a terra, ela não tá mansa, macia. Aí, com três, quatro anos, a gente chama – que abandona às vezes a roça – terra encapoeirada. Porque é terra velha. Porque [é assim]: derrubou o primeiro ano, daí pra frente é terra encapoeirada que dá o nome (C. R. L., camponês de Morrinhos, Uruçuí, PI)

Nesse sistema, deixa-se à natureza o trabalho de recuperação das terras usadas, sendo parte da administração da propriedade o escalonamento dos terrenos em uso e em descanso e a combinação das culturas principais com as complementares. A abertura de um novo terreno implica realizar a "broca" um pouco mais cedo que em terrenos antigos, que consiste em cortar o "mato" à foice para, depois de alguns dias, derrubar as árvores de maior porte a machado e depois enleirá-las para a queima, após separada a madeira para ser aproveitada como lenha e outras finalidades. Quando há incorporação de novas áreas ao cultivo, o preparo dos terrenos – a partir de setembro em áreas já em uso – pode-se antecipar para maio ou junho.

> Inicia, a maioria, no mês de maio pra junho. Muitos deles começa brocar o mato fino, que o outro, grosso, a gente vai derribar lá no final de agosto, que é os pau grosso que a gente chama, que [derruba] é de machado. O dia sete de setembro é o dia percurado para tocar fogo na roça. Porque o pessoal de antigamente tinha uma ciência que é o melhor dia para tocar fogo na roça, porque é bom pra roça. É uma data boa para o início do trabalho. É a ciência de quem trabalha. Todo trabalhador tem sua ciência. A gente tem um bom lucro [safra]. É a data do mês que a gente espera ter um bom lucro. Um bom dia para fazer as coisas. Quando termina de colher [a safra plantada no ano anterior] já vai brocar [novo terreno]... Às vezes é uma mata muito fechada, a gente vai e broca ela mais cedo (...). (G. P. S., camponês de Sangue, Uruçuí, PI)

O sistema de roça-de-toco compreende, então, algumas etapas: brocar, derrubar e queimar; plantar; usar o terreno por três a quatro anos; deixar o terreno em pousio. Todas elas são realizadas à base de mão-de-obra familiar, envolvendo trabalho masculino, feminino[18] e infantil, este inicia-

[17] A média de tempo para "formação da capoeira" varia conforme o terreno. Mas se quatro anos é um tempo pequeno e contraria outras fontes que referem, em média, a dez anos, como Gutberlet (1994), essa diferença deve ser referida a uma lógica camponesa que funciona, segundo Bourdieu (1994), nos limites do senso prático.

[18] Sobre trabalho feminino, no âmbito desse campesinato, ver Moraes (2003).

do entre os sete e oito anos de idade, com "servicinhos maneiros", como costumam dizer as pessoas adultas. Por trabalho familiar entenda-se o da família extensa, sendo comum a reunião de pais, mães, filhas, filhos, noras e genros (em geral, residentes na propriedade paterna, indivisa), com suas respectivas famílias nucleares, no cultivo de terrenos. Isto significa que a família extensa trabalha nas roças de cada grupo doméstico, estas, muitas vezes, individualizadas. A extensão das áreas cultivadas, a cada ano, depende da "disposição da pessoa", o que significa, entre outras coisas, a quantidade de braços necessários para o trabalho, em função da quantidade requerida da produção, buscada primeiro na família e, depois, em mão-de-obra contratada.

A possibilidade de ampliação da produção encontra-se diretamente relacionada ao ciclo de desenvolvimento da família que, em casos extremos de diminuição de braços, vê-se obrigada a contratar mão-de-obra temporária e até permanente. Esse é, por exemplo, o caso de F. S. L., 61 anos, da localidade de Bananeira, município de Uruçuí, Piauí. Moram com ele a esposa, a sogra portadora de deficiências físicas, uma filha adolescente e um filho de nove anos, e ele tem em seu sítio um morador que trabalha como vaqueiro – contratado nos moldes das relações de patronato comuns na região baseadas na quarta[19] e no cultivo de roçado próprio –, mas eventualmente loca mão-de-obra temporária para o desempenho de outras tarefas.

As culturas, todas de sequeiro, à exceção do feijão de vazante e de brejo, têm os seus ciclos – excetuando-se o da mandioca, que vai de oito a 24 meses – no período de dezembro a julho, época de atividade intensa, com início deflagrado pelas primeiras chuvas.

> Em dezembro, planta milho, mandioca e feijão. Procura a fase da lua. Tem essa experiência. É a fase da lua e o inverno, também, porque tando molhado, às vezes, ninguém nem vai procurar como é que tá a lua. Tem vários tipos de cereais que [a gente] procura a lua. O milho e o arroz procura a lua cheia. E a mandioca. Feijão e melancia, outros tipos de planta, é lua nova. Porque na lua cheia o feijão engrossa a rama e não dá muito. Dá pouco, não carrega bem. É o mesmo tipo da fruta. Antigamente era quase todo mundo que tinha essa experiência. Hoje, só alguns. Acabou alguns. Poucos é que seguem aquelas experiências (...). (G. P. S., camponês de Sangue, Uruçuí, PI)

A mandioca é cultivada em duas variedades: a propriamente dita e a macaxeira. A primeira ("mandioca brava" ou "amarga") destina-se ao fabrico da farinha, da goma (ou tapioca) e da puba, ao passo que a segunda

[19] Sistema de partilha de gado, com os vaqueiros, no sertão: "Ele [o marido] foi ser vaqueiro mais era pra juntar um gadinho (...). Sei que tem a sorte, né? Quando o gado tem umas crias (...) são quatro (...). Quanto completar quatro pode tirar uma. (...)" (M. R. M., camponesa de Sangue, Uruçuí, PI). A respeito da "quarta" ver, ainda, Ribeiro (1998).

("mandioca mansa")[20] é apropriada ao consumo humano, cozida ou assada. O ciclo de produção de ambas é o mesmo e, embora se distinga facilmente uma da outra, são cultivadas em terrenos distintos: a mandioca, sempre em maior quantidade, na roça, e a macaxeira, em menor quantidade, no quintal. O cultivo da mandioca, em função de seu ciclo relativamente longo, que se dá entre 12 e 18 meses (ou até mais), requer um escalonamento contínuo entre plantios mais antigos e mais recentes, de modo que se tenha sempre raízes em condições de serem colhidas para o fabrico anual da farinha, entre os meses de junho e julho, e movimenta toda a família, podendo haver contratação de mão-de-obra externa, em geral feminina.

A "farinhada" ou "desmancha" inicia-se com a colheita da mandioca e vai até o seu processamento nas casas de farinha, as quais são, atualmente, em geral, equipadas com motor. Como nem todas as famílias as possuem, é comum o uso por aluguel, com pagamento em produto. Esse procedimento teve origem na própria região, no final dos anos 70, quando se começou a utilizar o motor a gasolina ou a óleo diesel, em substituição à antiga "roda", de operação manual. O valor cobrado hoje, em função do consumo de combustível, é de aproximadamente uma quarta de farinha e meia de tapioca.[21] É comum, ainda, que o dono da farinhada providencie o combustível para o motor, situação em que se dispensa ou se diminui o valor do aluguel.

O processo de fabricação da farinha, na região, é bastante semelhante ao de outros grupos rurais em diversas regiões no Brasil. Além dela, extrai-se da mandioca a goma (ou tapioca) e a puba, no fabrico das quais se aproveita a lavagem da massa da mandioca utilizada para o da farinha. A água em que é lavada a massa é posta em descanso, em cochos (de madeira ou de pneus de trator), sedimentando-se; ao final de algum tempo, um depósito de massa fina, então escorrida e posta a secar ao sol, o qual resulta na goma, é utilizado na feitura de bolos e biscoitos. A goma pode ser utilizada ainda úmida no fabrico de tapioca – designação dada à própria goma – e, também, na preparação, feita com esse produto, de uma espécie de panqueca de goma úmida, assada no forno da casa de farinha (ou, fora da farinhada, nos fogões domésticos), à qual se agrega o coco babaçu ralado. O beiju tem preparação semelhante, feita com a massa da mandioca ainda fresca, durante a "desmancha". A puba é conseguida deixando-se as raízes da mandioca de molho em água, de três a cinco dias, até amolecerem, com a massa que se forma daí sendo posta a secar ao sol e depois utilizada no preparo de bolos e biscoitos.

---

[20] Essas denominações populares, bastante usadas Brasil afora, referem-se à maior ou menor presença de ácido cianítrico nas variedades. Na mandioca "mansa", a proporção é menor que na "brava" (MORAES, 2000).

[21] Uma quarta corresponde a 25 pratos do produto, e um prato, a algo entre dois litros e dois litros e meio.

Dentre os produtos oriundos da mandioca, a farinha é o que mais se destina à venda, embora o seu comércio venha, segundo informações locais, sofrendo pesada concorrência, no mercado regional, de comerciantes da região de Picos, município da vizinha região do semi-árido piauiense. De todo modo, diferencia-se a farinha para consumo da que é destinada ao comércio, porque aquela costuma ter mais goma, ou tapioca, o que significa que é menos lavada.

> Se você quer uma farinha bem boa... – porque o povo costuma assim... só lava mais quando vai vender... –, aí, tem essa treta. A farinha pra comer, [a gente] não tira a tapioca, fica mais gostosa. (M. R. M., camponesa de Sangue, Uruçuí, PI)

Outros produtos de grande importância para essas populações são o feijão – principalmente o caupi ou "sempre verde", também chamado "feijão-de-corda" – e a fava. O ciclo dessas leguminosas varia entre sessenta e noventa dias e, dependendo da disponibilidade de terrenos, podem-se atingir até três safras anuais: a do "feijão das águas", cultivado no início do inverno, com ciclo de novembro a janeiro; a do "feijão de fins d'água", no final do inverno, com ciclo entre fevereiro/março e maio/junho; e a do "feijão de brejo" ou "de vazante", entre os meses de junho/agosto a setembro por quem possua terras de brejo ou de vazante ou tenha acesso a terrenos com essas características, por meio de arrendamento, até mesmo nas margens do rio Parnaíba, na sede do município.[22]

Essa variedade de feijão pode ser consumida com os grãos verdes ou secos. O verde é bastante apreciado e, para ser consumido ou comercializado nessa condição, basta ser colhido antes que as vagens amadureçam e depois debulhado manualmente. Quando seco, a colheita manual, pela família, é feita arrancando-se as vagens (ou toda a planta), as quais são postas ao sol para secar no quintal, onde se realiza a "bateção", processo pelo qual se pisa nelas ou se bate com um "cacete", para que se soltem os grãos. Em seguida, realiza-se o trabalho de "ventar", que consiste em separar a "palhada" (restos das plantas secas) mais grossa dos grãos, depois postos em peneiras, movimentadas ao vento, para que se separem, o máximo possível, dos restos da palhada. O armazenamento é feito em sacos ou em paióis (recipientes feitos de talos de buriti), à semelhança da fava.

O milho, produto também indispensável, é plantado logo no início do inverno. Tem ciclo de noventa dias, ao final dos quais pode ser consumido verde – forma muito apreciada – assado, cozido ou em diversas preparações, como a pamonha e a canjica. Mas a maior parte é colhida quando ele está

---

[22] Em Uruçuí, camponeses(as) já fixados(as) na sede do município e sem terra plantam "feijão de vazante" em áreas cedidas por proprietários, às margens do Parnaíba, sobrevivendo dessa atividade e do cultivo de hortaliças, regadas "à lata" (manualmente) e comercializadas na sede do município. O uso das terras é trocado, nas eleições, por votos.

seco, caso em que se faz a quebra do talo da planta, deixando-a secar no próprio roçado, com a espiga voltada para baixo, de forma que nem apodrece, se recebe chuva, nem é consumida por pássaros, já que fica misturada à folhagem. Esse processo permite a colheita das espigas aos poucos, por até três meses, após os quais se colhe o que restou, debulha-se ou não e armazena-se em sacos, tambores ou paióis de buriti. O milho seco destina-se em grande parte à ração animal e ao consumo humano, sendo, para este fim, processado (moído ou ralado) para várias preparações alimentares.

O arroz, outro produto básico, era, até pouco tempo, cultivado no brejo e no "baixão", mas, atualmente, o é também nas "chapadas", como veremos adiante. Há dois tipos de arroz relacionados à duração do ciclo: o "tardão" (longo: quatro a cinco meses) e o "ligeiro" (curto: três meses). Nesse sistema agrícola extremamente dependente de chuva, a preferência recai sobre o arroz "tardão", porque a experiência já demonstrou ser mais resistente à escassez de chuva no seu ciclo que, por ser mais longo, favorece a recuperação dos efeitos dos veranicos.

> Depende do tipo de arroz que planta. Porque se plantar em dezembro, o arroz tardão, quando for em abril, ele já tá maduro. É quatro mês, dentro de cinco. E o [arroz] ligeiro, é noventa dias. Três meses. Se plantar em dezembro, em fevereiro, março, tá colhendo. A diferença é que o tardão tem como ele formar mais, e o ligeiro, se ele pegar trinta dias de sol, acabou-se o arroz!, não tem como ele recuperar mais. O tardão não. Embora ele pegue trinta dias de sol, quando ele chove, ele recupera e acontece de não perder a parição, que é a época dele soltar o cacho. Na última frase [fase] do arroz, a gente chama ele de embuchado [grávido], com a bucha toda criada. Aí, a gente diz: "Tá na hora de parir". (G. P. S., camponês de Sangue, Uruçuí, PI)

Muitas vezes, o produto estocado na safra anterior é insuficiente para atender às necessidades da família até a seguinte, caso em que a necessidade do produto determinará o tipo do arroz a ser cultivado, sendo comum até mesmo o plantio de uma parte do terreno com arroz "tardão" e outra com o "ligeiro". Essa necessidade leva, até, ao consumo do arroz "torrado": parte do arroz é colhida verde e depois torrada, com casca, para, em seguida, ser pilado e consumido, hábito que gerou um gosto pelo arroz "torrado" como prato especial.

A colheita do arroz é manual, cortando-se os cachos e pondo-os dentro de casa, aos montes. Ao final, faz-se a "bateção" dos cachos, ainda dentro de casa e, em seguida, "venta-se" e coloca-os sobre lonas, para secar ao sol, por dois dias. Após a secagem, os grãos são ensacados, com casca. À medida que são utilizados, são pilados pelas mulheres, em pilões de madeira, ou, como já ocorre com freqüência, são "limpos" nas máquinas beneficiadoras que já existem em algumas localidades ou na sede do município.

Esses são, em síntese, os principais "legumes" para cuja produção anual se volta o esforço das famílias camponesas, que se baseia, em grande medida, mais no emprego do trabalho humano e animal e menos na energia dos combustíveis e aperfeiçoamentos técnico-científicos. Sistemas assim, ancorados no princípio da energia do trabalho humano e animal, são tidos como eco-tipos a meio caminho entre modelos paleotécnicos e neotécnicos (Wolf, 1976). As principais ferramentas nessa agricultura são a enxada, a foice e o facão, usadas nas diversas etapas do preparo do terreno: a foice e o facão na colheita de alguns produtos, e a matraca (plantadeira manual) no plantio dos grãos, com exceção da fava que, com grão maior, não permite a passagem da matraca.

As técnicas de cultivo baseiam-se no consórcio de plantas, os chamados "plantar junto" (milho + feijão, milho + fava, mandioca + feijão), cujo oposto é o plantio "solteiro" ou "sozinho". Na ótica local, tais associações "enfraquecem" a produção, mas são praticadas, conforme as condições de cada família para, a cada ano, trabalhar maior ou menor quantidade de terra. A opção por determinada técnica[23] estará sujeita ao cálculo das possibilidades familiares, envolvendo fatores como disponibilidade de terra, capacidade de trabalho, volume da produção, aprovisionamento etc. Nesse contexto, é comum, também, a sucessão de cultivos numa mesma área, na dependência dos ciclos de cada um dos "legumes" e da observância de seqüências que levam em conta certas culturas consideradas "amansadoras de terra", como a mandioca, em cuja área, após a colheita, se costuma plantar feijão. O adubo utilizado origina-se das cinzas das queimadas, não sendo comum o uso dos químicos, embora o "estrume" (esterco do gado) seja utilizado em plantios de menor escala (hortas). Quanto às sementes, utilizam-se grãos guardados de um ano para o outro, da própria safra ou de parentes, vizinhos ou amigos.

> Semente da gente. Seleciona na época da colheita, já tira separado, pra planta. Guarda em saco, em coifos. Não põe veneno. Hoje em dia é que tão jogando veneno em tudo e a gente tá comendo coisa botada veneno. O feijão, a gente usa guardado em depósito: coifo [espécie de cesto, feito de tala de buriti], tambor, areado [misturado com areia], de um ano para outro, não dá inseto nenhum. A semente da planta, a quantidade depende da área que vai plantar. Esse ano eu já tou previsto: separei um saco. Com um saco se planta muita terra, porque não pode plantar muito de primeiras água porque ele [o feijão] enviça [fica viçoso; produz muita folhagem] muito, vai muita terra e pouco feijão... O de primeiras água planta com a mandioca ou com o milho. (G. P. S., camponês de Sangue, Uruçuí, PI)

As técnicas de colheita são também manuais, e a armazenagem dos produtos dá-se em sacos ou em paióis, de talos de buriti. Aliás, esse sistema agrícola associa-se, estreitamente, ao extrativismo do buriti (*Mauritia vinifera)*, do babaçu ou "coco" (*Orbygnea phalerata*), da "piaçaba", "caroço

[23] Isso ocorre diferentemente do cálculo capitalista da produtividade efetuado no agronegócio, por exemplo.

só" ou "tucum anão" (*Attalea* sp.), espécies encontradas em abundância nos "baixões". O babaçu, embora se produza o ano todo, é geralmente recolhido no verão, porque no inverno ele fica "encharcado". Além do seu consumo *in natura*, extrai-se dele o óleo ou azeite para alimentação humana, sendo esta, em regra, a fonte da gordura no preparo dos alimentos. O buriti é recolhido entre outubro e janeiro, e sua polpa é utilizada em várias preparações, que vão da "semberemba" ou "tiquára" – espécie de suco espesso (de consistência cremosa), feito da polpa fresca e consumido com beiju ou farinha –, até doces. O óleo ou azeite do buriti tem finalidade terapêutica, indicado para combater "pegada de cobra" e ferimentos. O "coco" e o buriti são utilizados, ainda, no fabrico de sabão.

As palhas e "talas" (fibra flexível retirada do caule) dessas espécies vegetais são largamente usadas nas edificações e coberturas de casas, na construção de "chiqueiros' (abrigos) para aves e na confecção de "coifos" (cestos), peneiras, abanos, esteiras e porta-utensílios domésticos. Do tronco fazem-se, entre outras coisas, paióis, cestos, cercas, canteiros, chiqueiros, banheiros nos quintais, portas de casas e móveis; e das embiras ou talas confeccionam-se utensílios diversos, como o "tapiti" (recipiente de tala de buriti, utilizado na farinhada para pôr a massa da mandioca para escorrer), de sorte que a participação do "coco" e do buriti nesse modo de vida é inestimável: "Aqui na roça, a gente vive é assim. Do coco e do buriti, nada se perde. A gente aproveita até o carvão", diz H. A. S., camponesa da localidade de Bananeira, Uruçuí, Piauí. Aliás, o carvão dos fogões domésticos é feito, pelas mulheres, das cascas dos cocos e até mesmo dos frutos inteiros, inclusive, dos pequis, quando os há em excesso.

Com a maior parte dos esforços familiares concentrados na produção do "legume", cultivam-se complementarmente, em menor escala e sem regularidade nos ciclos anuais sucessivos, frutas (laranja, limão, tangerina, banana, abacaxi, goiaba, abacate, caju, dentre outras), verduras (coentro, cebolinha, tomate, pimentão, cebola, alho etc.) e algodão, em geral nos quintais. Algumas famílias possuem pomares um pouco maiores, visando, também, o comércio.

Também a "miunça" e a "criação" se integram estreitamente nessa agricultura de aprovisionamento. Nos últimos anos, no entanto, aquela vem diminuindo devido à restrição no acesso às "chapadas", pois os animais, agora, estão sob a exigência de serem criados presos, o que gera supersafras de produtos naturais dos cerrados, outrora por eles consumidos.

> O porco era solto para cevar[24] [engordar] com buriti. O caroço do buriti e do pequi e o cajuí [caju pequeno, natural da chapada]. Ele fica cevado. Hoje, não cria

[24] Segundo Ferreira (1999), miúça ou miunça é uma designação dada entre os camponeses nordestinos ao gado caprino e *ovelhum*. Entre as populações camponesas abordadas, essa definição estende-se aos suínos.

> mais [solto como antes]. Aí, perde pequi, cajuí, buriti e a gente não liga mesmo pra aproveitar porque não tem concorrência [não tem venda, já que todos apanham para si] Só panha mesmo pra comer (...). (G. P. S., camponês de Sangue, Uruçuí, PI)

É ainda no "baixão" que se realiza o trabalho de formação de pasto, com o cultivo de forrageiras como os capins "agropol" (*Andropogon gayanus*), "napiê" (*Penninsetum purpureum*) e "brequiara" (*Brachiaria decumbens*), em áreas cercadas, de um a dois hectares no máximo, porquanto os rebanhos de gado *vacum* atingem até sessenta cabeças, envolvendo vários proprietários (pais, filhos, genros) de uma mesma família. Além de abrigar as moradas dispersas, no "baixão" se encontram os pequenos povoados, identificados pelas próprias populações como "comunidades" – linguagem com forte influência de instituições tanto religiosas (como a Igreja, em particular a Católica) quanto governamentais e não-governamentais que ali atua(ra)m –, nos quais há a capela, o grupo escolar, um posto de saúde (onde existe), algum estabelecimento comercial e umas poucas casas. São locais de reuniões para fins diversos, como celebrações religiosas e festivas, a exemplo das festas dos santos padroeiros nos meses seguintes às colheitas, a maioria entre junho e agosto. O "baixão" descortina-se, assim, como lócus de uma sociabilidade com aspectos diversos e desponta, material e simbolicamente, como o ponto nevrálgico do processo de territorialidade camponesa.

A LÓGICA DA "CHAPADA"

Contrariando o que afirmam as narrativas mestras acerca do vazio das "chapadas" (Figura 5.5) (Moraes, 2000), essas áreas sempre foram incorporadas ao cálculo econômico das famílias camponesas. Isso se dá quer pelo extrativismo de madeira, para construções e fabrico de móveis, de frutos e plantas, para alimentação humana e animal, de ervas terapêuticas, quer pela caça, criação do gado e caprinos "na solta" e até mesmo por alguma agricultura de sequeiro – pequenas roças de mandioca e feijão – praticada nos "tabuleiros" ou no "ourelo do baixão" (transição entre o "baixão" e a "chapada").

O que pode, a princípio, induzir observadores incautos em erro é o fato de as próprias populações camponesas dizerem que a "chapada" não tem utilidade no sistema agrícola tradicional. No entanto, à medida que se aprofunda o conhecimento sobre formas de trabalho e modo de vida, delineia-se um conjunto de atividades desenvolvidas por essas populações, nas "chapadas", indicativas da importância desse ecossistema na sua reprodução social, no ambiente dos cerrados, tornando-se claro que o sentido da falta de utilidade referida diz respeito apenas ao cultivo agrícola *strictu senso*, no interior de um *modus vivendi* do qual este é apenas um componente.

Figura 5.5. Paisagem de incorporação das chapadas (cultivo de soja) por grandes projetos do complexo carnes–grãos.

Não se deve, então, imputar a essas populações uma visão reducionista da própria reprodução social, tentando restringir o uso da "chapada", no sistema camponês, apenas ao cultivo agrícola. Essa é uma interpretação típica das narrativas mestras (Moraes, 2000) desmentida pelas práticas camponesas reais e por seus conhecimentos e falas, apreendidos pela pesquisa. Com isso, desmonta-se o contrabando ideológico das narrativas mestras sobre as chapadas como "zonas vazias" (sem usuários), supostamente confirmadas pela idéia de que seriam zonas sem usos, portanto possíveis de ocupação pelo agronegócio.

De fato, os solos da "chapada", nos cerrados, só se tornaram propícios à prática da agricultura moderna com as tecnologias geradas pela chamada Revolução Verde (Moraes, 2000), nos anos 70.[25] Esse terreno tampouco era tido pelos(as) camponeses(as) como lugar de cultivo agrícola, mas o sistema de reprodução desses povos agroextrativistas, tomado em sentido mais amplo, supõe uma articulação essencial entre "baixões" e "chapadas". Assim, se o "baixão" significa territorialidade, topofilia (Tuan, 1983), delimitação da parentela, da vizinhança, a "chapada" é o mundo a perder de vista, a terra de ninguém e, por conseguinte, de todos – com funções nem por isso

[25] No Piauí, isto só viria a se concretizar na segunda metade da década de 1980 (MORAES, 2000).

menos básicas para essa economia e esse modo de vida. Aliás, no sistema antigo, a "chapada" era um espaço de uso comum da "terra voluntária" (Moraes, 1999, 2000), sem cercamento.

> Criatório, antigamente, era solto no mato, aí. Não tinha negócio de cercar, não. Eles [o gado] comiam na serra; no inverno, desciam para o baixão, bebiam e ficavam na solta mesmo. Mesmo no verão, na serra tem sempre um lugar que fica mais frio e eles procuram. Nunca [o gado] foi [criado] eternamente cá no baixão, junto da aguada. Sempre ia procurar [comida] pra fora (...). Naquele tempo antigo, não tinha negócio de plantar capim. Era solto o gado, não tinha trabalho com criatório, não. Hoje em dia é que a gente tá tendo. Tinha muita terra e pasto à vontade. Hoje, [o gado] tem que ser preso: plantar o pasto, fazer a cerca primeiro, pra criar o gado preso dentro, na chapada ou no baixão. (F. S. L., camponês de Bananeira, Uruçuí, PI)

Essa mesma "chapada" é, também, uma terra misteriosa, com um imaginário rico e cheio de simbolismo, como referido na obra de João Guimarães Rosa, por exemplo. Nas narrativas de habitantes dos cerrados piauienses circula uma versão da "luz do campo", ou "fogo do campo" (Moraes, 2000), sobre uma "bola de fogo" que aparece à noite, tida como a alma de falecidos donos de fortunas enterradas em locais inconfessados. Como essas histórias de fortunas enterradas em cumbucas são comuns no mundo rural brasileiro, vale a pena transcrever a fala de um ex-empregado de um grande projeto que afirma ter visto a "luz do campo", quando trabalhava à noite, na "chapada":

> A luz do campo: o pessoal comenta que diz que foi esse pessoal dos antigos que enterraram dinheiro nas chapadas, porque naquele tempo não tinha banco, né? Então eles enterravam, botavam numa cumbuquinha de cuia, aí enterravam. Aí, quando ia procurar o dinheiro, que chegava lá, não encontrava mais. Aí, depois, começou essa história aqui dessa luz do campo, começada disso. Ela é redonda, tipo um farol de carro. Só aparece à noite. Já vi. Eu tava trabalhando no campo, na época, num projeto, Projeto Merola, de frente à Saponga, plantando caju. Era uns quatro tratoristas, trabalhando à noite. Aí, apareceu! Nós ficamos preocupados: de onde é essa luz? Aqui não vem carro aqui! Não era carro, porque lá nem estrada tinha! A luz saiu foi do mato! Aí, com pouco, a luz desapareceu. No dia seguinte eu falei pra o patrão: de noite, não trabalho mais! Todos quatro vimos. E já ouvimos falar dela na Fazenda Mafisa, na Serra Branca, onde hoje é o Projeto Cotrirosa e em vários projetos! Motoristas de ônibus também diz que já viram ela. De longe, pensavam que era carro. Quando chegava perto, não era... Desaparecia! (G. S. B., trabalhador rural de Uruçuí, PI)

Na fala, destacam-se o relato factual de um fenômeno e a interpretação dele como indício da existência de dinheiro enterrado por antigos. Quanto ao primeiro ponto, esse tipo de visão é muito comum, e a "luz do campo" tem toda a aparência do fogo-fátuo, da "fata morgana", da "bola de fogo" (na Amazônia) e de discos voadores (vistos por *hippies* no litoral baiano).[26]

[26] "O fogo-fátuo é uma inflamação espontânea de gases emanados de sepulturas e de pântanos" (FERREIRA, 1999, p.921).

Quanto ao segundo, a associação a fortunas acumuladas em segredo e escondidas em locais ermos aponta para idéias como a marca da presença humana antiga assinalando, ao mesmo tempo, que esses locais são, de certa maneira, ermos e fins de mundo, com um matiz sobrenatural. Hoje, essas notas sobrenaturais de certa forma perseguem os peões noturnos ocupados nas tarefas de incorporação das "chapadas' pelos grandes projetos de modernização agrícola – como a lembrar que não são lugares vazios, mas cheios de mistério. Além disso, recordam, ainda, que acumular dinheiro – em vez de usar a riqueza para provisionar a vida – produz castigos permanentes, ilustrados pelo possível destino das almas dos antigos – "almas penadas" – que, em vida, enriqueciam e não queriam partilhar a riqueza e a escondiam em cumbucas por eles nunca reencontradas. Aponta, pois, tais assombramentos, para punições morais ao mundo dos vivos, sob a forma de interditos do além.

Esse relato e sua interpretação, nos termos do imaginário rural, sugerem hipóteses como a de reação de trabalhadores agrícolas às condições de trabalho nos grandes projetos, incluindo-se o noturno, a cuja rotina não estavam habituados, e à própria incorporação das "chapadas", que aparecem aqui como locais há muito tempo ocupados por donos simbolizados, cujas almas parecem acompanhar as fortunas enterradas.[27]

Essa "chapada" misteriosa oferece à economia camponesa dos cerrados uma pastagem natural constituída pelo capim "agresto" (*Trachypogon* sp.), que alimenta o gado no inverno e em boa parte do verão, e a "faveira" (*Parquia platicefala*), uma especificidade dos cerrados piauienses não encontrada nos cerrados do Brasil central. O capim "agresto" recebe um manejo anual à base de queimadas:

> O uso do capim agresto depende das época. A maioria, o pasto sai nas primeiras águas e fica até junho, julho. Algumas partes. Outras partes, já sendo agresto de dois anos, sem queimar, já no mês de junho, a gente taca fogo pra não criar cobra dentro daquele agresto... A gente não deixa muito por causa de não criar cobra pra morder os bicho [gado], evita os inseto se ajuntar e aí cria o pasto pro gado (...). A época de verão, de junho em diante, a gente usa queimar o mato para sair a babuja [folhagem] nova, num sabe?, pro gado se refrigerar. Aí, a gente começa em junho, julho, esse período, fazer queimada, pra fazer babuja pro gado. Aí, quando parte de agosto em diante, só toca fogo mesmo pra, de início de primeiras água, sair o pasto pro gado comer, porque, aí, não sai mais babuja nenhuma. Só faz queimar mesmo pra limpar, pra criar pasto novo. A maioria das queimadas a gente faz nesse tempo, mas não pra esperar pasto [imediato, ou seja, a babuja]. Pra esperar pasto [imediato] é de junho pra julho. Sempre não falta. Quando não tem pasto seco, tem o verde. As queimadas, a gente faz cedo, enquanto o terreno tá fresco [resto de umidade do inverno]... e tem o brejo que não seca muito... aí o gado desce. Eles vêm por conta

[27] Essa interpretação é similar à que Taussig (1980) dá a certas crenças (pactos com o diabo, por exemplo) como protestos contra o capitalismo, feitos em uma linguagem fetichista, pré-capitalista.

própria, pro brejo que não seca. Desce pro brejo, sobe pra chapada, pra comer a flor do pequi, a fava-danta. (G. P. S., camponês de Sangue, Uruçuí, PI)

Na utilização do fogo para formação do pasto nas "chapadas" as árvores maiores são atingidas e, em parte, como dizem, "sapecam, mas brotam de novo". Para evitar danos maiores à vegetação da "chapada", fazem-se "aceiros" (faixas capinadas) em volta da área a ser queimada, para que o fogo não se espalhe.

Esse povo do cerrado utiliza-se, ainda, de uma enorme variedade de outras espécies vegetais encontráveis nos "baixões" e nas "chapadas". Algumas são alimentares, como a cagaita (*Eugenia dysenterica*), a mangaba (*Hancornia speciosa*), a guabiroba (*Campomanesia* sp.), o pequi (*Cariocar coriaceum*), o bacuri (*Platonia insignis*) e o cajuí (*Anacardium* sp. – caju pequeno, típico do cerrado). Outras são terapêuticas, como o angico (*Anademanthera macrocarpa*), a catinga-de-porco ou pau-de-rato (*Caesalpina pyramidalis*), o barbatimão (*Stryphdendron coriaceum*), a fava-d'anta[28] (*Dimorphandra* gardneriana) e a pustemeira.[29]

Há, também, espécies fornecedoras de madeiras, como a massaranduba (*Manilkara* sp.), a sucupira (*Bowdiochia virgilioides*), a aroeira (*Astronium urundeuva*), o pau d'arco amarelo (*Tebebuia serralifolia*), o pau d'arco roxo (*Tebebuia avellanedae*), o angico (*Anademanthera macrocarpa*), a candeia (*Plathymenia reticulata*), o jatobá (*Himenaea* sp.) e a caraíba (*Tebebuia cariba*). Algumas delas se utilizam para outras finalidades, como a sambaíba (*Curatella* americana) ou "lixeira", cujas folhas possuem grande concentração sílica e são usadas como buchas para lavar utensílios domésticos, o pau-de-terra (*Qualea grandiflora*), que serve para lenha, o barbatimão, também usado para curtição de peles, e o tingui (*Magonia glabrata*), que tem serventia para a fabricação caseira de sabão.

Entres as espécies animais, há algumas de carne bastante apreciadas, como o tatu-bola (*Tolypeutes tricinctus*), o tatu-peba (*Dasypus* sp.) e o tatu-galinha ou verdadeiro (*Dasypus novemcinctus*), a ema (*Rhea* americana), a seriema (*Cariama* cristata), a perdiz (*Rhynchatus rufenscens*), a cutia (*Dasyprocta agouti*), veados (*Ozoteceros* sp., *Mazama* sp. e *Mazama gouazoubira*), a paca (*Cuniculus paca*) e a preá (*Cavea operea*).[30]

---

[28] A fava d'anta é utilizada pela indústria farmacêutica na produção de medicamentos, sendo recolhida pelas populações dos cerrados que a vendem a intermediários que negociam com os laboratórios, como o Merck, um dos compradores desta planta nos cerrados piauienses e maranhenses, no âmbito da farsa do manejo florestal sustentado (ANDRADE, 1995a, 1996).

[29] A classificação científica da "pustemeira" – nome local de uma planta utilizada terapeuticamente para ferimentos – não foi localizada nem nas obras consultadas nem com biólogos e agrônomos com algum conhecimento da região.

[30] Sobre as fontes da nomenclatura científica utilizada, ver Moraes (2000). A propósito, registro a colaboração de José Herculano de Carvalho, pesquisador do Centro de Pesquisa Agropecuária Meio Norte da Embrapa.

A "chapada" não é, pois, um espaço inútil ou desvalorizado pelos camponeses e camponesas, como pode parecer à primeira vista. De fato, essas populações desenvolvem entre "baixões" e "chapadas" suas estratégias de reprodução social, mas as limitações impostas à operacionalização do seu conhecimento tradicional baseado na existência de terras livres e abundantes, trazidas pela incorporação das "chapadas" pela moderna agricultura de grãos, induzem-nas a buscar novas soluções, com base no que Suarez et al. (1983) denominam processo cognitivo dinâmico.

CONSIDERAÇÕES FINAIS: "CRISE ECOLÓGICA" E AS TENTATIVAS DE RETORNO À "CHAPADA"

O que denomino crise ecológica, com base em Wolf (1984),[31] diz respeito à situação resultante da interdição do uso das "chapadas" às populações camponesas e ao seu progressivo encurralamento nos "baixões". Isto se inicia com a "era dos projeteiros", nos anos 70, e efetiva-se com a implantação da agricultura intensiva para exportação, a partir da segunda metade da década de 1980, com a "era dos gaúchos"[32] (Moraes, 2000). Assim, o povo do cerrado passa a operar num espaço social e territorial cada vez mais restrito, deixando a situação de relativa autonomia, embora mais simbólica que fática. Vale lembrar que o agregado da fazenda tradicional do Piauí – como ocorre Brasil afora –, embora imerso na hierarquia da fazenda, sob relações de patronagem-dependência (Forman, 1979), pensava em si próprio como homem livre, uma vez que detinha o controle do processo de trabalho da família.

Com efeito, muitas famílias que viviam nesse sistema, quer como moradoras vinculadas às fazendas tradicionais, ou posseiras, quer como pequenas proprietárias em seus interstícios, vêem-se progressivamente na condição de arrendatárias de áreas de "chapadas", na tentativa de inserção no "negócio do cerrado" (Moraes, 2001). Esta é uma condição que contrasta fortemente com um passado de usufruto comum de "terras voluntárias", guiado por princípios de uma economia moral. Nesse percurso, ao mesmo tempo em que descobrem que a "chapada" se presta à agricultura mecanizada, percebem a própria liminaridade nesse processo de modernização no qual lutam

[31] Eric Wolf examina a situação de camponeses em contextos de expansão da lógica capitalista (México, Rússia, China, Vietnã, Argélia, Cuba). Para o autor, se, no passado, o camponês elaborara uma combinação estável de recursos, para o domínio de subsistência, a mobilização separadora e diferenciada desses (como objetos de compra/venda) pela expansão do capitalismo agrário, punha em perigo aquele vínculo mínimo (WOLF, 1984).

[32] "Projeteiros" e "gaúchos" são nomes locais para novos investidores na região. Os primeiros, por meio dos projetos do FINOR e FISET, em 1970, e os segundos a partir dos anos 80. Também Andrade (1984) e Costa (1995), referem-se a "gaúchos", respectivamente, no sul maranhense e no oeste baiano. Para detalhes, ver Moraes (2000).

por se incluir, mesmo precariamente. De maneira paralela, sofrem crescente expulsão do campo para a periferia das cidades, transferência gradativa que se vem desenrolando desde a referida "era dos projeteiros", quando trabalhadores(as) da região foram utilizados(as) para o desmatamento das "chapadas" e, depois, dispensados(as) como mão-de-obra sobrante não absorvida na posterior "era dos gaúchos".[33]

Por sua vez, a incorporação das "chapadas" pela agricultura intensiva traz a possibilidade, até então desconhecida, de ali se produzir arroz de sequeiro em escala muito maior do que aquela com a qual essas populações estavam familiarizadas nos marcos do sistema da roça-de-toco, nos "baixões". No entanto, o acesso de camponeses(as) à "chapada" é precário e as vias utilizadas têm sido tentativas de ocupação de áreas abandonadas, como foi o caso da Fazenda Saponga (Figura 5.6), nos limites dos municípios de Uruçuí e Sebastião Leal, em dezembro de 1998, de áreas com parte de vegetação nativa ainda intocada, que resultou no Assentamento Flores, no município de Uruçuí (1999/2000), e o arrendamento – em condições precárias – de áreas de "chapada" para o cultivo de arroz, em vários municípios da região (Moraes, 2000).

Figura 5.6. Camponeses de Uruçuí ocupam o Projeto Saponga, um dos projetos abandonados, da "Era do Projeteiros", na tentativa de inserção no "negócio do cerrado".

[33] Segundo o presidente do STR/Uruçuí, a exploração de uma área de 10.000 hectares nos cerrados gera apenas trinta postos de trabalho permanente. Convém lembrar que este processo está diretamente relacionado com a problemática da migração temporária no Piauí (CPT, 2003; NOVAIS et al., 2005) que aumenta na região.

Nesse processo, famílias já instaladas nas periferias das cidades juntam-se às que continuam nos "baixões", formando grupos para arrendarem terras nas "chapadas", visando o cultivo do arroz. Para "projeteiros" inadimplentes, o arrendamento visa auferir a renda da terra que se valoriza, ao passo que rolam as dívidas com os bancos, ou a possibilidade de desapropriação; para "gaúchos", significa ou a renda do aluguel de máquinas ou a da prestação de serviços; para famílias camponesas, tanto as que continuam nos "baixões" quanto as que vivem na cidade, passa a ser uma estratégia de sobrevivência e acesso ou ampliação do acesso à terra.

Trata-se de um contexto no qual a modernização agrícola dos cerrados instaura um novo padrão tecnológico na agricultura, reedita também velhas fórmulas de extração do valor-trabalho, baseadas na renda em produto, alterando apenas as bases tradicionais de relação com a terra no sentido de intensificar a grande propriedade privada que antes coexistia ao lado de enormes extensões de terras públicas – as "terras nacionais" ou "voluntárias" – e agora, progressivamente, toma conta de toda a região dos cerrados. Sobra, então, para camponeses e camponesas o arrendamento, renegociado a cada ano, ante a redução das possibilidades de acesso livre às "chapadas".

Inicialmente, foram os(as) agricultores(as) com e sem terra, residentes na sede do município de Uruçuí e circunvizinhos que, na safra de 1994/1995, arrendaram áreas nas "chapadas". Já em 1997/1998, grupos dos "baixões", premidos pelo encurralamento e liderados pelos Sindicatos dos Trabalhadores Rurais e as Cooperativas dos Pequenos Produtores Rurais desses municípios, passaram também a buscar essa alternativa. Para os "gaúchos", o arroz é cultura de rotação com a soja, plantado nos três primeiros anos nas áreas "novas" (desmatadas pela primeira vez), visando "amansar" a terra (corrigir a acidez do solo e incorporar-lhe nutrientes dos quais a soja necessita), embora possa continuar a ser produzido junto com ela, a depender do mercado.

Para as populações camponesas, o arroz é a meta principal, estratégia de sobrevivência e uma saída da situação de crise ecológica na qual se encontram, visando o aprovisionamento familiar e alguma renda monetária, além de uma tentativa de inclusão no "negócio do cerrado" (Moraes, 2001). Vários(as) dos(as) que arrendaram terra na Fazenda Saponga, por exemplo, haviam sido empregados(as) no projeto, quando este funcionava, e é quase uma desforra estar ali agora não mais como empregados(as).

Nesse processo, há aqueles(as) mais propensos(as) a partilhar a idéia hegemônica da prática da monocultura na "chapada",[34] justificada pelo produtivismo, e existem os(as) que defendem um modelo menos agressivo, principalmente no tocante ao uso de agrotóxicos – "o veneno", como

[34] Nos grandes projetos, embora se fale em diversificação, a ênfase ainda é posta na monocultura (arroz e soja). Entre as práticas conservacionistas, difunde-se o plantio direto da soja, o qual, embora funcione em termos de conservação do solo, é consumidor de agrotóxicos, por implicar o uso de desfolhantes químicos (MORAES, 2000).

dizem. Como sujeitos históricos concretos, camponeses e camponesas participam de dois universos ideacionais distintos, ambos coincidindo em sua consciência, o que aponta, como discutido por Woortmann (1990), para a complexidade da sua relação com a modernidade.

O fato é que o cultivo do arroz na "chapada" é feito em quantidade maior do que era no "baixão" e, para tal, utilizam-se recursos do Programa Nacional de Fortalecimento da Agricultura Familiar (Pronaf), em grupos de até trinta componentes, para atingir escala.[35] A organização em grupos é uma solução baseada na economia da reciprocidade (Valensi, Randles e Chrétien, 1978; Sabourin, 2000), peculiar ao modo de vida camponês e possibilitadora de certas etapas dos serviços não contratadas e executadas pelos(as) próprios(as) camponeses(as). De fato, embora cada membro tenha o próprio plantio no conjunto da área total cultivada pelo grupo e os financiamentos também não sejam coletivos, há um investimento conjunto na negociação dos contratos, nas aquisições de sementes e insumos e na alocação dos serviços – funções delegadas pelo grupo a um "enfrentante". Na prática, ocorre uma freqüente troca de opiniões e avaliações coletivas dos passos a serem dados e, até mesmo, permuta de serviços apesar dos casos em que se delega tudo ao próprio dono das máquinas, contratado para fazer o "serviço do cerrado".

Mesmo as terras na "chapada" sendo arrendadas, em algumas cartas de anuência[36] consta a cessão gratuita da área quando, na prática, segundo informações locais, chegam a pagar aos proprietários até 120 quilos de arroz por hectare, o que corresponde a um saco de arroz pilado. A maioria dos contratos baseia-se entre 50 e 60 quilos/ha, o que corresponde a um saco de arroz com casca, ocorrendo que, nos casos raros em que não é cobrada a renda, proprietários da terra ganham na prestação de serviços pelo aluguel das máquinas a arrendatários(as).

Quanto ao conjunto de recomendações do pacote técnico agronômico, estas, em sua grande maioria, estão excluídas das condições operacionais dos(as) camponeses(as): tamanho das áreas cultivadas na monocultura de "chapada", quantidade de sementes requerida, uso de equipamentos modernos, como plantadeiras e colheitadeiras mecânicas (havia alguma familiaridade apenas com o uso de trator em terras de "baixão").[37] Mas, em

[35] Segundo Moraes (2000), embora se plante em grupo, o financiamento é individual. Alguns camponeses conseguem multiplicar esse recurso alocando esposa e filhos em grupos diferentes.

[36] A carta de anuência é um documento – concedido por proprietários de terras – exigido pelo banco para liberar financiamento de custeio dos projetos agropecuários para quem não detém o título de propriedade da terra.

[37] Essa é uma prática ainda bastante irregular e dependente de fatores como situação das estradas, disponibilidade e condição das máquinas e formação de grupo para ter volume de áreas que justifique a ida da máquina ao local, entre outros. A questão das estradas, por exemplo, passa pelo clientelismo político-administrativo (MORAES, 2000).

que pesem as precárias condições de acesso à "chapada",[38] não diminui o interesse pela inserção no "negócio do cerrado".[39]

Assim, a mesma conjuntura que engendrou a redução das áreas de "chapada" para segmentos camponeses dos cerrados gerou, como conseqüência, a situação em que estes se vêem na contingência de voltar a ela pagando renda pela terra, submetidos a contratos temporários. Mas o interesse torna-se compreensível ante a situação de grandes transformações em seu mundo social, cuja ancoragem tradicional se vê questionada, na região, em ritmo e intensidade até então desconhecidos.

REFERÊNCIAS BIBLIOGRÁFICAS

ALMEIDA, A. W. B. Terras de preto, terras de santo, terras de índio: posse comunal e conflito. *Humanidades*. Brasília: UnB, v.4, n.15, p.42-8, 1988.

ANDRADE, M. P. *Os gaúchos descobrem o Brasil*: os pequenos produtores agrícolas do sertão maranhense frente à implantação de projetos agropecuários. São Luís: Cáritas Brasileira Estudos e Pesquisa, 1984.

______. A produção de carvão vegetal e o plantio de eucalipto no leste maranhense. In: CONCEIÇÃO, F. G. (org.). *Carajás*: desenvolvimento ou destruição? São Luís: CPT, 1995a. (Relatórios de Pesquisa.)

______. *Uma reflexão sobre os conceitos de posse e propriedade da terra em contextos de áreas de ocupação antiga, no Maranhão*. Trabalho apresentado na REUNIÃO DA SBPC, 47, 1995, São Luís, MA (Mesa Redonda: a política de posse e propriedade da terra – etiologia da violência no campo), 1995b.

______. A farsa dos projetos de manejo florestal sustentado: fachada ecológica para a devastação e concentração fundiária. *Boletim do Museu Paraense Emílio Goeldi*. Belém, v.12, n.1, p.7-36, jul. 1996. (Série Antropologia)

AUGÉ, M. *Não-lugares*: introdução a uma antropologia da supermodernidade. Campinas: Papirus, 1994.

BRASIL/IBGE. *Censo Agropecuário* 1995/1996, Piauí.

BOURDIEU, P. Esboço de uma teoria da prática. In: ORTIZ, R. (org.). *Pierre Bourdieu*. São Paulo: Ática, 1994. (Coleção Grandes Cientistas Sociais).

CARVALHO, C. *O sertão*. Rio de Janeiro: Empresa Editora de Obras Científicas e Literárias, 1924.

COSTA, R. H. *"Gaúchos" no Nordeste*: modernidade, des-territorialização e identidade. Universidade de São Paulo, 1995 (Doutorado em Geografia).

CPT. *Trabalhadores migrantes no Piauí*. Teresina: CPT, 2003.

ELLIS, F. *Peasant economics*: farm house-holds and agrarian development. Cambridge: Cambridge University Press, 1988.

[38] A vulnerabilidade das condições reflete-se na produtividade do arroz que, em 1998, ficou entre 1.500 e 1.600 kg/ha, distante da média da região (2.500 kg/ha). Produtores altamente tecnificados já atingiram até 4.000 kg/ha. A baixa produtividade inviabiliza o pagamento do financiamento para custeio, e a inadimplência chega a 70%.

[39] De 1994/1995 para cá, segundo o presidente do STR de Uruçuí, a média anual de área cultivada foi de 3.000 ha.

FERREIRA, A. B. H. *Novo Aurélio*: o dicionário da língua portuguesa. Rio de Janeiro: Nova Fronteira, 1999.

FORMAN, S. *Camponeses*: sua participação no Brasil. Rio de Janeiro: Paz e Terra, 1979.

GODELIER, M. *Racionalidade e irracionalidade na economia*. Rio de Janeiro: Tempo Brasileiro, [196-].

GODOI, E. P. *O trabalho da memória*: cotidiano e história no sertão do Piauí. Campinas: Ed. da Unicamp, 1999.

GUTBERLET, J. *Pequena produção dos cerrados e transformações sócio-ambientais recentes*: o caso do município de Acorizal na Baixada Cuiabana. Cuiabá: Ed. Universitária, 1994. (Cadernos do NERU: Ambiente: abordagem sócio-econômica, 3.)

HEREDIA, B. M. A. *A morada da vida*. Trabalho familiar de pequenos produtores do Nordeste do Brasil. Rio de Janeiro: Paz e Terra, 1979.

LÉVI-STRAUSS, C. *O pensamento selvagem*. Campinas: Papirus, 1989.

MENDRAS, H. *Sociedades camponesas*. Rio de Janeiro: Zahar, 1978.

MEYER, D. R. *A terra dos santos e o mundo dos engenhos*. Rio de Janeiro: Paz e terra, 1989.

MORAES, M. D. C. *Da "terra voluntária" à terra arrendada*. XI Congresso Nacional de Sociólogos, Salvador – BA, 11 a 14 de maio, 1999.

______. *Memórias de um sertão desencantado* (modernização agrícola, narrativas e atores sociais nos cerrados do sudoeste piauiense). Universidade Estadual de Campinas. Campinas, Unicamp, 2000 (Doutorado em Ciências Sociais).

______. O *negócio do cerrado*: inclusões e exclusões (ou dos impactos sociais da modernização agrícola nos cerrados piauienses). CONGRESSO BRASILEIRO DE ECONOMIA E SOCIOLOGIA RURAL, 39, Recife, PE. *ANAIS*... SOBER: Recife, 2001, CD-ROM.

______. Le *nouveau* Nordeste des cerrados dans les nouvelles dynamiques territorialles. In: SABOURIN, E., TEIXEIRA, O. *Planification du développement territorial au Brésil*. Montpelier: Cirad, 2002.

______. *Trilhas e enredos no imaginário social de sertão no Piauí*. Seminário sobre Patrimônio Cultura (I)material coordenado pela FUNDAC e UESPI, 8 a 10 de outubro de 2005, Teresina, Piauí, na UESPI, 18p. Teresina: Cartacepro, 2006.

______. Falas da experiência feminina: memória, narrativa e trajetória de mulheres camponesas nos cerrados piauiense. *Raízes. Revista de Ciências Sociais e Econômicas*. v.22, n.1, jan./jun. 2003. Campina Grande: UFCG.

______, VILELA, S. L. O. *Relatório final*: agricultura familiar nos cerrados do sudoeste piauiense: impactos da fronteira de grãos e desafios para a sustentabilidade. Teresina: Projeto CNPq/Coagr 520-745/01-9, 2003a.

______. Estudo de caso no Estado do Piauí: agricultura familiar e multifuncionalidade nos cerrados piauienses: indicações de uma identidade positiva e de densidade do tecido social local. In: MALUF, R. *Relatório final*: estratégias de desenvolvimento rural, multifuncionalidade da agricultura e a agricultura familiar: identificação e avaliação de experiências em diferentes regiões brasileiras. Rio de Janeiro: Projeto CNPq/Coagr 520.755/2001-04, 2003b, CD-ROM.

______. Multifuncionalidade e agricultura camponesa nos cerrados piauienses: desafios para a sustentabilidade. In: CARNEIRO, M. J.; MALUF. R. (org.). *Para além da produção*: multifuncionalidade e agricultura familiar. Rio de Janeiro: Mauad, 2003c.

MOURA, M. M. *Os deserdados da terra*: a lógica costumeira e judicial dos processos de expulsão e invasão de terra camponesa no sertão de Minas Gerais. Rio de Janeiro: Bertrand Brasil, 1988.
NOVAIS, R. P., MORAES, M. D. C., SAMPAIO, M. D. et al. *Migrações dos trabalhadores do Maranhão e do Piauí para o trabalho na lavoura canavieira de São Paulo e Rio de Janeiro*. Projeto de Pesquisa. Rio de Janeiro-Teresina-São Luiz, 2005.
RIBEIRO, D. O Brasil sertanejo. In: *O povo brasileiro*. São Paulo: Companhia das Letras, 1998.
SÁ, L. M. *O pão da terra*: propriedade comunal e campesinato livre na baixada oriental maranhense. Rio de Janeiro, UFRJ/PPGAS, 1975 (Mestrado em Antropologia Social).
SABOURIN, E. Changement sociaux, action collective e intervention externe. In: CARON, P.; SABOURIN, E. (coords.). *Paysans du Sertão*: les mutations des agricultures familiales au Nordeste du Brésil. Montpellier: Editions du Cirad, 2000. (Collection Repères).
SAHLINS, M. *Sociedades tribais*. Rio de Janeiro: Zahar, 1983.
SCOTT, J. *The moral economy of peasantes*: rebelions and subistense in the southeast Asia. New Hawen, Conn: Yale University Press, 1976.
SEPLAN-GOVERNO DO ESTADO DO PIAUÍ. *Cenários Regionais*. Teresina, 2005.
SHANIN, T. A definição de camponês: conceituações e desconceituações. In: *Estudos CEBRAP*, São Paulo, n.26, p.41-80, 1980.
SILVA, M. A. M. *Errantes do fim do século*. São Paulo: Editora da UNESP, 1999.
SOARES, L. E. *Campesinato*: ideologia e política. Rio de Janeiro: Zahar, 1981.
SUAREZ, M. et al. Seminário – Saber e Reprodução Camponesa. *Anuário Antropológico, 81*. Rio de Janeiro: Tempo Brasileiro, p.147-209, 1983.
TAUSSIG, M. *The devil and commodity fetishism in South America*. Chapel Hill: The University of North Carolina Press, 1980.
THOMPSON, E. *A miséria da teoria ou um planetário de erros*. Rio de Janeiro: Zahar, 1981.
______. La economia moral de la multitud en la Inglaterra del siglo XVIII. In: *Tradición, revuelta y consciencia de classe*: estudios sobre la crisis de la sociedad pre-industrial. Barcelona: Crítica, 1984.
TOFFOLI, D. G., OLIVEIRA, R. R. *Caiçara Agroforestry Management*. Human values of biodiversity, [s. l.]: UNEP/Cambridge University Press, 1997.
TUAN, Y. F. *Espaço e lugar*: perspectiva da experiência. São Paulo: Difel, 1983.
VALENSI, L., RANDLES, W. G. L., CHRÉTIEN, J. P. et al. *Para uma história antropológica*: a noção de reciprocidade. Lisboa: Edições 70, 1978.
VINCENT, J. A sociedade agrária como fluxo organizado: processos de desenvolvimento passados e presentes. In: FELDMAN-BIANCO, B. (org.). *Antropologia das sociedades contemporâneas*: métodos. São Paulo: Global Universitária, 1987.
WOLF, E. *Sociedades camponesas*. Rio de Janeiro: Zahar, 1976.
______. *Guerras camponesas no século XX*. São Paulo: Global, 1984, 361p.
WOORTMANN, K. Com parente não se neguceia. *Anuário Antropológico, 87*. Brasília: UnB, p.11-73, 1990.

6
Comunidade negra de Itacoã: território, biodiversidade e organização social, pilares para o etnodesenvolvimento?*

Ricardo Scoles

INTRODUÇÃO

O presente ensaio recolhe os principais resultados e discussões da dissertação[1] intitulada "Comunidade negra de Itacoã: território, biodiversidade e organização social, pilares para o etnodesenvolvimento?", homologada em agosto de 2005, cujo trabalho de campo se estendeu ao longo do ano de 2004. Este estudo é fruto de mais de sessenta dias de pesquisa de campo e de uma abordagem teórica interdisciplinar com o uso de metodologias próprias das áreas de antropologia, biologia, história e sociologia. Nele, examinam-se as condições atuais de vida do campesinato negro da localidade quilombola de Itacoã, próxima à cidade de Belém do Pará, na Amazônia oriental brasileira, por meio de suas atividades e estratégias de sobrevivência, sejam estas tradicionais ou inovadoras.

O marco teórico da pesquisa circunscreve-se nos postulados de etnodesenvolvimento entendido como desenvolvimento endógeno que surge da experiência histórica acumulada e autonomia decisória de grupos sociais singulares, inseridos em sociedades mais amplas (Stavenhagen, 1985). Além disso, neste âmbito teórico, a transformação da natureza levada a cabo por parte dessas comunidades não deve comportar significativas perdas de biodiversidade. Por último, a organização interna e os arranjos institucionais

* Agradecimentos especiais a todas as pessoas que vivem na comunidade negra de Itacoã e à Dra. Rosa E. Acevedo Marin por ter possibilitado e viabilizado a execução deste trabalho.

1 Curso Internacional de Mestrado em Planejamento do Desenvolvimento (Plades), Programa de Pós-graduação Interdisciplinar em Desenvolvimento Sustentável do Trópico Úmido (PDTU). Núcleo de Altos Estudos Amazônicos (Naea), Universidade Federal do Pará (UFPA).

do grupo humano são considerados, neste prisma, fundamentais para a adoção e consecução das estratégias locais de sobrevivência.

As potencialidades e limitações do etnodesenvolvimento em comunidades rurais amazônicas são analisadas por meio de três pilares: território, biodiversidade e organização social. Escobar (1999) utiliza um símile para fazer mais compreensível a relação interativa entre essas três categorias: um "tripé" fixado ao solo é capaz de sustentar uma estrutura qualquer, sempre e quando nenhum dos "três pés" que o sustentam falhar; do contrário, o objeto assegurado pode cair.

Isso ocorre com os processos de desenvolvimento local: as dificuldades de subsistência ou melhora das condições de vida das populações rurais começam quando a posse ou propriedade da terra não está garantida; a erosão da biodiversidade impede o manejo da grande variedade de recursos naturais que oferece o meio; ou o grupo humano está pouco coeso, organizado, ou carece de fortes laços de identidade e cultura autóctone. Pelo contrário, segundo o mesmo autor, a consolidação dos processos de transformação e melhora das condições de vida das comunidades rurais na região amazônica passaria inexoravelmente pela manutenção e o aumento do uso comunitário e livre da terra, o conhecimento da natureza e dos seus ciclos bioclimáticos e a identidade cultural da população local.

A comunidade negra[2] de Itacoã localiza-se no Estuário do rio Pará, no vale do rio Guamá, afluente do mesmo rio. Como se ilustra na Figura 6.1, o povoado quilombola situa-se na margem direita do rio Guamá e a aproximadamente 13 km de distância em linha reta de Belém do Pará. Ele é acessível por via fluvial da capital paraense pelo "Porto da Palha", porto ribeirinho situado no bairro de Condor da mesma cidade. Apesar de estar perto da metrópole, Itacoã pertence ao termo municipal de Acará, em sua área mais setentrional e próxima ao estuário amazônico, denominada Baixo Acará e caracterizada pelas suas condições de planície e planaltos de relevos suaves.

Nesta região oriental da Amazônia brasileira, existem numerosas comunidades ribeirinhas e quilombolas que vivem de atividades agroextrativistas e da comercialização de seus produtos primários com a cidade de Belém do Pará. As localidades situadas nas áreas de várzea sobrevivem quase exclusivamente do extrativismo florestal, ao passo que as comunidades que habitam nas áreas de terra firme o fazem de atividades agrícolas e extrativas.

Na comarca do Baixo Acará vivem várias comunidades afro-descendentes cuja história reflete a luta pela terra e pela sobrevivência. A origem quilombola dessas comunidades, entre elas Itacoã, está documentada pela historiografia apesar da escassez de documentos escritos sobre a região: quilombos surgidos na sua maioria das fugas das fazendas, propriedades e olarias organizadas nas proximidades de Belém (Marin, 1999; 2000).

[2] O uso do termo comunidade negra é ético; é uma escolha do autor.

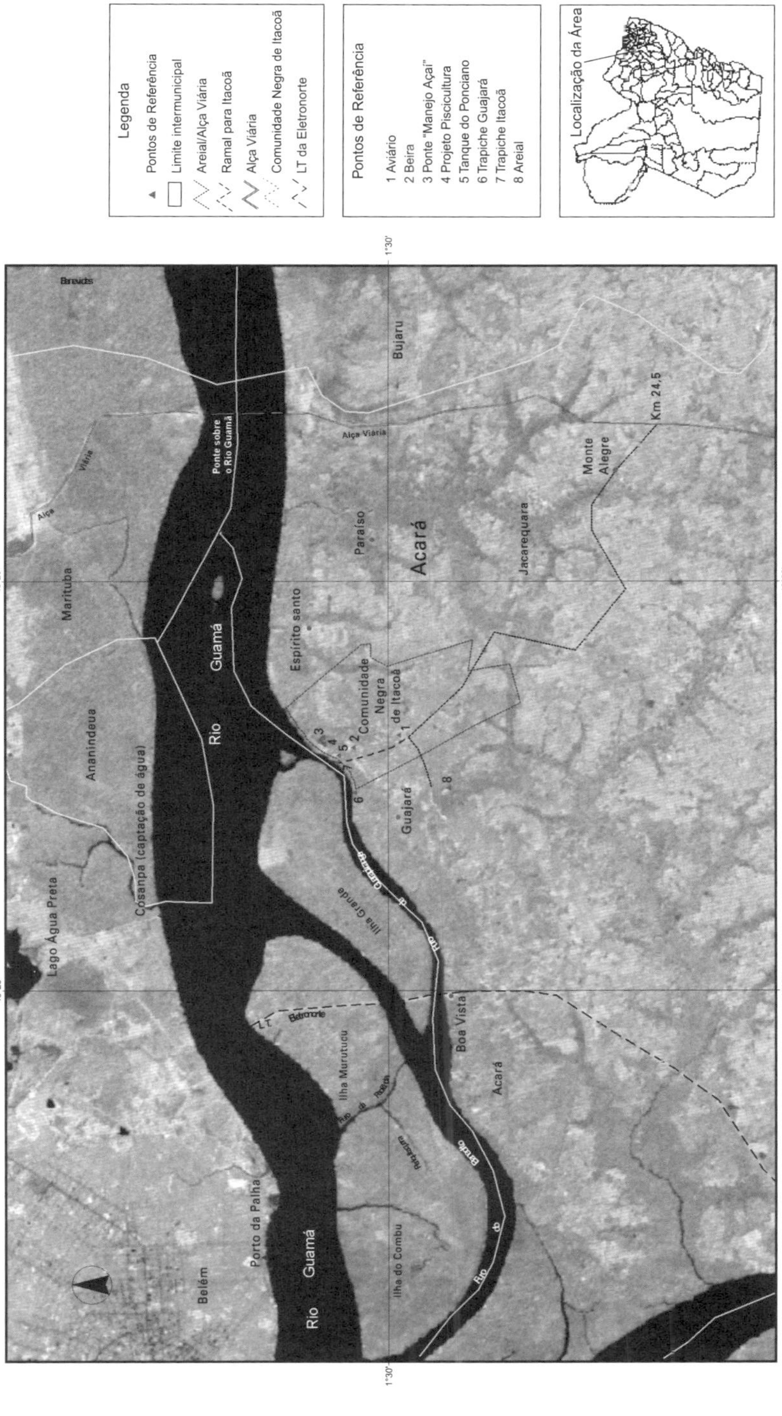

Fontes: Recorte de cena do LANDSAT, 2001; SIGIEP 2004
Elaborado por Ramos, C.R; Scoles, R./LAENA/NAEA/UFPA

Figura 6.1. Imagem de satélite da região do Baixo Acará.

USO DO TERRITÓRIO E SUAS LIMITAÇÕES

O fortalecimento da cultura e a biodiversidade por parte do campesinato não se entendem fora do contexto territorial. A relação íntima entre terra, biodiversidade e cultura explica a tipologia do sistema de produção tradicional de numerosas comunidades locais e mostra a importância da luta pela titulação coletiva das terras para esses grupos humanos (Escobar, 1999). Castro (1998) ilustra, neste mesmo sentido, como o território é considerado um espaço onde se integram atividades produtivas e sociais intimamente ligadas entre si e com uma significação ritual e simbólica não baseada em relações de intercâmbio monetário.

O uso do território de Itacoã organiza-se espacialmente segundo as condições de uso do povoado e a geomorfologia do terreno. Do ponto de vista socioespacial, a localidade divide-se em duas zonas bem diferenciadas.

Uma, o centro nevrálgico da comunidade e lugar de encontro social e comunitário, é conhecida com o nome de "Beira". Nela se encontram as principais infra-estruturas[3] do povoado e o porto fluvial. Neste espaço as casas estão bem próximas umas das outras, separadas unicamente pelos quintais e respondendo sua localização ao critério de proximidade familiar.

A segunda, as zonas mais afastadas do porto e das principais infra-estruturas comunitárias de acordo com a terminologia de uso comum, denomina-se genericamente como "Centro". Neste vasto território, há poucas casas, sendo os ecossistemas dominantes os bosques de formação secundária (capoeiras) e as áreas abertas de cultivo agrícola (roça). Os habitantes de Itacoã utilizam esse território para desenvolver atividades tradicionais de subsistência: caça, pesca, agricultura itinerante, coleta de frutos etc.

Também existe outro tipo de divisão espacial relacionado com os aspectos geomorfológicos do solo que, por sua vez, determinam os usos que dele se fazem: terra firme e várzea. A primeira caracteriza-se pelas condições geofísicas do solo, as quais favorecem a drenagem da água da chuva e impedem o encharcamento estacional ou duradouro. A segunda caracteriza-se por ser área de planície aluvial sujeita a inundações periódicas devido à freqüente presença de solos argilosos com alta capacidade de retenção de água.

A localidade de pesquisa, em sua maior parte, é terra firme (87% do território), bastante frondosa e sombria graças à prática de manejo silvícola nos arredores das moradias, com a presença abundante de árvores frutíferas e plantas medicinais. Nas áreas mais distantes do povoado é onde normalmente se pratica a agricultura itinerante de subsistência, com a plantação da mandioca como cultura dominante. A localidade de Itacoã inclui uma

[3] A escola, a igreja, o posto de saúde, o campo de futebol grande, o salão de festas, o ginásio, as placas solares, o gerador de energia e o depósito de água.

área de várzea paralela à margem fluvial, de mais de 130 hectares, rica em palmeiras e árvores frutíferas, madeiras nobres e óleos essenciais.

Com o objetivo de superar essa dupla divisão territorial entre "Beira" e "Centro" ou terra firme e várzea, a comunidade de Itacoã organizou, tradicionalmente, o seu território para diferentes usos, sejam estes unifamiliares ou coletivos. Com a titulação e a demarcação das terras, no final de 2003, a gestão comunitária do território foi incentivada, no entanto as áreas de uso familiar seguiram sendo respeitadas como garantia da reprodução sociocultural da comunidade.

As observações de campo permitem o estabelecimento de cinco categorias de uso territorial diferenciado na localidade de Itacoã:

a) Terrenos de uso exclusivamente familiar, que incluem a moradia e os seus arredores, os quais recebem diferentes nomes no âmbito local: quintal, sítio, terreiro.
b) Áreas de uso comunitário e localizadas na "Beira" como as infraestruturas sanitárias, educativas, religiosas e lúdico-esportivas.
c) Cultivos trabalhados por pessoas unidas pelos laços de parentesco e com fins produtivos nos distintos "Centros". O seu uso é exclusivamente familiar e restringido aos espaços destinados à própria atividade de subsistência.
d) Áreas de trabalho comunitário para fins produtivos e de acesso restringido às pessoas associadas às novas iniciativas produtivas: piscicultura, manejo de açaizais, avicultura etc.
e) Terrenos de várzea e capoeira, de acesso livre, usados por seus habitantes de forma intermitente e indistinta para atividades extrativistas e cinegéticas.

A comunidade negra de Itacoã, após 23 anos de luta pela titulação da terra em que viviam há mais de cem anos (Marin, 2003), ostenta, na atualidade, a propriedade definitiva do seu território graças a um recente reconhecimento legal. A área titulada possui uma extensão de 968 hectares e um perímetro de 14.292,08 metros (conforme mostra a Figura 6.1), e nela habitava uma população de 405 pessoas no final de 2004, distribuída em 82 casas e 94 famílias. Em nível demográfico, destaca-se a juventude e o dinamismo populacional desta comunidade, com o crescimento do número de famílias de 22% em apenas cinco anos, com predomínio dos jovens com faixa etária entre zero e 21 anos.

Apesar da titulação coletiva das terras, a comunidade negra de Itacoã sofre limitações de uso territorial. Se compararmos a extensão da área titulada com o número de habitantes, Itacoã pode ser considerada uma localidade densamente povoada, com aproximadamente dez hectares por família para o desenvolvimento de atividades de subsistência, que são consideradas superfícies de pequenas dimensões dentro do contexto amazônico.

Como conseqüência dessa pressão demográfica, as pesquisas de campo evidenciaram, entre outras, duas problemáticas relacionadas com essa restrição territorial:

a) os conflitos internos derivados da gestão comunitária da várzea, que é um ecossistema rico em espécies frutíferas, porém de extensão reduzida;
b) a baixa produtividade da terra resultante da diminuição do período de repouso no ciclo da agricultura itinerante por impedimento da recuperação natural da fertilidade do solo.

TRANSFORMAÇÃO DA NATUREZA E MANEJO DA BIODIVERSIDADE

As populações rurais amazônicas obtêm do meio ambiente circundante os recursos naturais que garantem a subsistência e a reprodução sociocultural de seu grupo humano. É necessário lembrar que desde tempos ancestrais as comunidades indígenas e as que as acompanham mais recentemente na região amazônica (como os quilombolas) constroem casas, alimentam-se e medicam-se utilizando os recursos que são oferecidos pela natureza à sua volta.

Para que isso seja possível, requer-se um profundo conhecimento do meio físico e ecológico, e necessita-se que este conhecimento continue se perpetuando, por meio da transmissão oral, das pessoas idosas às mais jovens. É relevante destacar que tal tipo de sabedoria tradicional não discrimina a prática da teoria e é canalizado por meio das relações de socialização dos grupos domésticos, sem necessidade de instituições mediadoras (Amorozo, 1996).

Neste ensaio são mencionados, resumidamente, vários exemplos de como o manejo da biodiversidade estimula a adoção de diferentes estratégias de subsistência da comunidade negra de Itacoã e que confirmam a estreita relação que se estabelece entre a natureza e os grupos humanos rurais na região amazônica. A variedade de frutas e plantas medicinais extraídas dos arredores das casas é um exemplo de como o conhecimento local e o manejo dos recursos naturais podem compatibilizar a conservação da diversidade biológica com a presença permanente de populações humanas.

A abordagem analítica utilizada neste estudo etnobotânico conduziu a realização de uma incursão metodológica em dois campos do conhecimento científico: a antropologia e a biologia. A primeira, mediante procedimentos etnográficos, serviu para descrever e analisar os usos das plantas conforme o conhecimento tradicional transmitido oralmente pelos habitantes da localidade. A segunda, por meio de método de estudo botânico, permitiu que se identificassem de forma sistemática as plantas que previamente foram consideradas medicinais pelos informantes locais, como o casal de idosos da Figura 6.2.

Figura 6.2. Casal de idosos conhecedores de plantas medicinais.

O estudo etnobotânico das plantas medicinais no campo permitiu a identificação de noventa espécies de plantas usadas com fins terapêuticos pelas famílias de Itacoã. Como mostra a Figura 6.3, 32,22% das espécies vegetais são nativas da região amazônica, 35,56% são originárias da região tropical ou subtropical e distribuem-se amplamente por todo o continente americano, 30% são espécies vegetais não autóctones, plantas introduzidas de outros continentes na época da colonização européia e cuja origem natural não é neo-tropical. O elevado número de espécies não tropicais em Itacoã é entendido como uma resposta adaptativa de comunidades rurais próximas a centros urbanos em face da penetração de novas doenças e introdução de plantas de outros habitats (Estrella, 1995).

Grande parte das plantas medicinais (74,75%) utilizadas em Itacoã encontra-se próxima das moradias familiares; algumas crescem espontaneamente, outras – a maioria – são cultivadas pelas mulheres negras nos quintais das casas. As matas secundárias ("capoeiras") e as planícies inundáveis (várzeas) são lugares onde também se coletam espécies vegetais de interesse terapêutico (20% do total), todas elas silvestres e de origem amazônica, sendo que pouco mais de 5% se enquadram no grupo das "ervas daninhas" – plantas oportunistas que se expandem nos cultivos de subsistência e possuem propriedades medicinais apreciadas pela comunidade.

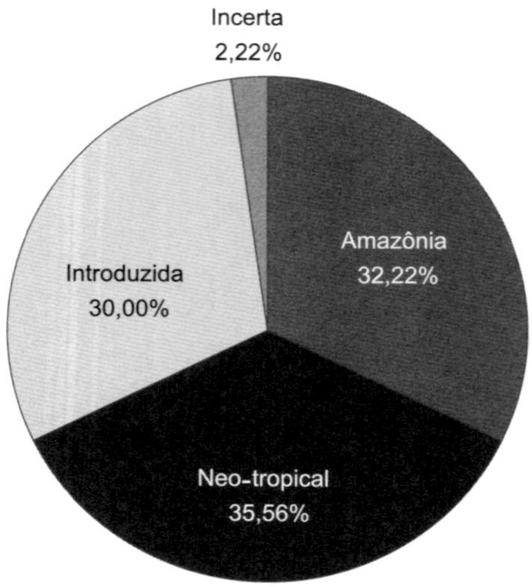

Figura 6.3. Freqüência relativa da área de origem das plantas.

O domínio das espécies coletadas próximas das casas coincide com uma maior bagagem epistemológica da mulher no que diz respeito às plantas medicinais. Observa-se, assim, que nem todas as pessoas integrantes das comunidades conhecem de igual maneira a riqueza da flora local. Em termos gerais, as pessoas mais idosas e as mulheres detêm maior conhecimento fitoterapêutico, especialmente em relação às plantas cultivadas nos arredores das casas. Evidências coincidem com a maioria de estudos de campo deste tipo em que se demonstra que as mulheres dominam a manipulação e o uso de remédios de origem vegetal (Amorozo, 1996; Ferreira, 2000; Pinto, 2002).

A riqueza biológica de Itacoã em plantas que produzem frutos comestíveis é muito alta, especialmente nas proximidades das residências. Na realidade, os quintais e jardins domésticos transformam-se, em geral, em autênticos sistemas agroflorestais manejados cuidadosamente pelos membros das famílias com abundância de espécies vegetais de interesse alimentício, culinário ou medicinal.

Durante a pesquisa de campo foram encontradas na localidade até 48 espécies de plantas com frutos comestíveis, 3/4 das quais são extraídas e cuidadas nos quintais das casas, sendo a grande maioria de porte arbóreo. Destas espécies alimentícias, 39,58% são autóctones, 33,33% são de origem neo-tropical, e 27,08% são exóticas. Por grupos de famílias, destaca-se a presença de oito espécies de palmeiras (família de *Arecaceae*), seis árvores cítricas não autóctones (família de *Rutaceae*) e quatro árvores da família *Anacardaceae*.

Entre as espécies frutíferas mais abundantes em Itacoã, citam-se as palmeiras de açaí (*Euterpe oleracea* Mart.), pupunha (*Batris gasipaes Kunth*) e bacaba (*Oneocarpus distichus* Mart.), as grandes árvores de uxi [*Endopleura uchi* (Huber) Catrecasas], piquiá [*Caryocar villosum* (Aubl) Pers.], manga (*Mangifera indica* L.), taperebá (*Spondias mombim* L.) e jambo (*Eugenia malaccensis* L.) e as pequenas árvores de cacau (*Theobroma cacao* L.), cupuaçú [*Theobroma grandiflorum* (Willd ex. Spreng.) Schum.] e biribá [*Rollinia mucosa* (Jacq.) Bail].

COMERCIALIZAÇÃO DA PRODUÇÃO

As atividades de subsistência da comunidade negra de Itacoã permitem categorizar três fases bem definidas e diferenciadas: produção, consumo e comercialização dos produtos cultivados ou coletados da natureza. Optando-se por uma estratégia ou outra, o consumo pode ser quase substituído completamente pela venda do produto, como ocorre com algumas frutas ou o carvão vegetal, ou, pelo contrário, a fase mercantil pode chegar a ser quase inapreciável, como é o caso da produção agrícola de subsistência ou da coleta dos frutos do açaí.

A Tabela 6.1 sintetiza, das informações sobre os maiores ingressos divulgados pelas famílias de Itacoã, como as atividades agroextrativistas tradicionais são uma das principais fontes de renda dos habitantes de Itacoã, especialmente a venda de frutas regionais e os sacos de carvão vegetal. Os cultivos de mandioca, milho e outras plantas anuais pertencem mais ao universo do autoconsumo, com exceção das folhas ou ramas de mandioca que são vendidas em grande quantidade nas festividades religiosas da cidade de Belém do Pará.[4] Isso não anula o fato de a imensa maioria de famílias (87%) continuar plantando uma pequena extensão de terra para o próprio abastecimento de farinha de mandioca, elaborada artesanalmente em "retiros" próximos a algumas moradias familiares, como ilustra a Figura 6.4.

Da mesma forma, conforme mostra a Tabela 6.1, pode-se deduzir a importância do extrativismo de frutas em Itacoã, sendo esta atividade tradicional uma das principais fontes de renda econômica para as famílias camponesas negras, assim como ocorre em outras áreas rurais próximas situadas na bacia amazônica, ricas em planícies de inundação. Destaca-se que geralmente o domínio da economia extrativista em áreas de várzea no estuário amazônico é propiciado não só pela inviabilidade de práticas agronômicas convencionais em solos pobres e freqüentemente inundados, mas também pela presença de florestas com uma elevada concentração de espécies economicamente rentáveis, assim como pelos ciclos curtos de coleta de produtos florestais (Anderson et al., 1985; Anderson, 1990; Anderson e Ioris, 2001).

[4] As folhas de maniva são usadas para a elaboração de maniçova, prato regional presente no cardápio dos paraenses nas festividades do Círio de Nazaré (segundo domingo do mês de outubro e Natal).

Tabela 6.1. Principal fonte de renda e sua distribuição familiar

	Renda principal		**Atividade**	
	N. famílias	**%**	**N. famílias**	**%**
Cultivos de subsistência	–	–	78	82,98
Folhas de "maniva"	–	–	64	68,09
Carvão vegetal	21	22,34	53	56,38
Frutas regionais	28	29,79	82	87,23
Aposentadoria	16	17,02	22	23,40
Atividade comercial externa	9	9,57	9	9,57
Salário	7	7,45	7	17,02
Atividade comercial interna	4	4,26	4	4,26
Trabalho informal	7	7,45	7	7,45
Construção de casas	2	2,13	2	2,13
Total	94	100		

Fonte: Pesquisa de campo (2004).

Figura 6.4. "Retiro" para a elaboração da farinha de mandioca.

Em Itacoã, a colheita de frutos em áreas manejadas (quintais, jardins) ou silvestres (capoeiras, várzeas e igapós) tem dois destinos diferenciados nem sempre excludentes: consumo familiar ou venda em Belém. A decisão familiar por uma ou outra opção depende de quatro fatores interconectados e devidamente calculados: disponibilidade temporal do recurso, necessidades de retorno monetário, valor do produto no mercado local e intenção de consumo doméstico.

Independentemente das atividades "tradicionais" de natureza agroextrativista, cabe ser destacada a tendência crescente de aumento da porcentagem do número de chefes de família que obtêm os seus principais ingressos monetários fora do universo da produção da natureza: aposentadoria e pensão (17,02%); trabalho assalariado (7,45%); atividades comerciais e de transporte (12,77%); e construção de casas (2,13%).

Historicamente, a comercialização de recursos naturais ou agrícolas na Amazônia contempla três fatores de desvantagem para os produtores primários. O primeiro refere-se ao caráter disperso dos recursos naturais comercializados, extrativos na sua maioria. O segundo, às longas distâncias a se percorrer entre a fonte de abastecimento e os lugares de venda. O terceiro e último, trata do baixo nível de processamento do produto vendido e, como conseqüência, de seu baixo valor no mercado local ou regional (Homma, 1993; Anderson, 1994).

O cenário extrativista de Itacoã não cumpre com duas dessas três condições. Em primeiro lugar, a proximidade desta localidade com a cidade de Belém permite viagens contínuas em barco dos produtores ou comerciantes internos da comunidade negra ao Porto da Palha para comprar e vender mercadorias. Dessa maneira, é excluída a longa cadeia de intermediários e a manutenção do sistema de "aviamento" tão freqüente em lugares distantes dos centros urbanos, caracterizado por um intercâmbio desigual no qual os extrativistas recebem preços excessivamente baixos pelos produtos coletados e pagam preços excessivamente altos pelos produtos que necessitam para a sua subsistência (Anderson, 1994).

Por sua vez, a clássica dispersão dos recursos florestais tem diminuído em numerosas comunidades locais, tais como as de Itacoã, pelas práticas de manejo agroflorestal nos arredores das casas e nas áreas de planície aluvial. Com o passar do tempo e o aperfeiçoamento das técnicas de melhoramento e enriquecimento com plantas úteis, tem-se conseguido, nelas, aumentar a produção de alguns frutos silvestres, como o açaí (Anderson, 1994; Shanley e Gaia, 2004).

Portanto, o ponto crucial para a melhora das condições de comercialização dos produtos primários em Itacoã e outras áreas próximas aos núcleos urbanos centra-se no controle e na forma de acesso aos mercados locais. De forma sintética, esses condicionantes estão associados a um excesso de individualização comercial com a conseqüente predominância das vendas ao varejo, assim como a incapacidade técnica para produzir bens alimentícios processados, por falta de potencial tanto de tipo financeiro como de infra-estrutura.

A diversificação da produção agroextrativista e as melhorias do controle e forma de acesso aos mercados locais garantem o abastecimento de bens alimentícios para o auto-consumo, assim como a geração de renda e compra de bens não alimentícios. No Baixo Acará a cadeia de intermediários é curta e menos desvantajosa, como já foi explicado, caracterizada, ademais, pela presença de transportadores internos, ou seja, de comerciantes que vivem na própria localidade. Em Itacoã, por exemplo, a relação estabelecida entre os produtores familiares, os barqueiros e os comerciantes locais não é estritamente econômica, haja vista os vínculos de parentesco amenizarem o intercâmbio comercial, como também ocorre em outras localidades da comarca (Shanley e Gaia, 2004).

Quadro 6.1. Estacionalidade das atividades de subsistência em Itacoã

Atividade	Época do ano
Cultivo de subsistência	Todo o ano, especialmente no verão
Carvão vegetal	Verão, finais do inverno
Folhas e ramas de mandioca	Outubro, Natal
Frutas regionais	De dezembro a abril
Colheita de açaí	De junho a dezembro

A atividade mercantil na comunidade de Itacoã é irregular, descontínua e flutua de acordo com o calendário de atividades próprias da estação do ano, como mostra o Quadro 6.1. O inverno amazônico[5] (sobretudo de janeiro a abril) é o período mais forte do ano, com grande fluxo de transporte de mercadorias, especialmente de frutas regionais como cupuaçu, pupunha, biribá e uxí. Outro período com alto movimento comercial é o que abrange os 15 dias prévios ao Círio de Nazaré, graças a uma importante demanda de carvão vegetal, tucupi[6] e folhas de mandioca da cidade de Belém. Se inter-relacionarmos o Quadro 6.1 com a Tabela 6.1, comprovamos como esses dois períodos são também os que permitem maior entrada de ingressos monetários graças ao pico de comercialização gerado.

[5] Em termos regionais, inverno é o período mais chuvoso do ano; na Amazônia oriental, coincidiria com os primeiros seis meses do ano.

[6] Derivado líquido da mandioca usado como tempero na gastronomia paraense.

ORGANIZAÇÃO SOCIAL E NOVAS ESTRATÉGIAS PRODUTIVAS

As relações sociais, culturais e econômicas da comunidade negra de Itacoã não diferem das que se dão em muitas outras localidades rurais da Amazônia. O conceito de comunidade é interpretado neste estudo de forma flexível, como um conjunto de pessoas e famílias com interesses e identidades semelhantes que vivem em um povoado e compartilham a gestão comunitária do território e de seus recursos. Essa gestão refere-se aos processos dinâmicos de reorganização, dissensões, transformações no próprio grupo humano ao longo do tempo (Diegues e Arruda, 2001).

As comunidades rurais amazônicas historicamente se caracterizam por serem populações rurais cujos padrões de produção agro-silvícola se relacionam mais com o consumo próprio que com a demanda externa, mais com a subsistência e o intercâmbio não monetário que com o mercado, e onde os sistemas de produção e manejo de recursos naturais objetivam a reprodução social e cultural e não se centram, embora não se possa excluir de forma total, no lucro. As comunidades negras rurais não parecem ser uma exceção a esta regra, apesar de sua elevada heterogeneidade sociocultural (Escobar, 1999).

Não obstante, as comunidades rurais amazônicas estão sofrendo, nas últimas décadas, a transformação dos processos de reprodução social e cultural devido a vários fatores externos inter-relacionados, cuja incidência afeta as esferas social, ambiental e cultural dos grupos humanos.

Reijntjes et al. (1994) resumem as causas dessas transformações em quatro pontos:

1) contatos cada vez mais freqüentes com as sociedades urbanas comportam maiores necessidades de dinheiro (compra de produtos de consumo, maiores gastos em educação, saúde etc.);
2) mudanças nas necessidades sentidas pela comunidade, em parte graças à maior exposição aos estilos de vida urbano ocidental, tais como o uso de rádio e televisão;
3) maior variabilidade causada pela integração ao sistema comercial de mercado, com redução da independência e maior ameaça sobre a segurança alimentar;
4) erosão do conhecimento local como conseqüência da imposição de modelos produtivos mais intensivos e destruição de ecossistemas.

A maior participação da economia de mercado nas comunidades rurais amazônicas é um fenômeno de intensidade recente e bastante presente em toda a região de estudo, incluindo a localidade de Itacoã. A rigor, ela surge como uma estratégia de sobrevivência ante as dificuldades de se manter a capacidade de auto-suficiência alimentar quer seja pela degradação ambiental do território (perda da biodiversidade, desmatamento, poluição fluvial), quer seja por problemas agronômicos (empobrecimento dos solos, doenças das culturas de subsistência).

Na região do Baixo Acará tudo indica que a proximidade com uma grande cidade e a decrescente produtividade e diversidade dos cultivos de terra firme seriam os principais agentes desencadeantes da tendência para a monetarização das atividades produtivas. De fato, evidências de campo apontam, atualmente, que, em Itacoã, os únicos alimentos não comprados pelas unidades familiares são o vinho de açaí, a farinha de mandioca, algumas frutas naturais e, de vez em quando, carne de caça, camarão e animais de granja.

Em geral, a rápida acessibilidade à cidade de Belém tem conseqüências positivas para a localidade de Itacoã em quase todos os âmbitos da vida comunitária: atendimento médico, proximidade de familiares, compra e venda de bens de consumo. Apesar disso, existem indícios de um possível papel desestruturador que essa proximidade urbana possa exercer na vida sociocultural de Itacoã, especialmente entre os mais jovens, ao levar modelos urbanos a realidades rurais e gerar novas necessidades, apenas alcançáveis por meios monetários, precisamente em um espaço geográfico com grandes dificuldades de obtenção de recursos econômicos.

O incremento da dependência monetária por parte da comunidade negra não impede que a base das estratégias produtivas siga sendo a reprodução social e cultural dos núcleos familiares, de tal maneira que há um permanente questionamento das atividades conforme os parâmetros de consumo e esforços requeridos (Costa, 2000). Além disso, em Itacoã, pode-se observar constantes e cotidianas mostras de intercâmbios não monetários entre as distintas famílias, estabelecidos de relações de reciprocidade e parentesco que provam as limitações da lógica capitalista nas sociedades rurais amazônicas.

Smith (2002) define a reciprocidade como um sistema de relações sociais baseadas no dar e receber mútuo, significando que essa economia simbólica não monetária tem um papel importante no ambiente rural como fonte de coesão social. A recém-incorporação da economia de mercado na vida das populações rurais amazônicas, ainda que provoque modificações na estrutura social destas, não tem conseguido deslocar totalmente os intercâmbios não monetários nem o simbolismo social derivado da prática da reciprocidade.

A permanência prolongada na localidade e a observação participante permitiram ao autor evidenciar vários exemplos de reciprocidade entre as famílias quilombolas, mais freqüentemente entre membros com alto grau de parentesco. Em Itacoã, o modelo mais comum de intercâmbio não monetário é a troca ou doação de produtos naturais: farinha de mandioca, vinho de açaí, frutas e plantas medicinais. Observa-se, também, a existência de ajudas coletivas de mão-de-obra para algumas atividades agrícolas, como a formação de roçado, plantação e capina.

Como lembram os mais antigos da comunidade, essas manifestações de reciprocidade nos trabalhos da lavoura são atualmente menos freqüentes e sem tanta importância simbólica na vida social da localidade como era tempos atrás. Os mutirões festivos de roçado integrados por dezenas de pessoas e grande força simbólica foram substituídos parcialmente pela formação de pequenos grupos de trabalho coletivo em algumas atividades relacionadas com a roça, como a desfoliação da rama de mandioca durante as festividades do Círio de Nazaré, conforme ilustra a Figura 6.5. Em todo caso, é interessante destacar em Itacoã o exemplo de quatro mulheres da comunidade, aparentadas direta ou indiretamente[7] entre si, que participam de forma conjunta na capina de seus roçados familiares de forma sistemática e regular.

Figura 6.5. Adultos e crianças desfolhando as ramas da mandioca (maniva).

A organização social da comunidade negra de Itacoã está em ascensão política desde a década de 1980, com o início da luta coletiva pelos direitos históricos territoriais (Marin, 2003). Após a titulação da terra, a associação comunitária adquiriu um protagonismo maior na localidade ao ser proprietária legal do território demarcado. As funções atuais da associação quilombola de moradores de Itacoã são três:

[7] Por meio de seus maridos.

1) agente promotora e dinamizadora das atividades coletivas e comunitárias de natureza social, cultural ou recreativa;
2) ponte de comunicação e interlocutora legal com as instituições públicas e de direito privado externas;
3) gestora da terra coletiva e mediadora de possíveis conflitos em seu uso.

A elevada participação das famílias nas atividades comunitárias e de decisão coletiva e o fortalecimento organizativo e político, a raiz da titulação e demarcação da terra fazem de Itacoã uma comunidade negra emblemática e carismática, muito visitada por autoridades públicas, instituições de pesquisa e entidades de assistência técnica e social, graças também à sua proximidade com a capital do Estado do Pará. Este fato nem sempre deve ser valorado de maneira positiva, já que freqüentemente tem gerado intervenções externas padronizadas e de "cima para baixo" com obtenção de resultados inesperados e ineficientes, como será explanado nos próximos parágrafos.

Atualmente, em Itacoã, a crescente dependência do mercado não se corresponde com ingressos monetários significativos, uma vez que as atividades "tradicionais" – agricultura, coleta de frutos, fabricação de carvão vegetal (principais ingressos monetários das famílias) – geram pouca renda econômica.

Segundo as informações obtidas dos moradores de Itacoã, sintetizadas na Tabela 6.2, 58,51% das famílias ganham em média menos de um salário mínimo por mês, sujeito a uma grande variabilidade estacional, com picos no inverno e reduções bruscas no período de escassa produção de frutos, chamado de "entressafra" pelos informantes locais.[8] A rigor, grande parte das famílias com ingressos superiores ao salário mínimo possui entre os seus membros tanto trabalhadores assalariados da prefeitura, como aposentados ou pensionistas rurais.

Tabela 6.2. Rendas familiares declaradas em Itacoã (2004)

	N. de famílias	% sobre total
0 a 1 salário mínimo	55	58,51
1 a 2 salários mínimos	27	28,72
2 a 3 salários mínimos	11	11,70
> 3 salários	1	1,06
Pensionistas e aposentados	17	18,09
Trabalhadores assalariados	7	8,51

Fonte: Pesquisa de campo (2004).

[8] Estes dados de renda devem ser tomados de forma cautelosa e em termos aproximados, porque a imensa maioria de unidades familiares carece de um método rigoroso e confiável de contabilidade doméstica.

As circunstâncias atuais de maior dependência do mercado e baixa capacidade de geração de renda da comunidade negra, por meio das estratégias tradicionais de subsistência, forçaram a adoção de novas iniciativas econômicas, teoricamente mais intensivas em produção e mais rentáveis em termos monetários. As novas iniciativas de piscicultura, de manejo de açaizais nativos na várzea e de criação de galinhas em granja vão nessa direção.

Os três projetos são de gestão e participação coletiva, ainda que restritos aos associados fundadores. A participação das famílias nestes novos projetos produtivos é parcial – menos de uma em cada duas famílias tem algum membro envolvido, e somente 31% dos novos empreendedores participam em mais de um projeto comunitário.

Em geral, nestas novas iniciativas produtivas, destaca-se uma elevada capacidade organizativa interna dos associados e uma regulamentação sistemática dos trabalhos coletivos a serem desenvolvidos. Apesar disso, atualmente, o funcionamento dos três projetos mostra dificuldades convergentes de execução: todos eles estão nas primeiras fases de implantação, os retornos econômicos são ainda baixos, e a assistência técnica tem sido, de momento, irregular, ineficiente e pouco sistemática.

De fato, esses novos empreendimentos encaixam-se de maneira diferente na dinâmica organizacional das famílias. O projeto comunitário de manejo de açaizais, por exemplo, adapta-se razoavelmente bem à idiossincrasia do grupo humano. Não em vão, os quintais das casas são autênticos sistemas agroflorestais e as novas técnicas silvícolas propostas para aumentar a produção da palmeira de açaí são convergentes com as utilizadas ancestralmente pelas populações quilombolas da Amazônia nos arredores das suas residências.

Em contrapartida, os projetos de piscicultura e a criação de galinhas, embora sejam iniciativas com um grande potencial de geração de renda, são atividades dependentes de apoios externos, econômicos e técnicos, ante a incapacidade endógena de se investir em insumos externos (alimentação artificial) e a falta de experiência histórica do grupo humano com relação a elas. O seguimento de ambas as iniciativas permite confirmar os fatores de dependência pela compra de ração e de assessoramento técnico, circunstâncias que as convertem em vulneráveis.

As melhorias nas condições de vida, a reprodução social e cultural do povoado e a manutenção de práticas agroextrativistas de baixo impacto ambiental não se desenvolvem de forma autista, alheias à sociedade maior que lhes rodeia. Desenvolvimento endógeno não é sinônimo de autarquia nem de endêmico. Daí, o significado neste ensaio da relevância do apoio institucional nos processos de etnodesenvolvimento, em que as instituições públicas ou privadas devem erguer-se como agentes sociais estimuladores e catalisadores das ações levadas a cabo pelas famílias camponesas, sem cair em práticas paternalistas "de cima para baixo", nem patrimonialistas.

Em teoria, as diretivas institucionais para se promover o desenvolvimento local nas comunidades rurais giram em torno de dois conceitos:

1) garantir os serviços sociais nos assentamentos locais sem os quais não há sociedade humana, pequena ou grande, que funcione;
2) apoiar econômica e tecnicamente, de forma eficiente e profissional, aquelas novas iniciativas produtivas requeridas ante as transformações ocorridas no mundo rural amazônico nas últimas três décadas.

Em relação ao primeiro ponto, Itacoã, apesar de ser uma localidade carismática e, de certa maneira, privilegiada em investimentos públicos locais, apresenta deficiências nos serviços sociais: assistência sanitária precária, falta de recursos educativos de qualidade, transporte fluvial irregular e privado, inexistência de rede elétrica e de saneamento básico e canalização parcial de água. A respeito do segundo ponto, como já foi mencionado, a assistência técnica dos órgãos públicos é deficitária pela sua ineficiência e pouca sistematização. Estas duas disfunções das políticas institucionais não deixam de ser obstáculos para a implementação eficaz de políticas de desenvolvimento na localidade de estudo.

CONSIDERAÇÕES FINAIS

O território, o manejo da biodiversidade e a organização social interna são os três pilares básicos para o desenvolvimento das comunidades rurais amazônicas. As três categorias interatuam e complementam-se formando um "tripé", utilizando um símile, capaz de sustentar toda uma estrutura social organizada sempre e quando tais pilares não estão frágeis.

Em linhas gerais, a comunidade negra de Itacoã tem os "três pés" do "tripé" em condições aceitáveis. O território, no qual vivem há mais de 120 anos, foi recentemente reconhecido pelas instituições públicas competentes, sendo demarcado e titulado como propriedade coletiva. A riqueza de árvores frutíferas, a variedade de recursos potenciais existentes nas matas e o acervo cultural de plantas medicinais nos quintais das residências familiares mostram como a biodiversidade do lugar se encontra em bom estado de conservação. A mobilização política, a capacidade organizativa e as estreitas relações interpessoais de seus habitantes são bons indicadores da fortaleza e consistência das estruturas sociais da localidade em estudo.

Contudo, apesar de ser verdade que a comunidade negra de Itacoã apresenta, recordando o símile, um "tripé" com aceitável estrutura nos seus "pés", é possível, por meio de uma análise mais profunda, detectar algumas fissuras em cada uma delas.

Com relação ao território, a localidade quilombola está densamente povoada, ou seja, a relação entre o número de habitantes e a superfície espacial é alta. As cifras demográficas manifestam uma tendência ao crescimento populacional para os próximos anos em razão da presença dominante de pessoas jovens, com idades compreendidas entre zero e 21 anos, ao passo que as dimensões da área titulada estão estabilizadas, sem aumentos previstos para os próximos anos. Alguns sintomas de alerta apontam nesta direção: há propensão à baixa produtividade da terra por diminuição do tempo de repouso e aparição de conflitos de gestão familiar e comunitária da várzea, minoritária em extensão.

A respeito da biodiversidade, a ação conjunta de pressão demográfica e limitação territorial intervém contra o tradicional ciclo de fertilização da agricultura itinerante de "corte e queima" e pode chegar a comprometer a benevolência ambiental do sistema agrícola tradicional. Caso ocorra esta ameaça, a riqueza biológica do espaço de uso comum pode ser prejudicada de maneira especial, especialmente em alguns dos seus ecossistemas de "reserva": várzea e capoeira.

Por último, a organização social da comunidade apresenta descontinuidades e diferenciações significativas: apesar do elevado grau de participação política e organizativa do povoado, a presença não majoritária de famílias com algum membro insertado nas novas iniciativas econômicas e a constatação empírica de certo desequilíbrio social intracomunitário (nas condições econômicas, residenciais e, mesmo, de apoderamento simbólico) gera algumas incertezas acerca da extensibilidade das transformações socioeconômicas e políticas levadas a cabo pela associação comunitária, representante legal da comunidade e proprietária da terra.

Em relação à categoria de análise proposta no ensaio, a comunidade negra de Itacoã apresenta potencialidades e limitações ao etnodesenvolvimento. Um primeiro elemento potencialmente capaz de favorecer a melhoria das condições socioeconômicas e culturais da localidade é a estreita relação da sua população residente com a natureza.

As diferentes pesquisas etnobotânicas elaboradas na área de estudo confirmam a magnitude e a relevância da sabedoria popular com relação ao ambiente natural e seus possíveis aproveitamentos em benefício próprio, como garantia de subsistência e reprodução social do grupo humano. O calendário das atividades produtivas de acordo com os ciclos naturais e a manutenção da biodiversidade nos quintais, áreas de várzea e capoeira, bem como a grande variedade de espécies vegetais úteis identificadas e coletadas (com 90 espécies de plantas medicinais e 48 árvores ou arbustos de interesse alimentício e/ou comercial reconhecidos), são alguns dos exemplos dessa manifestação epistemológica.

A comunidade negra de Itacoã apresenta um elevado acervo de plantas medicinais em seu território, especialmente nos quintais das casas, com a presença apreciável de plantas não autóctones em virtude da histórica comunicação com a metrópole e a elevada mestiçagem dos habitantes da região. Destaca-se, finalmente, que o conhecimento botânico e medicinal das plantas está mais concentrado em algumas pessoas de idade mais avançada e do sexo feminino, porém se observa certa propagação cognitiva por toda a comunidade por meio da transmissão oral dos conhecimentos, intercâmbio não monetário e práticas cooperativas.

Nas últimas duas décadas, em Itacoã, à idiossincrásica capacidade de trabalho e sacrifício humano de seus habitantes tem-se unido uma significativa capacidade de organização e articulação política comunitária, constituindo um segundo fator potencial de desenvolvimento local. Atualmente, o fortalecimento sociopolítico da comunidade é uma constatação empírica que impede práticas autoritárias e arbitrárias de agentes políticos e econômicos externos como a compra de terras e de votos e exige da administração pública competente o cumprimento da legislação vigente e dos direitos sociais constitucionalmente consensuados como universais pela sociedade moderna brasileira.

A proximidade da localidade de estudo com a cidade de Belém, apesar da relação dialética estabelecida entre ambas, apresentadas neste ensaio, é, em seu conjunto, outro fator catalisador dos processos de etnodesenvolvimento. Isso se deve ao fato de se substituírem parcialmente as carências sociais presentes na comunidade, se diminuírem os efeitos prejudiciais da comercialização de produtos primários de baixo valor no mercado, se evitarem relações de dependência com agentes intermediários típicas de regiões rurais afastadas dos núcleos urbanos e de difícil acesso e, por último, se aproximarem geograficamente as instituições públicas envolvidas no desenvolvimento comunitário.

Entretanto, os vetores ambientais, socioeconômicos e políticos que atuam como fatores limitantes ao etnodesenvolvimento são também visíveis em Itacoã. A baixa produtividade da terra é um deles. As causas e conseqüências desse fenômeno geram uma crise no modelo de auto-suficiência alimentar e de independência técnica dessas populações, acrescida ainda mais pela limitação territorial e o crescimento populacional.

As barreiras estruturais e sociais ao desenvolvimento são endêmicas na região amazônica e traduzem-se em carências nos serviços de saúde e educação, transporte irregular e privado e baixo alcance no abastecimento de água, luz e saneamento básico. Estas e outras funções são competência das diferentes administrações públicas, responsáveis também por apoiar financeira e tecnicamente as novas iniciativas produtivas das comunidades rurais direcionadas para uma melhor inserção no mercado e maior grau de diversificação de suas atividades produtivas. As evidências de campo e a análise das atuações institucionais manifestam a necessidade de melhorias com relação à oferta de serviços públicos e assessoramento técnico.

As relações comerciais entre os produtores locais e o centro urbano são outro fator limitante no que diz respeito às estratégias produtivas orientadas para a venda de produtos naturais. O escasso controle dos preços das mercadorias vendidas, o caráter varejista da comercialização e a inviabilidade efetiva de implantar sistemas de maior beneficiamento dos recursos primários produzidos são elementos condicionantes que restringem a capacidade de geração de renda.

Por último, vale sublinhar que as intervenções realizadas pelas instituições públicas e de direito privado em Itacoã não podem ser enquadradas como políticas para o etnodesenvolvimento, não foram construídas juntamente com a comunidade local e desenvolvem-se sob o paradigma clássico de "cima para baixo". Além disso, a contínua chegada de projetos à comunidade está carregando os seus moradores de obrigações, compromissos e financiamentos, provocando mudanças nos ritmos de trabalho e no calendário das atividades produtivas, o que está conduzindo a uma rápida tendência homogeneizadora do modelo de agricultura familiar.

REFERÊNCIAS BIBLIOGRÁFICAS

ACEVEDO MARIN, R. E. A. Itancoã no Baixo Acará – Pará: as terras dos descendentes além da Casa Grande. Belém-PA. In: *Mapeamento de comunidades negras rurais do Pará*: ocupação do território e uso de recursos, descendência e modo de vida. Belém-Pa: Convênio NAEA/UFPA/SECTAM, 1999, 237p (incluindo anexos).

______. Camponeses, donos de engenhos e escravos na região do Acará nos séculos XVIII e XIX. *Paper n. 153*. p.1-26, 2000.

______. *Itancoã, nosso sítio no Baixo Acará.* Belém: Unamaz, 2003.

AMOROZO, M. C de M. A abordagem etnobotânica na pesquisa de plantas medicinais. In: DI STASI, L. C. (org.). *Plantas medicinais*: arte e ciência. São Paulo: Ed. UNESP, 1996.

ANDERSON, A. Extration and Forest Management by Rural Inhabitants in the Amazon Estuary. In: ______ . (org). *Alternatives of Deforestation*: Steps Toward Sustainable Use of Amazon Rain Forest. Nova York: Columbia University Press, 1990, p.65-85.

______. Extrativismo vegetal e reservas extrativistas. In: ARNT, R. (org.). *O destino da floresta*: reservas extrativistas e desenvolvimento sustentável na Amazônia. Rio de Janeiro: Relume-Dumará, 1994.

______. et al. Um sistema agroflorestal na várzea do estuário amazônico (Ilhas das Onças, Munícipio de Barcarena, estado de Pará). *Supl Acta Amazônica*. v.15, n.1, 2, p.195-224, 1985.

ANDERSON, A. B., IORIS, E. A. A lógica do extrativismo: manejo de resursos e geração de renda por produtores extrativistas no estuário amazônico. In: DIEGUES, A. C., MOREIRA, A. de C. A. *Espaços e recursos naturais de uso comum.* São Paulo: Nupaub-USP, 2001.

CASTRO, E. Território, biodiversidade e saberes de populações tradicionais. *Papers do NAEA*, n.92. Belém-PA, p.1-11, 1998.

COSTA, F. A. *Formação agropecuária da Amazônia*: os desafios do desenvolvimento sustentável. Belém: UFPA-Naea, 2000.

DIEGUES, A. C., ARRUDA, R. S. V. (orgs.). *Saberes tradicionais e biodiversidade no Brasil*. Brasília: Ministério do Meio Ambiente; São Paulo: USP, Nupaub, 2001.

ESCOBAR, A. Comunidades negras de Colombia, en defensa de biodiversidad, cultura e territorio. *GRAIN:* Biodiversidad. Barcelona. n.22, p.15-21, diciembre 1999.

ESTRELLA, E. *Plantas medicinales amazónicas. Realidad y perspectivas*. Tratado de Cooperación Amazónica. Lima: Secretaria Pro Tempore, 1995, 301p.

FERREIRA, M. R. C. *Identificação e valorização das plantas medicinais de uma comunidade do litoral parense*. Centro de Ciências Biológicas, Curso de Pós-graduação, Universidade Federal do Pará, Belém, 2000 (Doutorado), 268f.

HOMMA, A. K. O. *Extrativismo vegetal na Amazônia*: limites e oportunidades. Belém: Embrapa-CPATU; Brasília: Embrapa-SPI, 1993.

PINTO, B. C. de M. Vivências cotidianas de parteiras e 'experientes' do Tocantins. *Revista de Estudos Feministas*. Florianópolis. v.10, n.2. jul./dez. 2002.

REIJNTJES, C., HAVERKORT, B., WATERS-BAYER, A. *Agricultura para o futuro*: uma introdução à agricultura sustentável e de baixo uso de insumos externos. Rio de Janeiro: AS-PTA, 1994.

SHANLEY, P., GAIA, G. A "fruta do pobre" se torna lucrativa: a *Endopleura uchi* em áreas manejadas próximo a Belém, Brasil. In: ALEXIADES, M., SHANLEY, P., PIERCE, P. (eds.). *Productos forestales, medios de subsistencia e conservación*: estudos de caso sobre sistemas de manejo de productos forestais no maderables. Indonesia: Cifor, 2004. (America Latina, 3).

SMITH, R. C. Los bienes comunes y su gestión comunitaria: conceptos y prácticas. In: SMITH, R. C., PINEDO, D. (eds.). *El cuidado de los bienes comunes*: gobierno y manejo de los lagos y bosques en Amazonia. Lima: Instituto del Bien Común, 2002.

STAVENHAGEN, R. *Etnodesenvolvimento*: uma dimensão ignorada no pensamento desenvolvimentista. Anuário Antropológico, 1985.

7 DESENVOLVIMENTO DO EXTRAVISMO DO AÇAÍ E MUDANÇAS NA SOCIOECONOMIA DE RIBEIRINHOS MARAJOARAS*

José Antônio Magalhães Marinho

INTRODUÇÃO

O extrativismo do açaí é uma atividade praticada secularmente na Amazônia e atualmente apresenta grande dinamismo nessa região (Mourão, 1999). Todavia, até pouco tempo, essa atividade voltou-se basicamente para o auto-consumo, razão pela qual as concentrações de açaizeiros (*Euterpe oleracea* Mart.) eram pouco alteradas pela ação humana, visto que a abundância natural desses palmeiras garantia a quantidade de frutos necessária ao atendimento das necessidades domésticas. Assim, o manejo restringia-se basicamente às touceiras ou "toiceiras"[1] dos quintais, onde os frutos geralmente eram coletados.

Esta dinâmica, no entanto, começa a mudar com a progressiva demanda do açaí para o mercado, verificada no decorrer das três últimas décadas. Neste período, além das motivações vinculadas historicamente à sua importância alimentar (valor de uso), a extração desse fruto passa a ser determinada cada vez mais por interesses de natureza econômica (valor de troca), decorrentes da ampliação do seu comércio (Nascimento, 1999). Isto fez que em diversas áreas do estuário amazônico o açaí se tornasse uma das principais fontes de renda, sobretudo com o declínio de outras atividades agroextrativistas tradicionais.

* Este artigo traz, de maneira sucinta, algumas questões discutidas a fundo em dissertação recentemente apresentada ao curso de Mestrado em Planejamento do Desenvolvimento do Naea/UFPA, sob orientação da Prof. Dra. Rosa E. Acevedo Marin.

[1] Esta expressão é usada pelos extratores do rio Pracuúba. Por esta razão, será privilegiada neste trabalho, até porque se refere aos açaizais localizados nesse rio.

No médio rio Pracuúba, na Ilha de Marajó, a memória social informa que, há pouco mais de duas décadas, a extração desse fruto para fins comerciais era pouco desenvolvida. Isso porque os primeiros circuitos comerciais desse produto, apesar de remontarem à década de 1940, eram limitados. Além do mais, eram associados aos circuitos de comercialização da borracha, do arroz (*Oryza sativa* L.) e da banana (*Musa* sp. div.), produtos importantes economicamente na época e que eram negociados com base no escambo e nas relações de patronagem típicas do sistema de aviamento.

Todavia, o posterior enfraquecimento dessas relações, acompanhado do crescente interesse de mercado pelo açaí, possibilita a emergência de um novo ambiente econômico. Neste, cada vez mais, em lugar da exclusividade típica das relações de aviamento, a comercialização desse fruto passa a se definir na esfera da concorrência. Com isso, a liberdade de compra e venda e as transações comerciais monetarizadas também começam a prevalecer.

Por sua vez, refletindo esse movimento de valorização do açaí, verificam-se também sensíveis mudanças na interação dos ribeirinhos com a natureza. O crescente interesse por esse fruto estimula cada vez a intervenção humana na composição florística das áreas inundáveis. Isto com o intuito de favorecer o desenvolvimento e a ampliação dos açaizais. Em conseqüência, esses palmeirais passam a dominar a paisagem, manifestando formalmente a crescente importância desse recurso.

Nesse contexto, observa-se que a emergência da economia do açaí contribuiu para estabelecer importantes mudanças nas relações ecológicas e socioeconômicas no médio rio Pracuúba. Em decorrência deste fato, a questão principal que se discute é até que ponto essas mudanças romperam com aquelas relações tradicionais verificadas no desenvolvimento inicial dessa economia e como se vêm projetando no âmbito das interações homem–natureza, por meio da atividade do manejo.

Esses aspectos carecem ainda de uma apreciação mais pormenorizada, sob risco de se incorrer facilmente em simplificações. Com este intuito, o que segue é uma rápida discussão sobre algumas interpretações do extrativismo vegetal na Amazônia. Em seguida, resgatam-se alguns fragmentos históricos que vêm marcando a exploração do açaizeiro no estuário amazônico. Faz-se, então, uma abordagem do desenvolvimento da economia do açaí no médio rio Pracuúba. Por fim, intenta-se uma descrição analítica da realidade concreta da extração e do manejo, bem como das relações socioeconômicas imanentes a essas atividades e à comercialização do açaí.

ALGUMAS INTERPRETAÇÕES SOBRE O EXTRATIVISMO VEGETAL NA AMAZÔNIA

O extrativismo vegetal na Amazônia vem se desenvolvendo historicamente por dois processos de obtenção de recursos: a coleta e o aniquilamento.

No primeiro processo, a extração é fundamentada na coleta de produtos florestais, maneira pela qual a integridade da planta-matriz é mantida. A obtenção pelo aniquilamento, por sua vez, ocorre quando a fonte geradora do recurso é abatida ou quando a velocidade de regeneração desta fonte se mostra inferior à capacidade de extração (Homma, 1992; Allegretti, 1994). Como exemplos de extração por coleta e por aniquilamento destacam-se o extrativismo da seringa e da madeira, respectivamente.

Ainda de acordo com esses autores, nessa região existem algumas espécies cuja extração pode ocorrer tanto por aniquilamento quanto por coleta. Um dos exemplos mais conhecidos é observado na exploração do açaizeiro, palmeira da qual se pode obter o açaí, pelo processo de coleta, e o palmito, por meio do aniquilamento. A intensificação da extração por aniquilamento pode, entretanto, reduzir drasticamente a coleta, uma vez que a planta matriz é inevitavelmente abatida. Mas isto será visualizado com mais clareza a seguir. Antes, é necessário evidenciar, ainda que sucintamente, algumas interpretações que vêm polarizando as discussões sobre a viabilidade ambiental e socioeconômica do extrativismo vegetal na Amazônia.

Nesse quadro, especialmente nas últimas décadas, merece destaque um conjunto de interpretações que tem apontado não só as limitações, mas o próprio fim do extrativismo vegetal nessa região. De acordo com essas interpretações, tal atividade constitui um dos grandes males que, além de impedir o desenvolvimento socioeconômico regional, gera e reproduz a pobreza, pois, ao não estimular a modernização dos processos produtivos, contribui para a manutenção de relações socioeconômicas injustas (Benchimol, 1992; Homma, 1992; Amin, 1997). Todavia, esse viés interpretativo tem sido alvo de muitas críticas relacionadas mormente ao caráter simplificado com que se tem abordado essa atividade.

Uma das principais limitações apontadas neste sentido refere-se ao próprio conceito de extrativismo adotado. De acordo com Rego (1999), o conceito que serve de base para essas interpretações restringe-se apenas à coleta de produtos naturais com produtividade baixa ou declinante. Por isso, essas abordagens encontram-se ainda presas ao dilema "extrativismo puro" ou "domesticação". Em conseqüência, qualquer atividade de manejo, criação ou beneficiamento da produção, mesmo que dentro de um sistema produtivo e de um modo de vida extrativos, não constitui mais extrativismo, mas domesticação.

Todavia, nessa região, especialmente na esfera do extrativismo vegetal, a utilização desse conceito é indevida. Em primeiro lugar, porque se restringe ao aproveitamento dos estoques de recursos primitivos, sem a intervenção racional para ampliá-los (Rego, 1999). Todavia, como mostra este autor, apoiado em Diegues (1996), é sabido que grupos primitivos contribuíram para a própria biodiversidade da floresta amazônica, introduzindo espécies nativas e exóticas e praticando formas de manejo tradicionais que favoreciam o desenvolvimento das espécies úteis em detrimento das demais. Neste contexto, a opção pelo uso do conceito de "extrativismo puro" no estudo da extração vegetal na Amazônia conduz a interpretações enganosas, posto que a floresta dessa região já vem sofrendo intervenção humana há milênios.

Além do mais, a exploração econômica dos ecossistemas amazônicos ocorre também de maneira integrada. Nesses ecossistemas, a especificidade na exploração dos recursos renováveis reside não apenas no uso imediato (coleta de recursos animais e vegetais), mas nos usos mediatos (cultivos, criações e beneficiamento da produção). Estes são praticados, cada vez mais, por produtores autônomos e organizados e dentro dos valores e crenças das sociedades que habitam esses ecossistemas (Neto, 1997; Rego, 1999). Assim, na Amazônia, a apreensão do extrativismo pressupõe a inserção dessa atividade num universo em que a interação homem–natureza gera conhecimento empírico e simbólico capaz de orientar os diversos sistemas de manejo. É com base neste ponto de vista que se deve abordar a dinâmica atual da extração vegetal na região.

O EXTRATIVISMO DO AÇAÍ NO ESTUÁRIO AMAZÔNICO

O açaizeiro (*Euterpe oleracea* Mart.) é uma palmeira nativa da Amazônia. Nessa região, encontra condições pedológicas e climáticas adequadas ao seu desenvolvimento e apresenta-se distribuída de maneira mais densa na área do estuarina amazônico, na qual ocorre nas várzeas, geralmente em forma de toiceiras (Calzavara, 1972). Por isso, a extração do açaí é uma atividade influenciada tanto pela dinâmica das safras quanto pelas condições ambientais peculiares a esses ecossistemas varzeiros.

O aproveitamento desses açaizais, efetuado por homens, mulheres e crianças, vem sendo feito historicamente de maneira integrada. Diversos estudos evidenciam que o açaí sempre foi utilizado para a produção de "vinho", os estipes das palmeiras, quando amadurecidos, para a construção de casas rústicas, e as folhas, para coberturas e paredes provisórias, além do palmito, que também é amplamente aproveitado (Calzavara, 1972; Nogueira, 1997). Com isto, verifica-se que o açaizeiro sempre foi apropriado em sua totalidade, fornecendo diversos produtos fundamentais para a sobrevivência humana no interior amazônico.

Contudo, até o final dos anos 60, o produto mais importante extraído dessa palmeira era o açaí. Tal importância decorria do fato de que o "vinho" desse fruto constituía elemento essencial na dieta das famílias que o coletavam, além de ser eventualmente comercializado, adquirindo então o sentido de possibilidade de geração de renda (Mourão, 1999). Não obstante, a importância do açaí decorria muito mais do valor de uso, como alimento, do que do seu valor de troca, como meio de obtenção de renda.

A partir dessa época, entretanto, a crescente demanda pelo palmito redimensionou profundamente a exploração dos açaizais. Isto porque o abate das palmeiras passou a ser orientado, cada vez mais, por determinações exclusivamente econômicas. Em conseqüência, ensejou-se um intenso processo de devastação dos açaizais, pois o intuito da prática extratora visava abater o máximo de palmeiras possíveis, com a finalidade de abastecer as inúmeras fábricas palmiteiras que atuavam livremente na área estuarina (Mourão, 1999). Com isto, em pouco mais de dez anos, uma séria crise socioeconômica e ecológica deflagrou-se em diversos municípios situados nessa área, onde tal processo se intensificava.

A atenuação desta crise só começou a partir de 1985, quando o estabelecimento de uma legislação disciplinadora da ação dessas fábricas permitiu a restauração gradativa do potencial produtivo dos açaizais. Isto é evidenciado em diversos estudos (Arzeni e Jardim, 2004; Grossmann et. al., 2004) que mostram que a extração do açaí se vem firmando progressivamente, até em antigas áreas onde a extração de palmito tomou feições extraordinárias, como nos municípios de Gurupá e Abaetetuba. Neste quadro, é possível afirmar que o extrativismo do açaí se reveste novamente de grande importância para a reprodução familiar no estuário amazônico.

Desta feita, porém, tal importância não decorre mais apenas do caráter alimentar (valor de uso), mas progressivamente da possibilidade de geração de renda monetária com a comercialização (valor de troca) desse fruto. De fato, atualmente, os circuitos comerciais desse produto tornaram-se muito mais abrangentes do que aqueles de outrora. Em estudo de 1995, Nascimento (1999) evidencia numerosas estruturas comerciais de açaí que interligam a cidade de Belém a diversos municípios do Marajó, baixo Tocantins, Guamá e outras localidades mais próximas. É da ampliação dessas estruturas comerciais e da influência do mercado que a economia do açaí se desenvolve no médio rio Pracuúba, como se observa adiante.

A DINÂMICA DA ECONOMIA DO AÇAÍ NO MÉDIO RIO PRACUÚBA

O rio Pracuúba nasce nos extensos igapós da localidade Pau-de-rosa, em São Sebastião da Boa Vista, sul da Ilha de Marajó, e estende-se por esse município até a foz, onde deságua na margem esquerda do rio Pará. É um rio muito conhecido nas feiras urbanas devido ao expressivo volume de açaí que coloca no mercado, o que faz de São Sebastião da Boa Vista um importante produtor desse fruto na Ilha. Em 2003, por exemplo, apenas na Feira e no Porto do Açaí, em Belém, foram comercializadas 229.754 rasas de açaí oriundas desse município, aproximadamente 5.877.350 kg de frutos. Em relação aos outros municípios da Ilha, apenas Ponta de Pedras superou esta produção nesse ano, com 391.490 rasas (9.787.000 kg) comercializadas nessas feiras (Secon, 2003).

Os açaizais que conferem grande importância econômica ao rio Pracuúba, entretanto, não estão distribuídos uniformemente. Na verdade, estão localizados sobretudo no seu médio curso (Figura 7.1), que se estende, grosso modo, do vilarejo "Pedras" até a localidade "Jorité". À jusante deste perímetro, esses palmeirais aparecem apenas em pequenas formações e, a montante, ocorrem de maneira esparsa, onde são explorados economicamente apenas no inverno, única época em que o escoamento da produção pode ser feito por via fluvial.

A ocupação humana nesse rio está diretamente relacionada à ocorrência dos açaizais. Por isto, no seu médio curso, é mais densa. Nesse perímetro, em meados de 2004, estimou-se a presença de mais de 1.000 habitantes, os quais podem majoritariamente ser referidos como ribeirinhos – termo este utilizado amplamente na Amazônia para designar o campesinato que reside à margem das águas e vive da extração e do manejo de recursos florestais-aquáticos e da agricultura em pequena escala (Hiraoka, 1993).

Os ribeirinhos do médio rio Pracuúba apropriam-se dos açaizais de maneira privada, o que permite o reconhecimento de certa heterogeneidade do ponto de vista socioeconômico entre eles. Isto se verifica na medida em que ao lado de "sem-terras" convivem grandes, médios e um numeroso contingente de pequenos "proprietários" de açaizais. Concretamente, são esses atores que desenvolvem e organizam a extração e a comercialização do açaí, como será visto a seguir.

O incremento da economia desse fruto, entretanto, é recente nessa área. A memória social informa que até meados da década de 1970 o extrativismo da borracha, bem como o cultivo da banana e do arroz, constituíam as atividades econômicas mais importantes. Essas atividades agroextrativistas voltavam-se, em sua maior parte, para o abastecimento dos entrepostos comerciais de Santo Antônio e Cocal, que se localizavam em São Sebastião da Boa Vista, e o entreposto de Jararaca, situado no município de Muaná. Isto ocorria porque os grandes comerciantes donos desses entrepostos financiavam e/ou compravam essa produção interiorana, mediante o estabelecimento de relações peculiares ao sistema de aviamento.

Introduzido na Amazônia desde o período colonial, esse sistema fundamentado no adiantamento de mercadoria a crédito consolidou-se durante o apogeu da extração da borracha (Aramburu, 1994), quando os extratores

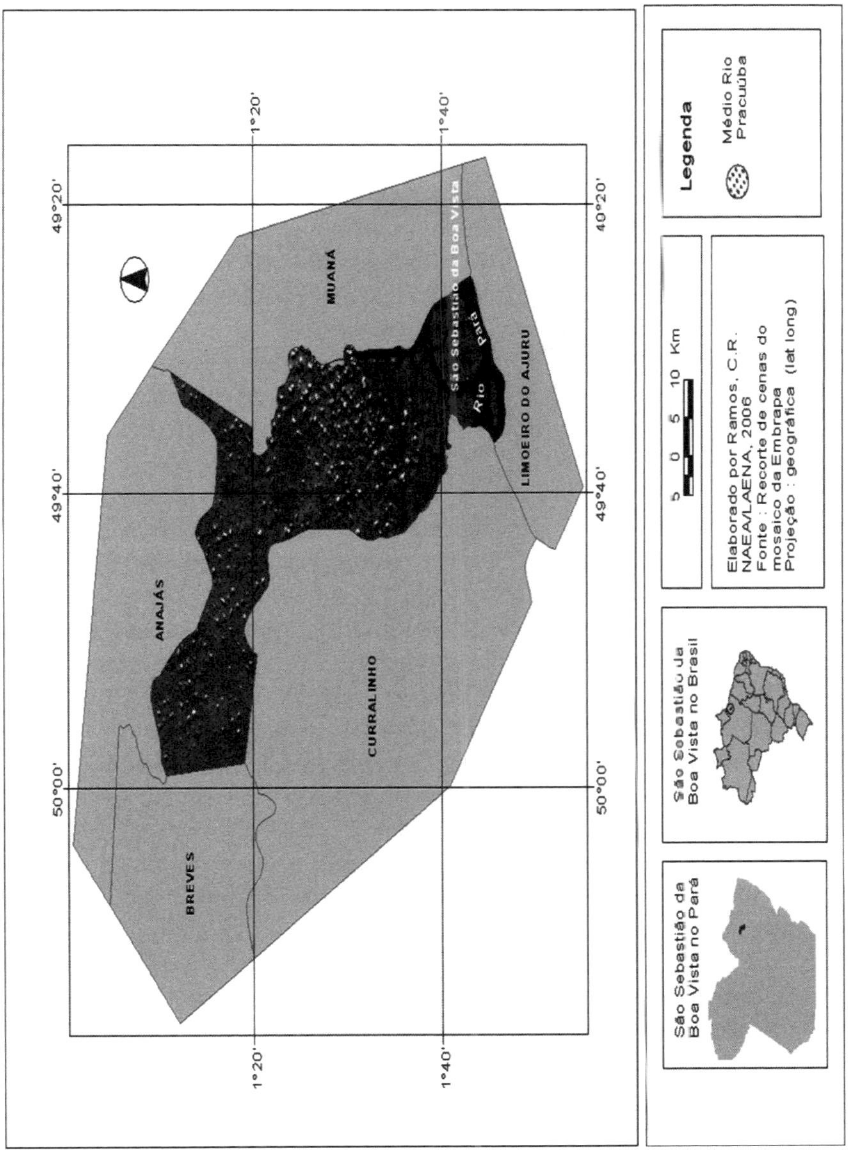

Figura 7.1. Mapa de localização do médio rio Pracuúba em São Sebastião da Boa Vista.

recebiam mercadorias e utensílios de trabalho dos seringalistas, que eram comerciantes, para pagar com o látex que extrairiam no seringal. Como geralmente os bens adiantados eram supervalorizados em relação à produção extrativa, o extrator sempre ficava endividado e, assim, sob a vigilância dos patrões para que não fugisse e não desviasse a produção (Teixeira, 1980). A opressão e a exploração, portanto, eram as marcas desse sistema à época.

Daí, o aviamento passou a se remodelar, adquirindo um aspecto menos policial, o que não comprometeu a sua utilização no interior amazônico nem a manutenção de suas relações injustas. Pelo contrário, essas relações continuaram se reproduzindo, ainda que envoltas numa moralidade especial que caracterizava o sistema. Nesta, "a fidelidade comercial do freguês era um termo de uma relação na qual o outro termo eram as obrigações morais que os patrões tinham para com seus fregueses em casos de dificuldades" (Aramburu, 1994, p.83), ou seja, por meio dessa moralidade estabeleciam-se relações de poder nas quais, em troca da possibilidade de ajuda, o freguês era obrigado a negociar sua produção com o patrão, sob risco de perder o crédito e a confiança deste.

No bojo dessas relações é que a comercialização do açaí germina no médio rio Pracuúba. O primeiro agente a desenvolver essa atividade, de acordo com a memória social, enviava pequenos carregamentos de fruto para os entrepostos comerciais mencionados, onde também comercializava a sua produção de arroz e borracha. Ao final de cada quinzena, acertava as contas, ocasião em que recebia o pagamento da produção em forma de mercadorias como sal, cachaça, tabaco e até pirarucu salgado, ou seja, nesta época, a comercialização do açaí era desmonetarizada e baseava-se em relações de exclusividade, devido ao reduzido número de agentes econômicos interessados na compra desse fruto e à conseqüente falta de concorrência que isso acarretava.

A comercialização do fruto, grosso modo, permaneceu assim a até o final da década de 1960, quando começou a apresentar importantes redefinições. A principal delas materializou-se na ampliação do circuito comercial para Belém, o que, de um lado, contribuiu para expandir a demanda pelo fruto e, de outro, possibilitou o estabelecimento de transações com outros agentes econômicos, cujas práticas não obedeciam a nenhuma moralidade especial. Além disso, pagavam a produção em dinheiro. Em conseqüência, a economia do açaí dava um importante salto no sentido de se libertar das relações de aviamento, as quais também já começavam a dar sinais de enfraquecimento.

De fato, sobretudo a partir de meados da década de 1970, essas relações começaram a se enfraquecer em São Sebastião da Boa Vista. O que estava por trás dessa crise era o declínio dos entrepostos comerciais locais.

Sustentados em grande parte pela lucrativa exportação de madeira, esses entrepostos estavam sendo duramente atingidos por uma lei de 1974 que impedia a exportação desse produto em tora e, em particular, pelas mudanças no capitalismo mundial, que elevaram as taxas de juros e comprimiram drasticamente o tempo de pagamento dos empréstimos (Aramburu, 1994). Isto fez que os lucros e os financiamentos em longo prazo que sustentavam a rede de aviamento para o interior findassem, comprometendo inevitavelmente as atividades que dela dependiam.

Neste contexto, marcado de um lado pelo enfraquecimento dessa rede de aviamento e das atividades agroextrativistas nela baseadas e de outro pela ampliação do circuito comercial do açaí para o mercado urbano de Belém, as atividades relacionadas à extração e ao comércio desse fruto tornam-se progressivamente importantes no médio rio Pracuúba.

Nesse processo, as interações dos ribeirinhos com os açaizais adquirem uma nova dimensão. Como a obtenção de renda passa a depender cada vez mais desses açaizais, a interação começa a se orientar no sentido de aumento da produtividade. Disso resulta não apenas a conservação, mas a intensificação do manejo dos açaizais, prática que localmente é norteada sobretudo pelo conhecimento empírico, adquirido na interação diária com o ecossistema local.

No âmbito das relações socioeconômicas, por sua vez, corporificam-se relações de trabalho e de comercialização diversas da época do aviamento. Embora casos de exclusivismo e subordinação típicos dessa época ainda persistam, nota-se que a economia do açaí se estrutura, cada vez mais, com base na liberdade de compra e venda, o que se reflete na progressiva autonomia dos "proprietários" de açaizais em relação aos agentes comerciais. Uma descrição analítica dessas relações é feita a seguir, começando pelas interações concretas instauradas pelos ribeirinhos no e com os açaizais.

O PROCESSO DE EXTRAÇÃO DO AÇAÍ

A extração do açaí, em termos amplos, não é uma atividade tão simples quanto parece. Envolve, inicialmente, a localização dos cachos maduros, o que nem sempre é fácil, dada a variedade de nuanças dos frutos no açaizal. Em seguida, pressupõe a coleta dos cachos selecionados, fase na qual o extrator tem de escalar a palmeira e, depois, fazer a debulha dos cachos coletados (Figura 7.2) e a catação, etapa cuja finalidade principal é retirar os caroços que ainda não estão em condições de ser aproveitados. Assim, concretamente, a extração do açaí constitui um processo complexo que exige muita habilidade, experiência e cuidado do extrator, sob risco de cair da palmeira ou ser picado por serpentes que costumam ficar camufladas no meio das toiceiras.

Figura 7.2. Jovem extrator debulhando o açaí num paneiro de arumã. Foto: Marinho, 2004.

Na área do médio rio Pracuúba, esse processo adquire grande intensidade nos períodos do ano em que se registram as maiores quantidades de açaí amadurecido, ou seja, nas safras. Anualmente, ocorrem duas safras: uma abrange os meses de fevereiro e março e outra estende-se de maio até meados de novembro. Na primeira, conhecida localmente como safra do inverno, grande parte das palmeiras não frutifica e a extração é extremamente afetada pelas freqüentes chuvas que molham as palmeiras e dificultam a coleta dos cachos. Na safra do verão, esses empecilhos praticamente desaparecem, fato que, aliado à grande frutificação das palmeiras, aumenta de maneira exponencial a quantidade de açaí coletado.

Nesses períodos, a extração do fruto envolve toda a família. Esta, entendida como um grupo social que habita o mesmo espaço e tem por objetivos comuns a cooperação econômica e a reprodução (Simonian, 2003), apresenta como autoridade doméstica, geralmente, um casal, que distribui as atividades econômicas entre si e os filhos menores. Tal distribuição é definida, em linhas gerais, de acordo com o sexo e a idade de cada membro do grupo, o que não significa um rígido seccionamento de funções entre o chefe da família, as crianças (geralmente meninos) e a esposa. Não obstante esta, em geral, desempenhar as atividades consideradas menos pesadas no açaizal, também desenvolve os serviços domésticos praticamente sozinha.

Quando a família se desloca para os açaizais, seja ela de um "sem-terra", de um "pequeno" ou até mesmo de um "médio proprietário", as tarefas são distribuídas, em geral, da seguinte maneira: ao homem (chefe da família) e às crianças cabe a coleta do açaí e à mulher cabe a debulha e a catação. Na prática, entretanto, esta divisão de tarefas é muito fluida. Quando já existem muitos cachos de açaí coletados, por exemplo, é comum que todos participem da debulha, visando terminar logo o serviço. As mulheres, por sua vez, também podem ajudar na coleta propriamente dita, embora, pelo observado, isto seja menos comum. Deste modo, nota-se que o sistema econômico praticado pelas famílias extratoras do médio Pracuúba, assim como outros grupos ribeirinhos da Amazônia, requer uma polivalência de conhecimentos e habilidades (Acevedo e Castro, 1998), o que é fundamental, em última análise, para a reprodução do grupo familiar.

Nas grandes propriedades, onde os açaizais são constantemente manejados, um extrator pode chegar a coletar, com a ajuda dos filhos e da esposa, até 50 latas de açaí por dia. Já nos açaizais menores, esta quantidade pode baixar para 25 a 30 latas por dia (até o meio-dia). Mesmo assim, esse aproveitamento não é desprezível quando se leva em consideração que pouquíssimos extratores conseguem atingir a casa das 20 latas/dia, quando estão trabalhando sozinhos. Isto porque gastam muito tempo na tarefa da debulha e da catação, que são demoradas e maçantes.

Na prática, isto significa que o trabalho feminino e, em especial, o infantil são fundamentais para elevar a renda familiar. Todavia, o envolvimento de mulheres e crianças no processo extrativo tem um custo social. No caso das mulheres, este custo vem na forma da dupla jornada de trabalho, que elas têm de enfrentar diariamente. Em relação às crianças, especialmente as do sexo masculino, esse custo vem por meio de um processo de aprendizado precoce que as expõem à dura realidade extrativa desde os seis ou sete anos de idade.

Nesse sentido, pode-se dizer que a extração do açaí, na área do médio rio Pracuúba, não é um trabalho tipicamente masculino e tampouco somente de trabalhadores adultos. A mão-de-obra feminina e a infantil são amplamente utilizadas nos açaizais, sem praticamente nenhuma restrição. Mas esta complementaridade e polivalência típica dos grupos ribeirinhos amazônicos têm um preço: a sobrecarga de trabalho das mulheres e o envolvimento precoce das crianças numa atividade arriscada até mesmo para extratores mais experientes. Entretanto, no âmbito local, isso parece normal, pois já está enraizado nos costumes e contribui, em última análise, para a reprodução familiar.

O MANEJO DOS AÇAIZAIS

O manejo dos açaizais desenvolve-se especialmente nos meses de entressafra do açaí. Começa, assim, timidamente em setembro, quando este fruto escasseia, intensificando-se nos meses seguintes. Retrai-se em fevereiro e março, época na qual ocorre uma pequena safra de inverno, readquirido, após este período, um novo impulso até o final do mês de maio, quando a grande safra do verão se inicia.

Não se trata, entretanto, de um sistema de manejo baseado em orientações técnicas. Trata-se, isto sim, de sistemas de manejo tradicionais, respaldados essencialmente no conhecimento empírico e na representação que cada ribeirinho faz de seu açaizal, prática, aliás, comum às populações amazônicas (Acevedo e Castro, 1998; Rego, 1999). Por esta razão, concretamente, esses sistemas apresentam-se diversificados, embora o que os impulsione seja o desejo de elevar a produtividade de açaí, não obstante a comercialização dos palmitos também se mostrar importante.

Mediante essa diversidade de manejo, é possível diferenciar pelo menos três grupos de açaizais no médio rio Pracuúba. O primeiro deles, restrito basicamente às poucas grandes propriedades, é constituído de açaizais em que se pratica uma espécie de "manejo intensivo" (Grossmann et al., 2004). Neste sistema, a vegetação de maior porte já foi completamente eliminada com a derruba e o anelamento das árvores,[2] ficando apenas o açaizeiro. Por este motivo, as atividades que permanecem sendo praticadas nesses açaizais são, basicamente, o corte da vegetação rasteira, por meio da roçagem, e o desbaste das toiceiras, por meio do abate das palmeiras excedentes.

Cabe destacar que esta última atividade é de suma importância para o processo de manejo, pois, além de reduzir a competição entre as palmeiras, o que eleva a produção de frutos, possibilita a geração de renda, pela comercialização do palmito abatido. Assim, permite aos "proprietários" de açaizais obter recursos não apenas para custear o manejo, como para adquirir produtos fundamentais para a manutenção da família numa época de reconhecida dificuldade econômica.

Além do grupo de açaizais intensivamente manejados, outro grupo que se destaca é aquele em que se desenvolve uma espécie de "manejo intermediário" (Grossmann et al., 2004). A principal característica desse sistema é a completa eliminação da vegetação sem valor econômico, conservando-se apenas as espécies que apresentam algum interesse comercial e/ou utilidade para as famílias, como a andirobeira (*Carapa guianensis* Aubl.) e a pracuubeira (*Mora paraensis* Ducke). Por isso, nesses açaizais, a derruba e

[2] Trata-se de fazer um anel em torno do tronco das árvores, a fim de que sequem lentamente sem causar danos à vegetação subjacente.

o anelamento das árvores são seletivos e o desbaste das toiceiras constitui, também, atividade primordial.

No médio rio Pracuúba, este tipo de açaizal é dominante, sendo que dois fatores contribuem para isto. O primeiro vincula-se à preocupação de se disponibilizar, na propriedade, outros recursos comercializáveis além do açaí, o que seria essencial na hipótese de enfraquecimento da economia desse fruto. O segundo relaciona-se à idéia amplamente aceita de que as palmeiras precisam de um pouco de sombra para que seus frutos fiquem bem "pretos", ou seja, de ótima qualidade para a comercialização. Logo, percebe-se que o "manejo intermediário", além de se basear em conhecimento empírico, envolve também estratégias que buscam garantir a reprodução social futura.

Ainda com relação ao grau de intervenção nos açaizais, é possível discernir um terceiro grupo, no qual a intervenção se mostra ainda incipiente. Segundo Grossmann et al. (2004), predomina nesses açaizais um sistema de "manejo moderado", cuja principal característica é a retirada somente de algumas espécies da flora, consideradas indesejáveis por causa de espinhos, como os murumuruzeiros (*Astrocaryum murumuru*), por exemplo. Todavia, este sistema de manejo atualmente se mostra residual, devido às mudanças de mentalidade que apontam no sentido da ampliação dos açaizais.

Verifica-se, então, que o manejo dos açaizais no médio rio Pracuúba é uma atividade dinâmica. Ainda que apresente formas diferentes, o limite que separa cada uma delas é fluido, até mesmo dentro de uma única propriedade. Assim, o sistema "moderado" de hoje pode ser o "intermediário" ou o "intensivo" de amanhã – tudo depende do conhecimento empírico e da visão do "proprietário"[3] do açaizal. Além disso, trata-se de uma atividade importantíssima do ponto de vista econômico, não apenas porque contribui para aumentar a produtividade de frutos, mas porque gera renda numa época de economia francamente enfraquecida.

AS ATIVIDADES COMPLEMENTARES

Além da extração do açaí e do manejo dos açaizais, outras atividades como a caça, a pesca, a agricultura e o artesanato também são desenvolvidas no médio rio Pracuúba. Essas atividades, entretanto, voltam-se muito mais ao atendimento das necessidades de uso do que de troca. A exceção é o

[3] O uso das aspas, neste caso, busca expressar o sentido parcial com o qual o termo proprietário está sendo empregado, pois se refere a agentes (proprietário de açaizal) que têm domínio sobre áreas que formalmente são de propriedade exclusiva da União, como as áreas de várzeas, por exemplo.

artesanato de rasas que, notadamente nas épocas de safra, se transforma num importante meio de obtenção de renda, em especial para as famílias que possuem apenas pequenos açaizais ou que nada possuem.

A apropriação dos recursos da fauna ocorre particularmente por meio das caçadas. Localmente, a principal modalidade de caçada é a "lanternação", a qual consiste em incursões noturnas na mata, nas quais o "lanternador" (caçador munido de lanterna e espingarda) busca abater determinadas espécies de mamíferos de hábitos noturnos, como o tatu-de-rabo-mole (*Lysiurus unicinctus*) e a paca (*Coelogenys paca*). Todavia, como se trata de uma prática feita geralmente em grupo e as caças almejadas atualmente se tornam cada vez mais raras e ariscas, o que é obtido nas "lanternações" direciona-se apenas para o consumo da família.

A pesca também é desenvolvida pelos ribeirinhos pracuubenses. Não se trata de uma atividade de grande porte, pois envolve apenas o uso de pequenas malhadeiras, sobretudo nos igarapés, onde capturam pequena quantidade de peixes, como a traíra (*Hoplias malabaricus*) e o jeju (*Hoplerythrinus unitaeniatus*). Mas, assim como no caso da "lanternação", o produto da pesca volta-se predominantemente ao consumo familiar.

A agricultura de corte e queima, por sua vez, é praticada em particular nas terras de famílias que sempre tiveram tradição na produção de farinha. Nestas propriedades, nas áreas de terra firme, as roças são preparadas nos meses de junho e julho, queimadas e plantadas nos meses de agosto e setembro e desmanchadas no verão seguinte, sobretudo quando a safra do açaí começa a fracassar. Por se tratar de pequenas formas de cultivo, a maior parte da produção serve apenas para atender às necessidades domésticas, fato que não impede a venda de alguns quilos de farinha, de vez em quando.

Diferente desta atividade, bem como da caça e da pesca, é o artesanato de rasas (Figura 7.3), que são os recipientes em que o açaí é acondicionado do açaizal até os locais onde é comercializado. Por isso, sobretudo no decorrer das safras, têm uma demanda elevada. Nesses períodos, o preço da rasa varia de R$ 0,70 até R$ 1,00. Há famílias que produzem até oitenta unidades por semana, conseguindo obter uma renda que, embora bastante inferior àquilo que se poderia com a extração do açaí, tem grande importância para quem não possui açaizais.

Assim, não se pode deixar de reconhecer a importância do artesanato como uma atividade geradora de renda complementar para as famílias pracuubenses. Pode-se dizer o mesmo da caça, da pesca e da agricultura que, embora não sejam importantes na geração de renda, de vez em quando, sobretudo quando o açaí fracassa, contribuem para garantir o sustento das famílias. No fundo, isso mostra que a exploração econômica dos açaizais ocorre de forma integrada a outras práticas, fato que permite a reprodução social mesmo quando a extração de frutos escasseia.

Figura 7.3. Acima, a artesã começando a tecer uma rasa e, abaixo, uma rasa já acabada. Foto: Marinho, 2004.

AS RELAÇÕES DE TRABALHO NOS AÇAIZAIS

As relações de trabalho na extração do açaí

As duas principais relações de trabalho estabelecidas entre "peconheiros"[4] e "proprietários" de açaizais no médio rio Pracuúba são a meia e as taxas fixas. A primeira envolve principalmente "peconheiros" e "médios proprietários", já a segunda estrutura-se basicamente entre "peconheiros" e "grandes proprietários". Todavia, tanto num caso quanto no outro, o extrator é sempre submetido a mecanismos de exploração e, até mesmo, de coerção.

A meia é uma forma de contrato social muito comum nas relações de trabalho envolvendo extratores de açaí e "proprietários" de açaizais na Ilha do Marajó. Na prática, concretiza-se por meio de um breve acerto entre o "peconheiro" e o "dono" do açaizal, no qual, além de se comprometer em dividir a produção coletada, o extrator abdica tacitamente de comercializar a parte do açaí que lhe cabe (Mourão, 1999; Nascimento, 1999). Nestes termos, quando o extrator apanha dez latas de açaí, cinco latas ficam para ele e cinco vão para o "dono" do açaizal, agente que, geralmente, só efetua o pagamento ao extrator depois de comercializar toda a produção.

Mesmo assim, embora se fundamente nesses mecanismos, esta relação é aceita pelos "peconheiros" como uma relação justa. Eles não manifestam descontentamento quanto a ela e muito menos quanto aos "proprietários" que a adotam como regra em seus açaizais. Isto porque a meia já se "naturalizou", ou seja, já se tornou tão comum que mesmo aqueles agentes que são desfavorecidos por ela não a questionam, deixando-se levar pela força da expressão que sugere igualdade.

Além da meia, outra relação de trabalho que se estabelece nos açaizais pracuubenses é o pagamento de taxas fixas. Esta relação social caracteriza-se fundamentalmente pelo fato de o "peconheiro" receber apenas uma pequena parcela do valor de cada lata de açaí que extrai, independentemente das variações de preço desse produto. Nesta relação, não interessa ao "peconheiro" se a lata do açaí vai ser vendida a R$ 5,00 ou a R$ 10,00, pois sabe que o pagamento que vai receber por cada uma delas se mantém imutável diante das flutuações de preço tão comuns no decorrer da safra.

Em visita a uma das três propriedades em que essa relação se estabelece, constatou-se que, de junho até meados de agosto de 2004, o "peconheiro" recebia apenas R$ 2,00 por lata de açaí extraída. Contudo, neste mesmo período, o preço desta unidade de medida sempre se manteve em torno de R$ 8,00, no próprio rio Pracuúba. Em Belém, onde o açaí dessa propriedade era negociado, obtinham-se preços ainda melhores. Mesmo assim, tomando

[4] Esta expressão, no médio rio Pracuúba, é usada para designar os extratores que atuam nos açaizais de outrem.

como referência o preço de R$ 8,00 verifica-se que, a cada lata comercializada, 75% (R$ 6,00) do preço fica com o "dono" do açaizal, ao passo que somente R$ 2,00, ou seja, 25% daquele valor vai para o extrator. Assim, para cada quatro latas que extrai, o "peconheiro" recebe apenas o equivalente a uma.

O estabelecimento dessa relação tão desigual não se encontra, entretanto, desprovido de justificativas. A principal delas fundamenta-se na necessidade de manejo dos açaizais. Segundo os "proprietários", a despesa para manter um açaizal limpo e apto para produzir mais frutos é muito grande. Como não trabalham com financiamento de nenhum banco, argumentam que não podem melhorar o pagamento dos "peconheiros", ainda que, assim mesmo, expressem em seus discursos a idéia de que ajudam esses extratores, até dividindo seus ganhos com eles.

> É sempre o pessoal daqui que apanha. Eles chegam dizendo eu quero defender o da bóia, aí eu digo: pois não, vamos comer juntos (...). Eu pago pra eles por lata. Conforme o preço, eu pago um real, dois reais, não posso pagar muito porque a gente tem de ganhar o da gente e a despesa é muito grande para fazer um trabalho desse [entenda-se manejo do açaizal]. (Entrevista, agosto de 2004)

Esses "proprietários" de açaizais não mencionam, entretanto, que o palmito extraído na atividade do manejo contribui para financiar essa atividade. Levando em consideração este fato, o argumento de que não se pode melhorar o pagamento dos "peconheiros" por causa do manejo torna-se bastante fragilizado, sobretudo quando se verifica que essa atividade, em tais açaizais, está resumida, em grande parte, ao desbaste das toiceiras, como mostrado. Este argumento, portanto, não serve para justificar a deterioração do pagamento dos "peconheiros", pois nessas propriedades o manejo, muitas vezes, até se autofinancia.

Assim, com uma breve análise das principais modalidades de relações de trabalho estabelecidas na extração do açaí, percebe-se que existe um discurso persuasivo buscando justificá-las. Daí muitas vezes nem serem reconhecidas pelos "peconheiros" como relações desiguais e, mesmo quando isto ocorre, devido ao fato de a espoliação do trabalho tomar feições extraordinárias, esses extratores nem sempre podem escapar porque a situação em que se encontram não permite.

As relações de trabalho no manejo dos açaizais

O manejo dos açaizais no médio rio Pracuúba é praticado em propriedades de todos os tamanhos. Nas de menor extensão, a atividade envolve basicamente a mão-de-obra familiar, ainda que em determinados momentos envolva também relações de ajuda mútua. Nas médias e nas grandes propriedades, além da mão-de-obra familiar, o manejo pressupõe a contratação de trabalhadores adicionais, cuja remuneração diária é de R$ 12,00. Portanto, essa atividade não se fundamenta em relações assalariadas, mas no trabalho familiar, envolvendo, às vezes, relações de ajuda mútua, e na contratação de trabalhadores diaristas, o que nem sempre é fácil, devido ao baixo pagamento oferecido.

Desta maneira, nas pequenas propriedades, o manejo é desenvolvido basicamente pelo chefe da família e seus filhos, sobretudo aqueles que ainda lhe rendem obediência. Isto se verifica especialmente na etapa de desbaste das toiceiras, atividade cuja possibilidade de geração de renda a torna de suma importância para a reprodução familiar na época de entressafra do açaí. Contudo, o manejo para a ampliação dos açaizais pressupõe outras atividades mais pesadas, nas quais a presença de mais braços é essencial para que o trabalho avance.

Este é o caso da derruba e da roçagem, atividades que, além de mais trabalhosas do que o desbaste das toiceiras, não geram nenhum retorno econômico imediato. Para desenvolver tais atividades, a contratação de mão-de-obra adicional torna-se de grande importância. Mas isto é geralmente inviável para o "pequeno proprietário", pois os R$ 12,00 que terá de pagar ao trabalhador, além da alimentação, pesam no orçamento doméstico. Nessas circunstâncias é que alguns "pequenos proprietários" recorrem à ajuda de seus parentes e vizinhos.

A principal forma de ajuda mútua identificada nesse sentido é a troca de dias. Trata-se de uma relação em que, aglutinados em pequenos grupos de trabalho, cada "pequeno proprietário" se responsabiliza em prestar serviço espontaneamente na terra dos outros, recebendo em troca não o dinheiro, mas o trabalho dos demais membros que compõem o grupo. Neste esquema, tais grupos funcionam como pequenos circuitos de troca (Maués, 1993) nos quais prevalecem relações mútuas e desmonetarizadas.

O envolvimento nesses grupos, para vários "pequenos proprietários", é o que permite a ampliação de seus açaizais. Daí a constatação de que esse tipo de relação, além de se manter, continua sendo muito importante para a socialização e a reprodução familiar no interior amazônico. No entanto, deve-se ressaltar que a troca de dias é uma relação que se restringe apenas aos "donos" de pequenos açaizais.

Nas médias e grandes propriedades esse tipo de relação não existe. Nestas, devido à extensão dos açaizais, o manejo envolve, além da mão-de-obra familiar, a contratação de trabalhadores diaristas. Contudo, isto nem sempre é fácil. Primeiro, porque boa parte dos potenciais trabalhadores não é excluída da terra. E segundo porque, mesmo na época de entressafra, ninguém simpatiza com a idéia de se mortificar o dia inteiro para receber R$ 12,00, dinheiro que nem sempre dá para comprar a bóia da família.[5]

---

[5] Só para se ter uma idéia, no médio rio Pracuúba, durante a pesquisa de campo, 1 kg de charque (carne seca) custava R$ 8,00 e 1 kg de farinha era vendido a R$ 1,20.

Em face desta resistência, sobretudo os "grandes proprietários" usam de astuciosas estratégias para recrutar os trabalhadores, como se observa a seguir.

> (...) aí eu ideiei como limpar este mato. Um mato grande, só eu, aí eu chamei o pessoal e disse: bem, vocês querem trabalhar, vamos limpar o mato prá nós apanhar o açaí. Ninguém topou. Aí eu disse: bem pessoal, eu vou fazer o seguinte com vocês: eu pago a diária de vocês, eu dou a bóia pra vocês, agora eu quero que todo mundo que apanha açaí no meu mato me venda um dia da semana, um dia só. Agora vai ter um detalhe: eu tô com setenta e poucos "peconheiros", aquele que não vim ajudar a trabalhar no mato, ele pode ter a vaga dele ou ele pode não ter, porque vai ter vaga só para quem me ajudar no mato (...). (Entrevista, agosto de 2004)

Como se vê, inicialmente, o "proprietário" do açaizal sugere que a responsabilidade do manejo é de todos, como se o açaizal fosse área de uso comunitário. Somente depois da recusa dos trabalhadores é que ele se responsabiliza pelas despesas do manejo, mas como se estivesse assumindo um compromisso de todos sozinho. Por isso, em contrapartida, exige que os seus "peconheiros" trabalhem no manejo, caso contrário não terão suas vagas asseguradas na safra do açaí vindoura, ou seja, mesmo estabelecendo relações de trabalho extremamente desiguais na extração, o "grande proprietário" ainda consegue coagir seu "peconheiro" para atuar no manejo. Isto se dá graças ao ganho relativamente rápido obtido com a coleta do açaí, mesmo que nesta atividade as relações sejam também muito desiguais.

Logo, observa-se que, ao lado de relações de reciprocidade, que nada têm a ver com a identidade objetiva envolvida na troca mercantil (Abramovay, 1992), a implementação do manejo também envolve formas de subordinação da força de trabalho. Subordinação esta que não se dá propriamente pela expropriação da terra, mas pelo fato de os trabalhadores que atuam na extração serem os mesmos que são chamados para trabalhar no manejo. Assim, são obrigados a aceitar este trabalho sob a ameaça de não poderem atuar na próxima safra. Constata-se, portanto, que as relações de trabalho nos açaizais são articuladas e fortemente "personalizadas", sendo inútil tentar compreendê-las sem considerar aspectos que extrapolam a simples racionalidade econômica.

OS AGENTES ECONÔMICOS E A COMERCIALIZAÇÃO DO AÇAÍ

Os marreteiros de açaí

Os marreteiros de açaí que atuam no médio rio Pracuúba são agentes econômicos que apresentam grande mobilidade e senso de oportunismo para aproveitar as brechas que o mercado oferece. Em geral, dedicam-se apenas à comercialização do açaí, mas, eventualmente, alguns também vendem mantimentos, sobretudo peixe e frango. A diversidade entre eles, contudo, vai além, sendo possível identificar pelo menos três categorias, que são denominadas aqui "marreteiros da beirada", "freteiros" e "barqueiros".

A categoria dos "marreteiros da beirada" agrupa um grande número de pequenos marreteiros que atua na compra e venda do açaí ali mesmo, no próprio Pracuúba. Comumente, possuem pequenas embarcações, nas quais se deslocam no rio para cima (montante) e para baixo (jusante), encomendando e negociando os frutos com os "proprietários" de açaizais. Embora contem com prestígio e poder de compra, o que particulariza esses marreteiros é o fato de comprarem o açaí para os "barqueiros" ou para os grandes "freteiros", recebendo uma comissão sobre cada lata comprada.

Os "freteiros", por sua vez, são marreteiros que, embora não disponibilizem de grandes embarcações, vendem açaí nos mercados urbanos, mediante o pagamento de uma taxa por lata transportada, chamada localmente de frete. O preço dessa taxa varia de acordo com a distância da viagem e com os acertos entre o "freteiro" e o dono ou encarregado das embarcações. Na safra do verão de 2004, o preço do frete para Belém e Abaeté era R$ 1,00; para Santana, no Amapá, cobrava-se R$ 1,50.

A terceira categoria de marreteiros que atua na economia do açaí é a dos "barqueiros". Estes, como a expressão sugere, são atravessadores que viajam em embarcações particulares ou alugadas, transportando os carregamentos de açaí até as cidades. Diferentemente da fase embrionária da economia desse fruto, na qual o dono da embarcação costumava monopolizar o transporte, os "barqueiros" de hoje, além da produção própria, também transportam o açaí dos "freteiros". Com isso, ganham o frete, rendimento que muitas vezes não apenas cobre as despesas de viagem, como ainda possibilita ganho adicional.

Como se percebe, os marreteiros de açaí não atuam isoladamente, nos dias atuais. Ao contrário, agem por meio de variados arranjos estruturais que se formam de acordo com as afinidades e possibilidades de ganho que cada um oferece. Embora sejam diferentes e concorram acirradamente entre si, esses agentes econômicos dependem, de fato, continuamente uns dos outros para se manterem como tal.

As relações entre marreteiros de açaí e "proprietários" de açaizais

A comercialização do açaí, no médio rio Pracuúba, desenvolve-se, em geral, com base no princípio da liberdade de compra e venda. Isto se observa nas transações envolvendo a maioria dos "proprietários", com exceção daqueles que possuem grandes açaizais, que geralmente negociam o açaí nas cidades. Ainda assim, nos interstícios dessas transações, persistem determinados mecanismos pelos quais a venda do açaí se confunde com um conjunto de prestações pessoais (Abramovay, 1991), vinculadas a relações de subserviência. Portanto, embora pareça funcionar inteiramente sob o princípio da livre concorrência, a comercialização do açaí ainda encerra relações personalizadas, que evidenciam a maneira incompleta pela qual os mecanismos de mercado ainda se apresentam.

Nas safras, entretanto, este aspecto é pouco visível. A intensa movimentação dos marreteiros em busca do açaí ofusca as relações de subserviência, de sorte que todas as transações envolvendo esses agentes e os "proprietários" de açaizais parecem se estabelecer com base na concorrência, como se observa na "encomenda" e, sobretudo, no ato da transação propriamente dita.

A "encomenda" é o primeiro contato entre os "marreteiros da beirada" ou os "freteiros" e os "médios" e "pequenos proprietários". Neste contato, os marreteiros externalizam seu interesse na compra do açaí, dizendo o preço que estão pagando na lata e a hora em que passam na beirada. Os "proprietários", por sua vez, geralmente especulam, afirmando que o preço está baixo ou que já têm outras "encomendas", a fim de que o marreteiro melhore sua proposta. Ao final deste breve diálogo, quase sempre chegam a um acordo provisório, no qual o "proprietário" se compromete a negociar uma parte ou a totalidade da produção, desde que o preço oferecido seja bem generoso.

Em geral, os marreteiros fazem a "encomenda" pela manhã. Primeiro porque se a fizerem com um dia de antecedência, o "proprietário" do açaizal pode começar a coletar o açaí desde então, o que é prejudicial para a qualidade do fruto. E segundo porque, pela manhã, determinados marreteiros já sabem como está a comercialização do açaí nas feiras urbanas, tendo feito ligações telefônicas[6] para as cidades. Com isso, podem elaborar suas metas e estratégias de compra, sempre tentando escapar dos constantes riscos presentes nessa atividade.

Todavia, a "encomenda" não envolve nenhum mecanismo que mantenha o "proprietário" dependente do marreteiro. Neste acordo, geralmente, estes não ficam com rasas e muito menos com dinheiro dos marreteiros. Por esta razão, no fundo, a "encomenda" não passa de um simples acerto verbal, que se presta muito mais para motivar a coleta do açaí do que para assegurar sua venda a determinado marreteiro.

No médio rio Pracuúba, a fluidez na comercialização do açaí verifica-se notadamente nas ocasiões de concorrência acirrada. Em tais ocasiões, pela manhã, é comum que os "proprietários" de açaizais se comprometam com determinado marreteiro e mais tarde, por volta do meio-dia, negociem o

[6] Na ocasião da pesquisa, constatou-se que dos 207 estabelecimentos contabilizados no médio rio Pracuúba, 19 (9,17%) já tinham antena telefônica.

açaí com outro que, embora não lhes tenha feito a "encomenda", dispõe-se a pagar vinte ou trinta centavos acima do preço acertado anteriormente por cada lata. Como afirma um experiente marreteiro, "a melhor coisa que se pode fazer é não acertar nenhum preço na hora da 'encomenda', é melhor dizer que você paga o mesmo preço que os outros estão pagando".

Esta preocupação dos marreteiros evidencia que o extrativismo do açaí, na área em apreço, é uma atividade desenvolvida cada vez mais por proprietários autônomos (Rego, 1999), com liberdade para negociar sua produção com quem lhes oferecer o melhor preço. Diferentemente da fase embrionária, na qual poucos compradores ditavam a forma de pagamento (em geral, a troco de mercadorias), a maioria dos "proprietários" pode, atualmente, escolher com quem vai negociar e o preço que mais lhe agrada.

Todavia, ainda se reproduzem nesse ambiente econômico determinadas transações cujos princípios escapam à liberdade de compra e venda. São transações em que a comercialização do açaí se desenvolve sob o princípio do exclusivismo, no qual os preços não são determinados no âmbito da concorrência, mas pelos agentes comerciais.

Em geral, essas transações estabelecem-se no início das safras, quando é comum que "pequenos proprietários" procurem um "barqueiro" a fim de que este compre para eles pequenos motores marítimos em Belém. Como não têm dinheiro suficiente para pagar esses motores à vista, esses "pequenos proprietários" comprometem-se a entregar todo o açaí que extraírem na safra para o fiador (o "barqueiro") até que a dívida seja quitada. Todavia, quando aceita a proposta, este agente econômico sempre avalia a produção que recebe abaixo do preço. Com isto, é comum que o agente devedor, ao final da safra, precise vender o palmito de seu mato para o fiador até que sua dívida seja paga.

Neste sentido, constata-se que o princípio da liberdade de compra e venda não está plenamente consolidado no comércio do açaí. Embora se manifeste em grande parte das transações subjacentes a ele, persistem casos fundados em relações de subordinação que nos fazem lembrar o antigo sistema de aviamento. É com base nesse tipo de relação que determinados agentes comerciais ampliam seus ganhos exponencialmente, o que mostra que as relações de mercado se manifestam ainda de maneira parcial no comércio do açaí.

CONSIDERAÇÕES FINAIS

Como se evidenciou no início deste trabalho, encontram-se bastante em voga interpretações que apontam o desaparecimento do extrativismo na Amazônia. Tais interpretações indicam que esta atividade, além de primitiva, é insustentável tanto do ponto de vista ambiental, quanto socioeconômico. Por esta razão, não apenas criticam a permanência, como antevêem o fim de tal atividade na região.

Ao contrário dessas abordagens, entretanto, estudos mais recentes vêm mostrando a emergência da extração de produtos florestais, como o açaí, por exemplo, em diversas áreas do estuário amazônico. Nessas áreas, a extração desse fruto, ainda que tenha sido ameaçada nos anos 70 e 80 pela desenfreada extração de palmito, reafirma-se atualmente como uma atividade de extrema importância para a reprodução social das famílias ribeirinhas. Importância esta relacionada não apenas ao valor alimentar do "vinho" do açaí, mas à geração de renda decorrente da sua comercialização.

Neste sentido, percebe-se como as interpretações que antevêem o fim do extrativismo na Amazônia são limitadas. Embora possam apresentar alguma validade para o estudo de processos extrativos predatórios, como ocorreu no caso do palmito, de nada servem para o caso da extração de recursos como o açaí, porque não permitem visualizar o conhecimento tradicional que norteia essa atividade, assim como a sua indiscutível importância socioeconômica atual.

Nos açaizais do médio rio Pracuúba, tais aspectos mostram-se com grande evidência. Verificou-se que o extrativismo do açaí não é tão simples (primitivo) quanto parece e, além disso, está intrinsecamente articulado às diversas formas de manejo dos açaizais. Isto porque constituem atividades fundamentadas em um mesmo conhecimento de base empírica, acumulado pelos ribeirinhos na sua permanente interação com a natureza. Nesses termos, o incremento do manejo não descaracteriza e tampouco determina o fim do extrativismo do açaí, mas constitui, na verdade, um salto de qualidade no interior da própria atividade extrativa, resultante do conhecimento e do "olhar" dos ribeirinhos sobre os açaizais.

Por sua vez, na esfera socioeconômica, o quadro é complexo, envolvendo tanto relações desiguais, como a meia e o pagamento de taxas fixas, quanto relações de reciprocidade, como a troca de dias. Na comercialização do açaí, em particular, observa-se a crescente autonomia dos "proprietários" de açaizais em relação aos marreteiros de açaí, ainda que transações típicas da patronagem persistam. Ou seja, tomado-se de um ponto de vista concreto, o extrativismo do açaí envolve relações diversificadas que não se fundamentam apenas na exploração, mas na liberdade de compra e venda e até mesmo na cooperação. Com isto, a visão do extrativismo atrelado apenas à manutenção de relações desiguais mostra-se extremamente limitada, pois deixa de considerar, além da reciprocidade, a crescente autonomia dos ribeirinhos na comercialização desse fruto.

No entanto, é importante destacar que o crescente interesse de agentes empresariais capitalizados tende a intensificar as mudanças na economia do açaí. Em certa medida, isto já se verifica em Muaná, município vizinho de São Sebastião da Boa Vista. Ali, uma indústria voltada à produção da polpa desse fruto, a "Muaná Alimentos Ltda.", já está interferindo na organização espacial das comunidades ribeirinhas locais, com a aquisição de terras para a produção de açaí e palmito (Brabo, 2002). A intensificação da atuação desses agentes, assim, representa uma grande ameaça principalmente à autonomia que os ribeirinhos vêm adquirindo do declínio das tradicionais relações de aviamento.

REFERÊNCIAS BIBLIOGRÁFICAS

ACEVEDO MARIN, R. E., CASTRO, E. M. R. *Negros do Trombetas*: guardiões das matas e rios. 2.ed. Belém: Cejup; UFPA, 1998.

ABRAMOVAY. R. *Paradigmas do capitalismo agrário em questão*. São Paulo-Rio de Janeiro-Campinas: Hucitec; Anpocs; Unicamp, 1992.

ALLEGRETTI, M. H. La región amazônica y las actividades extrativas. In: CLÜSENER-GODTT, M., SACHA, I. (orgs.). *Extractivismo en la amazonia brasileña*: perspectivas sobre el desarrollo regional. Paris: Compendio MAB 18-Unesco, 1994.

AMIN, M. M. O extrativismo como fator de empobrecimento da economia do Pará. In: XIMENES, Tereza. (org.). *Perspectivas do desenvolvimento sustentável* (uma contribuição para a Amazônia 21). Belém: UFPA; Naea; Unamaz, 1997.

ARAMBURU, M. Aviamento, modernidade e pós-modernidade no interior amazônico. *Revista Brasileira de Ciências Sociais*. n.25, p.82-98, 1994.

ARZENI, S., JARDIM, M. A. G. Estratégias de sobrevivência em comunidades agroextrativistas de estuário amazônico. In: JARDIM, M. A. G., MOURÃO, L., GROSSMAN, M. (orgs.). *Açaí*: possibilidades e limites para o desenvolvimento sustentável no estuário amazônico. Belém: Museu Paraense Emílio Goeldi, 2004.

BENCHIMOL, S. Amazônia interior: apologia e holocausto. In: COSTA, J. M. M. da (org.). *Amazônia*: desenvolvimento ou retrocesso. Belém: Cejup, 1992.

BRABO, D. B. *Agroindústria e extrativismo no estuário amazônico*: contribuições acerca da extração do açaí em Muaná, Arquipélago de Marajó. Belém, UFPA, 2002. (Trabalho de Conclusão de Curso – Licenciatura e bacharelado em Geografia).

CALZAVARA, B. B. G. As possibilidades do açaizeiro no estuário amazônico. *Boletim da Faculdade de Ciências Agrárias do Pará*. Belém. n.5, p.1-103, 1972.

DIEGUES, A. C. *O mito moderno da natureza intocada*. São Paulo: Hucitec, 1996.

GROSSMANN, M. et al. Planejamento participativo visando a um manejo sustentável dos açaizais no estuário amazônico e regulamentações oficiais. In: JARDIM, M. A. G., MOURÃO, L., GROSSMANN, M. (orgs.). *Açaí*: possibilidades e limites para o desenvolvimento sustentável no estuário amazônico. Belém: Museu Paraense Emílio Goeldi, 2004.

HIRAOKA, M. Mudanças nos padrões econômicos de uma população ribeirinha do estuário amazônico. In: FURTADO, L., LEITÃO, W., MELLO, A. F. (orgs.). *Povos das águas*: realidade e perspectivas na Amazônia. Belém: Museu Paraense Emílio Goeldi, 1993.

HOMMA, A. K. O. A (in)racionalidade do extrativismo vegetal como paradigma de desenvolvimento agrícola para a Amazônia. In: COSTA, J. M. M. da (org.). *Amazônia*: desenvolvimento ou retrocesso. Belém: Cejup, 1992.

MAUÉS, M. A. M. *"Trabalhadeiras" e "camaradas"*: relações de gênero, simbolismo e ritualização numa comunidade amazônica. Belém: Centro de Filosofia e Ciência Humanas/UFPA, 1993.

MOURÃO, L. *Do açaí ao palmito*: uma história ecológica das permanências, tensões e rupturas no estuário amazônico. Belém: Naea; UFPA, 1999. Tese (Doutorado em Desenvolvimento Sustentável do Trópico Úmido).

NASCIMENTO, M. J. C. *Frutos de açaí e mercado informal*. Belém: UFPA; Naea, 1999.

NETO, J. S. *Reconceituação do extrativismo na Amazônia*: práticas de uso comum dos recursos naturais e normas de direito construídas pelas quebradeiras de coco. Belém: Naea; UFPA, 1997 (Dissertação de Mestrado em Planejamento do Desenvolvimento).

NOGUEIRA, O. L. *Regeneração, manejo e exploração de açaizais nativos de várzea do estuário amazônico.* Belém, UFPA, 1997. 149f. (Tese de Doutorado em Ciências Biológicas).

OLIVEIRA FILHO, J. P. O caboclo e o bravo: notas sobre duas modalidades de força de trabalho na expansão da fronteira Amazônia no século XIX. *Encontros com a Civilização Brasileira*. v.11. p.101-40, 1979.

PREFEITURA MUNICIPAL DE BELÉM. SECRETARIA MUNICIPAL DE ECONOMIA (SECON). *Volume ofertado a nível de comercialização de açaí nos portos municipais*. Belém, 2003.

REGO, J. F. do. Amazônia: do extrativismo ao neoextrativismo. *Poema Tropic*. Belém. n.4, p.34-7, 1999.

SIMONIAN, L. T. L. Reflexiones sobre la familia en la fronteira amazônica: idealizaciones, contradicciones y tendências actuales. In: TOVAR-ROJAS, P. (org.). *Família, genero y antropología: dasafios y transformaciones*. Bogotá: CANH, 2003.

TEIXEIRA, C. C. T. *O aviamento e o barracão na sociedade do seringal* (estudo sobre a produção extrativa na Amazônia). São Paulo: USP, 1980. Tese (Mestrado em Sociologia).

PARTE III

RECONVERSÕES IDENTITÁRIAS, MOBILIDADE E CAMPESINATO

8
Campesinato, família e diversidade de explorações agrícolas no Brasil

Afrânio Raúl Garcia Jr. e Beatriz Alasia de Heredia

INTRODUÇÃO

O Brasil é percebido hoje como possível primeira potência agrícola do século XXI, com chances de superar os Estados Unidos da América, atual líder mundial. As atenções desta perspectiva estão concentradas em sua condição de grande exportador de produtos agrícolas e agroindustriais. Poderia tal imagem ofuscar as profundas transformações econômicas e sociais ocorridas ao longo do século XX que dotaram o país de parque industrial integrado e interdependente em sua evolução, de cidades urbanizadas parcialmente segundo os padrões mais modernos, de redes de transporte e comunicações interligando os pontos mais recônditos do território, de sistema bancário e financeiro que conecta decisões de investimento e de poupança de empresas e pessoas físicas situadas no país ou inseridas nos mercados financeiros internacionais? Ou ainda de sistema educativo e mercado cultural (edição, teatro, música, dança, rádio, televisão, internet etc.) em rápida expansão, favorecendo a competitividade dos centros universitários no campo científico e a criatividade artística em nível internacional? Todo observador atento da evolução histórica do Brasil ao longo do século XX não poderia deixar de ficar surpreso se a coletividade nacional do início do terceiro milênio fosse reduzida a imagens que reproduzem estereótipos freqüentes até a metade do século XX, em que a grande lavoura (café, cana-de-açúcar, algodão, cacau, tabaco, borracha) ou a pecuária extensiva pretendiam deter o monopólio dos interesses econômicos a serem contemplados na gestão do futuro da coletividade. A retórica atual sobre o agronegócio inscreve-se numa antiga tradição de exclusivismo das elites agrárias. Persistiria a parte a esconder o todo?

A "vocação agrícola do Brasil" continuaria a ser invocada, como um mantra plurissecular, para impedir a percepção da profunda diversidade dos atores do mundo rural e agroindustrial? Continuaríamos a ser prisioneiros da crença no caráter único e inexorável de apenas uma via de desenvolvimento do capitalismo no campo: a que privilegia os grandes estabelecimentos agroindustriais, hoje rebatizados de *global players*, defendida com unhas e dentes por bancada de parlamentares que se identificam como "ruralistas"?

Fato é que mesmo após a abolição da escravatura, a apreensão dos modos de sociabilidade do mundo rural persistiu voltada para o grande domínio agroindustrial, para o universo das casas-grandes e das senzalas, e só gradualmente surgiram descrições e análises do campesinato marginal às áreas de grande plantação, como nas regiões onde a cafeicultura entrou em decadência (Cândido, 1964), ou na periferia das regiões canavieiras (Andrade, 1957 e 1964) do Nordeste, ou ainda em faixas do território destinadas exclusivamente a famílias de imigrantes europeus, como o Vale de Itajaí (Seyferth, 1974), a serra gaúcha (Santos, 1978) ou partes do Paraná. Tudo se passou como se o bloqueio de todas as tentativas de instaurar uma representação profissional ou sindical de lavradores e/ou pequenos agricultores tivesse tido o efeito de bloquear o reconhecimento simbólico do campesinato como objeto de pensamento. Pode-se constatar que as tentativas de criação das Associações de Lavradores, por militantes ligados ao PCB, em 1945-1947, e sua retomada posterior com a fundação da ULTAB nos anos 50 e a criação das Ligas Camponesas em Pernambuco e na Paraíba coincidem com os primeiros estudos sociológicos em profundidade desse grupo social. Talvez a novidade não seja tanto dos personagens sociais estudados quanto do novo olhar que se instaura sobre o espaço rural, não mais se aceitando que a hegemonia dos grandes proprietários seja tal que impeça a observação e a descrição da diversidade dos modos de vida e de trabalho e de conceber a vivência no mundo rural. Francisco Julião (1962, 1968) sempre chamou a atenção para o fato de a primeira sede da associação, que ficará famosa sob o rótulo de *Liga Camponesa*, ter sido instalada em Recife, porque só na capital havia aliados com força suficiente para deter a violência arbitrária dos senhores de engenho e usineiros. Esse fato pode nos fornecer uma pista para entender a dimensão da violência simbólica do silêncio sobre a condição camponesa, cujos efeitos se estendem até o presente.

AGRICULTURA FAMILIAR, OBJETO CONCRETO OU TÍTULO NOMINAL?

Hoje em dia, há uso generalizado da expressão "agricultura familiar" ou da designação de agentes econômicos do universo agrícola como "agricultores familiares", mostrando como muita água correu debaixo da ponte nos últimos cinqüenta anos. Nos círculos acadêmicos a expressão "agricultura familiar" foi consagrada, sobretudo por seu uso por Maria Nazareth Wanderley (1994), em obra votada à comparação da agricultura no Brasil, na França e na Polônia, e por Ricardo Abramovay (1991), em livro confrontando os padrões internacionais de estruturação do campo econômico dedicado à agricultura com o brasileiro. A referência a padrões internacionais nesses dois autores permite a demonstração de que a agricultura moderna baseada exclusivamente em trabalho assalariado é a exceção na Europa, não sendo de modo algum a regra. O padrão mais freqüente é a empresa agrícola fazendo uso do trabalho da família que a possui e a faz funcionar, embora as condições de vida e de trabalho variem fortemente, por exemplo, entre policultores, criadores de gado leiteiro, horticultores ou viticultores (Jollivet et al., 1984; Champagne, 2002; Garcia-Parpet, 2009). Note-se que mesmo diante de desemprego maciço, desde o primeiro choque petrolífero em 1973, não se expandiu o assalariamento agrícola em larga escala na Europa. O caso das usinas de açúcar e álcool brasileiras, baseadas totalmente em força de trabalho contratada, constitui assim uma singularidade que só pode ser explicada pela nossa história, cuja singularidade reproduz padrão de áreas de *plantation* do novo mundo (Wolf e Mintz, 1957), mas em hipótese alguma reproduz o padrão internacional mais recente.

A generalização do uso da categoria "agricultura familiar" foi largamente facilitada pela implantação, ainda nos anos de 90, do Pronaf, quando a política de crédito a juros reduzidos privilegiou de forma inédita uma faixa de agricultores de menos recursos econômicos, desvinculando-os dos grandes produtores que se haviam beneficiado, desde a modernização conservadora promovida pelo regime militar, de taxas de juros subsidiadas. Esse reconhecimento oficial da diversidade de atores do mundo agrícola, quebrando o monopólio dos grandes produtores e do agronegócio, abriu a possibilidade ao desenvolvimento de uma infinidade de projetos inovadores e contribuiu para demonstrar que o leque das transformações do mundo rural admite múltiplas alternativas e possibilidades (cf. Lima e Wilkinson, 2002). Mas se essa expressão ficar vinculada apenas a uma política pública, estaremos diante do mesmo erro e da armadilha de só percebermos agentes sociais quando chegam a ser nomeados pelo Estado. Perde-se de vista que o debate intelectual, ou a seqüência de mobilizações políticas, pode constituir instâncias decisivas de crítica das classificações do mundo social em vigor, de nomeação de novas possibilidades. Por que aceitar que apenas o exercício do poder de Estado dotaria um conjunto de indivíduos e agentes econômicos de existência legitimada? Para abrir o espaço à mobilidade de grupos dominados não há nada de pior, pois toda atividade intelectual parece só ter validade quando voltada para a competição pelo exercício do mando de Estado. Não seria de se estranhar que muitas análises e debates já realizados, como o tema recorrente da diferenciação social do campesinato ou das origens da proletarização em larga escala, nos anos 70, sejam abandonados, impedindo a cumulatividade do conhecimento e empobrecendo o referencial das questões examinadas. O reducionismo economicista instala-se com facilidade: o significado de "agricultura familiar" fica preso ao de "agricultura patronal" ou agronegócio, como seu contrário.

Contudo, que sentidos o adjetivo familiar especifica? Além de designar que a relação entre o responsável pelo estabelecimento agrícola e qualquer outro trabalhador não se caracteriza pelo vínculo do assalariamento, mas que pertencem à mesma rede familiar, que implicações têm este último fato? De modo mais imediato, o laço familiar lembra que a atividade econômica não esgota o conteúdo da relação, pois ela pode envolver atividades de reprodução biológica dos indivíduos, além de social, por meio da transmissão de conhecimentos e de patrimônio. Mas é pela inscrição dos agentes no espaço social, onde ganham existência, que se podem avaliar os significados que essa expressão permite particularizar. Assim, buscaremos, a seguir, resgatar os debates intelectuais a propósito da transformação do meio rural brasileiro que torna o adjetivo "familiar" um marcador de questões sociológicas a serem examinadas e de ferramentas conceituais para fazê-lo. Familiar passa, assim, de algo dado e evidente para vínculo social singular a ser examinado em seu próprio contexto, como é de praxe em antropologia social. Estranhar o familiar (Da Matta, 1978) é condição para buscar entender as redes assim designadas como relações sociais.

FAMÍLIAS DE TRABALHADORES COMO AGENTES ECONÔMICOS DO MUNDO RURAL

O fim da Segunda Grande Guerra permitiu mudanças no espaço político e intelectual brasileiro, com a liquidação da censura à imprensa e às edições, sendo seguidas por toda a liquidação do marco autoritário do Estado Novo. A esperança de democratização do Estado e da sociedade no Brasil fez crescer entre os círculos de intelectuais o interesse pelas classes populares das cidades e dos campos, passando o tema da reforma agrária a figurar entre os que mais desencadearam polêmicas na Assembléia Constituinte de 1946 e no parlamento brasileiro até o golpe de 1964 (Camargo, 1981). Fato é que dessa época em diante começam a ser feitas monografias para tese de doutorado, como os "Parceiros de Rio Bonito" de Antônio Cândido (1964; a tese foi defendida em 1954), voltadas para o estudo da morfologia social das redes de sociabilidade onde se afirmam novos contingentes de sitiantes e de pequenos produtores. Preocupação semelhante pode ser detectada, ainda nas obras suscitadas pela USP, nos livros posteriores de Maria Isaura Pereira de Queiróz (1965, 1973a e b) e de Maria Sylvia de Carvalho Franco (1974), em que a noção de *bairro rural* se apresenta como o lugar de modos de vida e de cultura particulares, em contraponto à ênfase exclusivista nas fazendas de café. É pertinente recordar que o grupo estudado por Antônio Candido é caracterizado como um "quase bairro", porque composto por *aforantes* que cultivam terras de antiga fazenda de café, conhecendo declínio econômico com a concorrência das áreas novas de planalto paulista mais ao sul. A condição de *sitiantes* ameaçados difere tal conjunto de agricultores tanto da categoria dominante – os *fazendeiros* de café – quanto da massa de famílias que lhes era diretamente subordinada – os *colonos* de café. Posição intermediária, que só podia ser compreendida se relacionada a todas as demais categorias sociais, viventes do mundo das cidades ou do mundo rural. A situação de colono supõe família; fazendeiros também têm família. A diferença específica dos sitiantes, do bairro rural, provém da relação de subordinação particular com as camadas dominantes tanto no campo como na cidade. A ameaça analisada por Antônio Candido não é apenas econômica, ou no vínculo com a terra onde residem e que cultivam, mas também cultural, pois com as cidades se desenvolvem padrões culturais divulgados por novos meios de comunicação bem diversos dos que prevalecem nos bairros rurais, vistos como suportes sociais da cultura caipira. Os desafios da afirmação desse novo ator social são múltiplos, e sua compreensão supõe a referência constante ao movimento do conjunto do espaço social.

No final dos anos 60, a institucionalização da pós-graduação em ciências sociais favoreceu a produção de monografias baseadas em pesquisas de campo pacientes e minuciosas, em que o estudo de pequenos produtores agrícolas, fazendo uso do trabalho de seus próprios familiares, tem um lugar de destaque (Garcia Júnior e Grynszpan, 2002). É no momento mais negro do regime militar, entre 1968 e 1975, quando a expulsão ou suspensão de estudantes, a demissão sumária de docentes e pesquisadores e a tortura sistemática dos oponentes se tornaram práticas corriqueiras que observar e escutar diversas categorias de classes subalternas e grupos étnicos estigmatizados (ameríndios, negros) se trasformaram em atividades intelectuais asseguradoras do prestígio acadêmico. Elas acumulavam então a notoriedade de se desvincular do desprezo que os oficiais militares da alta patente e frações de grupos profissionais, como engenheiros e economistas, devotavam a todas aquelas camadas que não se voltavam para a aceleração do crescimento econômico, e o mérito de seguir padrões internacionais de ensino e pesquisa, ingrediente neutralizador de ingerência de autoridades impostas, mas que sabiam que o desenvolvimento tecnológico supunha tal gênero de modernização universitária. Retomando categorias de pensamento "nativas" de cientistas sociais da época: esses estudos e pesquisas permitiam examinar a "face escondida da lua" ou as vias de mudança histórica mais favorável às camadas subalternas ou à implantação de espaço público democrático. Não foi seguramente obra do acaso que um dos livros mais estudados desde essa época se intitulava *Origens sociais da ditadura e da democracia*, do historiador norte-americano Barrington Moore Jr (1967), tendo por foco central a análise do caráter decisivo das transformações sociais no campo para o entendimento da construção dos Estados modernos, a começar pelos casos da Inglaterra, da França e dos Estados Unidos, confrontados com os de países asiáticos (Japão, China, Índia), mas considerando ainda as trajetórias da Alemanha e da Rússia para efeitos comparativos. A mudança das relações entre senhores e camponeses articula-se de múltiplas formas com a ascensão da classe de grandes comerciantes e industriais, bem como com os detentores do poder político tradicional (reis, imperadores), sempre como uma das componentes fundamentais da evolução do espaço político. Aprofundar os estudos de caso no Brasil permitia, portanto, examinar variantes de transformações históricas analisadas em escala internacional e testar modelos de análise elaborados para além de situações estritamente ocidentais (o que contribuía para seu prestígio entre antropólogos).

A pesquisa voltada para a compreensão das transformações sociais do mundo rural no Brasil, desde a segunda metade dos anos 60, fez largo uso das representações coletivas, ou das "categorias nativas", empregadas pelos diferentes agentes sociais para designarem o universo social e natural em que se inserem, assim como seu pensamento metafísico. A riqueza dos termos e das dimensões analisadas pela objetivação da cosmologia nativa de grupos subalternos mostrava que a diferenciação social era uma constante, tanto para classes dominadas quanto para classes dominantes. Entender os modos de dominação social, as tensões a que estão submetidos, as mobilizações de diferentes grupos e seus efeitos, bem como as transformações possíveis com maior ou menor probabilidade, implicava distanciar-se de qualquer perspectiva homogeneizadora de classes em disputa, sobretudo as visões dicotômicas simplistas, como exploradores e explorados, opressores e oprimidos etc., oposições facilmente encontráveis em retórica de denúncia de injustiças sociais flagrantes, mas de pouca valia quando se queria entender processos de transformação social e formas de percepção e experiência da vida cotidiana. A vasta produção de monografias desde então restituiu as categorias imediatas dos agentes obrigando a análise a refinar os instrumentos de compreensão das transformações sociais e a recusar qualquer reificação de categorias nominais.

Cada categoria social concreta, com existência atestada por seu uso pelos vários agentes sociais com que elas convivem, ou que as usam para designarem suas próprias condições no espaço social, ganha sentido com a especificação das formas de dominação em que estão inseridas. Assim é que as posições intermediárias como a de sitiante, pequeno proprietário ou posseiro, ou ainda arrendatário ou parceiro, se opõem tanto à base da escala social, aos moradores de engenho, aos colonos e aos agregados – cuja existência está submetida à autoridade dos grandes proprietários, sobretudo no tocante aos padrões de residência e de trabalho – quanto ao topo da pirâmide, diferindo dos senhores de engenho, usineiros ou fazendeiros de várias qualidades – cujas atividades se restringem a dar ordens aos que subordinam e a verificar seu cumprimento, podendo gozar de estilos de vida mais afeitos com aqueles exibidos no mundo urbano. Esse molde tripartite do mundo rural é claramente uma simplificação que visa relembrar como cada condição concreta é tributária de situações sociais e históricas configuradas com a implantação de universo de grandes plantações fundadas no trabalho de escravos vindos da África. Não há porque isolar um só personagem social, atribuindo-lhe qualidades que prefigurariam certa evolução do mundo rural, em vez de estudar como os movimentos de cada condição social se combinam ou se chocam com aqueles buscados pelas demais categorias. Aqui, como em outras situações examinadas com as lentes acumuladas pelas ciências sociais, a evolução do todo não pode ser depreendida pela simples soma das partes e menos ainda pelo conhecimento de só uma das componentes. O conhecimento daqueles que foram denominados sitiantes, agricultores, lavradores, entre outras denominações, supõe sempre que se especifiquem os feixes de relações sociais em que se inscrevem, mesmo (e sobretudo) se estivermos interessados em examinar os modos de operação de suas famílias como unidades de produção e de consumo.

Por sua vez, a simples análise sociológica da posição ocupada por todo agente no espaço social não esgota o exame das questões que permitem entender o comportamento dos indivíduos e das famílias, assim como as categorias de percepção de que são portadores e que informam suas reações, práticas e estratégias. Há singularidades que têm a ver diretamente com o fato de que o grupo doméstico é o quadro das atividades produtivas, mas também é o horizonte onde o consumo individual e coletivo ganham significado e é, ainda, a mesma rede de relações que permite o surgimento de novas gerações e assegura a transmissão de saberes e do patrimônio material acumulado pelas gerações precedentes. Em artigo publicado no início dos anos 70 (Heredia e Garcia, 1972), tentamos esboçar, do exame das representações de agricultores da zona da mata pernambucana confrontadas às práticas observáveis por investigação etnográfica, configurações dos grupos domésticos como unidades de produção e consumo, como a oposição casa–roçado (ou casa–sítio), referência central do cálculo efetuado para mobilizar o esforço dos diferentes membros e para pensar a distribuição do necessário ao consumo. Analisamos, ainda, como a criação de animais permitia minorar os efeitos de flutuações bruscas da produção ou do consumo, constituindo atividades-chave de reserva e de acumulação de recursos ao longo do ciclo agrícola ou entre ciclos agrícolas sucessivos. Por último, estudamos a oposição entre roçado familiar e roçadinho individualizado dos filhos que visava harmonizar o ciclo da unidade doméstica como um todo com o ciclo de vida de cada membro até o casamento e a partição do grupo inicial. Todos os grupos domésticos investigados estavam inseridos no mercado de terras, vendiam nas feiras ou para as feiras os resultados dos seus cultivos e da sua criação de animais, participavam de mercados de trabalho local como ofertantes ou como usuários eventuais; por conseguinte, não havia nenhum vestígio de tendências autárcicas ou voltadas para a auto-subsistência.

Havia apenas modos de lidar com as flutuações de preços e quantidades comercializadas que não se reduziam aos comportamentos supostos universais de empresas agrícolas; para compreender a lógica e os significados dessas práticas e dos cálculos que as informam, a objetivação das modalidades de materialização do grupo doméstico como unidade de produção, ou como unidade de consumo, ou, ainda, de suas variações ao longo dos ciclos agrícolas ou de ciclos de existência humana, demonstrou ser fundamental para o entendimento de fatos observáveis e relatos recorrentes. Se o próprio título do artigo fez referência a "trabalho familiar e campesinato", para dialogar com a redescoberta de fértil tradição na Europa central e na Rússia de estudos sobre economia camponesa, é que o vínculo familiar não implicava ausência de laços mercantis mantidos pelo grupo doméstico, muito pelo contrário. Apenas há padrões estruturais de materialização do grupo doméstico, como consumidores ou como produtores, há objetivos incontornáveis para qualquer autoridade doméstica que precisam ser resgatados e descritos para compreender como esses estabelecimentos agrícolas apresentam movimentos distintos dos apresentados pela teoria econômica neoclássica como universais.

A análise mais completa do material constituído para as dissertações de mestrado (Heredia, 1979; Garcia, 1983) permitiu esmiuçar as pistas antes esboçadas, e os resultados mostraram-se convergentes com investigações animadas por propósitos semelhantes, tendo por referência grupos de pequenos agricultores de outras regiões do Brasil, a demonstrar a recorrência dos padrões descritos para o Nordeste e mesmo a persistência de certas representações nativas ou certos valores culturais. Confirmava-se a pertinência da tentativa de se especificarem os modos de existência de grupos domésticos de agricultores ocupando posições intermediárias, em universo sob a hegemonia de *plantation* de produtos tropicais, a revelar outras vias de transformação social do campo e da sociedade brasileiros. Obras como as de Lia Fukui (1979) sobre sitiantes em São Paulo, análises de repertórios estatísticos como as empreendidas por José Graziano da Silva e outros (1978), densas monografias de cunho etnográfico como os estudos realizados sobre regiões do Estado do Rio de Janeiro por Eliane Cantarino O'Dwyer

Gonçalves Bastos (1977) ou por Delma Peçanha Neves (1981), ou, mais ao sul, em análise de campesinato tendo por origem a imigração européia de finais do século XIX, desfrutando de formas de estabilidade de condições de reprodução sem equivalentes nos outros casos, como a obra de Giralda Seyferth (1974) sobre descendentes de alemães e a de José Vicente Tavares dos Santos (1978) sobre descendentes de italianos, ou sobre a particularidade do campesinato de fronteira na Amazônia, como investigado por Otávio Velho (1972, 1974), José de Souza Martins (1980), Neide Esterci (1987) e Leonarda Musumecci (1988). Essas monografias impuseram novas questões e modos de tratá-las que renovaram as análises de transformação do mundo rural, assentando em bases sólidas os questionamentos sobre as explorações agrícolas ou de pecuária, cujos fundamentos estão relacionados aos modos de existência de laços familiares, seja como grupo doméstico, seja como rede que predetermina estratégias matrimoniais e padrões de descendência física, de nomes patronímicos, e de bens materiais ou de pertencimento religioso ou cultural.

Relidas hoje, elas mostram a fecundidade da observação sistemática de grupos subalternos do mundo rural e a pertinência da análise das categorias nativas como revelador da dinâmica social e da legitimidade maior ou menor dos modos de dominação em vigor. A menção constante ao debate sobre modos de produção, seu número e sua seqüência necessária, que talvez tornem muitas análises ou polêmicas difíceis de se acompanhar nos dias atuais, não deveriam porém provocar o esquecimento de que tais disputas internas ao paradigma marxista surgiram na tentativa de impedir que o evolucionismo primário, como consagrado pelos famosos cinco estágios da humanidade impostos pela ortodoxia estalinista durante a terceira internacional comunista, aparecesse como único princípio explicativo (cf. Aarão Reis et. al., 2008). Não cabe aqui aprofundar o retorno reflexivo sobre os princípios teóricos que sustentavam as análises de cientistas sociais nas décadas de 1960, 1970 e 1980,[1] mas sim lembrar que os debates antes referidos retomavam questões e retóricas de argumentação empregadas na discussão sobre a relação entre os modos de existência do campesinato e o desenvolvimento do capitalismo no campo na Europa, incitando a uma leitura mais cuidadosa dos diferentes participantes da polêmica. Em particular, um dos ângulos da polêmica mais abordados focalizava o significado das estatísticas coletadas pelos *zemtvos*, desde o século XIX, se era uma diferenciação reversível do campesinato como sustentava Alexander Chayanov (1966), sublinhando os efeitos do ciclo de vida doméstico sobre o balanço

[1] O leitor interessado na história social do tratamento da questão agrária por cientistas sociais brasileiros pode consultar Garcia e Grynszpan (2002), que se inscreve na seqüência de ensaios bibliográficos sobre as transformações sociais no campo: Gnaccarini e Moura (1983), Santos (1988 e 1990), Musumeci (1991), Sigaud (1992) e Love (1996).

produção/consumo, ou uma decomposição da camada camponesa entre uma burguesia e um proletariado rurais, como Vladimir I. Lenine (1969) defendeu em seu estudo sobre o *Desenvolvimento do capitalismo na Rússia*. As modalidades da hegemonia da grande exploração agrícola, contraposta à capacidade de sobrevivência dos estabelecimentos familiares, acenderam vivos debates na Alemanha e na Europa central, como se pode verificar em *Questão agrária* de Karl Kautsky (1899), que dialoga explicitamente com a investigação empírica dirigida por Max Weber para o *Verein fur Zocial politik* (1892, assim como Michael Pollak, 1986). Considerada mais de perto, a evolução histórica das relações no campo, quer na Europa ocidental, quer na Europa central, suscitava modéstia a qualquer leitor cuidadoso e atento; as simplificações abusivas ficaram como marcos dos descaminhos da afirmação ideológica e/ou da concorrência acadêmica nem sempre leal. Por sua vez, a riqueza e a densidade do material empírico analisado por cada contendor, no debate europeu, impunham respeito, dado o avanço e o apuro dos instrumentos metodológicos, sobretudo no nível estatístico. A confrontação das contribuições teóricas de diferentes horizontes – para não esquecer as referências à escola de Chicago com Robert Redfield (1953), na famosa monografia de Antônio Candido (1964) – não acarretou necessariamente ecletismo das formas de se pensar a relação entre campesinato e o desenvolvimento do capitalismo no campo, mas o debate entre os estudiosos obrigou certamente a tentar explicitar em que o estudo do caso brasileiro acrescentava ao entendimento de processos universais (Love, 1996). A análise dos modos de operação e dos processos de decisão de grupos familiares socialmente situados, apresentada adiante, deve constituir um teste da fecundidade intelectual do esforço de pesquisa realizado. A singularidade das mudanças do mundo rural, acompanhando o desenvolvimento do capitalismo no Brasil, compreendida em sua complexidade, contribui em alto grau para se entender a multiplicidade das vias de transformação equivalentes nos quatro continentes (sobre a multiplicidade das vias de transformação no campo, ver Bloch, 1952; Moore Júnior, 1967; Love, 1996; Sachs, 1997).

CATEGORIAS DE ENTENDIMENTO E QUESTIONAMENTOS PARA COMPREENDER FAMÍLIAS COMO AGENTES ECONÔMICOS DO MUNDO RURAL

Não buscaremos a seguir retomar exaustivamente a totalidade das questões estudadas ao longo dos últimos cinqüenta anos, mas privilegiaremos aquelas que ressaltam a especificidade dos cálculos e das práticas de atores econômicos em que a família serve de matriz básica para a mobilização das equipes de produção e, simultaneamente, como referência dos padrões de consumo a serem atingidos com regularidade fixada.[2]

Partiremos de uma observação freqüente sobre grupos domésticos camponeses: ressalta-se a indissociabilidade entre a unidade de produção e a unidade de consumo, pois tanto uma como a outra fazem apelo aos mesmos membros da família e estão regidas pelos mesmos padrões de autoridade doméstica. Só que muitos revelam sua exterioridade, ou desprezo, por essas unidades ao exprimirem que tais grupos domésticos tenderiam à autarquia ou viveriam em autarquia. Em termos claros: a unidade de produção seria responsável pela totalidade ou pela maioria dos bens materiais consumidos pelo grupo doméstico, como se a inscrição em relações mercantis regulares ou não existisse ou fosse irrelevante. Tais preconceitos são comuns aos portadores da ideologia do sistema de mercados (Polanyi, 1980), aos que acreditam que a evolução da humanidade teria por princípio uma economia natural, passando gradativamente a circuitos de trocas mercantis de importância crescente. O campesinato é assim percebido como um pólo intermediário entre as sociedades primitivas e as sociedades de mercado. Qualquer pessoa que conviva com grupos de camponeses brasileiros não pode esquecer que o feijão de que se alimentam é cozido com sal, que não produzem, que as refeições são servidas em louça após preparo em panelas, que estão vestidos e, mais recentemente, calçados, para dar exemplos bem corriqueiros. A auto-suficiência não está na economia camponesa; ela é característica, sobretudo, dos que dissertam sobre o universo social sem se deslocarem de suas condições de existência cotidiana, tomando sua imaginação, ou fantasmas, por fatos observáveis. Os grupos camponeses de que estamos tratando – os sitiantes, os agricultores, os lavradores, os posseiros, os assentados – estão sempre inseridos em sistema de mercado, participam do mercado de terras, do mercado de produtos, do mercado de trabalho; há sistematicamente venda e compra de mercadorias.

Assim, tanto há produção que pode ser destinada ao autoconsumo como produção especialmente feita para venda; os habitantes de uma mesma casa podem ser mobilizados pelo chefe de família para ajudá-lo na faina cotidiana, mas pode haver trabalho de terceiros remunerado a dinheiro que substitua esforço de membro doente, idoso, ou cujo sexo ou idade os tornem inaptos

[2] Foi com prazer que retomamos a leitura da primeira versão do artigo "Trabalho familiar e campesinato", escrito por Beatriz Heredia, onde apresentamos como hipóteses empiricamente fundadas os padrões de comportamento de unidades familiares camponesas da Zona da Mata do Nordeste, bem como a análise das "categorias nativas" que informavam o desempenho e a percepção de tais práticas. Essa seção é sobretudo um retorno aos questionamentos esboçados em seminário de pesquisas coordenado por Moacir Palmeira no PPGAS do Museu Nacional em 1972, após o primeiro trabalho de campo no Nordeste. Como assinala o trabalho rigoroso realizado por Love (1996), a datação precisa da pesquisa científica é um recurso indispensável para a história da evolução das idéias, já que é a polêmica entre pontos de vistas antagônicos que assegura a pertinência dos avanços científicos.

para a tarefa. O grupo doméstico materializa-se como unidade de produção em configurações particulares, como também é o caso de sua materialização como unidade de consumo, mas a circulação dos bens e das pessoas admite perfeitamente trocas mercantis e conhecimento da flutuação dos preços. Apenas os padrões de legitimidade da autoridade doméstica estão relacionados ao fato de se ter de obter o necessário para a reprodução de um mesmo conjunto de pessoas, de uma *casa* na linguagem nativa, mediante a mobilização do esforço desse mesmo conjunto de pessoas. Os padrões que conferem legitimidade às autoridades sobre o estabelecimento agrícola não estão vinculados a maior ou menor rentabilidade financeira dos recursos que podem ser mobilizados a cada ciclo agrícola, até o trabalho dos próprios membros da família.

Em certo sentido, o aprovisionamento regular da unidade doméstica é um constrangimento inicial, uma referência constitutiva do grupo doméstico como tal. A elaboração dos balanços e cálculos ligados à produção, estocagem e destino dos produtos é que fica diretamente vinculada a este objetivo. Nos estudos realizados no Brasil, a oposição casa–roçado, casa-sítio, casa–lavoura, ou mais genericamente casa–campo, surge como central na ordenação das práticas de consumo e de reprodução física dos membros do grupo doméstico e na mediação com a mobilização do trabalho de seus membros e dos recursos que adquirem. O esforço renovado a cada ciclo agrícola no campo, no sítio ou no roçado permite a obtenção de produtos que direta ou indiretamente contribuirão para enfrentar as necessidades de consumo da casa. O ciclo do aprovisionamento da *casa* é bem mais constante ao longo do ano, sendo as feiras semanais um marco temporal freqüente dos grupos descritos, sobretudo no que se refere a bens alimentares, variando os demais itens de consumo, como roupa, calçado e mobiliário, segundo a sazonalidade da produção do estabelecimento agrícola. O ciclo agrícola tem, via de regra, marco temporal bem mais rígido, com épocas de colheita associadas à abundância e à escassez para os momentos que precedem as colheitas do ano seguinte. Uma das questões centrais do cálculo efetuado pelos responsáveis por grupos domésticos camponeses é justamente entre colheitas cíclicas e perecíveis, concentradas em determinadas épocas do ano, e padrões de consumo regulares ao longo do tempo. Como exploraremos adiante, são as modalidades de proceder a esse ajustamento, que passa por vendas e compras a dinheiro, que estão na raiz da associação indevida entre "excedente camponês" e venda de produtos agrícolas.

Grupo doméstico e sua materialidade na produção e no consumo

Um eixo fundamental de nosso trabalho foi o de questionar o que não raro havia sido designado como característica básica desse tipo de exploração agrícola, ou seja, a impossibilidade de dissociar a unidade de produção da unidade de consumo. De fato, a literatura das ciências sociais já assinalara que tais unidades econômicas apresentam a particularidade de serem compostas por indivíduos vinculados por laços independentes das necessidades dos processos produtivos, isto é, são as relações de parentesco que delimitam os membros que podem ser mobilizados para as mais variadas tarefas. Tais unidades são contrapostas às empresas capitalistas, compostas por assalariados recrutados segundo as necessidades de rentabilidade monetária do montante de dinheiro investido – princípios bem diferentes dos que regem relações entre indivíduos que também fazem parte das mesmas unidades de consumo. A unicidade entre unidade de produção e unidade de consumo não implicava, porém, identidade entre esses pólos, já que um consumidor pode estar excluído do grupo de trabalhadores mobilizáveis dependendo de sua idade (crianças, idosos), gênero (oposição masculino/feminino e sua redefinição ao longo do ciclo de vida) e estado de saúde (doenças, invalidez). A análise por nós realizada demonstrava a relevância de se diferenciar o conjunto mobilizado para a produção e aquele que se materializava por ocasião do consumo, permitindo detalhar relações de gênero e de geração, assim como hierarquias e princípios de autoridade para enunciar as decisões. Os que se agrupam para o consumo coletivo (residindo em comum, tomando refeições etc.) não o fazem da mesma maneira nos diversos atos produtivos, variando tais configurações ao longo dos ciclos de vida individuais e domésticos. São essas diferenças que imprimem a especificidade dos modos de funcionamento dessas explorações agrícolas e acarretam modalidades de cálculo e estratégias econômicas também específicas.

Ao falarmos do conjunto de pessoas que trabalham e consomem conjuntamente, tratávamos de grupos domésticos, ou seja, conjunto de indivíduos que buscam assegurar a reprodução física e social de cada um e do coletivo assim formado. No caso estudado, eram compostos basicamente por pais e seus filhos solteiros, em alguns casos se admitindo a presença dos pais de um dos membros do casal. A família elementar, por vezes acrescida de membros de terceira geração ascendente, era a forma mais freqüente dos grupos domésticos. Se usamos a expressão grupo doméstico, e não família, é para assinalar que mesmo membros de uma só fratria pertencerão ao mesmo grupo doméstico inicial, mas farão parte de grupos distintos após seus casamentos; os laços constituídos por mecanismos de aliança matrimonial e de filiação incidem sobre a formação dos grupos domésticos, mas não devem ser confundidos ou reduzidos a esta dimensão. Família supõe, ainda, a reprodução social em seu sentido mais amplo, incluindo-se a transmissão de nome patronímico e do capital simbólico acumulado por gerações anteriores, transmissão de patrimônio material e cultural. Essas dimensões dos vínculos familiares excedem os objetivos da reflexão aqui proposta.[3]

O casamento, sancionado ou não por cerimônia civil ou rito religioso, coincide com o momento inicial do grupo doméstico, acarretando uma autonomia do casal em relação aos grupos domésticos de cada cada cônjuge. Nesse momento, há a formação de economia doméstica independente, ou seja, um orçamento que reflete a existência de cozinha separada e de mecanismos próprios de aprovisioná-la, sobretudo por meio dos produtos agrícolas ou derivados da criação de animais, seja por venda seguida de compra dos alimentos essenciais, seja pelo autoconsumo. Com o trabalho na exploração agrícola – sítio ou roçado –, materializa-se a unidade de produção, ao passo que a unidade de consumo tem na *casa* o eixo de suas atividades. O homem pai de família centraliza as decisões nas atividades agrícolas, ao passo que à mulher mãe de família cabe a responsabilidade pela organização do consumo. Na medida em que é o trabalho no sítio ou roçado que fornece os elementos e as condições de existência da casa, atribui-se à exploração agrícola a condição de pólo dominante na oposição. A localização e o aspecto da casa predeterminam a autonomia do grupo doméstico nela abrigado. Se a casa é habitada por moradores ou colonos, isto é, situada em grandes plantações e acarretando a subordinação pessoal dos residentes ao dono da propriedade (Palmeira, 1976), os cultivos permanentes ou temporários sob a forma de *sítios* ou roçados também supõem o controle direto ou indireto do grande proprietário. Mesmo dentro dos grandes domínios, a localização da residência no arruado da propriedade, próximo às casas-grandes, marca a precariedade do vínculo do morador com o senhor, ao passo que as casas de morada contíguas a sítios de árvores frutíferas são sinal de relações privilegiadas entre os residentes e os habitantes das casas-grandes, até mesmo de vínculos superiores a duas gerações.

Quando localizada a moradia fora do espaço sob o controle direto dos grandes proprietários, quer se trate de pequenas propriedades ou mesmo de *ruas*, como são designados os locais de concentração de prédios precários de antigos habitantes do mundo rural, agora residindo em periferias urbanas ou vilarejos, a autonomia dos grupos domésticos tende a afirmar-se não só na esfera do consumo e das modalidades de reprodução social (cultos religiosos, redes abertas de conhecidos e de amizade etc.), como também nas decisões sobre os usos do potencial de trabalho de seus membros e do destino dos cultivos de seus roçados ou sítios. Ou ainda de suas criações de animais domésticos. Se a terra para plantio pode provir do patrimônio

[3] Para hipóteses mais recentes sobre a particularidade dos mecanismos de aliança e de filiação no Brasil, sobretudo no universo social engendrado pela grande plantação açucareira, partindo de reconsideração das teses de Gilberto Freyre em *Casa-grande e senzala* (1933), consultar Garcia Júnior (2007).

imobiliário familiar, hipótese sempre muito prezada, a exploração agrícola pode depender freqüentemente de terras arrendadas a dinheiro ou pagas sob a forma de modalidades de parceria em cultivo comercial. As condições impostas a rendeiros ou meeiros não costumam ser tão restritivas quanto é costumeiro nas situações de morada ou de colonato. Ser dono de chão de casa aparece como valor supremo, assegurando inclusive tentativas para se exercer o pequeno comércio (como feirante ou dono de bodega) ou o artesanato, além de preservar a liberdade de escolha de devoção religiosa ou de pertencimento à associação, sindicato ou grupamento político. Chão de casa prima sobre terra de agricultura na afirmação ou na conquista da autonomia de decisões sobre a vida individual ou doméstica; os padrões de transmissão de terra têm demonstrado como o fracionamento de terras agrícolas está ligado a assegurar chão de casa para um novo casal. Se as considerações anteriores se referem sobretudo às áreas de grandes plantações voltadas para exportação, elas não perdem a pertinência quando se estudam as áreas de colônias atribuídas a imigrantes europeus ou japoneses da segunda metade do século XIX até os anos 20-30 (Seyferth, 1974; Santos, 1978). Nesses casos, a ameaça não provém tanto da expansão das grandes propriedades vizinhas como do estoque limitado de terras em poder dos descendentes dos primitivos imigrantes e a conseqüente ameaça de fracionamento do patrimônio imobiliário nas gerações seguintes.

Garantida a autonomia de possuir a disposição do próprio corpo e do tempo, ou seja, afastada a ameaça de ingerência de poderes extradomésticos, a oposição *casa, roçado ou sítio* serve para se pensar e demarcar o lugar de cada membro do grupo doméstico segundo o reconhecimento social das atividades produtivas que realiza, em um ou outro âmbito, mesmo no cuidado com a criação de animais. O peso da polaridade inverte-se, pois a casa fica associada a repouso ou restauração das forças, ao passo que as atividades agrícolas no sítio ou roçado dão as condições para que o consumo doméstico se efetue, sendo o controle dessas atividades percebido como prerrogativas do pai de família. Em contraposição, a organização do consumo e do descanso na casa é percebida como atribuição feminina e de responsabilidade da mãe de família. A oposição masculino/feminino inscreve-se dessa maneira na ordenação das tarefas cotidianas, tanto agrícolas como de criação, negócio, artesanato ou de preparo do necessário ao consumo e à restauração da vitalidade. Várias monografias, não exclusivamente sobre o Nordeste, registraram como o uso da categoria trabalho e do verbo trabalhar está associado à oposição entre atividades vinculadas ao sítio ou roçado e atividades de manutenção da casa ou de preparo do consumo, não consideradas passíveis de serem valorizadas como equivalentes em importância e merecedoras da designação de trabalho. As análises etnográficas da categoria trabalho mostraram ser um poderoso revelador das hierarquias sociais no interior do grupo doméstico, dos princípios de legitimidade da autoridade doméstica, e igualmente da cosmologia dos agentes para pensar a relação homem–natureza e os significados últimos de suas práticas. Vale lembrar que o uso da expressão terra de trabalho no importante documento de Itaici publicado pela CNBB nos anos 80 estava diretamente vinculado à afirmação de uma via camponesa de transformação do mundo rural (CNBB, 1980; Martins, 1980; Heredia, 1979; Garcia Júnior, 1983; Sigaud, 1979; Woortmann e Woortmann Júnior, 1997).

Desde o artigo publicado em *América Latina*, havíamos analisado que a criação de animais domésticos, fossem eles de certo porte (bovinos, equinos) ou "miunças" (caprinos, ovinos, suínos e aves), aparecia como atividade mediadora entre a agricultura do *sítio/roçado* e o consumo da casa, desempenhando funções claras de reserva e acumulação. Em anos de fartura, a criação ampliava-se, usando-se para alimentá-la parte dos subprodutos obtidos a título de ração (o que o economista polonês Jerzy Tepicht [1973] denominara autoconsumo intermediário), ao passo que em anos adversos, como os das secas nordestinas, a venda em larga escala de criação permitia a aquisição de alimentos de primeira necessidade. Em *Terra de trabalho* (Garcia Júnior, 1983, p.178) havia mesmo retomado comentários estatísticos do IPEA salientando o paradoxo constatado de queda de preço da carne bovina em anos de seca do Nordeste. Como destinatários potenciais dos produtos da lavoura, os animais de criação compartilham com os membros da casa a condição de consumidores, dos que compõem o "gasto da casa"; mas, exceto os cães, gatos e passarinhos, a criação pode propiciar o gasto da casa em momentos de *precisão*, por carência de alimentos fundamentais ou mesmo ameaça de fome, ou ainda por doenças ou visitas inesperadas. A criação supõe a agricultura e serve mesmo para paliar sua eventual insuficiência. A expansão da agricultura que possibilita o acréscimo de plantel é assim instrumento privilegiado de acumulação camponesa. Numerosas foram as etnografias que registraram posteriormente a posse da criação como meio de acumular para o casamento e as despesas de instalação de novo grupo doméstico.

Exatamente por ser a criação de animais o instrumento por excelência de reserva e acumulação de grupos domésticos camponeses, ficou evidente o impacto do simbolismo vinculado à expansão da pecuária baseada em pastos semeados pelos próprios agricultores em terras alheias, a título de foro ou arrendamento exigido pelos grandes proprietários, na inversão manifesta em que o alimento do gado impede o cultivo de alimentos para o grupo doméstico. A *terra de gado* condena ao desenraizamento, materializa a expropriação (como no caso do cercamento dos campos na Inglaterra analisado por Karl Marx [1967]), de grupos camponeses de vários tipos, cuja sobrevida dependia totalmente de estoques de terra de trabalho, expressão equivalente nesse contexto à terra de agricultura (Heredia, 1979; Martins,1980; Garcia Júnior, 1983, 1990).

Note-se que a oposição masculino/feminino também impera no domínio da criação: os animais de maior porte (equinos, bovinos) ou destinados ao transporte para fora do mundo doméstico são associados ao pai de família ou a algum de seus filhos já rapazes. Os de menor porte (caprinos, ovinos, suinos, aves), os bichos de terreiro, são cuidados pela mãe de família ou pelas filhas, decidindo elas mesmas a venda do plantel e o destino do dinheiro assim arrecadado (objetos de consumo da esfera feminina como vestuário, calçado, cosméticos, adereços etc.). A trilogia agricultura–criação–gasto da casa informa, portanto, as estratégias coletivas e individuais para se enfrentarem as variações das necessidades de consumo doméstico ao longo do tempo, tanto as flutuações sazonais (época chuvosa e faina pesada na lavoura; época seca e raridade de estoques e de tarefas agrícolas), quanto na sucessão dos anos. A oposição masculino/feminino estrutura domínios distintos, mas complementares, com primazia do cultivo agrícola, associado ao homem pai de família, sobre a manutenção da casa, espaço tido como próprio para as mulheres mães de família. Mas a entrada no mundo social pelo nascimento, ou a saída quando da morte, passava-se, até a medicalização crescente desses cuidados, fundamentalmente na esfera da casa sob a hegemonia feminina. O carater indissociável do vínculo entre unidade de consumo e unidade de produção apresenta-se, então, não como uma coletividade de indivíduos homogêneos e intercambiáveis, como tende a ser concebido o processo de trabalho industrial ou agroindustrial, mas conformado pela distinção de domínios complementares pensados como mundo das mulheres e mundo dos homens.

Note-se que, embora a imensa maioria dos grupos domésticos seja constituída por um casal inicial, forte é a variação dessas unidades segundo a composição de cada qual por sexo e idade. Os estudos empíricos assinalam como as atividades atribuídas a cada descendente do casal inicial, mesmo seu processo de socialização aos valores e estilos de vida dos grupos a que pertencem, dependem da posição de cada indivíduo na fratria e de sua composição por sexo e idade. Não é incomum a adoção formal ou "pegar para criar" meninos ou meninas quando a fratria apresenta uma inclinação demasiado acentuada para um dos pólos. Migrações precoces também são observadas em tais situações, buscando-se certo equilíbrio entre membros masculinos e femininos nos grupos domésticos. A demografia dos grupos domésticos camponeses não pode ser reduzida a determinismos biológicos, sem que se estudem as práticas concretas de cada casal para limitar, aumentar ou conservar os dependentes nascidos como filhos. As estratégias de casamento, de perpetuação ou de rompimento de vínculos matrimoniais ou de simples co-habitação, como as regras de filiação legítima e de transmissão do nome patronímico e de patrimônio material e cultural são componentes fundamentais da evolução da demografia de grupos domésticos camponeses e, portanto, de seu potencial produtivo. Laços familiares designam assim modalidades de se manter, criar ou destruir relações entre indivíduos não redutíveis a processos biológicos ou a determinismos ecológicos que aumentam ou diminuem as chances de sobrevida.

Ciclo de vida do grupo doméstico e variações da produção e dos gastos

A própria idéia de existência de grupos domésticos como quadro das práticas permitindo a reprodução humana acarreta como seu corolário a noção de ciclo de vida do grupo doméstico como formulou Meyer Fortes (1958). Cada unidade inicia-se pelo casamento e finda pelo desaparecimento do casal inicial, conhecendo uma expansão seguida de contração ao longo do ciclo, ela mesmo variável em função dos destinos sociais seguidos pelos filhos, com ênfase nas práticas matrimoniais ou migrações para outros espaços geográficos. Se as teorias propostas por Alexander Chayanov (1966) ganharam pertinência por relação aos seus adversários, que pretendiam explicar a diferenciação social do campesinato pelo desenvolvimento das relações capitalistas, foi por demonstrar que sem se prestar atenção à variação da composição por sexo e idade de diferentes grupos domésticos, ao estágio de ciclo de vida de cada unidade, em síntese, ao potencial de força de trabalho e de competências mobilizáveis por cada chefe de família, qualquer diferença de riqueza ou de renda não poderia servir de indicador de processos irreversíveis de mudança social. O estudo da mobilidade familiar ou individual, descendente ou ascendente, torna imprescindível a identificação do momento de ciclo de vida de cada grupo doméstico, até no tocante ao montante de terra capaz de permitir a manutenção de suas condições de existência ao longo do tempo. As etnografias realizadas no Brasil demonstram que os filhos de agricultores, ao passo que residem na casa de pais vivos, independentemente de suas idades, conservam-se sob a autoridade paterna, e mesmo seus esforços produtivos não são classificados como *trabalho*, mas como *ajuda*. A plena masculinidade está associada ao estabelecimento de um novo casal, passando, então, o indivíduo, qualquer que seja sua idade, de *rapaz* a *homem* ; do mesmo modo, a condição de *mulher*, ou de *esposa*, supõe o abandono da condição de *moça*, sendo que o casamento aparece como uma dimensão ainda mais explícita para o reconhecimento da condição de indivíduo do que no caso masculino. Essas modificações arriscadas da condição social de cada um, que nunca podem ser reduzidas às suas componentes biológicas, aumentam o interesse pela compreensão dos modos de operação da solidariedade intradoméstica, sem os identificar com os modos de funcionamento da solidariedade familiar entre indivíduos pertencentes a grupos domésticos distintos, mesmo quando originários de fratrias idênticas. As regras de transmissão de patrimônio material e simbólico balizam os processos sucessórios e vínculos intergeracionais, incidindo diretamente nos capitais econômicos (terras, equipamentos, meios financeiros etc.) e culturais (escolaridade, vínculos religiosos, associativos etc.) que podem ser mobilizados por qualquer grupo doméstico ao longo de seu ciclo de existência.

A socialização dos filhos residindo na casa paterna passa também pela atribuição progressiva de meios de se realizar o balanço entre o desejo de adquirirem bens para seu gozo pessoal (vestuário, adereços) e o esforço a ser dispendido com atividades agrícolas ou de criação de animais que proporcionam a renda monetária para adquiri-los. Atribuição de terra e de meios para o cultivo de *roçadinhos* a filhos que ultrapassaram a primeira infância foi também constatada em várias regiões do Brasil, assim como plantios que não diferem de lavouras predominantes no roçado familiar (mandioca, milho, feijão etc.), mas cujo destino não visa o abastecimento da casa e sim o provimento do consumo individual. Se as necessidades aumentam com a idade e a própria individualização dos filhos, aumentam também a superfície cultivada por cada filho e o esforço despendido, progressivamente articulado com atividade de criação de animais, sobretudo nos momentos que antecedem o casamento. A própria definição do que seja *infância*, e das atividades que lhes são características, está também relacionada à possibilidade ou obrigatoriedade de escolarização dos filhos (Linhares, 2004); a mobilização dos filhos em atividades agrícolas no presente impede-os de acumular um grau de escolaridade que facilite sua reconversão individual no futuro.

Tanto o roçadinho quanto a criação possuída individualmente podem ser usados para o consumo coletivo da casa em situação de precisão, saldando os pais as dívidas com os filhos em ciclos agrícolas posteriores. O primado do gasto da casa sobre os gastos individuais não implica, pois, necessariamente, anulação de diferenças entre os filhos, tampouco a individualização de cada um ameaça os equilíbrios propiciadores da solidariedade familiar. Variações dos ciclos agrícolas entre anos de abundância ou de escassez combinam-se, mas não se confundem, com variações no ciclo de vida de cada grupo doméstico. Nada há, portanto, de "economia natural" ou de auto-subsistência nos grupos camponeses estudados por cientistas sociais no Brasil; há formas sociais de se lidar com variações climáticas e sazonais a cada ciclo agrícola, há formas sociais para se enfrentarem as modificações impostas pelo ciclo biológico das pessoas e pelo ciclo de vida do grupo doméstico a que pertencem. Todas essas modalidades de comportamento observável correspondem a oposições simbólicas, a antagonismos sistemáticos de classificações, cuja decodificação permite torná-las compreensíveis. Teoricamente, as configurações sociais são tão complexas e variáveis quanto as estudadas em empresas inscritas em "economias de mercado"; seria um erro sociológico descartá-las como "estruturas elementares" que nada revelam de especial sobre o conhecimento da racionalidade econômica.

Temporalidade descontínua do ciclo agrícola

Um dos problemas mais recorrentes nas análises econômicas sobre as atividades agrícolas, como salientou Georgescu-Roegen (1963), é estudá-las conservando a concepção de tempo das atividades industriais e urbanas. Tal tempo, particularmente em linhas de montagem, é uniforme e reversível. Oportunidades perdidas, por panes eventuais, podem ser recuperadas mediante prolongamento das jornadas de trabalho ou pela aceleração de cadências. Na agricultura, há tarefas dificilmente postergáveis, como reza o ditado: "choveu, plantou". Terra não umedecida não permite semeadura com chances de sucesso, colheitas proveitosas impõem seus momentos. Resumindo: a mobilização da força de trabalho não é uniforme ao longo do ciclo agrícola, e o não desempenho de determinadas tarefas em certas fases são fatos irreversíveis naquele ano. Há, portanto, momentos de pico das fainas agrícolas e momentos de vazio, independentemente da organização do esforço produtivo. O uso do potencial produtivo da família ao longo do ano e o montante da colheita dependem do volume de trabalho nos momentos de pico do ciclo agrícola. Assim, as inovações em equipamentos e maquinário ou adubos e defensivos agrícolas são rejeitadas ou adotadas mais pela diminuição das exigências de trabalho que acarretam no momento do pico do ciclo do que pela rentabilidade financeira do investimento realizado (cf. Chayanov, 1966). Não foi por acaso que o motor em casas de farinha se difundiu rapidamente, pois poupava trabalho extradoméstico em etapa decisiva do beneficiamento da mandioca, componente indispensável da comida. Já a invenção de equipamento de arrancar mandioca, mesmo com todos os cuidados ergonômicos, encontrou poucos adeptos entre agricultores familiares, pois é tarefa que pode ser distribuída no tempo.

O conhecimento preciso da temporalidade do ciclo agrícola, que varia não só com o clima e a pluviosidade, mas também com o tipo de lavoura adotada, permite entender melhor a lógica das práticas e estratégias dos grupos domésticos. Outro exemplo clássico é o das migrações sazonais (Menezes, 2002), que não acarretam nenhum problema se o deslocamento se efetuar durante as épocas de vazio do ciclo agrícola. Porém, grande é o desfalque da força de trabalho familiar se a migração coincidir com os momentos de preparação dos cultivos para a semeadura, ocorrência provocada muitas vezes pelo fim dos estoques de alimentos e de escassez de recursos monetários, impondo o trabalho assalariado temporário como paliativo. As ameaças à reprodução do grupo doméstico não são uniformes ao longo do ciclo agrícola, e muitas estratégias econômicas só ganham sentido se o analista reconstituir as exigências em trabalho ao longo do ciclo completo.

Lavouras comerciais e lavouras com alternatividade autoconsumo/venda

Consorciar lavouras de periodicidade diferente, mesmo com queda de produtividade por hectare, é prática freqüente porque permite aumentar o trabalho ao longo de todo o ciclo agrícola e dispor de lavouras em diferentes momentos para assegurar o "gasto da casa", seja pelo autoconsumo, seja pela venda da produção para uso dos rendimentos assim obtidos na compra do indispensável ao consumo da casa. Essa queda de produtividade do trabalho, que assegura a elevação da produtividade da terra explorada, só aparece quando os cálculos se referem ao ciclo agrícola completo; Tepicht (1973) denominou tal prática de substituição de terra por trabalho. Fato é que durante o desenrolar de cada ciclo agrícola o consorciamento de lavouras de diferentes épocas de colheita diminui a ociosidade do potencial de trabalho doméstico. Muitas vezes, cultivos destinados ao autoconsumo são consorciados com lavouras comerciais, como é freqüente nos roçados de algodão no Nordeste (Garcia Júnior, 1990); as lavouras alimentares de ciclo mais rápido financiam em certo sentido a espera da renda proporcionada pelo cultivo comercial. Cultivos irrigados são em geral adotados com grande presteza, porque criam a possibilidade de se redefinir completamente o ciclo agrícola e tornam possível o trabalho agrícola em momentos que antes eram de forte ociosidade (Novaes, 1985; Caron e Sabourin, 2001).

Outra característica fundamental da economia familiar de grupos camponeses brasileiros é a combinação recorrente de lavouras ditas "para o gasto da casa" e de lavouras para venda; a dissertação de mestrado de Eliane Cantarino Gonçalves Bastos (1977) sobre citricultores fluminenses apresenta o título eloqüente de "Laranja e lavoura branca". É incrível como após tantas demonstrações empíricas datando de três décadas continuem a proliferar mal-entendidos sobre os significados das práticas de agricultores, freqüentemente rotulados de "rotineiros" ou de "apegados a tradições ultrapassadas". Há cultivos voltados exclusivamente para venda, nos quais a produtividade valor por hectare e por recursos despendidos constitui a motivação básica, porque uma parte do orçamento doméstico só pode ser suprida por compra de mercadorias a dinheiro (sal, açúcar, querosene ou luz elétrica, produtos de limpeza, vestuário etc.). Porém, uma parte da alimentação pode provir de cultivo próprio, como é freqüente com farinha de mandioca, feijão, milho, batata etc. Essas lavouras denominadas com freqüencia de "para o gasto" ou de "lavouras brancas", podem ser objeto de autoconsumo, mas também podem dar origem a mercadorias, objetos de compra e venda a dinheiro. Permitem o gasto da casa em itens imprescindíveis, que não podem faltar à mesa, podendo circular do *sítio* ou do *roçado* para a *casa* ou passarem por circulação mercantil antes de seu consumo final. Com Beatriz Heredia (1979), denominei tal duplicidade de funções de lavouras marcadas pela *alternatividade* autoconsumo/venda. Na análise da economia dos agricultores do brejo e do agreste da Paraíba (Garcia Júnior, 1990) foi apresentada formalização matemática para demonstrar que a flutuação dos preços entre os dois tipos de lavoura poderia ser de tal monta que o chefe de família pudesse manter a opção de cultivos com alternatividade, mesmo se sua produtividade valor por hectare, calculada pelo preço médio anual, fosse inferior à das lavouras destinadas à venda. Como o gasto da casa com certos alimentos, percebidos como a materialização do que é comida, é um dado inquestionável e pouco sujeito a variações de curto prazo, só oscilando em função do número de pessoas a serem alimentadas, a decisão de continuar a produzir tais cultivos não revela uma falta de sensibilidade à flutuação dos preços, mas, ao contrário, formas de responder às variações de preços colocando o grupo doméstico em posição vantajosa para garantir seu consumo em qualquer circunstância. Não creio também haver "aversão a risco" da parte dos grupos domésticos, mas apenas a busca de correr riscos inerentes às variações dos ciclos agrícolas em posição vantajosa para enfrentá-los.

Sob esse aspecto, é verdade que tal cálculo pode manter-se sempre que a exploração agrícola não seja institucionalizada sob a forma de empresa independente, de tal maneira que se rompa a possibilidade de estarmos diante de um só orçamento doméstico. Havendo empresa agrícola com contabilidade própria, mesmo quando possuída e operada por um só grupo doméstico, haverá duplicidade de balanços de fontes de recursos para despesas e despesas efetivamente efetuadas, e os cultivos com alternatividade podem-se transformar em itens residuais ou apenas complementares. Mas, em todo caso, o predomínio das lavouras marcadas pelo signo da alternatividade autoconsumo/venda é perfeitamente compatível com uma aguda sensibilidade dos chefes da unidade doméstica à flutuação de preços.

Outra falsa questão: a comercialização do excedente camponês

Outra observação errônea, que ignora a literatura disponível desde os anos 70, refere-se à parcela da produção agrícola doméstica dedicada à venda, qualificada quase sempre de "excedente camponês". É curioso observar que o alvo de tais comentários nunca é o cultivo destinado apenas à venda, como laranja (Gonçalves Bastos, 1977), abacaxi, maracujá (Heredia, 1979) ou algodão (Garcia Júnior, 1990), semeados para serem fontes de rendimentos monetários; a observação do destino de tais entradas de dinheiro revela que o poder de compra é empregado para propiciar o consumo da casa. Talvez por isso não engendrem imagens de excedentes de produção acima do consumo regular.

É justamente quando o objeto da atenção está focalizado nas lavouras com alternatividade que a representação da parcela comercializada como excedente prospera. Questionados sobre venda de feijão, de milho, de farinha de mandioca, de arroz, de tubérculos, de frutas e de certas verduras, agricultores de vários pontos do país respondem: "vendo o mais-do-que-o-gasto da casa". Muitos parecem contentar-se com o significado aparente de tal afirmação e acham-na convincente como alicerce empírico da idéia de excedente além do consumo necessário. Caso se persista observando o destino do rendimento monetário, chegariam provavelmente às mesmas conclusões que às de etnografias meticulosas desde os anos 70: o rendimento equivalente ao "mais-do-que-o-gasto" serve apenas para se adquirir o necessário ao gasto de épocas posteriores. Em miúdos: a venda a dinheiro é apenas uma forma de diferir no tempo o consumo da unidade doméstica.

Por que diferir o consumo passando pelo mercado? Muito simples: mais complicado ou impossível é possuir instalações para estocagem e armazenamento de produtos agrícolas em escala suficiente para impedir sua deterioração rápida (a exemplo de silos, frigoríficos etc.), capazes de garantir o consumo da unidade doméstica ao longo das 54 semanas do ano. A venda do "mais-do-que-o-gasto", ou seja, da parcela que se deterioraria antes de seu consumo efetivo, como a compra de alimentos para o consumo da família, permite de fato ajustar o ciclo de produção agrícola, reduzido freqüentemente a uma colheita anual, ao ciclo de consumo, bem mais constante ao longo do ano. As variações sazonais da produção agrícola podem assim ser compatibilizadas com a regularidade do consumo de alimentos percebidos como essenciais ao longo de todo o ano. O "excedente" temporário, que arriscaria ser perdido por completo, nada tem de "excedente sobre o consumo" quando o raciocínio inclui a totalidade do ciclo anual.

Essa "preferência pela liquidez", transformando em moeda estoques de "comida", ou vice-versa, para nada perder de item essencial, em sentido bem diferente do conceito forjado por John Maynard Keynes (1936), nada revela de fonte de riqueza acima dos níveis de subsistência ou de recursos superiores aos padrões considerados aceitáveis pelos próprios grupos domésticos. Assim se pode entender como agricultores brasileiros continuam a comercializar o "mais-do-que-o-gasto" em anos nos quais se sentem ameaçados de fome, ou, ainda, pode-se compreender a venda maciça de criação em anos de seca do Nordeste. A metamorfose de parcelas da produção de alimentos em "liquidez monetária" em nada altera o objetivo principal de assegurar a reprodução do grupo doméstico mediante a mobilização dos esforços desse mesmo grupo doméstico. Tudo dentro da racionalidade a mais estrita.

Economia camponesa e acumulação

Não há nenhum fundamento empírico a sustentar que os conceitos de acumulação de riqueza e o de economia camponesa sejam incompatíveis. Recapitulamos, anteriormente, como a criação de animais dotava a economia de grupos domésticos de poderoso mecanismo de reserva para enfrentar momentos de precisão ou de acumulação para despesas adicionais de consumo ou de investimento. Entre elas se observam a compra de novos equipamentos ou instalação de melhorias que permitam aumentar o potencial produtivo da família ao longo do ciclo agrícola ou diminuir o esforço em épocas cruciais. No Brasil, como também em diversos outros países, como na Polônia, estudada por Boguslaw Galeski (1972), nem sempre há distinção entre equipamento que aumente a capacidade produtiva da unidade doméstica e melhoria de seu estilo de vida, como na compra de veículos automotores como carros e motocicletas, instalações elétricas ou de novos meios de comunicação, acesso a água para usos diversificados, melhorias do conforto nas casas e dos galpões e dispensas. A melhoria dos padrões de vida ou sua deterioração – em outras palavras, a acumulação de recursos ou o empobrecimento – são processos que não derivam de nenhuma tendência inerente à economia camponesa; são processos que devem ser examinados de perto para se tornarem inteligíveis.

A expansão da pecuária baseada em pastos semeados, em face da exigüidade do estoque de terras de muitas famílias camponesas, acarretou forte desacumulação ou mesmo expropriação das condições de existência de contingentes numerosos. Programas recentes de apoio público à cavação de poços artesianos em regiões agrestes ou semi-áridas têm, por sua vez, permitido atividades agrícolas, pecuárias, de artesanato ou de pequeno comércio nunca antes exploradas. O que se passa com os grupos camponeses depende em larga medida do que se passa com as categorias dominantes, os grandes proprietários e novos grupos econômicos, e mesmo empresas financeiras. A rolagem de dívidas dos "ruralistas" ou de seus representados com bancos públicos, em vez da execução de hipotecas de terras que dotem a reforma agrária de recursos ampliados, constitui desde os anos 90 um dos eixos principais da manutenção de tendências que impedem a acumulação de amplos setores de agricultores e a instalação em boas condições de novos contingentes de assentados. A histórica "socialização dos prejuízos", posta em prática por instituições hoje extintas, como IBC para o café, IAA para o açúcar, dentre outras, continua a funcionar como mola central bloqueando reconversões em larga escala de diversos setores de pequenos e médios agricultores no campo brasileiro. Que fique claro: a falência ou o declínio de grandes explorações abre os horizontes para a acumulação da economia camponesa; o crescimento subvencionado do agronegócio priva a economia camponesa dos meios de sua expansão.

Idéia muito difundida em meios letrados, mas que se afasta completamente dos registros historiográficos ou de observações etnográficas recentes, é a que assimila grupos domésticos de camponeses a estabelecimentos exclusivamente agrícolas, excluindo-se atividades de artesanato, pequeno comércio ou inscrição temporária em mercado de trabalho, em locais próximos à residência rural ou implicando migrações para outras regiões. Sem aprofundar as origens do preconceito contra atividades comerciais (para tal, vale consultar M. F. Garcia-Parpet [2008]), cabe assinalar a freqüência da combinação de atividades agrícolas com o pequeno negócio, o que assegura, aos grupos domésticos que logram fazê-lo, meios suplementares de lidar com épocas de fartura e épocas de escassez ao longo do ciclo agrícola (Garcia Júnior, 1990), além de os inserir de forma duradoura em circuitos mercantis permitindo proximidade e familiaridade com flutuações de preços e mecanismos monetários e financeiros mobilizados nestas ocasiões. Os rendimentos do negócio permitem enfrentar os momentos mais difíceis de se efetuar o ajuste entre o ciclo da produção agrícola e o ciclo de consumo, justamente o que antecede o plantio do ciclo agrícola seguinte,[4] sem ter de se recorrer a migrações. Por sua vez, muitos negócios só podem ser duradouros se o intermediário não depender apenas dos lucros que propicia para garantir o consumo de seu grupo doméstico; em outras palavras, caso o negócio fosse uma atividade especializada, seria totalmente inviável – só se sustenta porque pode ser combinado com a agricultura. O mesmo poderia ser dito para muito artesanato, notando-se que sua freqüência é tanto maior nos momentos de vazio do ciclo agrícola. A especialização em atividades agrícolas e pecuárias exige uma distribuição uniforme do trabalho e dos rendimentos ao longo do ano, situações bem diferentes das que se observam no campo de forma generalizada tanto histórica como geograficamente. Repetindo com Georgescu-Roegen (1963): não há porque ser etnocêntrico e universalizar o caráter uniforme e reversível do tempo das atividades industriais e urbanas; muitas explorações decretadas "inviáveis" por economistas e técnicos agrícolas nada mais fazem do que enfrentar racionalmente situações diferentes das configuradas pelos parâmetros escolhidos pelos "especialistas" letrados. O estigma de "camponeses irracionais" só perdura se não se questiona os fundamentos racionais dos modelos impostos pelos que se dizem estar apoiados em conhecimentos científicos.

Da mesma forma, cada grupo doméstico de camponeses pode enfrentar situações de precisão sem dispor de meios para tanto; é ainda mais freqüente resolver pela venda da força de trabalho, como diarista ou por empreitada, por exemplo, tal dificuldade. Com Beatriz Heredia, cheguei a sugerir que o caráter vergonhoso do alugado no Nordeste possa ser entendido, além de se submeter à remuneração diminuta, como evidência de que o agricultor

[4] Na França, esse momento crucial entre dois ciclos agrícolas sucessivos recebeu a categorização de *soudure*, que poderia ser traduzido por "solda".

ou membro de sua família que o pratica esteja desprovido dos meios de ajustar os dois ciclos (produção e consumo). Portanto, está "desequilibrado" ou cheio de dívidas. A migração em direção a mercados de trabalho longínquos permite eufemizar os motivos da precisão, mas é prática comumente utilizada em situações análogas. O respeito de um chefe de família depende de "não deixar seu povo passar fome"; assim, pode realizar várias tarefas que nada tenham a ver com trabalho agrícola, sem que negue que se identifica basicamente através da condição de agricultor. O momento do ciclo de vida do migrante é um qualificativo importante, pois a partida de um rapaz buscando recursos para casar não é percebida da mesma maneira que a de um pai de família "querendo se equilibrar".

O deslocamento de moças, de mulheres casadas, viúvas ou separadas também é indicativo da condição de vida de seus grupos domésticos de origem, se estão "equilibrados" ou "desequilibrados". Por isso mesmo as tarefas realizadas dentro ou fora de grupos domésticos nunca são isentas de avaliações morais, de modo algum redutíveis ao montante de renda monetária que podem proporcionar. Estar submetido a urgências imperativas sem meios de enfrentá-las afeta a própria possibilidade de o indivíduo formular qualquer projeto (cf. Bourdieu, 1963; Castel, 1993), ou mesmo de se sustentar como pessoa autônoma.

Mesmo se nossa restropectiva não foi exaustiva, esperamos que ela possa servir ao menos para relembrar como a etnografia meticulosa de atividades e de classificações empregadas por grupos domésticos de camponeses brasileiros permite a construção de questões sistemáticas a serem examinadas, bem como de categorias de análise que as permitem tratar, alargando o horizonte de entendimento das modalidades de participação de explorações domésticas camponesas na transformação do espaço rural e do conjunto de atividades agrícolas e agroindustriais. Com o perdão por repetirmos: muitos comportamentos condenados como "anti-econômicos" ou "irracionais" por economistas e cientistas sociais não se apoiam em observações empíricas sistemáticas, nem em retrospectivas sérias da literatura disponível. A subsistência desses julgamentos só pode ser atribuída à má-fé, a menos que se promova a ignorância à virtude científica.

RECONVERSÃO DE CAMADAS DESENRAIZADAS E PERSPECTIVAS DE FUTURO PARA O MUNDO RURAL

Durante o regime militar (1964-1985), a política de repressão ou de inibição das mobilizações camponesas, até mesmo quando reclamavam a aplicação estrita das leis trabalhistas e a vigência do salário mínimo (ou dos dispositivos do Estatuto da Terra garantindo contratos menos leoninos de arrendamento e parceria, ou ainda o respeito das benfeitorias e explorações agrícolas dos posseiros, consolidando por sua instalação definitiva em patrimônios imobiliários desapropriados para fins de reforma agrária), favoreceu as vias de transformação social privilegiando a reconversão de família de grandes proprietários. A contenção do protesto camponês diminuía os custos morais, políticos e monetários da expulsão maciça de antigos moradores, colonos ou agregados de grandes plantações agroexportadoras ou das fazendas de gado. A política agrícola de juros subsidiados e de incentivos fiscais para grandes proprietários e para grandes empresas industriais e financeiras que investissem no campo complementou o arsenal de apoios e subvenções a favorecer o modelo que ficaria conhecido como a "modernização conservadora" (Silva, 1982; Delgado, 1985; Palmeira e Leite, 1997). A perda de concessões tradicionais feitas a colonos de fazenda de café, a moradores de engenho ou vaqueiros e agregados de fazenda de gado, como a residência gratuita, o acesso à lenha e à água disponível no domínio, aos lotes de terra para sítios e roçados, a possibilidade de criação de animais de terreiro, entre outras, provocou uma pauperização absoluta dos contingentes que se deslocaram para a periferia das cidades. Assim, foram para as pontas de rua de pequenas, médias ou grandes cidades sem deter recursos para se instalar segundo os padrões das unidades domésticas urbanas, forçados a exibirem padrões que só poderiam aparecer como degradantes, se confrontados ao passado no mundo rural ou a famílias urbanizadas de longa data. A tal ponto constitui uma perda de referências básicas que o passado de carências e de controles arbitrários dos senhores passa a ser idealizado como "era de fartura" (Sigaud, 1971, 1979).

Sem sítios ou roçados que assegurem ao menos parte do gasto da casa e trabalho nos momentos de vazios do ciclo das lavouras comerciais, sem a criação dos bichos de terreiro para enfrentar a precisão, tendo que pagar por chão de casa, acesso à água, à lenha ou ao combustível para cozinhar, submetidos a todas as urgências para assegurar a subsistência dos grupos domésticos, com o colapso de estratégias que garantiam a existência cotidiana configurando um verdadeiro desenraizamento social, tais grupos contam com parcas chances de efetivas estratégias de reconversão de suas condições sociais. Mais grave ainda é que a precariedade crescente pressiona para que tais grupos domésticos incrementem a oferta de trabalho assalariado, contribuindo para agravar a sobre-oferta de trabalho seguida de baixos salários, aquém do mínimo legal, e de aceitação de condições de trabalho aviltantes (cf. a excelente monografia de Maria Aparecida de Morais Silva, 1999). As dificuldades de reprodução camponesa repercutem negativamente sobre os padrões de vida do proletariado rural.

A reversão dessas tendências supõe que se dotem as camadas empobrecidas de meios para atingir padrões decentes de existência, não apenas por meio de políticas de renda mínima como o bolsa família (que têm o grande mérito de fixarem patamares de decência), mas, sobretudo, de acesso a chão de casa ou a residências providas de serviços essenciais (saneamento, água, energia elétrica, escolaridade para descendentes, serviços de saúde) e também de acesso à terra para plantio e criação de animais. Restaura-se por essa via a capacidade dos próprios grupos domésticos de participarem ativamente da melhoria de suas condições de existência, abandonando de vez a posição de eternos objetos de filantropia dos "grandes", ou daqueles qualificados de "homens" aos olhos dos que se desqualificam ao se perceberem como "cabras". Por isso mesmo não pode haver dúvidas de que políticas de reforma agrária, contendo a expropriação do campesinato submetido, e estabilizando as condições de desenvolvimento da economia camponesa, constituem o caminho privilegiado para reverter a degradação das condições de vida dos mais necessitados.

Não se deve esquecer, porém, que a melhoria dos padrões de vida das camadas empobrecidas dependerá, sobretudo, da capacidade dos grupos domésticos para se apropriarem das oportunidades a que tiverem acesso, dotando-se de perspectivas de futuro que justifiquem a mobilização de esforços individuais e coletivos (Leite, 2003). Retomar o conhecimento acumulado pelas ciências sociais para compreender o sentido das práticas e das estratégias empregadas pelos novos beneficiários da reforma agrária é reforçar as chances de serem apoiados os esforços que os grupos domésticos tendem a utilizar na busca de melhoria de seus padrões de existência. A desconsideração do significado das práticas usuais e das categorias de pensamento que as acompanham nada mais faz do que duplicar em nível dos que exercem os ofícios intelectuais a distância social que os separa das camadas mais modestas da população, composta por assalariados rurais e por agricultores pequenos e médios. Mas é a liberdade coletiva que pode ficar comprometida, pois sem a reconversão bem-sucedida de parcelas condenadas à pauperização, e objetivamente excluídas de jogos culturais e políticos, não se consolida uma democracia suscetível de permitir que cada indivíduo se aproxime da condição de sujeito dos destinos da coletividade e de sua própria existência. Estaríamos condenados a ser escravos de nosso passado de escravidão, alimentando eternamente a onipotência de poucos com a miragem de futuro de "grande potência"? Não aumentaríamos nosso grau de liberdade coletiva reconhecendo as modalidades próprias de reconversão de setores desfavorecidos, que alargam os horizontes dos meios de transformação social? A imagem de "maior celeiro do mundo" servirá unicamente para reafirmar a hegemonia do agronegócio, condenando, como no passado, o campesinato à ameaça de fome e à incerteza quanto à sua reprodução? Ou abrirá espaço para afirmação da diversidade de explorações agrícolas no campo, permitindo que, à fartura do aprovisionamento das casas, se agregue a possibilidade de elaborar verdadeiros projetos de futuro por essas famílias?

REFERÊNCIAS BIBLIOGRÁFICAS

AARÃO REIS, D. et al. *História do marxismo no Brasil*. Campinas: Editora da Unicamp, 2008.

______. *A terra e o homem no Nordeste*. São Paulo: Brasiliense, 1964.

ABRAMOVAY, R. *Paradigmas do capitalismo agrario em questão*. Campinas: Ed. da Unicamp, 1991.

ANDRADE, M. C. de. *Rios de açúcar do Nordeste oriental*. Recife: IJNPS, 1957.

BOURDIEU P. *Le bal des célibataires*. Paris: Seuil, 2002.

BRUMER, A.; DUQUÉ, G.; LOURENÇO, F. A.; WANDERLEY, M. N. B. A agricultura familiar no Brasil. In: HUGUES, L. (Org.). *A agricultura familiar, comparação internacional. Uma realidade multiforme*. Campinas: Unicamp, 1993.

CAMARGO, A. A questão agrária: crise de poder e reformas de base. In: FAUSTO, B. *História geral da civilização brasileira*. v.3 – O Brasil republicano. São Paulo: Difel, 1981.

CÂNDIDO, A. *Os parceiros de Rio Bonito*. São Paulo: Duas Cidades, 1964.

CARNEIRO, M. J. Em que consiste o familiar da agricultura familiar. In: COSTA, L. G., FLEXOR, R. S. *Mundo rural brasileiro*. Rio de Janeiro: Mauad X/EDUR, 2008.

CARON, P.; SABOURIN, E. P. (Orgs.). *Camponeses do Sertão*: mutação das agriculturas familiares no Nordeste do Brasil. Brasília: Embrapa/Cirad, 2003. v.1.

CHAMPAGNE, P. *L'héritage réfusé*. Paris: Seuil, 2002.

CHAYANOV, A. V. *The theory of peasant economy*. American Economic Association, Homewood. Illinois: Irwin, 1966.

CONFERÊNCIA Nacional dos Bispos do Brasil (CNBB). *A Igreja e os problemas da terra*. Itaici (PA): CNBB, 1980.

DA MATTA, R. O ofício de etnólogo ou como ter 'Anthropological Blues'. In: NUNES, E. O. (org.). *A aventura sociológica*. Rio de Janeiro: Zahar, 1978.

ESTERCI, N. *Conflito no Araguaia: peões e posseiros contra a grande empresa*. Petrópolis: Vozes, 1987.

FORTES, M. Introduction. In: GOODY, J. (ed.). *The Development Cycle in Domestic Groups*. Cambridge: Cambridge University Press, 1958.

FREYRE, G. *Casa-grande e senzala*. Rio de Janeiro: Schmidt, 1933.

FRANCO, M. S. de C. *Homens livres na sociedade escravocrata*. São Paulo: Ática, 1974.

FUKUI, L. *Sertão e bairro rural*: parentes e família entre sitiantes tradicionais. São Paulo: Ática, 1979.

GALESKI, B. *Basic concepts of rural sociology*. Manchester: Manchester University Press, 1972.

GARCIA JÚNIOR, A. *Terra de trabalho*: trabalho familiar de pequenos produtores. Rio de Janeiro: Paz e Terra, 1983.

______. *O sul*: caminho do roçado. Estratégias de reprodução camponesa e transformação social. São Paulo: Marco Zero; UnB; CNPq, 1990.

______; GRYNSZPAN, M. Veredas da questão agrária e enigmas do grande sertão. In: MICELI, S. (ed.). *O que ler na ciência social brasileira (1970-2002)*. São Paulo: ANPOCS; Sumaré, 2002.

GARCIA-PARPET, M.-F. *Le marché de l'excellence*. Les grands crus à l'épreuve de la mondialisation. Paris: Seuil, 2008. (Liber).

GEORGESCU-ROEGEN, N. Economic Theory and Agrarian Economics. In: EICHER,WITT. (ed.). *Agriculture in Economic Development*. New York: McGraw-Hill, 1963.

GNACCARINI, J. C., MOURA, M. Estrutura agrária brasileira: permanência e diversificação de um debate. In: *BIB*, Rio de Janeiro, ANPOCS. n.15, p.5-52, 1983.

GONÇALVES BASTOS, E. C. *Laranja e lavoura branca*. Dissertação (Mestrado) – Rio de Janeiro, PPGAS do Museu Nacional UFRJ, 1977. mimeo.

HEREDIA, B. *A morada da vida*: trabalho familiar de pequenos produtores do Nordeste do Brasil. Rio de Janeiro: Paz e Terra, 1979.

______. *Formas de dominação e espaço social*. Rio de Janeiro: Paz e Terra, 1989.

GARCIA JR. A. Trabalho familiar e campesinato. In: *America Latina*, ano 14, n.1/2, p.10-20, 1972.

JOLIVET, M. et al. *Histoire de la France rurale*. Paris: Larousse, t.4, 1984.

JULIÃO, F. *Que são as ligas camponesas*? Rio de Janeiro: Civilização Brasileira, Cadernos do povo brasileiro, 1962.

______. *Cambao (le joug), la face cachée du Brésil*. Paris: Maspero, 1968.

KAUTSKY, K. *Die Agrarfage. Eine uebersicht uber die tendezen der modern land wirthschaft und die agrarpolitik der sozialdemokratie*. Bonn: Verlag J. H. W. Dietz Nachf, 1899.

KERBLAY, R. S. (ed.). *American Economic Association*. Homewood, Illinois: Irwin.

KEYNES, J. M. *Théorie générale de l'emploi, de l'intérêt et de la monnaie*. Paris: Payot, 1969 [1936].

LEITE, S. Orçamentos familiares e estratégias socioeconômicas em assentamentos rurais. *Estado, sociedade e agricultura*. Rio de Janeiro, 2003. v.21.

LENINE, V. I. *Le développement du capitalisme en Russie*. v.3. Paris: Editions Sociales, (*Œuvres complètes*).

LINHARES, E. F. *Entre escravos e anjos: condições e significados da infância em um assentamento rural fluminense*. Rio de Janeiro, IFICS/UFRJ, 2004 (Tese de doutorado). mimeo.

LOVE, J. *Crafting the Third World*. Stanford: Stanford University Press, 1996.

MARTINS, J. de S. *O cativeiro da terra*. São Paulo: Ciências Humanas, 1979.

______. *Expropriação e violência*. São Paulo: Hucitec, 1980.

______. *Os camponeses e a política*. Petrópolis: Vozes, 1981.

MARX, K. *Le capital*. Paris: Editions Sociales, 1967.

MEDEIROS, L. *História dos movimentos sociais no campo*. Rio de Janeiro: Fase, 1989.

MENEZES, M. *Redes e enredos nas trilhas dos migrantes*: um estudo de famílias de camponeses – migrantes. Rio de Janeiro, João Pessoa: Relume Dumará; Ed. UFPB, 2002.

MOORE Jr., B. *Social Origins of Dictatorship and Democracy*. Boston: Beacon Press, 1967.

MUSUMECI, L. *Mito da terra liberta*: 'colonização espontânea', campesinato e patronagem na Amazônia Oriental. São Paulo: Vértice/ANPOCS, 1988.

______. *Campos do rural: temas e problemas do debate intelectual recente sobre a questão agrária brasileira*. Rio de Janeiro, 1991. PPGAS do Museu Nacional – UFRJ. mimeo.

NEVES, D. P. *Lavradores e pequenos produtores de cana*: estudo de formas de subordinação de pequenos produtores agrícolas ao capital. Rio de Janeiro: Zahar, 1981.

NOVAES, R. *Os escolhidos de Deus*. Rio de Janeiro, 1986.

PALMEIRA, M. Morar, a lógica da *plantation* tradicional. In: *Actes du XLIIème Congrès des Américanistes*. Paris. v.1, p.305-15, 1976.

______, LEITE, S. Debates econômicos, processos sociais e lutas políticas: reflexões sobre a questão agrária. In: *Debates CPDA*. Rio de Janeiro: CPDA; UFRRJ, 1977.

POLANYI, K. *A grande transformação*. Rio de Janeiro: Campus, 1980.
POLLAK, M. Un texte dans son contexte: l'enquête de Max Weber sur les ouvriers agricoles. *Actes de la recherche en sciences sociales*. n.65, p.69-76, 1986.
QUEIROZ, M. I. P. de. *O messianismo no Brasil e no mundo.* São Paulo: Dominus/ EDUSP, 1965.
______. *O campesinato brasileiro*: ensaios sobre a civilização de grupos rústicos no Brasil. Petrópolis: Vozes, 1973a.
______. *Bairros rurais paulistas*: dinâmicas das relações bairro rural-cidade. São Paulo: Duas Cidades, 1973b.
SANTOS, J. V. T. de. *Colonos do vinho*: estudo sobre a subordinação do trabalho camponês ao capital. São Paulo: Hucitec, 1978.
______. Notas sobre a investigação sócio-antropológica do rural. ANPOCS: 12º encontro, Águas de São Pedro, 1988. mimeo.
______. Crítica da sociologia rural e construção de uma sociologia dos processos agrários. ANPOCS: 14º encontro, Caxambu, 1990. mimeo.
SEYFERTH, G. *A colonização no Vale do Itajai-Mirim*. Porto Alegre: Movimento, 1974.
SIGAUD, L. A Nação dos Homens. Rio de Janeiro, PPGAS do Museu Nacional; UFRJ, 1971 (Dissertação de mestrado). mimeo.
______. *Os clandestinos e os direitos*. São Paulo: Duas Cidades, 1979.
______. Para que serve conhecer o campo? In MICELI, S. (org.) Temas e problemas de pesquisa em Ciências Sociais. São Paulo: Sumaré, 1992.
SILVA, J. F. G. da. *A modernização dolorosa*. Rio de Janeiro: Zahar, 1982.
______ et al. *Estrutura agrária e produção de subsistência na agricultura brasileira.* São Paulo: Hucitec, 1978.
TEPICHT, J. *Marxisme et agriculture:* le paysan polonais. Paris: Armand Colin, 1973.
VELHO, O. *Frente de expansão e estrutura agrária no Brasil*. Rio de Janeiro: Zahar, 1972.
______. *Capitalismo autoritário e campesinato*. São Paulo: Difel, 1974.
______. Modos de desenvolvimento capitalista, campesinato e fronteira. Dados da *Revista de Ciências Sociais.* Rio de Janeiro, v.13, 1976.
WANDERLEY, M. N. *Capital e propriedade fundiária*. Rio de Janeiro: Paz e Terra, 1979.
______. Le Brésil, exploitation familiale ou latifundium? In LAMARCHE, H. (Org.) *L'agriculture familiale*. Paris: L'Harmattan, 1994.
WEBER, M. *Die lage der landerbeiter im ostelbischen Deuschland*. Tubingen: J. C. B. Mohr (Paul Siebeck), 1892.
______. Enquête sur la situation des ouvriers agricoles à l'Est de l'Elbe. In: *Actes de la recherche en sciences sociales*. n.65, p.65-8, 1986.
WOORTMAN, E., WOORTMAN, K. *O trabalho da terra*. Brasília: UNB, 1977.

9
FAMÍLIAS CAMPONESAS, MIGRAÇÕES E CONTEXTOS DE PODER NO NORDESTE: ENTRE O "CATIVEIRO" E O "MEIO DO MUNDO"

Russell Parry Scott

INTRODUÇÃO

Este trabalho se desenvolve em torno da idéia da utilização da força de trabalho familiar como base na organização camponesa. Enfatiza que o vínculo de camponeses com estruturas de poder mais amplas matiza as suas condições de vida. Por meio da ênfase em migrações, é possível compreender algumas das combinações de estratégias de uso diversificado de mão-de-obra familiar, em diferentes tempos e locais. É um artigo de revisão sumária de três décadas de pesquisa do autor entre camponeses do Nordeste, focalizando resultados concretos. Primeiro, examina-se o caso de migração e organização doméstica entre moradores da zona canavieira de Pernambuco nos anos 70, demonstrando a sua sensibilidade aos fluxos nacionais, regionais e locais de migração e ao convívio com contextos de poder em engenhos diferentes e na ponta da rua, compreendido por eles como a uma vivência "entre o cativeiro e o meio do mundo". O segundo e o terceiro casos examinados situam-se, respectivamente, no agreste pernambucano e no oeste maranhense nos anos 80 e referem-se às migrações inter-regionais e às estratégias domésticas. Este estudo relata as estratégias de famílias camponesas de emigrar, realizar migrações circulares e retornar num esforço de "indivíduos migrarem para as famílias poderem se perpetuar onde estão". As diferenças entre o envio de migrantes para o Centro-Sul (sobretudo São Paulo) do agreste pernambucano e o envio para a fronteira amazonense por famílias no oeste maranhense evidenciam quanto os contextos de poder locais e a proximidade a "destinos promissores" afetam a adoção de estratégias familiares diferentes. No quarto caso, acompanham-se mais de duas décadas da luta de camponeses, posseiros, meeiros e irrigantes da beira do rio São Francisco ao serem removidos forçosamente e reassentados em novos locais ao longo do rio, modificando a sua maneira cotidiana de produzir e se relacionar, transformando a sua própria campesinidade. As últimas reflexões ressaltam a multiplicidade de estratégias migratórias e as fragilidades e forças dos laços familiares quando inseridos numa variedade de contextos de poder.

VISÃO GERAL

Trabalhadores rurais e camponeses não diferem de outros grupos humanos. Constroem grupos domésticos para se beneficiarem. Neste esforço comum, criam-se especializações por sexo, idade e parentesco. Esses grupos internamente hierárquicos operam em ambientes que contêm grupos poderosos decididos na sua intenção de explorar os mais fracos. O empobrecimento dos trabalhadores rurais e camponeses e a repressão das suas lutas resultam num realinhamento constante das relações domésticas. O fluxo de pessoas, entre grupos domésticos e entre regiões, transfere a energia humana mais produtiva para contextos nos quais classes mais poderosas possam explorá-la, ou em que as próprias famílias podem aproveitá-la melhor.

Este trabalho enfoca tal jogo de administração de trabalho familiar como uma complexa articulação que procura equacionar as contribuições para a família e as demandas externas sobre a energia e produtos dos trabalhadores individuais. Examina diversos contextos de poder em momentos históricos diferentes ressaltando adaptações e resistências locais na sua relação com a composição e estratégias de grupos domésticos. Neste caminho, identifica representações camponesas que diferem de contexto em contexto, oscilando entre idéias associadas ao “cativeiro”, referentes a forças locais para o controle externo da administração familiar da força de trabalho, e o “meio do mundo”, referente a forças que promovem a migração, circulação e liberdade da mão-de-obra individual, distanciando-a da sua família de origem.

O “cativeiro” e o “meio do mundo” são duas opções domésticas entre as quais agricultores e trabalhadores rurais nordestinos se articulam historicamente. Como “cativos”, colocam o seu trabalho à disposição de empregadores locais em troca do salário e de alguns “favores”. Como viajantes “no meio do mundo”, são móveis e disponíveis a empregadores em áreas mais dinâmicas, cada vez mais separadas das suas casas de origem. Um exame cuidadoso da variação na composição e organização de grupos domésticos de trabalhadores, com atenção especial aos contextos diferentes de adaptação criados localmente, mostra a articulação entre as pressões da classe dominante local de intensificar o cativeiro e a procura individualizada, desarticuladora de estratégias familiares de sobrevivência do trabalhador de se soltar "no meio do mundo", nem mesmo mantendo contato com a sua casa de origem. Em outros termos, do ponto de vista dos grupos domésticos dos trabalhadores, o "cativeiro" refere-se a qualquer controle direto da força de trabalho familiar por outro fora do grupo doméstico. Estar no "meio do mundo" diz respeito à perda definitiva dessa força de trabalho familiar, sem se especificar quem agora controla esse trabalhador. São dois pólos opostos em relção à mobilidade e à participação no grupo doméstico. Os dois pólos se confundem. "O cativeiro", termo simbolicamente ligado ao passado escravagista e à prepotência senhorial, aproxima-se do "meio do mundo", termo que simboliza a "liberdade" de cada trabalhador vender sua força de trabalho a quem ele quiser. Mesmo assim, em ambos os pólos há uma perda sensível de controle do grupo doméstico sobre a disposição do seu trabalho familiar, evidenciado nos dois casos discutidos neste trabalho e comentados no final.

No primeiro caso são vistos trabalhadores rurais pernambucanos nos anos 70, detalhando contextos locais de uso local de trabalho e de inserção nos fluxos de migração nacionais, incluindo dois engenhos particulares, um engenho de reforma agrária e a ponta da rua de uma sede municipal. No segundo caso são examinadas famílias camponesas no agreste pernambucano e no oeste maranhense nos anos 70 e 80, enfocando as suas estratégias de migrações inter-regionais e as suas implicações na recomposição das estratégias locais de uso de trabalho e acesso a recursos. Um terceiro caso, a migração forçada de agricultores atingidos pela barragem de Itaparica, não é desenvolvido aqui.[1]

O PRIMEIRO CASO: TRABALHADORES RURAIS NA ZONA CANAVIEIRA PERNAMBUCANA

Uma história de classes dominantes e o controle de trabalhadores rurais pernambucanos

Os padrões específicos de uso de trabalho na zona da mata, a zona açucareira de Pernambuco, têm-se transformado no tempo, mas a política de repressão à força de trabalho tem sido um elemento constante. Durante séculos, o governo, comerciantes e senhores de engenhos colaboraram numa atividade de produção que se erguia numa base de trabalho de escravos e moradores livres que plantavam onde os canaviais não atingiam (Melo, 1975; Andrade, 1986; Scott, 1981, 1989). O governo protegia os senhores de engenho, impedindo desapropriações, estendendo empréstimos e tolerando dívidas.

[1] O caso pode ser visto no livro *Descaso planejado* (Scott, no prelo).

No século XIX a pressão mundial de abolição da escravidão e o fluxo de escravos para as áreas de cafeicultura mais prósperas contribuíram para o encarecimento da população escrava. A população de moradores livres tornou-se mais importante para trabalhar nos canaviais. Com as oscilações do mercado, variava a intensidade do uso desta população residente de trabalhadores produtores da sua própria subsistência. Para ter acesso à terra, pagava-se com mercadorias, dinheiro ou dias de trabalho. Desta forma, os plantadores nordestinos já possuíam uma força de trabalho "livre" e ao mesmo tempo "cativa" quando se promulgou a abolição no fim do século (Melo, 1975; Andrade, 1986; Eisenberg, 1974).

No Centro-Sul, nesta época, a imigração renovava a força de trabalho de colonos na agricultura e de operários urbanos. No Nordeste, dependia-se da sua própria população sem renovação imigratória significativa. Os plantadores de açúcar, com um governo estadual benevolente, resistiram às tentativas internacionais de se arrancar o controle do setor industrial da produção. Eles mesmos procederam à concentração da produção em unidades industriais chamadas usinas, cujos domínios incluíam extensões vastas de terra. Crescia a produção açucareira no Centro-Sul, ameaçando tirar uma fatia maior dos mercados interno e de exportação. A centralização do Estado Novo atingiu o setor açucareiro. O IAA (Instituto do Açúcar e do Álcool), em 1933, passou a atuar como principal controlador da produção nacional. O Centro-Sul ampliou a sua fatia de mercado, mas também ocorreu uma série de medidas protetoras da indústria açucareira nordestina, aliada na defesa da organização empresarial de grande escala, como adoção de cotas e autorização para equipamentos de modernização.

Para sobreviver, as classes dominantes nordestinas intensificaram as suas demandas sobre o trabalho dos moradores, permitindo-lhes menos dias dedicados à sua própria produção de subsistência. Crescia a população, diminuía-se o acesso à terra. Após a terceira década de século, houve um decréscimo na imigração estrangeira no Centro-Sul, e o Nordeste tornou-se a fonte principal de trabalhadores rurais para essa região. O Nordeste, antigamente o ponto de destino de uma população escrava produzida na África, transformou-se em produtor e em ponto de origem de trabalhadores. A competição das classes dominantes regionais e nacionais para usar o trabalhador nordestino implicou um agravamento da exploração dos trabalhadores rurais.

A mobilização política do fim dos anos 50 e do início dos anos 60, com as ligas camponesas e os sindicatos, exigiu mais acesso à terra e melhores condições de trabalho. A mobilização culminou numa greve geral em 1963 e num aumento substancial em salários, e foi uma força na promulgação de legislação nacional reconhecendo os direitos a um salário mínimo, ao descanso semanal, a férias, ao 13º salário, a roçados e a outros benefícios. O encarecimento do fator "trabalho" que estes ganhos implicaram para os empregadores levou-os a intensificar a expulsão dos moradores dos engenhos particulares (Melo, 1975; Andrade, 1986; Scott, 1981, 1989; Sigaud, 1979).

O golpe de 1964 trouxe a repressão imediata e brutal da atividade política e sindical de camponeses e trabalhadores. Sucessivos programas para a transformação da zona da mata articulados nacional e internacionalmente (Sudene – Superintendência de Desenvolvimento do Nordeste; Geran – Grupo Especial para Racionalização da Agroindústria Canavieira do Nordeste; Proterra – Programa de Redistribuição de Terras e de Estímulo à Agropecuária do Norte e do Nordeste) invariavelmente proclamavam duas metas: a criação de empresas rurais eficientes e a reforma agrária. Algumas poucas áreas, onde os empresários tinham sido particularmente ineficientes e os trabalhadores, particularmente exigentes, sofreram modificações que aumentaram o acesso à terra para alguns trabalhadores (Scott, 1981, 1989; Sigaud, 1979; Andrade, 1986). A implementação dos programas governamentais favoreceu a criação de "empresas rurais" e não a "reforma agrária". As classes dominantes regionais usaram o crédito disponível para capitalizar as suas agroindústrias e empresas corporativas empenhadas em atividades econômicas diversificadas. A política de expulsar os moradores reinou como forma de evitar despesas com trabalhadores "fichados". Os "fichados" que ficaram no engenho formaram um núcleo de trabalhadores ao qual geralmente se destinam as tarefas mais árduas, justamente as que trabalhadores eventuais, chamados de "clandestinos", recusariam realizar. Essas medidas dos empregadores redundaram na relação de muitos dos benefícios ganhos na legislação e nos dissídios coletivos (Palmeira, 1977; Sigaud, 1979; Scott, 1981; Suarez, 1977).

A população "clandestina", os trabalhadores eventuais, povoava, sobretudo, as periferias das cidades. O acesso à terra para plantar para comer ou trocar diminuiu notavelmente, como complemento. O setor autônomo comercial oferecia uma alternativa precária; muitos convertiam salas ou janelas das suas casas em pontos para pequenas vendas. Os seus fregueses eram colegas, trabalhadores tão pobres quanto eles. Não havia muito espaço para a atividade crescer. Muitos, desiludidos com as oportunidades econômicas da zona da mata, partiram para tentar melhorar a vida em outros lugares. Na competição histórica para o controle sobre o uso de trabalho de migrantes nordestinos, isto representou um ganho para os donos do capital, empregadores nos destinos destes migrantes. Como é que os grupos domésticos de trabalhadores se articulavam, montando estratégias econômicas diversas em contextos em que havia claras diferenças de acordo com a manifestação local das políticas predominantes de uso de trabalho? Os contextos pesquisados nos anos 70 (Scott, 1981) incluem um engenho particular de uma empresa modernizante (Céu Azul), um engenho particular de uma empresa paternalista (Casa Grande), um engenho onde se implantou uma reforma que distribuiu a terra entre os trabalhadores (Bueiro Velho) e um bairro periférico de trabalhadores clandestinos (Vila da Enchente).

Os engenhos particulares – cativeiro e produtividade

O primeiro contexto é o dos engenhos particulares (Céu Azul e Casa Grande). Os dois engenhos pesquisados representam dois pontos no espectro de relações sociais e técnicas de produção: o primeiro engenho investe fortemente em tecnologia poupadora de mão-de-obra e reforça trabalho regularizado no direito, e o segundo investe menos em tecnologia e promove relações paternalistas sem qualquer referência a direitos. Mesmo assim, os dois operam com estratégias semelhantes. Quais são os privilégios ganhos nestes engenhos e como é que o trabalhador "cativo" os paga? O pagamento é tolerar o infringimento constante no espaço doméstico privado da casa pelos representantes do proprietário do engenho.

- Primeiro privilégio: a casa. A esses trabalhadores concede-se a casa para morar sem descontar nenhum valor correspondente à concessão. Deve-se aceitar o espaço – freqüentemente apertado, sem conforto, sem luz, sem água – que o administrador designa à família. Muda-se, se o administrador assim desejar. A casa é "do engenho", e este fato é usado para justificar incursões no que seriam horas "de folga" ou horas dedicadas "à casa".
- Segundo privilégio: a renda. Esses grupos domésticos têm, na média, uma renda monetária semanal maior que trabalhadores em outras situações (60% acima da média aproximada da época de US$ 25,00). Eles têm que trabalhar nas tarefas mais árduas no engenho durante seis dias por semana. Os empregadores atraem clandestinos de fora do engenho, designando as tarefas mais favoráveis para eles. Isto foi mais claro no engenho "paternalista", perto da cidade, que no engenho particular modernizante. Quando uma tarefa é tão ruim que ninguém de fora do engenho a fazia pelo preço oferecido, ela vira tarefa para trabalhador "fichado". Os grupos domésticos podem recuperar parte da perda da renda que isto implica empregando outros membros da família como trabalhadores, sem contrato, ou seja, clandestinos. Desta forma, a energia que cada grupo doméstico despende nos serviços de engenho incrementa-se, e o engenho particular garante uma produtividade maior.
- Terceiro privilégio: o roçado. Os trabalhadores fichados têm acesso a roçados, como manda a "lei dos sítios". Este acesso é mais uma função da proximidade a reservas de trabalho que de respeito à lei. O roçado ainda é visto como um favor concedido pelo dono. À medida que o empregador demanda cada vez mais serviços do trabalhador e da

sua família nos canaviais, os roçados, cada vez mais distantes, ficam abandonados, com plantações de produtos que demandam pouco investimento de tempo e de trabalho. Na entressafra e quando falta serviço nos engenhos, os roçados tornam-se fonte para recuperar parte dos salários perdidos. A articulação entre a produção no setor capitalista e a produção no setor autônomo é transparente nesta situação.

- Quarto privilégio: o criatório. Nos engenhos é facilitada a criação de aves e bichos de pequeno porte, o que melhora a dieta e facilita o transporte. Mas nos engenhos particulares há muita repressão contra os animais de pequeno porte por duas razões. Primeiro, nos arruados, as senzalas antigas, a proximidade das casas e o movimento da vizinhança dificultam a criação dos bichos. Segundo, a própria administração do engenho se encarrega de matar porcos e cabras que se aventuram nos canaviais do proprietário. O risco do investimento familiar é evidente.
- Quinto privilégio: vendas. O mercado para pequenas vendas nos engenhos, onde há trabalhadores com uma renda segura, é bastante favorável, e muitos se dedicam a atividades de pequeno comércio. No entanto, as usinas e os engenhos formalmente restringem estas vendas, temendo a competição com os canaviais para o tempo de trabalho dos trabalhadores. Também atrapalham as vendas promovidas pelos próprios armazéns das usinas e pelos concessionários dos barracões. Estes últimos são comerciantes profissionais que têm acordos com os proprietários. Vendem "fiado" aos trabalhadores, o que contribui para a sua fixação no engenho. De fato, então, só se permitem "vendas" quando são claramente complementares, e não competitivas, ao trabalho assalariado e às atividades comerciais do dono de engenho.

Arrolar outros pontos que demonstram as limitações impostas aos trabalhadores dos engenhos particulares seria redundante. A estratégia do empregador claramente é de "captar" a energia de um número máximo de membros produtivos de cada grupo doméstico, dirigindo-a para a produção de cana. Grupos domésticos que produzem autonomamente só interessam se a produção complementa, e não substitui, o trabalho assalariado.

A composição dos grupos domésticos nos dois engenhos particulares reflete essa lógica. Selecionam muitos homens solitários, freqüentemente dependentes do barracão até para a preparação da sua refeição. Em média, 15% dos grupos domésticos (18,8% em Céu Azul e 13,5% em Casa Grande) nos engenhos particulares é deste tipo, quase sempre dependentes e trabalhando quase exclusivamente pelo salário. No pique da safra o número de "homens solitários" aumenta com a migração sazonal de trabalhadores do agreste. Nas casas com casais, as esposas e filhos são pressionados a ajudar os homens no trabalho; 75% dos grupos domésticos são de casais, a maioria com filhos, e em Céu Azul, em 3/4 desses grupos, os outros membros contribuem para a renda da família. Mulheres sem maridos e sem filhos na idade de trabalhar não acham apoio nos engenhos particulares. Casas chefiadas por mulheres somam apenas 4,2% dos grupos no Céu Azul e 13,5% em Casa Grande, quase todas compostas por viúvas com filhos mantidos nos engenhos pela combinação de laços paternalistas e o trabalho dos seus filhos. Os grupos domésticos dos engenhos particulares têm em média 4,9 membros, abaixo das médias de grupos no contexto da periferia da cidade (5,2) e do engenho de reforma agrária (5,8). Estes grupos usam intensivamente o próprio trabalho. Os trabalhadores dos engenhos particulares são "cativos", e a composição dos seus grupos domésticos reflete o seu cativeiro. Quem vai morar e trabalhar, onde e quando, depende da vontade do administrador que promove os interesses de uma empresa lucrativa.

O engenho da reforma agrária – a recuperação da autonomia e a fuga do cativeiro

A fuga do cativeiro dos engenhos particulares pode ocorrer por meio da recuperação de acesso à terra (o caso excepcional) ou da mudança para a cidade, para os "pontos da rua" (a regra). O caso do engenho Bueiro Velho, apesar de ser uma exceção, demonstra como os trabalhadores organizam os seus grupos domésticos sob as condições de acesso à terra e as limitações impostas pelo contexto desfavorável a estes programas de reforma, nos anos 70. No engenho Bueiro Velho, a distribuição da terra em parcelas de, na média, 12 hectares foi resultado do fracasso empresarial de uma usina, conjugada com a mobilização política do início dos anos 70. Os poucos programas que redistribuíram terra na zona da mata são administrados principalmente por agências governamentais e, em alguns casos, por indivíduos.

Inexiste coordenação entre estes programas. O Incra (Instituto Nacional de Colonização e Reforma Agrária) opera nos anos 70 como órgão governamental encarregado de lidar com a reforma agrária num contexto que enfatiza mais o esforço de colonizar o Centro-Oeste e a Amazônia em grandes projetos. É a agência governamental responsável pela cooperativa que une os parceleiros do engenho Bueiro Velho e dos outros engenhos atingidos pela chamada "reforma", cria sérias limitações à policultura pela política de somente admitir financiamento para o plantio de cana, e não concede apoio para lavoura branca. Assim, mantém a monocultura e a continuada submissão dos parceleiros à estrutura de poder dominante na região de grandes empresas e assalariamento. Os trabalhadores que tentam estabelecer uma base independente e diversificada de produção experimentam uma frustração sistemática dos seus esforços.

Apesar da hostilidade do contexto, os parceleiros beneficiados neste programa fraco de reforma agrária são inequívocos em avaliar positivamente a sua fuga do "cativeiro", por terem-se tornado "pequenos proprietários". Percebem-se diferenças notáveis quando comparados aos moradores de engenhos particulares:

1) A casa, muito modesta, é própria e localiza-se preferencialmente no sítio, perto do plantio. Erguem-se casas adicionais para filhos e outros parentes.
2) A renda monetária semanal é consideravelmente menor, sendo acima de 60% com valores menores que a média de US$ 25. Por sua vez, os ganhos na época da safra são consideravelmente maiores. Trabalham com outros parceleiros de maneira ocasional, com freqüência, num valor abaixo do mercado, evidenciando uma solidariedade entre eles.
3) O roçado é aproveitado por todos. Ocasionalmente, levam-se sacos de farinha para vender na feira, bem como bananas e alguns outros produtos, e complementa-se o consumo direto em compensação à limitação à renda semanal. O plantio da lavoura branca é feito sem acesso a crédito, chegando até a ser uma atividade autônoma combatida pela cooperativa implantada pelo governo.
4) Criar bichos é muito mais fácil, não havendo nenhuma perseguição como a que ocorre nos engenhos particulares.
5) Vendas estabelecidas na casa, de produtos comerciais não agrícolas, não são fáceis de se organizar no engenho Bueiro Velho, haja vista o limitado poder aquisitivo dos parceleiros, a dispersão das casas e a repressão direta pela cooperativa, a qual desestimula esta atividade por achar que desvia a atenção para fora do trabalho agrícola. Poucos o fazem.

Os grupos domésticos neste engenho de reforma são visivelmente mais coesos que os dos engenhos particulares. Constroem redes de ajuda mútua compostas de "parceleiros" e seus parentes e amigos residentes, a quem se cedem casas. Os grupos domésticos possuem tamanho médio maior (5,8 membros) que os grupos pesquisados e possuem significativamente menos produtores por consumidor. Eles têm a maior proporção de crianças e jovens (65% abaixo de 19 anos de idade, comparada a 60% nos engenhos particulares e 54% na rua), e a sua composição parece obedecer mais de perto à sucessão de fases do seu ciclo de desenvolvimento. O peso adicional da maior proporção de consumidores encontra alívio na capacidade autônoma de o grupo doméstico alocar os seus participantes entre trabalho na própria parcela, trabalho com outros parceleiros e trabalho clandestino em engenhos particulares. Os parceleiros chefes de família são os mais assíduos no trabalho apenas na área de parcelas. As mulheres seguem este mesmo exemplo. Os filhos e outros parentes trabalham numa freqüência maior nos engenhos particulares no entorno da área da reforma, onde o pagamento é maior. No engenho Bueiro Velho há pouquíssimas residências de homens solitários ou de mulheres sem maridos; 85,7% dos grupos têm o casal presente como a sua base fundamental. Nestes grupos com casais predomina a família nuclear (76,4%), com apenas 6,9% das famílias sem filhos e 16,7% de famílias extensas – a menor proporção entre todos os grupos estudados. Em vez de estenderem as suas famílias na mesma residência, os parceleiros preferem construir outras casas, onde os seus filhos casados ou outros parentes possam estabelecer grupos residencialmente separados. Sem deixar de promover a solidariedade entre os parentes e amigos que residem na mesma parcela, isso atenua os conflitos que a residência comum acarreta.

A periferia da cidade – a caminho do "meio do mundo"

A outra fuga do cativeiro é mudar-se para a cidade. Esta "fuga" tem se tornado uma "opção imposta" para os grupos domésticos indesejados pelos engenhos particulares ou para os grupos indispostos a aceitarem as intrusões contínuas dos empregadores sobre os espaços de trabalho e da casa. Obter uma casa na rua envolve um investimento acima da capacidade de muitos. O preço de ter a liberdade de uma casa na rua é, freqüentemente, de arcar com um aluguel e diminuir a renda monetária disponível para comprar alimentos. Ao passo que o trabalhador clandestino, residente na "rua", pode desfrutar de tarefas diárias que rendem mais monetariamente e que são mais "maneiras", escolhendo entre os empreiteiros e engenhos diversos que oferecem trabalho durante a safra, este mesmo trabalhador é o primeiro dispensado na entressafra. Não há segurança quanto à ocorrência de trabalho, nem diária, nem sazonalmente. De fato, monetariamente, a renda semanal é aquém da dos que moram nos engenhos particulares e dos que são parceleiros. A gravidade desta situação acentua-se pela impossibilidade virtual de complementar a dieta com produtos de roçados (quase inexistentes) e de criatório (impraticável na cidade). A intensa atividade comercial de vendinhas minúsculas marca o sonho de deixar de cortar cana com as estratégias de sobrevivência em condições de extrema pobreza. Cada grupo doméstico tenta esticar o seu poder de consumo vendendo a colegas tão pobres quanto eles mesmos. As compras em pequenas quantidades resultam no encarecimento da vida do pobre. Exemplificando, comprar óleo de cozinha em copinhos de 100 ml custa mais que comprar uma lata inteira. Então, na cidade, vive-se uma liberdade economicamente muito precária. Os grupos domésticos da cidade são os mais propensos à desarticulação e à reorganização. Sem patrimônios domésticos suficientes para se montarem estratégias eficazes, esse grupo é o que mais vive o drama de ter pessoas, já, no "meio do mundo", sem nenhum contato com as suas famílias de origem.

Os grupos domésticos na Vila da Enchente são fundamentalmente os que os engenhos particulares expulsaram. Ao passo que no engenho particular Céu Azul 60% dos grupos domésticos tinham mais que um provedor de renda monetária e no engenho da reforma Bueiro Velho essa porcentagem foi de 49%, na Vila da Enchente essa cifra era de apenas 41%. Essa falta de provedores complementares chama ainda mais atenção quando se considera que a população de rua é mais velha (os 7,5% dos habitantes têm mais de 70 anos de idade e representam uma proporção que é o dobro da dos engenhos, e os 17,2% entre 40 e 59 anos, também maior que nos outros locais pesquisados). São pessoas mais velhas, sem filhos em idade de trabalhar morando com eles. Também são grupos que contam mais com mulheres que com homens, exatamente o inverso dos grupos nos engenhos particulares. Ainda, 14% desses grupos são chefiados por mulheres, quase todas com dependentes que não trabalham. Os grupos domésticos na cidade têm os seus laços fragilizados. A saída dos engenhos para a cidade cria uma reserva de trabalho local fora dos custos contabilizados pelos empregadores, e cada vez mais propensa a migrar.

As migrações e "o meio do mundo"

Independentemente de onde residem os grupos de trabalhadores rurais da zona da mata, em engenhos particulares, em engenhos de reforma agrária ou na rua, são todos sujeitos a um processo migratório que coloca "o meio do mundo" como saída para as dificuldades de sobrevivência. A quinta parte da população do engenho Céu Azul foi renovada no período de um ano, saindo alguns, entrando outros. Na Vila da Enchente, a "renovação" foi ainda mais intensa. Somente no Bueiro Velho é que a renovação foi menos intensa, não atingindo 10% da população de grupos domésticos, e esteve concentrada entre os parentes dos parceleiros, sem patrimônios particulares a defenderem. O quadro geral para a zona da mata é de uma área que age como uma peneira: recebe migrantes, distribuindo-os de acordo com os contornos dos seus grupos domésticos, e depois deixa muitos passarem para outras regiões. Dois terços da população mudou-se três vezes ou mais durante a vida, e a quinta parte já acumulou mais que dez mudanças.

Para onde se destinam as pessoas que saem desses grupos domésticos? Nos anos 70, somente 62% deles se mantinham na zona da mata de Pernambuco e Alagoas; 5,7% iam para o agreste, um retomo à origem camponesa; 14,7% iam para o Recife, deixando o mercado de trabalho agrícola e procurando trabalho na indústria, comércio e serviços da capital do Estado; e 16,5% preferiam o caminho para São Paulo e alguns outros destinos no Centro-Sul.

As cifras de migração indicam que quase a terça parte (31,2%) dos que saíram dos grupos domésticos da zona da mata teve como destino os centros de emprego mais dinâmicos do Recife e de São Paulo, sendo que 72% do fluxo para o Recife é feminino e 73% do fluxo para São Paulo é masculino, demonstrando a seletividade muito diferenciada dos dois destinos.

A distribuição de grupos domésticos de trabalhadores entre contextos locais na zona da mata ocorre de acordo com as estratégias de sobrevivência de uma classe dominante local, visando sobreviver no mesmo mundo onde vivem os trabalhadores rurais. A concentração de renda e de crescimento favorece regiões onde as classes dominantes já afirmaram a sua presença. As classes dominantes locais lutam para manter o controle sobre o que tradicionalmente têm controlado – terra e indústria, no caso dos usineiros pernambucanos –, aliando-se às classes dominantes nacionais. No entanto, com as diferenças salariais vigentes, manter uma força de trabalho produtiva disponível no local se torna particularmente difícil. Manter o "cativeiro" é custoso. A renovação da população da zona da mata continua alimentada por jovens camponeses que deixaram o agreste e, cada vez mais, por trabalhadores da própria zona da mata que ainda guardam altas taxas de natalidade no período (média de nove filhos por mulher acima de 45 anos). Mas esta população alimenta, em seguida, o fluxo de migrantes à procura de rendas maiores em outros lugares. Muitos migrantes jovens deixam os seus dependentes na zona da mata para assegurar a sua "empregabilidade" fora. Embora haja algumas remessas para as famílias de origem para providenciar a criação desses dependentes, os grupos domésticos da zona da mata arcam com a maioria das despesas com a produção desses trabalhadores em potencial. Cada vez mais existem os membros da família que saíram e sumiram, sem dar notícias. Eles estão "no meio do mundo", expressão sempre falada com um ar de perda e de saudade por trabalhadores em todos os contextos locais. É curioso notar que a mesma força de trabalho favorecida nos engenhos particulares, onde se vive mais intensamente o "cativeiro" imposto por empregadores decididos a aproveitar a produtividade (homens jovens, grupos domésticos com mais trabalhadores), é aquela oferecida para compor os fluxos para "o meio do mundo" mais distante, para São Paulo. Entre o cativeiro e o meio do mundo, há uma certeza: o grupo doméstico dos trabalhadores rurais da zona canavieira pernambucana assume grande parte dos custos de reprodução da força de trabalho usada dentro e fora da própria região.

Competição para o uso de trabalho – classes dominantes e grupos domésticos de trabalhadores

O caso específico examinado aqui pode ser entendido numa perspectiva mais ampla. Historicamente, todo o sistema mundial capitalista é construído sobre uma base de repressão da força de trabalho. Esta repressão é particularmente severa em nações periféricas, onde o baixo custo da força de trabalho beneficia outras classes, dentro e fora da nação. Estas políticas são reforçadas por um aparato estatal forte, protetor dos interesses dos poderosos e legitimador de si mesmo e da nação. Como co-participante neste Estado, as oligarquias agrícolas continuam a exercer controle sobre o trabalho, ao passo se articulam diante das transformações na estrutura de poder nacional.

A concentração de indústria, finanças, comércio e serviços governamentais em áreas favorecidas de nações periféricas subdivide as classes dominantes nacionais. Nessas regiões beneficiadas a concentração favorece alguns grupos empresariais nacionais e internacionais. Nas regiões mais distantes, mantém-se um controle com maior participação da oligarquia e desenvolvem-se estratégias econômicas privilegiando a exportação de bens agrícolas, aumentando a capacidade nacional de importar. Arma-se uma competição entre classes dominantes regionais e nacionais para se garantir controle sobre a força de trabalho e o capital. Fluxos de migrantes das regiões desfavorecidas oferecem o seu trabalho a custos baixos para empregadores em regiões favorecidas. Para empregadores nessas regiões, a reprodução da força de trabalho que efetivamente emprega é reduzida na medida em que ela tem se sustentado fora do setor capitalista, e mesmo fora da própria região geográfica favorecida. Como conseqüência, a combinação de recursos disponíveis para trabalhadores em áreas de emigração e a própria composição dos fluxos migratórios são indicadores importantes da efetivação da estratégia nacional de uso do trabalho.

Quais são as combinações de recursos disponíveis? Grupos domésticos aproveitam setores diferentes da economia ao produzir e sustentar trabalhadores. Nas regiões desfavorecidas, todos os grupos domésticos sofrem limitações severas: no entanto, a sua fonte básica de renda é freqüentemente de salários do setor capitalista. Do setor governamental, recebem alguns serviços e transferências de bens e de rendas monetárias. Do setor da produção doméstica, aproveitam bens de subsistência para consumo imediato e renda de atividades de mercado, desempenhados autonomamente. As combinações do aproveitamento destes três setores diferem entre trabalhadores em contextos locais diferenciados.

O papel do grupo doméstico como unidade de consumo leva-o a produzir para uso, não para troca. Mercadorias são vendidas por dinheiro que, em seguida, é usado para a compra de outra mercadoria para consumo. Isto é o inverso da lógica capitalista de produção, em que as mercadorias servem como veículo para produzir dinheiro. Como é o sistema capitalista que domina, os que produzem para uso estão sujeitos à exploração em pelo menos duas instâncias – quando oferecem o seu trabalho ou o produto do seu trabalho no mercado e quando adquirem mercadorias produzidas no setor capitalista. Os produtores capitalistas competem pelos mesmos recursos utilizados por grupos domésticos de camponeses e de trabalhadores de diversas formas. De fato, em situações empíricas diferentes algumas ações dessas unidades capitalistas, sejam elas predominantemente agrícolas, industriais, mercantis ou financeiras, podem contribuir para a consolidação de certas formas de produção camponesa e autônoma. O empenho, então, do grupo doméstico, como unidade de consumo, é de defender constantemente o seu acesso aos recursos – sejam eles de capital, terra ou trabalho – sempre contra a incursão de grupos mais poderosos.

Um dos campos principais de competição para recursos disponíveis ocorre na própria composição do grupo doméstico, onde se manifestam claramente os efeitos diferenciados de tentativas de controlar o fator "trabalho". No decurso do seu ciclo de desenvolvimento, os grupos domésticos agregam e perdem pessoas ao passo que adequam a sua composição etária e de sexo às variações nas condições para o uso de recursos. Nem sempre os grupos domésticos têm êxito. Muitos caem vítimas da conjugação dos seus próprios ciclos e das ações das classes dominantes nacionais e regionais. Ao tentar sobreviver e expandir, estas últimas competem para o uso do trabalho mais produtivo. Para entender os efeitos dessa competição, dois elementos são bastante valiosos: as distribuições diferenciadas de grupos domésticos sob o domínio de grupos de poder locais diferentes e a "drenagem" de trabalhadores produtivos para fora das regiões desfavorecidas, em benefício dos empregadores nas regiões onde se concentra o capital.

Os termos variam de um local para outro, mas a lógica do "cativeiro" e do "meio do mundo" perdura, com modificações decorrentes dos processos históricos de políticas nacionais e locais de uso de trabalho, bem como de acordo com as próprias especificidades de locais diferentes.

O SEGUNDO CASO: AGRICULTURA FAMILIAR E MIGRAÇÕES EM PERNAMBUCO E NO MARANHÃO

Há muitos espaços onde a agricultura familiar de policultura conseguiu se firmar com articulações dispersas com as estruturas de poder locais. Nesses locais, as pressões sobre o acesso à terra e o uso da força de trabalho são constituídas por uma multiplicidade de pontos de encontro entre famílias camponesas e estruturas de poder mais amplas. Em dois locais pesquisados no início dos anos 80, o agreste pernambucano e o oeste maranhense, é possível identificar a tensão entre o uso local da mão-de-obra familiar e o uso de estratégias migratórias inter-regionais numa tentativa de beneficiar os migrantes e suas famílias (Arizpe [1981] já delineou bem esta estratégia no caso do México). Ao referirem-se aos constrangimentos e potencialidades para as estratégias adotadas de articular a mão-de-obra familiar, os camponeses nos dois locais empregam uma terminologia de uma riqueza simbólica que extrapola os limites do "cativeiro" e do "meio do mundo". Remetem-se às especificidades de vivenciar o avanço de pecuária, de produtos comerciais e de grilagem, numa rede de exploração mais heterogênea que a da zona da mata pernambucana.

No início da década de 1980, as duas áreas pesquisadas figuravam entre muitos outros pontos de origem notáveis de fluxos migratórios inter-regionais que começavam a mostrar sinais de esgotamento relativo. Garanhuns e o agreste meridional de Pernambuco são áreas de policultura que se inserem numa rede antiga de migrações tradicionais de camponeses para a zona da mata do Estado e, sobretudo, para São Paulo. Já em torno da cidade de Santa Inês, do Maranhão, os camponeses, também dedicados à policultura, foram reforçados pelas levas de retirantes e de emigrantes estimulados pelos projetos de colonização da Sudene. A atração da fronteira amazonense com a promessa, muitas vezes ilusória, da possibilidade de juntar grandes fortunas rapidamente atrai o migrante para estender ainda mais a procura das suas vantagens, agora para fora da região. Em ambos os locais, a pecuária exerce uma força expulsora por meio da clássica restrição ao acesso de terras para plantar. A questão é como sobreviver como família camponesa nestas condições (Woortmann, 1985, 1995; Suarez, 1982; Garcia Júnior, 1988, 1989; Menezes, 2002, 2004).

A intensidade de emigrações das décadas precedentes ao início dos anos 80 permitiu o estabelecimento de redes de contatos e remessas entre os migrantes e as suas famílias de origem, às vezes por meio de migrações circulares em que as pessoas passam temporadas suficientes para se envolverem em trabalho nos dois pólos principais dos locais de origem e de destino. Além disso, o fluxo de migrantes retornados lavra um trabalho contraditório de atrair novos migrantes (quando as narrativas e os sinais externos de sucesso convencem sobre a sua viabilidade) e de frear novas saídas (quando não convencem). Isto se dá de formas diferentes entre camponeses pernambucanos ligados ao Centro-Sul e camponeses maranhenses ligados à fronteira paraense e amazonense. Esses fluxos migratórios têm implicações para o estabelecimento de diferentes cenários de confrontações nas estruturas de poder locais (Garcia Júnior, 1988; Suarez, 1982; Scott, 1984; Santos, 1988; Andrade, 1986; Menezes, 2002).

Nas suas estratégias migratórias, os grupos têm sido apresentados tanto como "veículos de sobrevivência", cujos membros ativamente procuram estabelecer uma rede de ajuda mútua entre parentes e afins, quanto como o local onde se dá a reprodução da força de trabalho para uso social, tanto doméstico como extradoméstico. Independentemente da forma específica tomada, a pressão e superexploração da força de trabalho pelos proprietários dos meios de produção são as regras dominantes no regime de capitalismo autoritário brasileiro (Velho, 1976). Toda "estratégia de defesa de classe" gira em torno dos "acasos" de combinação de recursos locais e da forma como os componentes das próprias estruturas de poder locais se articulam com os componentes de estruturas mais abrangentes.

Desta perspectiva, o fato que o Nordeste é um espaço regional onde se dá a reprodução de uma força de trabalho nacional deve repercutir nas estruturas locais. Para examinar tal questão, pergunta-se, (sem poder responder tão simplesmente) quem é beneficiado pela migração? Nesse exercício de situar a opção por uma estratégia doméstica migratória em relação à sua articulação com manifestações locais de estruturas de poder mais abrangentes, partimos do princípio de que o primeiro cenário de confrontação provável é na relação imediata de exploração da força de trabalho por uma classe dominante que quer usufruir ao máximo os benefícios da propriedade dos meios de produção. Mas não convém tratar monoliticamente "trabalhadores" e "capitalistas" sem abordarmos as lutas "internas" que ora enfraquecem, ora fortalecem setores específicos de cada grupo. A pergunta inicial desdobra-se em três questões inter-relacionadas para cada local investigado:

1) O que a migração significa para a exploração local da classe trabalhadora?
2) O que significa para a união da classe trabalhadora?
3) O que significa para a união da classe dominante?

As manifestações concretas das estruturas de poder local dão-se nas relações sociais travadas na disputa para recursos no ambiente local. Cada grupo doméstico entra numa luta por recursos para a sobrevivência dos seus membros. Nessa luta, o acesso à terra é de importância primordial. Para os que procuram estabelecer uma base para o grupo doméstico agir com relativa autonomia, a luta também é por um fundo mínimo que permita a realização do plantio, limpa e colheita ou da operação de um "negócio" da família. Para realizar essas duas lutas, a unidade doméstica ajusta seus próprios padrões de reprodução física e social de acordo com as demandas do ambiente onde opera. O "adversário" nessa luta é a firma, o grileiro ou o fazendeiro como entidade, cujas metas se afastam da sobrevivência das pessoas que trabalham, enquadrando-as como um dos fatores de produção – terra, trabalho e capital.

A terra – produtora de subsistência/produtora de trabalhadores – Garanhuns

Há duas lutas de terra distintas. Uma, no campo, envolve o acesso direto aos meios de produção doméstica para famílias camponesas. A outra, na cidade, envolve o acesso a um local da moradia para o trabalhador urbano. O camponês, ao ser expulso e ingressar no "meio do mundo" urbano, experimenta ambas as realidades.

Em Garanhuns, Pernambuco, e em Santa Inês, Maranhão, o camponês luta para garantir o seu acesso à terra para produzir a sua subsistência. O trabalho agrícola assalariado não é uma opção viável localmente, adiante da pecuarização promovida por setores da classe dominante que disputam diretamente a terra com os camponeses. Quando a terra passa do camponês para o fazendeiro que cria gado, ao aumento do valor da produção mercantilizada por hectare corresponde uma diminuição no emprego de mão-de-obra e uma pauperização da população que antigamente dependia da terra para subsistir.

Em Garanhuns, durante os mais de quarenta anos em que os fazendeiros estão fechando o acesso à terra, a área tem sido uma das fornecedoras dos maiores contingentes de mão-de-obra para fora: tanto cortadores de cana para a zona canavieira vizinha, quanto trabalhadores rurais e urbanos para o Centro-Sul (Suarez, 1982; Garcia Júnior, 1988; Menezes, 2004). Os "sitiantes" proprietários utilizam um sistema de herança que adia, se não evita, a subdivisão excessiva de suas terras, o que resultaria na impossibilidade de elas servirem como base para uma luta desigual contra os grandes proprietários para ter acesso aos meios da sua própria sobrevivência. Legalmente, todos os filhos têm direito a uma parte igual da terra dos pais, mas, de fato, com a saída de alguns filhos, negocia-se entre irmãos e outros parentes próximos, a preços módicos, o direito sobre o sítio herdado. Com certa freqüência, a "terra de herdeiros" é recomposta quase na sua integridade sob um único dono ou poucos donos proximamente aparentados (ver Moura e Woortmann para discussões pormenorizadas desta lógica). Esta "compra" ou "cessão" preferencial para os parentes promove um padrão de "inalienabilidade" da terra para a qual o movimento migratório pode dar uma contribuição positiva, diminuindo a pressão sobre a terra e/ou oferecendo uma oportunidade de obter recursos fora para investir na terra.

Evitar o esfacelamento dos sítios é extremamente difícil. A subdivisão pode ser precipitada pela volta de alguns herdeiros de São Paulo ou de outros destinos ou, também, com a resolução de alguns de não abandonarem a terra dos sítios. Quando a estas pressões internas se acrescentam as pressões dos fazendeiros ou bancos para os camponeses venderem, hipotecarem ou simplesmente abandonarem os sítios, estes enfrentam uma condição de perda iminente da sua terra e de urbanização por expulsão. Localmente, tornam-se arrendatários com direitos de plantar para seu próprio consumo apenas durante alguns meses, em troca de uma obrigação de posteriormente plantar palma e deixar o gado tomar conta. Quando não há terras disponíveis para arrendar, raramente aparecem alternativas, nem no campo nem na cidade, e a idéia de viajar torna-se mais atraente pela própria falta sazonal de recursos locais.

A luta dos sindicatos rurais de Garanhuns, do início dos anos 80, concentra-se, frustradamente, em tentar obter terra ou contratos em que os arrendatários pudessem ter condições mais favoráveis de produzir durante o ano todo. A liderança do Sindicato Rural de Garanhuns inclui alguns membros que passaram vários anos fora do Nordeste nos anos 50 e 60, trabalhando intensivamente para segurar as terras que ainda hoje possuem.

Esta mesma liderança desaconselha tal caminho aos camponeses proprietários e arrendatários da área, alegando que as condições de emprego fora pioraram e que a terra em Garanhuns está muito mais difícil de comprar ou beneficiar apenas com o ganho de trabalho fora. Acreditam que a ilusão de "melhoras" em São Paulo enfraquece as suas tentativas de defender a classe localmente (Scott, 1984; Baeninger, 2000).

Muitos migrantes evitam a confrontação direta. Entregam o que têm para tentar a sorte longe. Com o avanço da pecuarização, a tendência é de arrendatários suplantarem pequenos proprietários cada vez mais. Neste sentido, a migração torna-se um expediente para sobrevivência imediata de uma classe empobrecida, enfraquecendo os sindicatos rurais da área, sem oferecer potenciais novos acessos à terra.

Localmente, na luta pela terra, quem está sendo beneficiado pelo movimento migratório inter-regional em Garanhuns? Os fazendeiros de gado recebem as suas terras beneficiadas por arrendatários que se deslocam periodicamente ao perder o acesso à terra. A maior intensidade de migração inter-regional, especialmente emigrações e migrações circulares, de Capoeiras e Caetés, áreas de Garanhuns onde o gado predomina quando comparado com a migração nas áreas de maior produção tradicionalmente camponesa, como Palmeirina, corrobora esta interpretação.

É uma combinação de fatores locais e extralocais que estabelece os padrões de reprodução da força de trabalho em Garanhuns. A tradição de migração sazonal para os canaviais litorâneos limita-se por causa do crescimento dos bairros periféricos urbanos na zona canavieira. Ao mesmo tempo, a dinamização da industrialização paulista e a integração rodoviária nacional abriu uma alternativa que reforçava o padrão existente de fornecimento de mão-de-obra para fora (Scott, 1984, 1995; Garcia Júnior, 1988; Salles, 1982).

As mulheres dos grupos domésticos camponeses de Garanhuns têm maior fecundidade que as mulheres pesquisadas no oeste maranhense rural e nas cidades de São Luiz e Recife, nesse período dos anos 80. Na medida em que a opção de trabalho fora se evidencia cada vez mais inviável para a reprodução local dos camponeses, apresenta-se um reforço em torno do processo: a "terciarização" da economia local em que os filhos de camponeses e antigos camponeses, impossibilitados de continuar trabalhando a terra, procuram um nicho em que o comércio, o negócio familiar, os "serviços prestados" etc. assumem o papel de "garantor", ainda que precário, de sobrevivência. As proporções maiores de emigrantes em relação a migrantes de retorno (ou seja, quem sai, fica fora) e a pobreza dos recursos realmente obtidos fora e transferidos para a unidade de origem contribuem para uma reavaliação da viabilidade de uma estratégia de reprodução que valorize grandes números de filhos. Uma ocorrência sugestiva dessa tendência acontece durante as eleições de 1982, quando alguns médicos facilitam o acesso à esterilização a mulheres em Garanhuns em troca de votos. Entre as mulheres camponesas desperta-se muito interesse e a procura é grande, já que em outros tempos não teriam condições econômicas de se submeterem à cirurgia. De fato, nesta região tem havido, dos anos 80 até a atualidade, uma notável queda na fecundidade.

A terra – produtora de subsistência/produtora de trabalhadores – Santa Inês

Em Santa Inês, nos anos 80, os camponeses são desbravadores de áreas devolutas, à procura de uma "liberdade" que os afaste da perda de grande parte da sua produção, por expropriação ou por seca. Expulsos de áreas onde antigamente plantavam, eles vêem-se perseguidos pelas próprias condições de que fogem. O acesso às terras locais está sendo fechado por fazendeiros e grileiros interessados tanto em exploração bovina quanto em especulação imobiliária com a implantação de grandes projetos governamentais e internacionais de infra-estrutura e de extração de recursos minerais e vegetais (Scott, 1984; Santos, 1988; Andrade, 1998; Almeida, 1994).

Os projetos de colonização dentro da área perdem sua capacidade de absorver novos contingentes de migrantes ou provam-se ineficazes para o pequeno produtor em face do poder dos fazendeiros. Nas áreas anteriormente devolutas, os posseiros enfrentam pressão, especialmente por meio de manobras cartoriais e atividades de capangas, para abandonar a área "devoluta" que eles ocuparam com décadas de benfeitorias. Assim, a "agricultura itinerante" do Maranhão não é motivada apenas por técnicas rudimentares e espoliativas de uso da terra. Alguns são expulsos diretamente, outros abrem mão das suas terras por preços módicos que mal indenizam o trabalho investido na terra plantada. Dos que ficam, muitos se tornam arrendatários ou parceiros com pagamentos cada vez maiores aos donos da terra. Outros entram em conflito aberto, demarcando e documentando a sua ocupação e o beneficiamento da área, auxiliados por sindicatos locais e membros da Igreja simpatizantes com a sua luta (Scott, 1984; CIMI, 2006).

Nessas tentativas de estabelecer "o direito adquirido" para poder continuar plantando para si mesmo, a migração inter-regional, mesmo circular para os garimpos, freqüentemente se torna um inimigo. Os fazendeiros e seus aliados taxam a ausência temporária dos chefes de família e dos filhos como "abandono" da lavoura, apesar de os camponeses homens terem deixado para trás as mulheres e outros familiares justamente para tomar conta dela. Os próprios fazendeiros, cercando grandes espaços para pastagens, diminuem a terra disponível para lavoura, para alegar que o abandono é espontâneo e que faz parte de uma "herança cultural indígena" do camponês – ou pelo menos de uma prática espoliativa da terra. Não cabe dúvida de que entre os camponeses na fronteira há quem prefira uma agricultura itinerante em que sempre está "desbravando a mata". Mas o estabelecimento de "centros rurais", comunidades bastante coesas que ocupam a área juntos, implica que o intuito da maioria é ficar na área desbravada (ver Moran [2000] e Meggers [1997] para o sentido de "centros" na área rural da Amazônia).

Mais que em Garanhuns, o camponês da fronteira maranhense é receoso do trabalho assalariado, especialmente em ambientes urbanos. Apesar das condições regimentadas do trabalho nos garimpos para onde migra, continua percebendo como essencialmente um trabalho "autônomo" em que uma turma que trabalha reparte a sorte de uma jazida rica com a divisão do seu "trabalho por produção". Os grandes projetos governamentais e particulares fazem parte de um fenômeno intensificado na década de 1970 e início de 1980, e a forte migração inter-regional documentada nesta região é um reflexo disso, muito mais que um resultado da proximidade geográfica do Maranhão ao Pará. A entrada do camponês na fronteira maranhense foi uma tentativa de uma classe camponesa descobrir condições para se reproduzir. Nesta migração inter-regional de unidades inteiras, houve um favorecimento de grupos domésticos menores cuja locomoção foi facilitada pelo seu próprio tamanho. Além disso, o fato de os babaçuais oferecerem uma atividade coletora, que dá um rendimento que possibilita às mulheres o estabelecimento de uma relação mais simbiótica do que subordinada aos homens, na divisão do trabalho familiar, pode favorecer a adoção de padrões de comportamento que favorecem mais a preservação da saúde feminina, particularmente uma fecundidade menor. Essas duas forças capazes de operar na manutenção de baixa fecundidade no Maranhão rural são merecedoras de investigação mais direta para elucidar seu papel real na determinação dos padrões de reprodução biológica e social nessas áreas. O próprio aumento da migração masculina também faz que a simples ausência dos homens seja fator contribuinte para a manutenção da baixa fecundidade.

A migração inter-regional é intensiva, mas fortemente circular. Não representa o abandono de uma estratégia de vida camponesa, mas, sim, uma tentativa de reforçar os próprios grupos domésticos com recursos que há poucos anos se apresentam como "disponíveis", o que está em pleno acordo com as observações de outros autores citados ao longo deste trabalho (Woortmann, 1985, 1995; Arizpe, 1981; Menezes, 2002, 2004; Garcia Júnior, 1988, 1989). Como a maioria dos "El Dorados" deste mundo, este traz mais desilusões que soluções. Localmente empobrecidas e encurraladas, com a ausência dos seus homens, as famílias deixam de contestar tão ativamente as ações expropriadoras de terra e de capital, para, extralocalmente, engajarem-se na extração de valores criados em projetos cujos benefícios são muito remotos à vida na sua própria lavoura.

O Estado, como repartidor de terra, assume um papel aparentemente ambíguo na determinação desses movimentos populacionais na fronteira.

De um lado, ele promete o acesso à terra para pequenos produtores, como ocorre na área da Colone, que nasceu com os primeiros planos da Sudene de habitar o oeste Maranhense com emigrantes do Nordeste semi-árido. Como este movimento é uma tendência historicamente estabelecida no Nordeste, descobriu-se que não havia necessidade de estimular de maneira ativa a vinda de "colonos". Por meio de seus programas de assentamento, a área serve como "freio" do movimento de expansão na fronteira. Assim, o Estado toma uma feição contraditória como benevolente protetor dos interesses dos pequenos agricultores, mesmo que haja "malogros ocasionais" na sua atuação. De outro lado, é o Estado que estimula os grandes projetos extrativos e de infra-estrutura (Carajás, Serra Pelada, Tucurui, Jari etc.) e que abre as linhas de crédito para a pecuarização e a consolidação do controle da terra de fazendeiros e de plantadores de produtos comerciais para exportação em outros locais na fronteira maranhense, paraense e amazonense em geral. Esses programas, em conjunto, estimulam o esvaziamento masculino da pré-Amazônia maranhense, reforçando assim o argumento despistador do "abandono da lavoura" propagado pelos fazendeiros locais e pelos grileiros, e criam alguns dos mecanismos pelos quais as classes dominantes estabelecem e legitimam o controle da terra para apoiar o seu domínio.

CONSIDERAÇÕES FINAIS: PERMUTAÇÕES DO CATIVEIRO E DO MEIO DO MUNDO

Quando o trabalhador rural ou morador da zona da mata de Pernambuco emprega as noções de "cativeiro" e do "meio do mundo" para referir-se às frustrações das suas tentativas de controlar a própria articulação da mão-de-obra familiar, ele retrata uma cognição histórica brasileira produzida localmente, mas cuja aplicabilidade se estende para a multiplicidade de contextos de poder nos quais o campesinato se insere. De um lado, o do "cativeiro", há severas limitações impostas à autonomia da decisão sobre a disposição do trabalho familiar no contexto local. De outro lado, o do "meio do mundo", há severas ameaças à unidade do grupo doméstico, provenientes das migrações que dão liberdade de movimento aos componentes da família à procura de uma vida melhor.

Os "cativeiros" não são iguais – há os engenhos particulares, os engenhos de reforma agrária, as pontas de rua, os sítios dispersos de policultura tradicional, os sítios de terras devolutas em fronteiras de expansão. Invariavelmente, mesmo em tempos históricos distintos, esses contextos demonstraram a capacidade de criar constrangimentos diferentes à articulação da mão-de-obra familiar. Mesmo quando o contexto local não conduz ao uso do termo "cativeiro", os camponeses em cada local identificam os fatores limitantes às suas ações e criam os termos adequados para se referirem a tais constrangimentos. Isto redunda na elaboração de estratégias familiares de resistência à exploração local e de aproveitamento oportuno dos espaços permitidos e conquistados para o exercício do trabalho formal. A fuga do cativeiro, nestas instâncias, configura-se como uma esperteza construída pelo profundo conhecimento das "coordenadas" das realidades locais que redefinem constantemente as oportunidades de controle de mão-de-obra familiar e o encontro de meios de sobreviver.

A última instância, à qual muitas famílias camponesas são levadas a recorrer, é de soltar os membros da família no "meio do mundo". Este "meio do mundo" é um espaço simbólico de uma "liberdade" que se apresenta a todos como uma maneira de aproveitar recursos em locais mais distantes, onde o contexto de poder também não está mais tão ao alcance do conhecimento familiar. As estratégias de recomposição dos grupos domésticos, mantendo contatos regulares com os emigrados, procuram significar a migração como uma maneira de contribuir para a manutenção da família camponesa no seu local de origem. Nem sempre a estratégia dá certo. Nem sempre fracassa.

O "meio do mundo" continua respondendo às pressões de classes dominantes que articulam políticas de uso de trabalho que as favorecem num mundo cada vez mais globalizado e repleto de trabalhadores desempregados. As mudanças, tanto em fluxos migratórios quanto na composição das relações familiares em novos espaços rurais, dão pistas para a compreensão da tensão que marca a vida camponesa, entre o cativeiro e o meio do mundo.

REFERÊNCIAS BIBLIOGRÁFICAS

ALMEIDA, A. V. B. *Carajás*: a guerra dos mapas. São Paulo: Falangola; ISA, 1994.

ANDRADE, M. C. de. *A terra e o homem no Nordeste.* 5.ed. São Paulo: Atlas, 1986.

ANDRADE, M. de P. A reforma da miséria e a miséria da reforma – notas sobre assentamentos e ações chamadas de reforma agrária no Maranhão. *Revista de Políticas Públicas*. 1998.

ARIZPE, L. The Rural Exodus in Mexico and Mexican Migration to the United States. *International Migration Review*, v.15, n.4. p.626-49, 1981.

BAENINGER, R. Novos espaços de migrações no Brasil, anos 80 e 90. *XII Encontro da AEEP.* Caxambu, 2000.

CIMI. Conselho Indigenista Missionário. Boletim disponível em: www.cimi.org.br. Acesso em: 2006.

EISENBERG, P. L. *The Sugar Industry in Pernambuco 1840-1910*. Modernization without Change. Berkeley: University of California Press, 1974.

GARCIA JR, A. Libertos e sujeitos: sobre a transição para trabalhadores livres no Nordeste. *Revista Brasileira de Ciencias Sociais*, São Paulo. v.7, p.5-41, 1988.

______. *O Sul*: caminho do roçado. Estratégias de reprodução camponesa e transformação social. São Paulo: Marco Zero; CNPQ; UNB, 1989.

MEGGERS, B. *Amazônia*: a ilusão de um paraíso. Rio de Janeiro: Civilização Brasileira, 1977.
MELO, M. L. de. *O açúcar e o homem*: problemas sociais e econômicos do Nordeste canavieiro. Recife: Instituto Joaquim Nabuco de Pesquisas Sociais, 1975.
MENEZES, M. A. de. Migration Patterns of Paraiba Peasants. *Latin American Perspectives*. v.31, n.2, p.112-34, 2004.
_______. *Redes e enredos nas trilhas dos migrantes*: um estudo de famílias de camponeses – migrantes. Rio de Janeiro; João Pessoa: Relume Dumará; Ed. UFPB, 2002.
MORAN, E. F. *Human Adaptability*: an Introduction to Ecological Anthropology. 2.ed. Boulder: Westview Press, 2000.
MOURA, M. *Os herdeiros da terra*. São Paulo: Hucitec, 1978.
_______. *Os deserdados da terra*. Rio de Janeiro: Bertrand Brasil, 1988.
PALMEIRA, M. G. Casa e trabalho: nota sobre as relações sociais na *plantation* tradicional. *Contraponto*. v.2, n.2, p.103-14, 1977.
SANTOS, M. Bandeiras verdes. Produção: MP2 Produções – 88 (vídeo), 1988.
SCOTT, R. P. Between Captivity and the Middle of the World Migration and Household Organization Among Rural Laborers in Pernambuco, Brazil. Austin: University of Texas, 1981 (também em University Microfilms, Ann Arbor, 1982).
_______. Migrações inter-regionais e estratégia doméstica, relatório de pesquisa inédita. Recife: Sudene, 1984.
_______. Entre o cativeiro e o meio do mundo: uso do trabalho e o grupo doméstico do trabalhador rural. *Anais do X Congresso Brasileiro de Economia Doméstica*. Piracicaba: ABED, 1989.
_______. Estratégias familiares de emigração e retorno no nordeste. *Travessia: revista do migrante*, CEM, São Paulo. v.8, n.22, p.23-7, 1995.
SIGAUD, L. *Os clandestinos e os direitos*. São Paulo: Duas Cidades. 1979.
_______. *A dupla expropriação do campesitado e a concentração de terras em Sobradinho*: uma contribuição à análise dos efeitos da política energética do Estado. Rio de Janeiro: PPGAS; Museu Nacional-UFRJ, 1986.
SUAREZ, M. T. S. de M. *Cassacos e corumbas*. São Paulo: Ática, 1977.
_______. *Agreste, agrestes*: transformações recentes na agricultura nordestina. Rio de Janeiro: Paz e Terra, 1982.
VELHO, O. *Capitalismo autoritário e campesinato*. São Paulo: Difel, 1976.
WOORTMANN, E. Parentesco e reprodução camponesa. *Ciências Sociais Hoje*, São Paulo. p.192-219, 1985.
_______. *Herdeiro, parentes e compadres*: colonos do Sul e sitiantes do Nordeste. Brasília; São Paulo: Ed. UnB; Hucitec, 1995.

10
MIGRAÇÕES: UMA EXPERIÊNCIA HISTÓRICA DO CAMPESINATO DO NORDESTE

Marilda Aparecida de Menezes

INTRODUÇÃO

O objetivo deste artigo é analisar como a migração tem sido uma experiência histórica de reprodução social do campesinato do Nordeste brasileiro. Fundamentamo-nos na discussão de alguns autores do campesinato, especificamente aqueles que tratam do significado das migrações para a reprodução social da família e em pesquisas realizadas com pequenos proprietários, moradores e rendeiros nas microrregiões do sertão de Cajazeiras e agreste da Borborema, no Estado da Paraíba, nas décadas de 1980 e 1990.

Para analisar a relação entre migrações e campesinato, nos termos propostos por vários autores (First, 1983; Garcia Júnior, 1989; Menezes, 1985, 2002; Silva, 1988, 1992, 1999; Sozan, 1976; Woortmann, 1990), propomos três eixos de análise. Primeiro, as migrações como estratégia de reprodução social dos camponeses em processos de transformação social. Segundo, as migrações e a dinâmica da família, ou seja, o ciclo de vida, gênero e idade dos filhos (Menezes, 1985, 2002; Silva, 1992). Terceiro, as migrações como uma experiência intergeracional do campesinato (Holmes, 1983; Menezes, 2002).

Esses três eixos serão desenvolvidos de dois contextos de transformação social. Primeiro, analisaremos os pequenos proprietários, moradores e rendeiros dos municípios de Bonito de Santa Fé e São José de Piranhas, que se localizam na microrregião do sertão de Cajazeiras, Estado da Paraíba, que era caracterizada pelo consórcio entre culturas alimentares, algodão e pecuária em finais da década de 1970 e início de 1980. Segundo, analisaremos os moradores e rendeiros da região do agreste, microrregião de Campina

Grande, Estado da Paraíba, na década de 1990. Nas duas microrregiões, a migração tem sido uma prática social histórica dos pequenos proprietários, moradores e rendeiros, remontando, conforme nossa pesquisa, aos primórdios do século XX. Quem migra é o indivíduo, no entanto, a migração é uma estratégia familiar que se fundamenta no ciclo de vida, idade e sexo. Alguns membros da família ficam e outros partem; os que partem podem se estabelecer definitivamente nos locais de destino ou retornar periodicamente. O fluxo de pessoas entre espaços diferenciados é tecido por redes de familiares e de amizade, aproximando, de maneira simbólica, espaços geograficamente distantes.

CAMPONESES E MIGRANTES: ALGUMAS PERSPECTIVAS

A discussão contemporânea sobre camponeses enfatiza que eles não são uma categoria homogênea, mas se constituem historicamente por meio de processos de diferenciação social (Shanin, 1965, 1970, 1980; Galeski, 1972, p.46). No entanto, constata-se uma concordância em relação a algumas características comuns na definição de camponês, sintetizadas por Shanin:

> O campesinato consiste em pequenos produtores agrícolas que, com a ajuda de equipamentos simples e do trabalho de suas famílias, produzem principalmente para seu próprio consumo, e para o cumprimento de obrigações com os detentores do poder econômico e político. (Shanin, 1965, p.23)

Como observamos, a definição de Shanin enfatiza a produção familiar voltada prioritariamente ao autoconsumo como uma característica central do campesinato. No entanto, em diversos contextos históricos, no Brasil e em outros países, há um desequilíbrio entre produção e necessidades de consumo, ocorrendo a necessidade de trabalho assalariado complementar como uma estratégia de reprodução familiar. No Brasil (Garcia Júnior, 1989; Menezes, 1985, 2002; Scott, 1982, 1995; Woortmann, 1990), argumenta-se que o processo de diferenciação camponesa pode ser analisado por meio de múltiplas estratégias de reprodução social, tais como emprego local, pequeno comércio, artesanato, assim como migrações em busca de trabalho assalariado. Garcia Júnior (1989, p.12-3) estudou trajetórias migratórias entre camponeses das regiões do brejo e do agreste no Estado da Paraíba e concluiu que:

> A análise de trajetórias individuais e familiares revela a existência, nessa região do Nordeste, de migrantes que se tornaram operários ou empregados urbanos no Sudeste, mas também a presença de indivíduos que conquistaram ou reproduziram a condição camponesa graças a uma passagem temporária pelo mercado de trabalho industrial.

Na mesma perspectiva, Woortmann (1990, p.35) afirma:

> A migração de camponeses não é apenas conseqüência da inviabilização de suas condições de existência, mas é parte integrante de suas próprias práticas de reprodução. Migrar, de fato, pode ser condição para a permanência camponesa.

As migrações como uma estratégia de reprodução social do campesinato também são observadas por pesquisadores de outros países. Sozan (1976, p.199) estudou o que classifica como "camponeses–trabalhadores" da Hungria, que migravam para a região central de Burgenland, na Áustria, e concluiu que eles constituem uma categoria teórica e histórica. Na Europa Central, esta categoria vem do excesso populacional agrícola, que existe desde o século XVIII. First (1983, p.184), ao analisar os camponeses de Moçambique, que trabalharam em minas de ouro e carvão, bem como na agricultura canavieira na África do Sul, considerou que os salários das minas são essenciais para a reprodução camponesa. O relacionamento entre o campesinato e os setores de mineração, agrícola ou industrial é de dissolução e sustentação da produção camponesa. A importância da migração para a reprodução do campesinato é também desenvolvida por outros pesquisadores na América Latina e na Europa (Butterworth e Chance, 1981; Meillassoux, 1977; Vargas, 1982; Cliffe, 1978).

As diferentes perspectivas teóricas assumidas por todos os autores advêm das características de cada estudo de caso, bem como dos seus quadros teóricos. Muitos autores fundamentam suas análises na abordagem da preservação ou desintegração dos camponeses. Alguns concluem que a dependência do trabalho assalariado ocasiona uma total proletarização. Neste caso, a categoria atribuída a esse grupo está relacionada à sua condição de migrantes e trabalhadores. Eles são trabalhadores migrantes, migrantes do trabalho, migrantes sazonais, circulares ou temporários (Breman, 1985; Spiegel, 1980). Outros argumentam que a migração é uma estratégia importante para a reprodução social dos camponeses. Neste caso, eles são geralmente considerados camponeses (Garcia Júnior, 1989;[1] Woortmann, 1990; Menezes, 1985). Outros estudiosos entendem que a dependência do trabalho assalariado causa uma relação contraditória, podendo tanto dissolver quanto sustentar a reprodução camponesa. Nesse caso, a categoria atribuída é camponeses–trabalhadores (First, 1983; Holmes, 1983; Menezes, 2002; Silva, 1992; Sozan, 1976).

Apesar das diferenças de classificação conceitual entre os autores, há um reconhecimento comum de que as migrações nem sempre expressam

[1] "Trabalhar com a heterogeneidade das relações sociais não é, assim, uma questão descritiva, uma mania de antropólogo com o rigor empírico, mas a condição de possibilidade de constituir um campo de questões a serem examinadas, uma problemática." (GARCIA JÚNIOR, 1989, p.27.)

uma desintegração do campesinato, mas têm representado uma estratégia de longa duração de reprodução social em contextos que limitam as suas condições de reprodução social.

CAMPONESES DO SERTÃO PARAIBANO: MIGRAÇÕES E FAMÍLIA

Os municípios estudados – Bonito de Santa Fé e São José de Piranhas – localizam-se na microrregião do sertão de Cajazeiras, no Estado da Paraíba. A região está relacionada à história da interiorização do gado. A pecuária, antes de penetrar sertão adentro, era uma atividade secundária à agricultura da cana-de-açúcar. Com a valorização desta cultura, o gado vai sendo empurrado para o interior, constituindo-se no fator fundamental do povoamento do sertão (Andrade, 1980; Alves, 1978, p.2; Woortmann, 1995). O algodão como cultura comercial foi trazido ao Brasil pelos ingleses no século XIX, que tinham como principal fornecedor os Estados Unidos da América. O algodão, a pecuária e as culturas alimentares formavam o chamado "sistema produtivo tradicional", baseado no consorciamento do algodão arbóreo (mocó), do milho e do feijão de corda ou macassar. A produção do algodão no sertão perdeu a sua importância no mercado mundial quando o Japão, durante a Primeira Guerra Mundial, expandiu seu parque industrial têxtil e, em 1933, ocupava o primeiro lugar entre os exportadores de produtos de algodão, posição até então ocupada pela Inglaterra. Da mesma forma que a Inglaterra, o Japão imprimiu uma política visando garantir mercados fornecedores de algodão, e foi com esta finalidade que, em 1933, 23.150 japoneses migraram para o sul do Brasil (Alves, 1979, p.86). O algodão produzido no Nordeste na época da hegemonia inglesa no mercado mundial era de tipo mocó ou seridó, o qual se destinava à fabricação de tecidos finos e de boa qualidade. O tipo implantado em São Paulo era herbáceo, variedade produzida nos Estados Unidos da América (Grabois e Aguiar, 1980, p.33). Outra inovação surgida na década de 1930 são as fibras e fios sintéticos, que serão combinados com o algodão herbáceo para formar o fio misto (algodão sintético). Esta fibra artificial influenciou substancialmente as regiões produtoras de algodão, pois os países importadores passaram a ter maior poder de barganha, já que não dependiam totalmente da fibra natural. São Paulo passou a representar o principal produtor de algodão para exportação, já que produzia o tipo herbáceo, adequado ao cruzamento com fio sintético.

Os efeitos dessas transformações econômicas e tecnológicas não tardaram no Nordeste. A perda da importância do algodão nordestino perante o do Centro-Sul levou os grandes e, em certa medida, os médios proprietários a optarem pela atividade mais lucrativa: a pecuária (Lira, 1983, p.86-7). O algodão como cultura comercial era a principal fonte monetária do pequeno proprietário, e para o grande proprietário era uma cultura subsidiária à pecuária, destinada a rebaixar os seus custos de produção. A decadência do algodão afetou significativamente as condições de reprodução social dos pequenos proprietários e moradores. Os pequenos proprietários, que não tinham capital para se tornarem criadores, dependiam da comercialização do algodão para garantir a parte monetária de sua subsistência, como vemos neste depoimento:

> O garrote do pobre é uma arroba de algodão, quando ele tem prá vender, quando não tem prá vender fica sem nada, dá-se um jeito de sofrer na roça de qualquer um, um dia alugado. Ou, então, fica sem nada. Ele já tá desprevenido, às vezes uma doença, uma precisão, e ele tendo o algodão, não, ele vai se manter. Como pobre, pouquinho, mas vai ter. (Pequeno proprietário)

O pequeno tamanho da terra, a escassez de água, a ausência de assistência técnica e de crédito e a expropriação do excedente na comercialização não permitem que a pequena unidade de produção garanta as necessidades básicas da família. Além disso, os pequenos proprietários são frágeis às crises de produção na região, geralmente causadas pelas secas. São obrigados, freqüentemente, a recorrer à venda de animais, que representam a principal reserva de valor.

O morador trabalha em regime de parceria. A partilha varia em função do acordo fixado entre patrão e morador. Há uma tendência para o patrão se responsabilizar pela cerca, broca e plantio da semente de algodão, o que o desvincula de obrigações ligadas a benfeitorias junto ao morador. Neste caso, a partilha é "meia" de todas as culturas (50% para o morador e 50% para o patrão). Esta relação vem sofrendo modificações ao longo dos anos, sempre evoluindo para uma maior extração do produto do trabalho, como nos relata um morador:

> Na propriedade que meus pais moravam era 1/6 de milho, feijão, algodão; depois foi diminuindo prá 1/5. Isto foi mais ou menos em 1940; é sabedoria do patrão. Aí o tempo foi mudando e os proprietários também foram diminuindo, eu sei que hoje (entrevista realizada em 1985) está em 1/4 (das culturas alimentares), mas 1/2 de algodão. (Morador)

O gado passou a competir em situação vantajosa, palmo a palmo, pela terra, solapando os direitos do morador, que, além da roça consorciada com algodão, tinha direito à criação de alguns animais, principalmente caprinos, suínos e aves. No início da década de 1980, não se encontrava, praticamente, patrão que permitisse a criação. Esses animais são tradicionalmente "a criação de pobre" e representam uma reserva de valor permanente para todas as despesas monetárias da família: compra de mercadorias, socorro numa doença, despesas de cerimonial e outras.

O morador tem acesso limitado aos meios de produção necessários para garantir a reprodução da família, pois a plantação de capim passa a competir com as áreas destinadas ao plantio de culturas alimentares, como bem relata um ex-morador:

> Hoje terra boa não fica para o morador, não. É só prá criá gado; o povo daqui prá terra boa só enxerga gado logo; aí quer dizer que ele faz pastagem prá fazê forragem prá o gado. É bom prá o patrão, prá nós não, porquê morador não vai comê o capim; o morador podia comê uma batata, um feijão, um tomate. (Rendeiro, ex-morador)

O assalariamento é, agora, condição imprescindível para sobrevivência do morador. Este terá que se exaurir, trabalhar mais intensivamente por horas a fio, explorar mais intensamente o trabalho das mulheres, dos filhos, inclusive dos menores. Nessas condições, a permanência do morador na propriedade dependerá, na grande maioria das vezes, da sua capacidade de suportar a expropriação de suas condições de reprodução. A fraca atuação do Sindicato dos Trabalhadores Rurais faz com que não existam ações organizadas para a conquista dos direitos dos moradores A sua saída não ocorre por expulsão direta do patrão, mas ele vai perdendo, gradativamente, as suas condições de acesso à terra, alguns "direitos" da relação de morada, como o adiantamento de dinheiro por ocasião de necessidade da família, até o momento em que decide sair da propriedade. Esta forma de expulsão do morador no sertão Paraibano é similar à "expulsão indireta", estudada por Sigaud (1979) para o caso do morador dos engenhos e usinas de cana de açúcar na zona da mata pernambucana na década de 1970.[2] Embora seja uma ação individual ou da família e não se expresse em ações coletivas, é uma forma de luta, de resistência à situação de exploração em que vivem os moradores. Uma vez morando na rua, transformam-se em rendeiros, que têm, ainda, no acesso precário à terra sua base de reprodução. O rendeiro sente-se mais livre para "escolher" o patrão, para expressar suas opiniões e para colocar questão na justiça, na expressão de voto. É mais fácil um rendeiro colocar questão no sindicato do que um morador. Essa categoria inclui trabalhadores que vivem em áreas urbanas do município, que continuam a cultivar pequenos pedaços de terra em locais distantes de

[2] Sigaud (1979, p.76-7), analisando as pressões indiretas e a saída calculada, conclui que "por detrás das idéias do botar para fora e do gosto e vontade se poderia depreender a dinâmica de um processo que não permite nem a proprietários, nem a trabalhadores uma hegemonia absoluta, em relação ao sentido que está assumindo. Assim, nem o proprietário pode mandar embora trabalhadores indiscriminadamente, embora sempre possa jogar com a ameaça de botar para fora, a qual, por sua vez, *é eficaz porque o modelo da morada não tem mais condições de reprodução* e não porque proprietários disponham de uma força ilimitada. Por outro lado, também o trabalhador nunca sai totalmente de gosto e vontade, na medida em que sofre um conjunto de pressões que serão ressentidas em função de uma maior ou menor força do proprietário, mas sim a partir da própria posição que ocupe segundo o modelo diferenciador da morada e da força de seu sindicato".

suas casas; aqueles que vivem na área rural, mas não têm terra, e pequenos proprietários, com terra insuficiente, que em geral possuem um "chão de terra" e plantam em terras de outros proprietários (Andrade, 1980, p.152; Menezes, 1985). Na pesquisa empírica notei também que, em geral, os rendeiros sentem-se à vontade para contar sobre sua situação, ao passo que os moradores parecem sempre mais medrosos e em questões que envolvem diretamente um julgamento do patrão, dizem "os patrões", acrescentando não raras vezes: "não o meu, o meu é bom".

Dada a precariedade das alternativas locais e existindo possibilidade de trabalho em condições comparativamente melhores em relação às locais, alguns membros da família, muitas vezes, migravam como estratégia de sobrevivência. O destino mais importante era São Paulo, mas havia também migração para Brasília. A migração para São Paulo remonta à década de 1930, conforme a memória de pessoas mais idosas. Os que já migraram funcionam como verdadeiro canal de informações, por meio das cartas e dos retornos constantes à origem. São os que estão em São Paulo que enviam o sinal verde para o momento exato da migração. Havia um inter-relacionamento entre Bonito de Santa Fé e São José de Piranhas com São Paulo muito mais intenso do que com outros municípios da própria microrregião, como Cajazeiras.[3]

Migrar, principalmente para os moradores e rendeiros, é um sinal de libertação. Ao decidirem tentar a vida em outro lugar é como se dessem um basta à situação que ali vivenciam. Muitos contam com orgulho que, ao irem para São Paulo, não dependem mais do patrão. A migração, assim como a saída do morador para as pontas de rua, é considerada, na percepção do trabalhador, uma libertação da relação de dependência direta do patrão. Embora seja uma alternativa individual, a decisão de partir não deixa de ser uma forma de luta, uma predisposição para buscar recursos em São Paulo e poder retornar, em momento oportuno, para suas localidades no Estado da Paraíba ou fixar moradia em São Paulo (Garcia Júnior, 1989; Menezes, 1985, 2002).

Quanto aos grupos que migram, são tanto os pequenos proprietários quanto os moradores e rendeiros, porém o fato de ter ou não a propriedade da terra determina diferenças no processo migratório. Para os pequenos proprietários, a migração de alguns membros da família alivia a pressão demográfica sobre a terra, permitindo que outros membros fiquem na propriedade. Um caso esclarecedor é o de um pequeno proprietário com cinqüenta tarefas (mais ou menos 16 ha). Ele tinha dez filhos, dos quais cinco eram solteiros (quatro mulheres e um homem com 18 anos de idade), três eram casados na Paraíba e dois filhos casados moravam fora (um homem em São Paulo – entrevistado – e uma filha em Vitória da Conquista,

[3] Cajazeiras dista, aproximadamente, 30 km de São José de Piranhas e 45 km de Bonito de Santa Fé.

na Bahia). Este pequeno proprietário lançou mão de diferentes estratégias: dois filhos casados ficaram morando na propriedade e trabalhavam com ele numa propriedade vizinha, como rendeiros. Outra estratégia utilizada foi a migração de um filho, logo após o seu casamento. O pai acreditava que não tinha outra solução. Entrevistado em São Paulo, este filho revela que, como a terra do pai era insuficiente, a única alternativa no local seria trabalhar de rendeiro:

> para ser meeiro[4] o lugar é São Paulo. Prá quem não tem o lugar é São Paulo, porque o cara vem do norte prá cá, chega aqui, arruma um lugarzinho prá morar, arruma serviço numa fábrica, vai trabalhar, mesmo que tem que pagar um aluguelzinho, mas se der prá ele pagar aluguel por mês, comê, vesti e calçá, tá bom demais, não tem esse negócio de ficar devendo prá ninguém. Lá na Paraíba mesmo que tem inverno, prá quem não tem é seco, porque o que o morador faz só dá prá pagá o patrão. Tem deles que não faz prá pagá o patrão. Por isto que é pior do que seca, e sendo seca aí pronto acabou. (Ajudante, filho de pequeno proprietário)

Para os pequenos proprietários, portanto, a migração de alguns filhos impede a subdivisão da terra, facilitando a reprodução dos que nela permanecem. Os moradores e rendeiros, por não possuírem terra, são mais propensos a migrar do que os pequenos proprietários.

> A migração do morador, do meeiro é bem maior do que a do pequeno proprietário. Tem gente que tem uma propriedadezinha aqui, que se amarra, nem que sofre muito, se amarra e acontece que é melhor mesmo. Quem não tem nada, coitado, já viu. Padece no sofrimento mesmo. (Morador)

Os pequenos proprietários, moradores e rendeiros têm seu processo migratório marcado não apenas pelas condições objetivas de reprodução, como também pelo tamanho da família e momento do ciclo de vida da unidade familiar (Durhan, 1978; Holmes, 1983; Menezes, 1985, 2002). Considerando o ciclo de vida da família, os jovens de vinte a 29 anos de idade são potencialmente mais propensos a migrar,[5] pois têm maiores necessidades de itens de consumo pessoal, tais como roupas, higiene e lazer. Quando as condições de reprodução são limitadas, essas despesas são sacrificadas

---

[4] Os rendeiros também se autodenominam meeiros, devido à partilha do algodão ser de meia (50% para o rendeiro e 50% para o patrão).

[5] Pesquisas posteriores confirmam que os jovens solteiros e recém-casados constituem o grupo de idade mais importante dos migrantes (MENEZES, 2006). Estudo recente sobre os migrantes do sertão paraibano que migraram para trabalhar no corte de cana em São Paulo na década de 2000 também identificou que a maioria, em torno de 90%, é de migrantes entre 18 e trinta anos de idade (SILVA, 2006; MENEZES e SILVA, 2007). Pesquisas realizadas em assentamentos rurais na região do brejo paraibano mostraram que os jovens, homens e mulheres, migram como uma estratégia de conquistar sua autonomia e, também, ajudar monetariamente a família (MARQUES, 2006; MENEZES, MALAGODI e MARQUES, 2007; MALAGODI e MARQUES, 2007).

por causa dos produtos de alimentação básica. Então, a possibilidade de atender àquelas necessidades é vislumbrada pela migração para São Paulo, onde almejam ter acesso a certos bens que raramente conseguiriam em sua terra natal. As oportunidades de trabalho urbano em São Paulo, também, eram maiores para os jovens (Camargo et al., 1975, p.80).

Além disso, as dificuldades de moradia tornavam São Paulo mais atrativo para os jovens solteiros. Estes são mais livres para aceitar trabalhos na construção civil, morando nas próprias obras. Assim, não precisavam alugar uma casa ou construir um barraco numa favela, condição básica para a instalação de um migrante casado. Nestas situações também se encaixavam homens casados que deixam a família na Paraíba e vivem em São Paulo como "solteiros", de forma a reduzir ao mínimo o custo de sua reprodução, pois o salário deve sustentar a si mesmos e à família que ficou na cidade natal. Quando os casados migram com a esposa e os filhos, geralmente levam em conta o número de filhos. Muitos dizem que é possível se tentar a vida em São Paulo quando se tem até dois ou três filhos. Um número maior torna a situação complicada, pois aumenta o próprio custo da migração – passagens, despesas iniciais de instalação na cidade – e há dificuldades para encontrar casa para alugar.

A análise do ciclo de vida no processo migratório é, portanto, fundamental para compreender porque numa mesma família uns migram e outros não. Assim, alguns motivos, como "não migrei porque não gosto de São Paulo", relatado por um irmão de migrante, somam-se ao fato de ser casado e único filho que ficou trabalhando com o pai.

É importante também considerar a migração das mulheres. Estas, no campo, desempenham, em geral, tarefas domésticas, e na cidade, podem ter acesso a trabalhos remunerados. De forma mais habitual, migram primeiro os filhos mais velhos; o que geralmente ocorre no momento da maioridade do rapaz e da moça: 18 anos. O primeiro que migra abre caminho para os irmãos que o seguem, em um processo que se diferencia no tempo de fragmentação e recomposição familiar. A migração dos vários membros da família é realizada por meio de redes familiares e de amizade: tios, primos, amigos e vizinhos. As redes sociais organizam o processo migratório em todas as etapas – antes, durante e na chegada a São Paulo –, demonstrando a importância das relações de reciprocidade nos diversos espaços e tempos que marcam a(s) trajetória(s) migratória(s) dos indivíduos ou famílias. As redes sociais organizam as conexões entre os que migram e os que ficam, por meio do fluxo de informações, veiculadas, na época, por cartas e mensagens orais, fluxo de mercadorias – presentes, remédios, utensílios domésticos, fluxo de dinheiro que um parente envia a outro. São, também, as redes sociais – amigos, parentes e vizinhos – que orientam quando se deve ou não migrar, geralmente considerando a possibilidade de emprego (Durhan, 1978, p.135; Menezes, 1985, 2002).

A migração como estratégia para enfrentar o processo de expropriação dos pequenos proprietários e moradores mostra que a família, ao se segmentar entre as áreas rurais e a cidade, garante a sua reprodução social tanto em relações de trabalho assentadas no acesso aos meios de produção como em relações de trabalho assalariadas. Assim, a migração entre o sertão paraibano e a região do ABC paulista nas décadas estudadas (1970 e 1980) conecta esses espaços sociais por meio das redes familiares e de amizade, fluxos de mercadorias, bens simbólicos, idéias e experiências (Menezes, 2002; Vincent, 1987). Veremos como essa perspectiva também se verifica no agreste paraibano na década de 1990.

CAMPONESES DO AGRESTE PARAIBANO: MIGRAÇÕES E FAMÍLIA

Fagundes mora na microrregião do agreste da Borborema no Estado da Paraíba, Nordeste do Brasil. O agreste é uma região de transição entre a zona da mata e o sertão. Em certos lugares, ele é bem característico em seus aspectos, mas, em outros, pode ser confundido com a zona da mata em seus trechos mais úmidos e com o sertão nos mais secos (Andrade, 1980, p.31). As principais atividades econômicas de Fagundes são a agricultura e a pecuária. O algodão, que foi a principal cultura comercial, caiu de 1.160 hectares, em 1970, para 7, em 1985, e 20 hectares em 2000, praticamente desaparecendo da paisagem agrícola. Esse declínio na cultura do algodão influenciou significativamente a sobrevivência dos camponeses, tornando-os mais dependentes do trabalho assalariado. Esse processo é analisado em estudos sobre transformações agrícolas no Estado da Paraíba (Alves, 1978; Lira, 1983; Menezes, 1985). A expansão da pecuária entre 1970 e 1985 contribuiu para a expulsão de moradores para a periferia da área urbana do município e sua transformação em rendeiros. Essa categoria inclui trabalhadores que vivem em áreas urbanas do município, que continuam a cultivar pequenos pedaços de terra em locais distantes de suas casas e aqueles que vivem na área rural, mas não têm terra, e pequenos proprietários, com terra insuficiente, que também plantam em terras de outros proprietários (Andrade, 1980; Menezes, 1985). Em resumo, os camponeses no agreste paraibano são os pequenos proprietários e os rendeiros. Os moradores, devido ao processo de expansão da pecuária e a decadência do algodão, já descrito para a região do sertão paraibano nas décadas de 1970 e 1980, existiam em número bem reduzido na região do agreste da Borborema na década de 1990. Todas as categorias têm acesso precário à terra e, conseqüentemente, trabalham em alguma outra atividade, tal como pequenos negócios, emprego como servidores do município ou trabalho assalariado na localidade ou em outras regiões. As migrações têm sido uma estratégia central na reprodução dos pequenos proprietários, moradores e rendeiros desde princípios do século XX. Eles migram para trabalhar nas usinas de cana-de-açúcar na zona da mata pernambucana ou para trabalhar na indústria ou setor de serviços nas metrópoles da região Sudeste, principalmente o Rio de Janeiro.

Para compreender a relação entre migração e as condições de existência dos pequenos proprietários, moradores e rendeiros do agreste paraibano, utilizamos como metodologia o estudo de trajetórias migratórias de um grupo de vinte camponeses – migrantes, cujas idades variam entre vinte e 77 anos. O levantamento de dados foi realizado nos anos de 1995 e 1996. As trajetórias migratórias captam a multiplicidade de pontos de cruzamento entre a história dos indivíduos, das famílias e dos grupos sociais aos quais pertencem.

Desde princípios do século XX, os camponeses do agreste paraibano têm migrado para as usinas de cana-de-açúcar do Estado de Pernambuco, para trabalharem no corte de cana. Essa é a clássica migração sazonal entre as regiões do agreste e da zona da mata, bem relatada por Andrade (1980, p.152):

> A colheita do algodão, iniciada em dezembro, estende-se geralmente até janeiro, quando a terra é restituída ao proprietário a fim de que o gado solto nos velhos roçados se alimente com a rama do algodão e a palha do milho. Em março novamente a terra volta às mãos dos agricultores para o reinício do ciclo anual de cultura; esses agricultores são os que, em setembro, quase não tendo o que fazer no agreste, migram para a área açucareira a fim de trabalhar nas usinas que neste mês iniciam a moagem, fazendo as migrações sazonais típicas do Nordeste, desde o Rio Grande do Norte até Sergipe.

Em termos socioeconômicos, a conexão entre as regiões agreste e zona da mata (Andrade e Potengy, 1980a, p.261) representa uma complementaridade entre a economia camponesa-latifundiária e a *plantation* açucareira no Nordeste do Brasil (Suarez, 1977, p.36-7) e tem-se constituído como um tradicional "corredor de migração" (Silva, 1999). Quanto às condições de reprodução dos camponeses, a migração sazonal tem representado, desde o início do século XX até o século XXI, uma alternativa de obtenção de renda monetária para suprir as necessidades da família, devido ao precário acesso à terra, ao ciclo agrícola com as diferenças entre inverno e verão, às oscilações econômicas na principal cultura comercial – o algodão –, bem como à ausência de crédito e assistência técnica. No caso estudado, os salários ganhos nas usinas de cana-de-açúcar não permitiram um processo de acumulação que viabilizasse a compra de terra, instalação de benfeitorias, compra de animais; apenas permitia suprir as necessidades de reprodução da família.

Nas décadas de 1950, 1960 e 1970, o movimento migratório mais recorrente do agreste paraibano era para as metrópoles do Sudeste brasileiro, principalmente o Rio de Janeiro. Alguns migrantes fixaram-se nos locais de destino e outros mantiveram as raízes na terra natal, retornando várias vezes. Entre os que migraram nas décadas de 1960 e 1970, o emprego na indústria era o grande sonho, pois significava a possibilidade de adquirir uma profissão, bem como o acesso aos benefícios sociais. Sendo originários de atividades agrícolas e tendo baixos níveis de escolaridade, a construção civil foi, via de regra, a primeira atividade para os camponeses–trabalhadores migrantes. Além das oportunidades de emprego e profissionalização, havia, ainda, uma relativa facilidade para se adquirir um terreno e construir a casa própria, viabilizando-se, assim, a permanência na cidade (Menezes, 1985). Os grupos que começaram a migrar na década de 1970 tiveram menores possibilidades de fixação nas cidades ou de ter alguma poupança para investir em seus locais de origem do que os das décadas de 1950 e 1960, o que contribuiu para a intensificação das migrações temporárias e a chamada "migração de retorno" (Menezes, 1985; Amaral e Nogueira, 1993).

Ao passo que as condições de trabalho e moradia se deterioraram na região Sudeste do Brasil, desde a década de 1970, há uma maior demanda de trabalho sazonal na *plantation* açucareira no Estado de Pernambuco. Além disso, o trabalho no corte de cana passou a ser uma alternativa concorrente aos empregos urbanos no Rio de Janeiro ou São Paulo, após a implementação do contrato formal de trabalho, que garante aos canavieiros os mesmos direitos que os trabalhadores urbanos, como férias, 13º salário e fundo de garantia por tempo de serviço. No entanto, as duas opções, a *plantation* açucareira ou os empregos urbanos, continuam a ser plausíveis para indivíduos e famílias, e a decisão por uma ou outra depende das condições de trabalho e moradia dos vários espaços aos quais os camponeses–trabalhadores migrantes pertencem, bem como do ciclo de vida, sexo, avaliações e percepções dos migrantes quanto às condições de trabalho, direitos trabalhistas e moradia (Silva, 1992, p.167; Menezes, 2002).

Se nas décadas de 1950 e 1960 a reprodução da condição camponesa poderia ser garantida pela migração de parte dos membros da unidade familiar, desde meados da década de 1970 se notam diferenças significativas nas condições de reprodução social dos camponeses–trabalhadores migrantes. Para aqueles que começaram a migrar na década de 1970, a possibilidade de comprar terra com economias enviadas ou trazidas pelos migrantes tem-se tornado mais remota. A renda auferida tem sido apenas suficiente para suprir as necessidades básicas de suas famílias. Apesar de ser rara a possibilidade de construir uma base de capital pela aquisição de terra, insumos e equipamentos, há um grupo significativo de migrantes que orientam sua vida no sentido de permanecer na terra natal, adquirindo ou construindo uma casa.

O estudo realizado por Garcia Júnior na região do brejo paraibano (1989, p.14) identifica que a aquisição da casa própria é um passo essencial na emancipação dos moradores. A compra de terra ou casa tem um significado material e simbólico na trajetória social de camponeses das regiões do agreste, brejo e sertão do Estado da Paraíba.

A migração como uma estratégia permanente de adaptação das famílias camponesas às condições insuficientes de reprodução social pode ser observada quando se analisam as trajetórias migratórias de famílias por duas ou três gerações. Descreveremos brevemente o caso das famílias de sr. Benedito e do sr. Arnaldo.

Sr. Benedito nasceu em 1923, migrou para o Rio de Janeiro em 1951, 1957, 1961 e 1968, deixando a mulher e os filhos morando na terra de seus pais. Com o dinheiro economizado, ele comprou uma pequena propriedade. Ele tem três filhas e três filhos; todos iniciaram a sua trajetória migratória na década de 1970. Em 1995, as três mulheres eram solteiras e moravam no Rio de Janeiro, trabalhando como empregadas domésticas. Uma delas teve uma filha e um filho, os quais foram criados pelos avós na Paraíba. O neto que sr. Benedito criou migrou pela primeira vez para o Rio de Janeiro em 1994, com 18 anos de idade, completando assim um ciclo de três gerações de migrantes. Os três filhos do sr. Benedito foram várias vezes ao Rio de Janeiro e também trabalharam no corte de cana-de-açúcar no vizinho Estado de Pernambuco, porém não conseguiram comprar terra, apenas construíram suas casas na terra do pai. A trajetória migratória da família do sr. Benedito mostra, assim como em outros casos, que a migração acompanha o ciclo de vida do indivíduo e da família e é praticada pelas gerações.

A trajetória da família do sr. Arnaldo é similar à do sr Benedito. Sr. Arnaldo nasceu em 1918 e, quando tinha apenas 12 anos, em 1930, realizou a primeira migração para trabalhar no corte de cana nas usinas do Estado de Pernambuco. Ele foi levado pelo pai e continuou trabalhando 25 anos não consecutivos na área canavieira, até a década de 1970. Sr. Arnaldo levou seu filho mais velho, Cláudio, que nasceu em 1938, para trabalhar nas usinas quando tinha 8 anos de idade. Cláudio foi ao Rio de Janeiro, com 34 anos, em 1962, ficando apenas um ano. Ele narra sua experiência de ser levado pelo pai aos 8 anos de idade para trabalhar nas usinas de cana de açúcar.

> Sabe? Pai trabalhava em Pernambuco. Aí começou me carregar prá o Pernambuco, eu já com idade de oito anos prá nove, já comecei trabalhar em Pernambuco mais ele. Ele dizia que era mode eu tomar conta das panela, não sei o que... Chegava lá, pegava uma enxada, dizia: vamos ajudar eu... e eu ía... Limpar mato. Era, eu era pequeno, ía mais ele prá lá, cozinhar panela, chegava lá, eu dizia, eu não vou ficar só não, ele dizia, vamos pro serviço, leve uma enxada e vai limpar mato aí. Arrancar, não tinha quem limpar, era perto do barraco, sabe!
>
> Aí... trabalhava só prá ele, ajudando ele só. Às vezes me dava só um trocadinho para eu comer um doce, uma coisa, assim, só para o domingo. Eu trabalhava só prá ele, comprava uma roupa, uma coisa, era assim. Era muito pequeno quando eu comecei trabalhar no meio do mundo[6] (Cláudio, fita 22: 2-4)

[6] Sobre a expressão "meio do mundo", veja o artigo de Parry Scott nesta coletânea.

No caso das famílias camponesas, a iniciação no trabalho desde tenra idade é uma prática social que, além da necessidade da cooperação dos braços na produção, representa um processo de aprendizagem do trabalho como valor que constitui homens e mulheres honrados, como é recorrente em inúmeras narrativas das mulheres e dos homens sobre sua infância (Menezes, 2002, p.195; Woortmann, 1990).

Cláudio levou seu filho mais velho, Roberto, à *plantation* açucareira, quando ele tinha 12 anos. A trajetória de vida de Roberto seguiu o modelo de seu pai e avô.

> Aí pai falava que ia me levar para o Pernambuco... eu rapava de casa, só chegava em casa quando pai já tinha ido embora para o Pernambuco... com medo de ir, porque... Quando foi num ano, aí pai foi pro Pernambuco, né? Aí ele chegou, aí eu disse, amanhã... ele chegou num sábado. Aí eu disse, quando for amanhã eu também vou pro Pernambuco, ele disse, vai não. Eu disse assim, eu vou. Eu tinha 7 anos...Trabalhava junto com meu pai. Depois de duas semanas, nós voltávamos. (Roberto, fita 21: 15)

Cláudio reproduziu a mesma atitude de seu pai, ao levar seus filhos, em idade precoce, para trabalhar na *plantation* açucareira. Seu filho mais velho, Roberto, tentou evitar ser levado pelo pai, mas, finalmente, percebeu que não seria possível e aceitou como algo natural e inquestionável. Roberto freqüentava a escola, aprendeu apenas a assinar o nome, não lê nem escreve. Quando ainda freqüentava a escola, foi progressivamente assumindo sua identidade como trabalhador e desistiu da escola. Roberto trabalhou nas usinas de cana-de-açúcar, de 1975 até 1995, e, então, migrou pela primeira vez para o Rio de Janeiro, esperando economizar algum dinheiro para seu casamento. Ele continuava morando no Rio de Janeiro até o ano de 2008. Seus três irmãos já tinham migrado para o Rio de Janeiro, e dois deles aplicaram a poupança trazida na compra de uma pequena mercearia no bairro. As irmãs mais velhas de Roberto, que tinham 21 e 24 anos, estavam cursando escola secundária, e os irmãos mais jovens, de 10 e 13 anos, também estavam estudando. Suas irmãs trabalhavam como empregadas domésticas para famílias locais. O pai não permitiu que as filhas migrassem para trabalhar. Os exemplos das famílias do sr. Benedito e sr. Arnaldo mostram como a migração tem sido uma experiência que se transmite intergeracionalmente nas famílias camponesas.

CONSIDERAÇÕES FINAIS

Além de serem definidos como uma unidade de produção familiar, os camponeses também são caracterizados por suas relações sociais, descritas sob a noção de "comunidade camponesa":

> Uma comunidade pode ser definida como um grupo humano localizado territorialmente e unido por laços de interação social e interdependência, por um sistema integrado de valores e normas aceitas, e pela consciência de serem distintos de outros grupos delineados por linhas similares. Elevada auto-suficiência deve ser adicionada como uma característica dominante da tradicional comunidade camponesa (...). A comunidade aldeã é altamente coesa, mas, ao mesmo tempo, é diversificada em grupos e facções diferentes e conflitantes. (Shanin, 1972, p.32-3)

Galeski (1972, p.168) segue a mesma perspectiva de Shanin:

> A coesão da aldeia é enfraquecida pelos efeitos de forças sociais mais amplas, pela influência da cidade e da indústria, e pelas mudanças que ocorrem na unidade de produção camponesa e internamente no extrato camponês.

A noção de comunidade camponesa como um espaço demarcado territorialmente e auto-suficiente gerou estudos que consideram a migração um fenômeno tanto capaz de desintegrar quanto de afirmar as relações de proximidade, os valores e o sentimento de pertencimento. Shanin (1985, p.152) compreende que a migração é ao mesmo tempo uma forma de desintegração e de reprodução social dos camponeses, na medida em que os que migram mantêm tanto as famílias que ficam nas suas localidades quanto fazem investimentos em animais e compra de terra. No entanto, classifica-os como "um grupo analiticamente marginal do campesinato". O grupo marginal compartilha algumas, mas não todas, características dos camponeses; em geral, tais diferenças podem ser apresentadas numa escala de mais ou menos (Shanin, 1970, p.44):

> Camponeses–trabalhadores representam uma forma de penetração industrial das cidades no campo (eventualmente eles podem representar sua mútua interpenetração). O camponês–trabalhador crescentemente conserva sua fazenda meramente para fins de consumo e como um lugar para viver, ao passo que a maior parte de sua renda é gerada na cidade.

O camponês que migra é analiticamente marginal, pois a comunidade camponesa é considerada uma organização social e econômica integrada internamente e que tenderia a desintegrar-se com a penetração do modo de vida urbano. Essa compreensão tem sido objeto de debate entre os autores do campesinato e das migrações.

Breman (1985), que estudou os trabalhadores migrantes na cana-de-açúcar na Índia, também compreende que os estudos da comunidade camponesa tendem a não perceber a importância das migrações.

> Os estudos sobre a Village têm contribuído para uma similar retificação do passado por enfatizar a natureza fechada e a continuidade da ordem local, e por prestar

> pouca ou nenhuma atenção, em termos gerais, para a importância que a migração tem assumido como deslocamento de trabalho. (Breman, 1985, p.191)

Almeida (2007, p.171), em uma excelente análise das teorias do campesinato, também critica as concepções que concebem o caráter fechado da comunidade camponesa:

> Essas considerações visam indicar que, no fundo, o que soldava *in extremis* a noção de campesinato era a conexão entre um chão e um povo: camponeses seriam, como nações, gente enraizada em um território, com idéias mais ou menos conservadoras e técnicas agrícolas. Essa conexão entre grupo social, idéias e coisas – encerradas em um território discreto e isolado do exterior – deixa de ter peso para iluminar o mundo de migrantes móveis, de famílias-rede dispersas entre diferentes zonas geográficas segundo os fluxos migratórios, de estratégias de reprodução que acionam diferentes técnicas e espaços.

Na perspectiva de Almeida, o centro da análise não é mais o grupo social vinculado a um território, mas, antes, as múltiplas estratégias utilizadas pelos sujeitos para reproduzirem a si mesmos e suas famílias, tanto no local quanto fora. Há uma aproximação com a perspectiva de Vincent (1987, p.381), que toma como análise os indivíduos e não as atividades ou os lotes de terra:

> ... um focus de investigação centrado no movimento dos indivíduos (e não na atividade em lotes fixos de terra) e nas relações sociais que se estabelecem em função de sua interdependência econômica permite estruturar padrões de carreira individual, que se entremeiam dentro e fora da textura da vida rural local regional, para dentro das periferias e bairros urbanos (...). Paradoxalmente, este focus em indivíduos, e não nas relações entre homem e terra, tão familiares na literatura, incita a um exame mais detido da essência supostamente estável dessas relações, permitindo-lhes perceber mudanças e avaliar a ilusória aparência de estabilidade estrutural, enquanto o conteúdo está em fluxo.

Concordamos com as críticas elaboradas por Brandes (1975), Vincent (1987) e Almeida (2007) à noção de comunidade camponesa como a "conexão entre um chão e um povo" e, com base em nossa experiência de pesquisa com famílias de camponeses cujas trajetórias individuais e familiares são marcadas por diferentes movimentos migratórios e inserções no trabalho, entendemos que a noção de comunidade não é a mais apropriada, pois apresenta limites na compreensão da mobilidade de diversos sujeitos sociais que compõem a "comunidade". A noção de redes sociais envolvendo formas de ajuda mútua, solidariedade, amizade, reciprocidade entre familiares, amigos e vizinhos, tem-se revelado uma ferramenta metodológica importante para compreender-se o fluxo de pessoas, objetos, informações e símbolos entre diversos espaços sociais em tempos diferenciados, bem como formas de organização de determinados grupos sociais (Menezes, 2002).

REFERÊNCIAS BIBLIOGRÁFICAS

ALMEIDA, M. W. B. Narrativas agrárias e a morte do campesinato. In: *RURIS*, 2 set. 2007, p.157-88.

ALVES, F. J. C. *Fatores do crescimento das cidades do sertão parcibano*. Rio de Janeiro: COPPE; UFRJ, 1978.

AMARAL, A. E. P., NOGUEIRA, R. A. M. *A volta da asa branca*: um estudo sobre a migração de retorno a Pernambuco. Recife: Fundação Joaquim Andrade,. 1980; 1993.

ANDRADE, M. C. de, POTENGY, G. F. (coords.). Dinâmica das microrregiões de intensa atividade migratória. v.2. Recife: Minter; Sudente; UFPE; UFPB, 1980a.

______. *A terra e o homem no Nordeste*. 4.ed. São Paulo: Livraria Editora Ciências Humanas, 1980b.

ASSUMPÇÃO ALVES, M. R. P. *O desenvolvimento dos pólos de comércio do algodão na Paraíba*. Rio de Janeiro: COPPE; UFRJ, 1979.

BRANDES, 1975

BREMAN, J. *Of Peasants, Migrants and Paupers*: Rural Labour Circulation and Capitalist Production in West India. Delhi: Oxford University Press, 1985.

BUTTERWORTH, D., CHANCE, J. E. *Latin American Urbanization*. New York: Cambridge University Press, 1981.

CAMARGO, C. P. F. de et al. *Crescimento e pobreza*. 13.ed. São Paulo: Loyola, 1975.

CLIFFE, L. Labour Migration and Peasant Differentiation: Zambian Experiences. *The Journal of Peasant Studies*. v.5, n.3, april 1978, p.326-46

DURHAN, E. R. *A caminho da cidade*: a vida rural e a migração para São Paulo. 2.ed. São Paulo: Perspectiva, 1978.

FIRST, R. *Black Gold:* the Mozambican Miner, Proletarian and Peasant (Work-songs and Interviews Recorded by Alpheus Manghezi). Sussex: Harvester Press: New York: St. Martins's Press, 1983.

GALESKI, B. *Basic Concepts of Rural Sociology*. Manchester: Manchester University Press, 1972.

GARCIA JR., A. R. *O sul*: caminho do roçado: estratégias de reprodução camponesa e transformação social. Brasília: Marco Zero; Ed. UnB; CNPq, 1989.

GRABOIS, J., AGUIAR, M. de J. N. Os sistemas agrícolas tradicionais e os elementos de modernização no sertão ocidental da Paraíba. In: *Inter-facies, escritos e documentos*, 1980.

HOLMES, D. R. A Peasant-Worker Model in a Northern Italian Context. *American Ethnologist*. v.10, n.4, november 1983, p.734-48.

LIRA, G. M. F. *O homem ou o boi (o roçado ou o capim)*. Paraíba: UFPB, Departamento de Sociologia e Antropologia. Dissertação (Mestrado em Sociologia) – março de 1983. mimeo.

MARQUES, F. R. de S. *Juventude rural e assentamentos da reforma agrária: trajetórias e experiências coletivas*. 2006. Dissertação (Mestrado em Ciências Sociais), Centro de Humanidades, Universidade Federal de Campina Grande, Campina Grande.

MEILLASSOUX, C. *Mujeres, graneros y capitales*. México: Siglo XXI, 1977.

______. Os limites da superexploração do trabalho. In: CARVALHO, E. A. (coord.). *Antropologia econômica*. São Paulo: Livraria Ed. Ciências Humanas, 1980.

MENEZES, M. A. *Da Paraíba pra São Paulo e de São Paulo pra Paraíba*. Dissertação (Mestrado em Sociologia Rural) – UFPB, 1985.

______. *Redes e enredos nas trilhas dos migrantes*: um estudo de famílias de camponeses-migrantes. João Pessoa: Ed. UGPB; Rio de Janeiro: Relume Dumará, 2002

______. *Juventudes rurais do nordeste*: trabalho, migrações e movimentos sociais. Projeto Pesquisa. CNPq/ UFCG, 2006.

MENEZES, M. A.; SILVA, M. S. As migrações sazonais do Sertão Paraibano para as usinas canavieiras de São Paulo. MIGRANTES – Trabalho e trabalhadores no Complexo Agroindustrial Canavieiro (os heróis do agronegócio brasileiro). São Carlos: EdUSCAR, 2007.

SCOTT, P. Unidade doméstica e migrações: algumas proposições sobre a organização doméstica de trabalhadores rurais no nordeste brasileiro. *V Encontro Anual da ANPOCS*. Trabalho apresentado na Reunião do Grupo de Trabalho "Família e Sociedade", Friburgo, 21 a 23 out. 1981.

______. Migrações inter-regionais e a família nordestina. *VI Encontro Anual da Associação Nacional de Pós-graduação e Pesquisa em Ciências Sociais*. Trabalho apresentado na Reunião do Grupo de Trabalho "A Questão Regional no Brasil". Friburgo, 20 a 22 out. 1982.

______. Estratégias familiares de emigração e retorno do Nordeste. *Travessia*. v.VIII, n.22, p.23-7, maio-ago. 1995.

SHANIN, T. A. Peasantry as a Political Factor. In: SHANIN, T. (ed.). *Peasants and Peasant Societies*. Middlesex: Penguin Books, 1971.

______. *The Awkward Class*: Political Sociology of Peasantry in a Developing Society: Russia: 1910-1915. Oxford: Clarendon Press, 1972.

______. *Russia as a "Developing Society"*: The Roots of Otherness: Russia's Turn of Century. v.1. Basingstoke: Macmillan Press, 1985.

______. Generalization: Peasantry as a Social Entity. In: SHANIN, T. (ed.). *Defining Peasants*. Cambridge: Basil Blackwell, 1990.

______. Peasantry: delineation of a sociological concept. In: *Defining peasants.* Cambridge: Basil Blackwell Ltd., 1990.

______. *Naturaleza y Lógica de la Economia Campesina.* Barcelona: Anagrama, 1976.

______. The Peasants are Coming. Peasants who Travel, Migrants who Labour and Marxists who Write. In: SHANIN, T. (ed.). *Defining Peasants*. Cambridge: Basil Blackwell, 1990.

______. Defining Peasants: Conceptualizations and Deconceptualizatios. In: SHANIN, T. (ed.). *Defining Peasants*. Cambridge: Basil Blackwell, 1990.

SIGAUD, L. *Os clandestinos e os direitos*: estudo sobre trabalhadores da cana-de-açúcar de Pernambuco. São Paulo: Duas Cidades, 1979.

SPIEGEL, A. D. Rural Differentiation and the Diffusion of Migrant Labour Remittances in Lesotho. In: MAYER, P. (ed.). *Black Villagers in an Industrial Society*. Cape Town: Oxford University Press, 1980.

SILVA, M.A.M. *A migração de mulheres do Vale do Jequitinhonha para São Paulo*: de camponesas a proletárias. São Paulo: Centro de Estudos Migratórios. Travessia, v.1, n.1, maio-ago, 1988.

______. Destinos e trajetórias de camponeses migrantes. *Anais VIII Encontro Nacional de Estudos Populacionais*. ABEP. v.3, p.161-77, 1992.

______. *Errantes do fim do século.* São Paulo: Editora UNESP, 1999.

SOZAN, M. Sociocultural Transformation in East Central Europe: the Case of the Hungarian Peasant-Worker in Burgenland. *East Central Europe*. v.3, 1976.

SUAREZ, M. T. S. M. *Cassacos e corumbas*. São Paulo: Ática, 1977.

VARGAS, M. M. *Urbanization, Migration and Occupational Structure in Latin America with Special Reference to Peru*. Manchester, s/data (Doutorado em Filosofia). mimeo.

VINCENT, J. A sociedade agrária como fluxo organizado: processos de desenvolvimento passados e presentes. In: FELDMAN-BIANCO, B. (org.). *Antropologia das sociedades contemporâneas*. São Paulo: Global, 1987.

WOORTMANN, E. F. *Herdeiros, parentes e compadres*: colonos do Sul e sitiantes do Nordeste. São Paulo: Hucitec; Brasília: Editora UnB, 1995.

______. Migração, família e campesinato. *Revista Brasileira de Estudos de População*. p.35-51, january-june 1990.

11
RECIPROCIDADE E CIRCULAÇÃO DE CRIANÇAS ENTRE CAMPONESES DO SERTÃO

Emilia Pietrafesa de Godoi

INTRODUÇÃO

Estudos etnográficos mostram que poucas sociedades caracterizam a adoção pela separação radical da criança da família de origem e a substituição de sua identidade, como o fazem as muitas sociedades ocidentais modernas. Em diversas situações camponesas contemporâneas tal fenômeno não se dá assim. Este é o caso estudado no sertão do Piauí, onde se encontram vários graus de "transferência de crianças": em um pólo, tem-se a adoção plena, embora esta nunca apague a posição da criança como filha ou filho na sua família de origem, e, no outro pólo, a passagem temporária da criança de uma unidade familiar para outra. Entre uma e outra forma, encontram-se vários compromissos engenhosos. Conforme o caso, a circulação amputa ou incha a rede de parentesco, modifica radicalmente ou amplia o número de pessoas que dispõem de autoridade, direitos e deveres com relação às crianças. Algumas abordagens interpretativas atribuem o tipo de circulação de crianças encontrado sobretudo no meio rural à raridade ou à abundância dos recursos disponíveis e ao ajuste entre o número de pessoas ativas em uma unidade familiar e as necessidades de produção para a manutenção de sua existência. Sem negar a importância desses fatores, parece-me necessário restituir essa prática ao universo da reciprocidade como parte de uma ética segundo a qual ela é dada como generosa e obrigatória entre vizinhos, parentes e compadres. Além disso, proponho que este seja um aspecto da organização social de muitas configurações camponesas.[1]

[1] Inspirada em Elias Scotson (2000), vou usar aqui preferencialmente o termo "configurações camponesas" a "grupos camponeses". Esta expressão remete ao "modo como os indivíduos se

Circulação de crianças é uma expressão usada nos estudos etnográficos para designar todas as práticas por meio das quais se dá a transferência de responsabilidade sobre uma criança de um adulto para outro e que implica a mobilidade infantil. O que me levou a refletir sobre a circulação de crianças foi meu estranhamento diante da freqüência com que ela ocorre no Brasil, e não somente em contextos rurais, mas urbanos também.[2] Paralelamente à constatação da existência desta circulação infantil vem outra: o caráter menor, ou mesmo oculto, dessas práticas nas etnografias brasileiras. Mas lendo estudos etnográficos de outras partes do mundo nos damos conta de que se trata de um fenômeno visível para os muitos pesquisadores que se dedicam ao estudo do parentesco, do casamento e da família. Esse tema é trabalhado, por exemplo, em várias monografias sobre a África (Dupire, 1988; Goody, 1982; Goody, 1969; Lallemand, 1980), a Oceania (Carroll, 1970; Brady, 1976), a Ásia (Massard, 1983 e 1988) e entre os esquimós (Dufour, 1984; Guemple, 1979). Em todos esses lugares, chama a atenção o caráter "informal" e freqüentemente reversível da passagem ou da entrega de um filho para outra unidade familiar em contextos rurais ou próximos a eles.

Para o caso brasileiro, existem estudos, como o de Cláudia Fonseca (1995), que constatam a prática de circulação de crianças como parte da estrutura básica da organização do parentesco em segmentos de baixa renda. Esta constatação é importante, pois desloca o tratamento do tema como um "problema social" para o de um processo social, isto é, a circulação de crianças não é vista como reflexo do "colapso dos valores tradicionais, mas justamente como parte destes mesmos valores" (Fonseca, 1995). Fonseca mostra, por exemplo, que não é porque não são queridas que as crianças circulam, mas justamente porque são muito queridas e representam, corporificam a idéia de família como valor (Woortmann, 1990).

O ponto de partida das reflexões que se seguem sobre situações encontradas entre camponeses do sertão é que essa prática tem um significado específico integrado a um modelo cultural de família partilhado por alguns segmentos da nossa população, sobretudo rurais ou de origem rural, que não é aquele dominante na sociedade brasileira.[3]

---

agregam, como e por que eles formam entre si uma dada configuração ou como e por que as configurações assim formadas se modificam" (ibidem, p.57). A expressão recupera, portanto, a idéia de processo e evita a compreensão equivocada de um grupo autocontido. Os dados aqui trabalhados foram registrados em pesquisas de campo realizadas em diferentes momentos no final da década de 1980, mas, principalmente, quando da minha volta ao campo nos povoados de São Raimundo Nonato, no sertão do Piauí, em janeiro e fevereiro de 1996.

[2] Em uma vila porto-alegrense estudada por Fonseca (1995, p.87) "a metade das mulheres com mais de vinte anos já entregou pelo menos uma criança aos cuidados de outrém: consangüíneos (23%), parentes afins (12%), estranhos (22%) ou à Febem (32%)". A autora informa que dos outros 11% das crianças em circulação não se sabe o destino.

[3] Como assinala Cláudia Fonseca, ao contrário das crenças com base na psicologia, próprias das classes médias, o papel de pai e mãe responsável não é o de manter uma relação

RECIPROCIDADE E CIRCULAÇÃO DE CRIANÇAS EM CONTEXTOS RURAIS

Em minhas pesquisas no sertão do Piauí, particularmente em povoados do município de São Raimundo Nonato, localizado no sudeste daquele Estado, a prática de várias unidades domésticas de incorporação de crianças nascidas em outras famílias sempre me chamou muito a atenção, sobretudo quando me debruçava sobre o parentesco e a sucessão. Não podia deixar de notar quanto a inserção dessas crianças modelava diferentemente a trama da rede do parentesco. Em um primeiro momento, interpretei essa prática como sendo uma estratégica de reprodução da família camponesa ligada ao seu ciclo demográfico (Fortes, s.d.): uma das situações de "adoção" sendo aquela em que não se tem mais força de trabalho suficiente no interior da unidade familiar, seja porque os filhos migraram ou porque se casaram e fundaram sua própria família, seja pelas duas razões ao mesmo tempo. Mas essa resposta me parecia insuficiente. Sem negar as pressões econômicas, parece-me que um indivíduo só pode transferir o seu filho sem qualquer mal-estar no interior de uma sociedade ou de um grupo que legitima esse tipo de prática e a propõe mesmo como boa e benéfica para as pessoas nela implicadas.

Em seu "Ensaio sobre a dádiva", M. Mauss trata daquilo que ele chama de "sistema de prestações totais", isto é, das obrigações mútuas entre dois grupos ou dois indivíduos, encontradas em todas as sociedades. Por essa feliz expressão, além da multiplicidade de domínios implicados – jurídico, econômico, religioso, político –, encontra-se também o caráter variado dos bens colocados em jogo nas trocas. Nas palavras de Mauss 1974, p.44-5):

> Em primeiro lugar, não são indivíduos, e sim coletividades que se obrigam mutuamente, trocam e contratam [...] Ademais, o que trocam não são exclusivamente bens e riquezas, móveis e imóveis, coisas economicamente úteis. Trata-se, antes de tudo, de gentilezas, banquetes, ritos, mulheres, crianças, danças, festas...

Este autor insere, pois, a circulação de crianças nas redes das trocas e toma-a como um meio de ligar doador e donatário. Assim, no caso dos polinésios de Samoa, ele sublinha:

> a criança, que a irmã e, por conseguinte, o cunhado, tio uterino, recebem do irmão e do cunhado para criar, é ela mesma chamada de *tonga*, um bem uterino. Ora, ela é o

emocional apropriada com sua criança, mas sim o de assegurar que certas necessidades "objetivas" sejam atendidas. "A mãe biológica quase nunca considera ter abandonado os seus rebentos... Mães que entregam seus filhos a outros consideram que sacrificaram suas prerrogativas maternas em benefício destes...
Essa idéia de sacrifício materno é subjacente aos esforços que ocasionalmente se vê a mãe biológica fazer para extrair ajuda material do tutor da criança; a idéia implícita é: 'eu te emprestei meu filho, agora o que tu vais me emprestar?'" (FONSECA, 1995, p.36).

> canal pelo qual os bens de natureza indígena, os *tonga*, continuam a escoar da família da criança para esta família. De outro lado, a criança é o meio para seus pais obterem bens de natureza estrangeira (*oloa*) dos pais que a adotaram... (ibidem, p.50-1).

Segundo Mauss, alguns autores nomeiam impropriamente de "adotados" crianças em *fosterage*.[4] Nesse caso, além de se constituírem elas mesmas em bens de circulação, as crianças são também os meios pelos quais circulam objetos de valor e, ademais, elas ligam grupos de pessoas, mais do que indivíduos particulares. Essas considerações de Marcel Mauss nos fazem pensar as várias modalidades de circulação de crianças dentro de um universo por meio de uma linguagem específica, a da reciprocidade.

Muitos autores tentaram precisar o sentido do termo *fosterage*. Suzanne Lallemand (1993) cita um trabalho realizado nas Ilhas Ellis por Y. Brady, *Transaction in kinship: adoption and fosterage in Oceania*, em 1976, e a distinção que este autor faz aproxima-se muito da distinção que fazem os próprios sertanejos entre "filho adotado" e "filho de criação". Segundo Brady, as pessoas das Ilhas Ellis opõem *fosterage* e adoção. Esta corresponde ao que chamam de "o verdadeiro filho adotado". O primeiro é informal e não implica a herança da terra.

Ora, justamente o "dom de terra" da parte do tutor, isto é, a possibilidade da herança da terra, transforma o *fosterage* – ou, traduzindo para o termo dos sertanejos: a criação – em adoção; pois no caso das Ilhas Ellis, a promessa de um dom de terra equivale a uma operação formal de adoção. O dom de terra a um filho em *fosterage* transforma-o em "verdadeiro filho adotado" e fecha todas as possibilidades de casamento com os filhos do tutor (Lallemand, 1993, p.138-9). É por isso que se entende que a circulação de crianças constitui um aspecto da organização social de muitos grupos camponeses.

A diferença fundamental neste contexto entre criação e adoção é que a primeira supõe a possibilidade de aliança por meio do casamento com os filhos ou filhas do tutor, o mesmo não sendo possível para o "verdadeiro filho adotado".[5]

---

[4] *Fosterage*, do inglês *foster*: to take someone else's child into your family for a period of time but without becoming their legal parent (verbete *in Longman Dictionaries*), corresponde, exatamente, aos chamados "filhos de criação", ao fato de uma família integrar temporária ou permanentemente uma criança em seu seio, sem que isso implique a adoção legal. Este termo designa, pois, a transferência em geral temporária e parcial de direitos e deveres paternos entre um adulto e outro. Note-se que na tradução brasileira do "Ensaio sobre a dádiva" (MAUSS, 1974), o tradutor optou por manter o termo utilizado pelo autor.

[5] A partir deste momento passarei a empregar o termo criação utilizado pelos meus interlocutores no sertão do Piauí quando estiver tratando de práticas que se reportam a modalidades de *fosterage* descritas e também para me contrapor à adoção formal e legal. Fonseca (1995) opta por continuar a empregar o termo adoção sem adjetivo para designar práticas de *fosterage* e adoção legal ou adoção formal para designar a transferência permanente e total de crianças prevista na legislação contemporânea.

A definição de "filhos de criação" dada pelos sertanejos corresponde, então, à descrição do *fosterage* das Ilhas Ellis, na Oceania, pois, aqui como lá, os filhos de criação não herdam nenhum direito sobre as terras, mesmo se eles nelas trabalham, e são "casáveis" com as filhas ou filhos consangüíneos da família de acolhida. É preciso dizer, no entanto, que eles são tratados como "filhos da família", não lhes sendo jamais negada afeição. Leach (1968) veria aqui o parentesco como uma linguagem e um código que regula o acesso e a transmissão dos recursos básicos daquela coletividade, notadamente a terra.

Existem estudos em contextos rurais no Brasil nos quais se encontra a menção à adoção. É o caso do trabalho comparativo realizado por Ellen Woortmann (1995) entre colonos do Sul do Brasil e sitiantes do Nordeste brasileiro. No caso dos colonos, a prática de adoção privilegiada é a de um sobrinho/afilhado por parte de um casal sem filhos, transformando-o em herdeiro. No entanto, a autora traz um caso em que o marido era filho único (portanto, sem sobrinhos) e a esposa era a única filha mulher de uma colônia distante... A este fato veio se somar a orientação patrilinear que privilegia a adoção do afilhado/sobrinho do marido, para que o casal viesse a adotar um filho de colonos "mais fracos".[6] Também os casos de adoção entre sitiantes em Sergipe, estudados pela autora, referem-se a casais sem filhos e também relacionados à instituição do compadrio. Ellen Woortmann lembra que os "afilhados trabalham nas terras dos padrinhos sem filhos, o que lhes confere direitos sobre essas terras, pela conjunção entre o princípio do trabalho – pois só têm direito à terra aqueles que nela trabalham – com a condição de afilhado, isto é, de um filho 'espiritual'" (ibidem, p.270). Os casos estudados pela autora são situações que implicam a "adoção informal", com ou sem reconhecimento legal posterior, que incidem sobre a transmissão do patrimônio.[7] Klass Woortmann (1990) lembra, para o caso dos sitiantes de Sergipe, que essa "realocação do afilhado e sua transformação em herdeiro se coaduana com o padrão de nominação, já que é o padrinho que transmite o sobrenome ao afilhado e não o pai ao filho" (ibidem, p.32).

No sertão do Piauí registrei vários graus de transferência de crianças. Em um pólo encontramos a adoção que, apesar de ser uma transferência plena, nunca é marcada pelo apagamento completo da posição do indivíduo como filho ou filha na sua família de origem. Em outro pólo, a passagem temporária de uma criança para outra unidade familiar. As razões evocadas pelos camponeses para "pegar filhos de criação" são basicamente

[6] *Forte* e *fraco* são categorias do universo camponês brasileiro, um par de oposições que remete à condição e posição social de pessoas no interior de uma coletividade.

[7] Isto não significa que os casos de "filhos de criação" como os estudados no Piauí não existam nesses outros contextos.

de duas ordens: de um lado, a ajuda dada aos "doadores" quando os pais naturais não possuem recursos para criá-los, quando os filhos ficam órfãos ou nascem de uma relação ilegítima; de outro lado, o desejo da família de criação de compensar a falta de filhos de um determinado sexo e também a substituição de um filho ou filha mortos.

Assim, seu Manuel Lourenço cria um filho de sua própria filha, que faleceu deixando sete filhos que foram repartidos entre pessoas da família, tias e tios, espalhados por vários povoados no sertão do Piauí. Beloniza me fala de "ajuda", quando ela conta que criou sua afilhada a partir da idade de um ano e oito meses e explica: "Sua mãe era uma fracassada, ela não era casada". Prossegue: "Eu não registrei essa filha no meu nome, mas eu dei essa ajuda".

O termo ajuda aparece recorridas vezes no universo camponês. Klass Woortmann (1990) fez uma excelente análise do termo por meio de vários exemplos etnográficos, demonstrando que ele pode conter distintos significados. Lembro aqui, seguindo as recomendações de Malinowski (2002), que os termos lingüísticos correspondem a fatos de cultura e de conduta; isto significa que, para entendê-los, a experiência e a situação são de extrema importância. Assim, no caso que acabamos de mencionar, em que o termo se conjuga com uma relação hierárquica entre "pai de família" e filha, ele é expressão mesmo dessa hierarquia e da honra do pai de família e não uma expressão da reciprocidade entre iguais, como é sugerido quando essa "ajuda" ("pegar um filho para criar") se dá, por exemplo, entre compadres, senão iguais em condições materiais, pelo menos iguais em honra (Woortmann, 1990) como, em geral, os "parentes" são percebidos no mundo rural.

Dina me conta que "cria os filhos de gente mais necessitada da família, de um parente mais fraco". Ela mesma criou uma irmã: "Quando eu me casei, minha mãe tinha gêmeas. Eu vim morar com o meu marido e eu trouxe a minha irmã e eu criei ela até que ela se casou. Mesmo depois do casamento, ela morou comigo e ela ainda teve uma filha aqui. No começo, ela e seu marido moraram aqui".

Dona Aldenora cria uma sobrinha e se justifica dizendo que ela só teve filhos e queria ter uma filha. Também dona Rosa cria uma filha depois de ter perdido a sua.

Em todos os casos, verifica-se que certos tipos de doadores são privilegiados: são pessoas da família ou compadres. O dom se faz, assim, entre iguais e parceiros de múltiplas trocas, proclamando que não é vergonhoso, mas generoso, e a própria linguagem expressa isso, quando se fala em ajuda a um parente ou compadre, como dito em parágrafo anterior.

Entretanto, a mobilidade infantil implica também pessoas que têm entre si relações menos simétricas. Assim, seu Valdemar "pegou para criar" uma filha – Elis – de seu morador, quando esta tinha dez anos, isto é, idade em que a menina já pode desempenhar tarefas indispensáveis aos cuidados da casa como buscar água, lavar louça, dentre outras atividades.[8] Também dona Maria Coelho, sogra de seu Valdemar, "pegou" Leciana com a idade de nove anos, outra filha do mesmo morador. Esse caso é interessante, pois com a idade de 16 anos, Leciana, solteira, ficou grávida, e dona Maria devolveu-a a seus pais, que são, na verdade, seus vizinhos. Assiste-se a uma verdadeira circulação de crianças e jovens, que podem ir e vir entre as unidades familiares. Dentro desse contexto, um filho ou filha de criação não goza do mesmo status de um filho ou filha nascido na família. Será aceito e apreciado enquanto desempenhar seu papel filial de forma adequada. Não há constrangimentos em mandá-lo de volta para o lugar de origem – a criança ou o(a) jovem não é concebido(a) como emocionalmente frágil, à semelhança da percepção também encontrada nos estudos de Fonseca (1995 e 1987) em uma vila porto-alegrense.

As crianças estão sempre presentes em meio aos adultos nas diversas atividades. Na Figura 11.1, elas estão na "casa de farinha" assistindo ao processamento da mandioca para o fabrico da farinha. Assim se dá o aprendizado de ser homem e mulher no sertão.

Figura 11.1. Crianças na "casa de farinha" assistindo ao processamento da mandioca.

Dona Ana, do povoado Limoeiro, teve 11 filhos e "pegou" outros nove para criar. Ela conta que algumas crianças eram "da família", de uma sobrinha, de uma prima; mas sua generosidade e sua situação de "parente mais

[8] *Morador*, na área da pesquisa, não é o *agregado*. Os próprios sertanejos fazem a distinção dizendo que o agregado é "sujeito", ao passo que o morador é representado como "livre". Diversas vezes encontrei seu Valdemar trabalhando na roça com o seu morador, algo impensável para a condição de agregado. Nos povoados estudados não havia agregados – categoria reservada nesta região para os "moradores de grandes propriedades", de fazendas.

forte" são conhecidas, e mesmo as pessoas que não pertencem à família, que moram nos povoados vizinhos, vêm lhe entregar seus filhos:

> Alguns eram parentes, outros eu nunca tinha visto antes. Eu pedia e as pessoas me davam, outros vinham me trazer os filhos. Vieram trazer o Manuel Rato pequenininho e disseram: "Ó, eu vim aqui lhe dar esse menino porque eu sei que não posso criar". Eu passava noites sem dormir olhando aquele pedacinho de homem. A mãe desse aí era sobrinha de meu marido.

O fato de ser considerada "um parente mais forte" não seria o suficiente para as pessoas a procurarem para entregar-lhes os filhos. Dona Ana possuía, sem dúvida, um capital simbólico (Bourdieu, 2004) forte, expresso nos atributos de generosidade, hospitalidade, dignidade e senso de honra. Capital que lhe rendia mais capital: mais parentes, maior rede de ajuda e solidariedade. Podemos ver aí uma das dimensões simbólicas dessas práticas.

Nesse sistema não existe a pretensão de igualar os diversos tipos de pais. Quem sustenta e quem socializa a criança cumpre uma função paterna e tem, por isso, direito ao status de pai ou de mãe adotivos, mas não se confunde com o de pais ou mães biológicos. Nessa visão hierárquica do mundo, própria do universo camponês (Woortmann, 1990), a diferença não representa necessariamente uma ameaça. Desta forma, a discriminação entre "filhos legítimos" e "filhos de criação" não é concebida e vivida como uma injustiça. Os "laços de sangue", nesse contexto, têm precedência sobre relacionamentos contratuais como a "criação" e a adoção: "o sangue puxa".[9]

Como foi dito, os filhos de criação não herdam direitos sobre a terra. Aliás, os dados indicam que os direitos adquiridos sobre a terra distinguem fortemente os filhos de criação daqueles que são incorporados por meio da adoção plena, introduzindo a interdição do casamento na família de acolhimento. Apesar disso, os filhos de criação recebem como os filhos consangüíneos o que os sertanejos chamam de "semente de gado", mais precisamente "semente de gadinho", como é referido o rebanho caprino. Ellen Woortmann (1995) pesquisou entre camponeses em Sergipe e encontrou a expressão "semente" para referir-se à primeira cabra – miunça, como se diz tanto em Sergipe como no Piauí – dada pelo padrinho por ocasião do batizado. Como observa a autora, "o batismo não é apenas o momento do

[9] *Sangue* é uma categoria explicativa de relações inter e intrafamiliares e está presente entre camponeses de distintas partes do mundo. Há estudos clássicos sobre campesinato que tratam da questão, como o de Conrad Arensberg, *The Irish countryman* (1959), sobre o camponês irlandês, que mostra que o sangue pode ser associado a uma má conduta ou ainda ao sucesso ou ao fracasso e à posição social. Uma pessoa pode, até, ser insultada por meio de seu sangue, e o insulto recair sobre toda a sua ascendência familiar. Ellen Woortmann também encontrou esta categoria entre os colonos do Sul do Brasil, mas com outros significados, podendo ser quente ou frio e estar relacionado à sexualidade. Em outras partes do Brasil, como no caso estudado, o sangue remete à índole e a atributos de caráter.

nascimento simbólico de uma criança cristã – que neste momento deixa de ser pagã –, mas também o começo de um adulto, de um pai de família ou de uma dona de casa" (ibidem, p.290). Observe-se que, no caso do Piauí, dar a "semente" não é atribuição exclusiva do padrinho.

Existe uma hierarquia na representação camponesa dos animais segundo a importância e o prestígio que lhe são atribuídos. O gado bovino é o mais prestigioso dos animais criados, e os homens adultos são os responsáveis por eles.[10] O próprio termo "gadinho" indica o caráter de menor prestígio do rebanho caprino. Mas tanto aqueles que cuidam do rebanho caprino como quem cuida do rebanho bovino são chamados de vaqueiros. Todas as famílias têm seu "gadinho", mas somente os parentes "mais fortes" possuem gado.

Não estaremos exagerando se afirmarmos que, em certa medida, a criação dos animais marca as etapas sucessivas da vida do sertanejo. A constituição do rebanho de um indivíduo é progressiva, ela segue os "ritos de passagem" que marcam sua vida e começa com o nascimento ou com a sua incorporação em uma nova família – no caso dos "filhos de criação" – com o dom de uma "semente de gadinho". Esta é constituída de um ou dois animais, de toda maneira de pelo menos uma fêmea, para que a criança possa começar a constituir seu próprio rebanho. As crianças, menino ou menina, desde muito pequenas são encorajadas a cuidar dos animais. O "pai de família" jamais se apropriará de seus animais, somente em caso de necessidade – pois as necessidades da família prevalecem sobre as do indivíduo – e, ainda nesses casos, essa apropriação toma a forma de um empréstimo, que o pai tem a obrigação moral de restituir.[11]

O ciclo da criação começa, então, com o dom de uma "semente de gadinho" e, com o passar do tempo, o objetivo é passar do "gadinho" ao gado, mesmo se poucos dentre eles chegam a realizar esse ideal. Como no caso dos camponeses de Sergipe estudado por Ellen Woortmann (1995), esses animais constituem a preparação da condição de um produtor independente, e pode-se mesmo dizer que aí começa a preparação para o casamento, que no caso dos "filhos de criação" pode se dar com primos e irmãos de criação.

---

[10] É importante notar que entre os camponeses das outras áreas do Nordeste brasileiro – zona da mata e agreste – somente as atividades relacionadas diretamente com a terra são designadas, localmente, pelo termo *trabalho* (GARCIA, 1983), ao passo que na zona do sertão as atividades relacionadas à "criação" sempre tiveram prestígio e são também referidas pelo termo trabalho. Essas atividades constituem também os temas privilegiados das narrativas orais, apontando para a sua importância no universo simbólico dos sertanejos.

[11] No sertão, mesmo se os cães são considerados animais domésticos, eles não são companheiros de brincadeiras apreciados pelas crianças, como em outros lugares: este papel é dado aos cabritinhos. Com o casamento, tanto o rapaz como a moça levam o rebanho constituído para a sua nova morada. E, no caso de migração, se o rapaz ou a moça que migrou precisar de algum recurso, a pessoa que ficou responsável pelo rebanho vende uma ou mais cabeças para "apurar o dinheiro" e enviá-lo.

Figura 11.2. O ciclo da criação começa com a "semente de gadinho" (caprinos) recebida pelo menino ou pela menina, tendo por objetivo, com o tempo, passar do "gadinho" ao gado.

Vale lembrar que esses sertanejos são agricultores, mas reconhecem no trabalho de vaqueiro um status privilegiado.

Os filhos de criação podem deixar a família que os acolheu não somente pelo casamento, mas também para migrar para a cidade – e, nesses casos, eles não perdem os seus rebanhos. O caso de Manuel Rato (este apelido deve-se muito provavelmente a seu aspecto frágil quando chegou à casa de dona Ana) é ilustrativo. Ele migrou para São Paulo, mas deixou seu rebanho de cabra, formado da "semente de gadinho" recebida, aos cuidados de outro filho de criação, Donizete, de dez anos de idade. Ele é seu "vaqueiro", como dizem, isto é, ele cuida das cabras de Manuel e tira a "sorte": um cabritinho de cada quatro nascidos. Como se constata, essas transações traduzem-se por prestações de serviços e, igualmente, em uma ocasião para o pequeno vaqueiro começar a constituir seu próprio rebanho. O sistema de sorte é um sistema de remuneração dos vaqueiros existente desde o século XVII e vigente até os dias atuais.[12]

[12] Há duas categorias de vaqueiros: "de leite" e "de sorte". Os vaqueiros e as vaqueiras de leite cuidam do rebanho e em troca recebem o leite. Em geral, são "pais e mães de família" com um rebanho muito pequeno e insuficiente para o aprovisionamento de suas casas. Os de sorte recebem um animal de cada quatro nascidos e assim vão aumentando seus próprios rebanhos.

Além das práticas de transferência de crianças por criação, no sertão também se encontra a adoção plena. É o caso de Auricélio, que foi adotado por seu Sancho. De fato, antes de ser filho de seu Sancho, Auricélio é seu afilhado de batismo. Ele é filho de uma família vinda de Pernambuco durante a década de 1960 para trabalhar na construção da Rodovia Fortaleza–Brasília, que atravessa na proximidade dos povoados onde moram os sertanejos de quem falo aqui. O pai de Auricélio abandonou a sua mãe, que, dispondo de poucos recursos, voltou para Petrolina. Seu Sancho adotou, então, o seu afilhado, na época com dez anos. Mesmo nesse caso de adoção plena, os laços com a família de origem não foram cortados. Auricélio visita sua mãe consangüínea de tempos em tempos. Seu Sancho também se ocupou de suas irmãs que nunca se casaram, Adelaide e Francisca. As filhas celibatárias adultas podem integrar de forma duradoura e mesmo permanente a unidade familiar de um irmão.

Existe, ainda, outro tipo de transferência temporária de filhos muito corrente. Trata-se do envio dos filhos a parentes ou compadres instalados nas cidades como condição de acesso à educação e/ou aprendizado profissional. Esse tipo de circulação é visto senão como um meio de mobilidade social, ao menos como sua promessa. Ainda nesse caso, a circulação pode ser compreendida no âmbito da reciprocidade, como no caso de dona Aldenora, cujo filho está na cidade na casa de sua comadre para fazer seus estudos. Em contraprestação, dona Aldenora cuida do rebanho de cabras que a comadre deixou no povoado quando de sua migração.

Figura 11.3. Crianças e adultos em um fim de tarde no povoado.

CONSIDERAÇÕES FINAIS

Em um artigo seminal, Joan Vincent (1987) faz uma crítica à representação da vida rural como estável, conservadora e imutável e, conseqüentemente, às abordagens teóricas e metodológicas que levam a essas representações. Ele propõe que estas sociedades devem ser estudadas como um "fluxo organizado". Este fluxo estaria organizado em três grandes eixos: o movimento das pessoas; as conexões dessas com o passado; e suas conexões com o exterior com ênfase nos campos sociais por onde circulam.

É no primeiro desses eixos que a autora insere a circulação de crianças, e sua hipótese é de que mulheres, crianças e rapazes são as pessoas mais móveis nessas sociedades. Quero chamar a atenção para alguns aspectos. Primeiro, para o próprio fato de inserir as crianças como atores sociais que merecem atenção no esforço para se compreender essas configurações sociais. Depois, para as razões desta inserção que acabam por remeter à ordem econômica ou ecológica. Nas próprias palavras da autora,

> a distribuição de crianças entre grupos familiares rurais relacionados entre si deve ser compreendida à luz dos processos de desenvolvimento dos respectivos grupos residenciais, das exigências periódicas de formas diferentes de agricultura (e pastoreio) e, acima de tudo, das variações regionais. (Vincent, 1987, p.385)

Não discordo da idéia de que a raridade ou a abundância dos recursos disponíveis e o ajuste entre o número de pessoas ativas de uma unidade doméstica e sua produção contribuem para modular o tipo de circulação de crianças no interior de uma sociedade. Mas, além dessas noções (pressão ecológica e formas eficientes de produção), parece-me que não é exclusivamente a procura de vantagens materiais que determina o aumento ou a redução de crianças em uma unidade familiar. É preciso também ver essa prática como parte de uma ética que a concebe como generosa e obrigatória entre vizinhos, parentes e compadres – não nos esqueçamos de que estamos diante de uma sociedade, no caso da sertaneja, regida antes pela honra do que pelo cálculo econômico.

Além disso, e é o que tentei demonstrar, a circulação de crianças nos contextos rurais só pode ser entendida se inserida na rede de prestações de todas as ordens que envolvem parentes, vizinhos e compadres, remetendo a questões referentes ao casamento, herança e sucessão e, por conseqüência, à reprodução da própria existência social dessas populações.

Uma última observação importante para se entender a circulação infantil é o paralelo que fazem alguns autores entre adoção e casamento. Estudiosos que trabalharam na África e também no Sudeste Asiático propuseram uma relação entre a aliança por casamento e a aliança por adoção e se perguntam se a circulação de alguns filhos não é uma espécie de substituto de certos tipos de casamento. Também Sahlins (1980) sublinha a semelhança desses dois procedimentos vendo na "adoção o mesmo título que no casamento, um modo de aliança entre grupos".

E é nesse sentido que, em vez de considerarmos a circulação de crianças somente como um rearranjo interno de um grupo doméstico, podemos pensar as suas várias faces como parte de um sistema marcado pela reciprocidade entre parceiros de múltiplas trocas e como um aspecto da própria organização social de muitas configurações camponesas.

REFERÊNCIAS BIBLIOGRÁFICAS

BOURDIEU, P. *El baile de los solteros*. Barcelona: Anagrama, 2004.

BRADY, Y. *Transaction in Kinship: Adoption and Fosterage in Oceania*. Honolulu: University of Hawai Press, 1976.

CARROLL, V. *Adoption in Eastern Oceania*. Honolulu: University of Hawai Press, 1970.

DUFOUR, R. Allaitement maternel et adoption chez les Inuit du Québec Arctique. *Canadian Journal of Public Health*. n.75, p.137-140, mar./abr. 1984.

DUPIRE, M. L'ambiguïté structurale du fosterage dans une société matri-virilocale (Sereer Ndut, Sénégal). *Anthropologie et Société*. v.12, n.2, p.7-24, 1988.

ELIAS, N., SCOTSON, J. L. *Os estabelecidos e os Outsiders*. Rio de Janeiro: Jorge Zahar, 2000.

FONSECA, C. Aliados e rivais na família: o conflito entre consangüíneos e afins em uma vila porto-alegrense. *Revista Brasileira de Ciências Sociais*. v.2, n.4, jun. 1987.

______. *Caminhos da adoção*. São Paulo: Cortez, 1995.

FORTES, M. *O ciclo de desenvolvimento do grupo doméstico*. Brasília: UnB, Cadernos de Antropologia, s/d.

GARCIA, A. *Terra de trabalho*: trabalho familiar de pequenos produtores. Rio de Janeiro: Paz e Terra, 1983.

GOODY, E. N. *Parenthood and Social Reproduction*: Fosterage and Occupational Roles in West Africa. Cambridge University Press, Studies in Social Anthroplogy. 1982.

GOODY, J. Adoption in Cross Cultural Perspective. *Comparative Studies in Society and History*. v.11, n.1, p.55-78, 1969.

GUEMPLE, L. *Inuit Adoption*. Ottawa: National Museum of Man, Mercury Series, Canadian Ethnology Service, Paper n.47, 121p, 1979.

LALLEMAND, S. L'adoption des enfants chez les Kotokoli du Togo. *Anthropologie et Société*. v.4, n.2, p.19-37, 1980.

______. *La circulation des enfants en société traditionnelle*. Paris: L'Harmattan, 1993.

LEACH, E. *Pul Eliya. A Village in Ceylon. A Study of Land Tenure and Kinship*. Cambridge: Cambridge University Press, 1968.

MALINOWSKI, B. *Les Jardins de Corai*. Paris: La Découverte, 2002 [1935].

MASSARD, J. Le don d'enfant dans la société malaise. *L'Homme*, v.2, n.3, p.101-4. juilet/sept., 1983.

______. Engendrer ou adopter: deux visions concurrentes de la parenté chez les Malais péninsulaires. *Anthropologie et Société*. v.12, n.2, p.41-62, 1988.

MAUSS, Marcel. Ensaio sobre a dádiva. Forma e razão da troca nas sociedades arcaicas. *Sociologia e Antropologia*. São Paulo: EPU/Edusp, v.II, 1974.

SAHLINS, M. *Critique de la sociobiologie.* Paris: Gallimard, 1980.
SIGAUD, L. *As vicissitudes do ensaio sobre o dom.* Mana, v.5 n.2, out. 1999.
VINCENT, J. A sociedade agrária como fluxo organizado: processos de desenvolvimento passados e presentes. *Antropologia das sociedades contemporâneas*: método. São Paulo: Global, 1987.
WOORTMANN, E. *Herdeiros, parentes e compadres*: colonos do Sul e sitiantes do Nordeste. São Paulo: Hucitec; Brasília: EdunB, 1995.
WOORTMANN, K. Com parente não se neguceia. O campesinato como ordem moral. *Anuário Antropológico, 87*. Brasília: Ed. UnB, 1990.

12
De sitiantes a irrigantes: construção identitária, conversão e projetos de vida

Ramonildes Alves Gomes

Introdução

Neste artigo pretendemos analisar o processo de construção identitária de um grupo de atores sociais: os irrigantes – categoria criada pelo Estado para diferenciar os agricultores da pequena produção que cultivam na faixa seca dos agricultores das faixas úmidas de terras beneficiadas pelo Estado com infra-estrutura para instalação dos projetos de irrigação. Os irrigantes, sejam eles grandes empresários do vale do São Francisco, sejam agricultores familiares dos perímetros irrigados, têm em comum a mediação do Estado nos processos sociais que, historicamente, legitimaram a construção da sua identidade.

O estudo de caso realizado no PISG (Perímetro Irrigado de São Gonçalo), especificamente com um grupo[1] de famílias irrigantes, abriu a possibilidade de se analisar a construção da identidade do irrigante, como processo social de conversão e/ou reconversão[2] de atores.

[1] É importante esclarecer que em determinados momentos do texto utilizaremos o termo "grupo", algumas vezes para fazer referência ao grupo doméstico, ao conjunto de indivíduos que, vivendo ou não na mesma casa, possui uma economia doméstica comum (TEPICHT, 1973; GALESKI, 1979). Outras vezes, dependendo do contexto da narrativa, o termo grupo refere-se ao conjunto das famílias colonas que residem nos núcleos habitacionais e/ou agrovilas do PISG.

[2] Para atender aos objetivos da discussão que pretendemos, consideramos apropriado utilizar o termo reconversão para analisar as estratégias utilizadas pelas famílias irrigantes para não perder os vínculos com um passado como sitiantes, que guarda e assegura uma racionalidade econômica e moral que lhes é mais confiável. O termo reconversão foi bastante trabalhado por Afrânio Garcia (1989), para analisar as estratégias de conversão adotadas pelos grandes proprietários das fazendas de cana-de-açúcar para permanecerem na condição social de senhores de engenho.

O PISG está localizado no município de Sousa, Estado da Paraíba, na mesorregião do sertão paraibano; possui área total de 4.100 ha e superfície irrigada de 2.364 ha. Em 1971, quando teve início a colonização do Projeto, o DNOCS (Departamento Nacional de Obras Contra as Secas) selecionou 477 famílias, as quais foram gradativamente assentadas em lotes que variam de 3,5 a 5 hectares. Segundo dados do Censo de 2000, estima-se que a população do PISG seja, atualmente, superior a 3.654 habitantes.

A maioria das famílias selecionadas residia em sítios menores (5, 7 até 10 hectares), cujas áreas foram desapropriadas para a construção do Projeto; outras residiam no sítio Cajá, uma área de aproximadamente 2.500 ha que pertencia a uns 50 proprietários. A maior parte desta área pertencia ao casal sr. Ticha e d. Amélia e também correspondia à maior faixa de terra desapropriada; de lá se originaram algumas das famílias que fizeram parte do grupo de informantes desta pesquisa.[3] No PISG também há famílias provenientes de outros sítios que ficam na área rural dos municípios circunvizinhos, entre eles Pombal, Santa Cruz, Nazarezinho, Marizopólis, São José da Lagoa Tapada e Lastro.

Dos sitiantes[4] que já viviam em São Gonçalo, poucos eram proprietários das terras. A maioria, no entanto, trabalhava como moradores, parceiros e arrendatários. Em geral, as relações de trabalho tradicionais, comumente experimentadas no tempo do sítio, baseadas na subserviência, possuíam uma dinâmica que levava esses sitiantes a organizarem primeiro o que pertence ao patrão, e só depois fazer algo por si. Garcia Jr. (1988), ao analisar a condição de "sujeito" do sitiante paraibano, em oposição à do agricultor "liberto", afirma que as expressões "sujeitos e libertos" originalmente refletem a oposição material e simbólica, presente nos discursos dos trabalhadores rurais. Ao descreverem suas trajetórias sociais, esses indivíduos revelam as mudanças ocorridas no modo de residir, nas relações de trabalho e nos espaços sociais, recorrendo sempre às expressões sujeitos e libertos para indicar as posições sociais dos agentes.

Motivados pela necessidade de se tornarem libertos, esses sitiantes, chefes de família, fizeram escolhas e tomaram decisões que, de maneira

[3] As informações utilizadas foram obtidas em entrevistas com os irrigantes mais antigos do perímetro, especialmente o sr. Sérgio Costa, residente no núcleo I, que foi o primeiro irrigante selecionado pelo DNOCS.

[4] O "sítio", assim como a autodenominação sitiante arrogada nas falas desses informantes, não corresponde exatamente ao sítio descrito por Ellen Woortmann (1997), que designa geralmente a parcela de terra que foi o ponto de partida adquirido, por herança, de um camponês e que, por sua vez, é um espaço composto de partes articuladas (espaço da moradia – casa – e espaço da produção – roça) de propriedade do grupo doméstico e dos membros que dele descendem. Para as famílias do PISG, em geral, o sítio é a referência espacial feita ao lugar de origem, onde os informantes e/ou seus antecessores viviam trabalhando na condição de: moradores, arrendatários e parceiros (WOORTMANN, 1981, p.69-70).

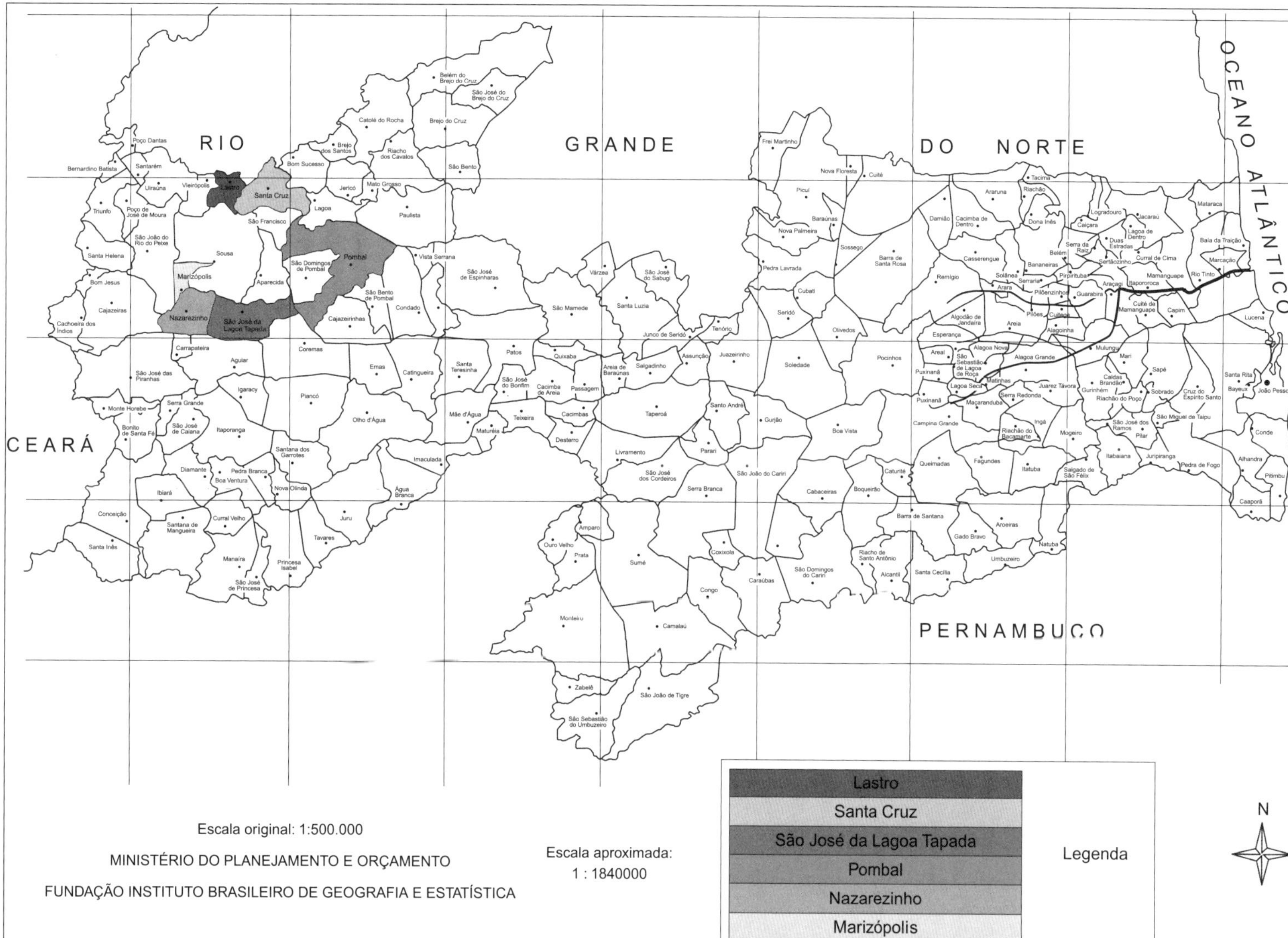
OCEANO ATLÂNTICO
RIO GRANDE DO NORTE
CEARÁ
PERNAMBUCO
Escala original: 1:500.000
MINISTÉRIO DO PLANEJAMENTO E ORÇAMENTO
FUNDAÇÃO INSTITUTO BRASILEIRO DE GEOGRAFIA E ESTATÍSTICA
Escala aproximada:
1 : 1840000
Legenda
Lastro
Santa Cruz
São José da Lagoa Tapada
Pombal
Nazarezinho
Marizópolis
N

sutil, revelaram intencionalidades, finalidades e objetivos. É importante também analisar o contexto no qual as famílias sitiantes fizeram a opção de transformar a vida no sítio, pela vida dentro do projeto de irrigação, apostando na possibilidade de melhorar as condições de vida da família e com o esforço dela própria, certamente representadas pelos usos diversos dos aspectos que identificam os tempos e espaços opostos (o sítio e o perímetro irrigado) (Garcia, 1989, p.245).

Para essas famílias, a vinda para o PISG significou, por um lado, a realização do desejo de ter um pedaço de terra e a possibilidade de planejar o futuro e assegurar a continuidade do grupo familiar. Por outro lado, o abandono da condição de sitiante, portador de um senso prático e de uma lógica concreta, costumeira e imediatista, que, aos poucos, se transformou num senso mais instrumental, orientado para interesses e fins que superaram as fronteiras do pequeno grupo (a família) e da sociedade de interconhecimento (a comunidade local). Como conseqüência deste movimento, constata-se também um processo de mudança identitária, embora, para Anselm Strauss (1999, p.108), a mudança identitária não se reduza apenas à posição social ou à função ocupada pelos sujeitos, a exemplo das famílias sitiantes, para quem se tornar irrigante implicou uma espécie de ascensão social e econômica. Discorreremos sobre tais aspectos adiante.

A conversão das famílias sitiantes em irrigantes, num primeiro momento, possibilitou que estas desenvolvessem capacidades e potencialidades, assim como experimentar situações evidenciadas na sociabilidade dos grupos, no modo de produzir e lidar com o mercado. Como sitiantes, afirma uma das entrevistadas: "A gente vivia tão isolado que só ia carro lá quando tinha um acabando de morrer", e a relação com o mercado expressava-se numa lógica de dons e contradons, ou seja, se o morador encontrasse tudo no sítio, ele devia tudo ao patrão (Garcia, 1989, p.247), portanto, as relações de compra e venda, quando existiam, ficavam limitadas ao próprio sítio.

O segundo momento, o processo de conversão, é re-significado pela experiência e trajetória de vida das famílias, por meio das formas de resistência que expressavam a preservação do modo de vida anterior (no tempo do sítio), por exemplo, o cultivo de produtos que compõem a dieta básica – feijão, milho, mandioca e jerimum –, a criação de pequenos animais – aves, porcos e cabras –, as puxadas nas casas para acomodar as filhas e os filhos casados, portanto, os costumes do sítio vivenciados num projeto de irrigação.

A hipótese inicial acerca desse processo é que a transformação das famílias sitiantes em colonas irrigantes foi uma estratégia de "negociação" com o Estado simbolizada por relações de troca. Pode-se, de certa forma, afirmar que, para as famílias, esse negócio envolvia a proteção do Estado e o reconhecimento público dos colonos irrigantes como sujeitos de direitos. Para o Estado, representado pelo DNOCS, o sucesso dos Perímetros Irrigados legitimava a eficiência do aparelho de Estado na resolução de conflitos, especificamente dos conflitos decorrentes da concentração de rendas e de terras.

Nos itens que seguem, observaremos que as diferentes concepções entre os atores sobre a realização dos projetos de vida dentro do PISG revelam a tensão que fundamentou a construção da identidade do irrigante. Ao polarizar os discursos e a memória nos espaços e tempos, entre a vida no sítio e a vida depois, no PISG, os sujeitos reafirmam as estratégias de conversão e reconversão.

ATORES, CONCEPÇÕES E TENSÕES: AS FAMÍLIAS COLONAS E O DNOCS

Os projetos de irrigação construídos pelo DNOCS, na década de 1970, de modo geral, beneficiaram famílias sitiantes, com ou sem terra, que foram assentadas para se tornarem colonas. A estratégia do DNOCS era a dinamização de áreas precarizadas pelos efeitos das secas, mas também por práticas tradicionais de clientelismo e sujeição, "por meio do estímulo à agroindústria, a criação de uma mentalidade empresarial entre os pequenos produtores, mediante os incentivos à produção irrigada".[5]

As ações empreendidas pelo DNOCS vão confrontar-se com as expectativas das famílias beneficiárias, especialmente em relação ao modo de produzir, baseado em formas tradicionais, portanto, sem nenhum ou com pouco emprego de tecnologia; e no tocante às relações de produção, assentadas no uso da mão-de-obra familiar prevalecentes. Esse dado pode ser percebido num fragmento de memória, cujos aspectos referenciam o modo de vida que marca a trajetória desses sitiantes.

> Meu pai tinha 25 braças de largura, naquele tempo chamava-se braça, né? E a propriedade do sítio Cajá era do rio à central que é mais ou menos uma extensão de uns 3 km, né? Naquela época só se plantava arroz e muito pouco, naquela época não tinha mangueira, não tinha coqueiro, as culturas permanentes não tinha nada, só banana assim mesmo banana-maçã. Pois bem, então aconteceu o mal do Panamá e essa banana desapareceu da irrigação. Aí, foi introduzida a banana-nanica, então todo mundo começou a plantar a banana-nanica. Aí foram se evoluindo e surgiu seu Ticha e dona Amélia, que era um dos proprietários mais antigos, eles fizeram um sitiozinho de mangueira, de coqueiro e foram modificando a situação da cultura do sítio deles (...). (Sr. L.R. – Primeiro colono selecionado para o PISG.)

[5] MINTER/Sudene. Plano Integrado para o Combate Preventivo aos Efeitos das Secas no Nordeste, 1973.

> Quando nós morava no sítio Exú, eu ia levava a comida pra fazer na roça com os 3 menino pequeno, um pegado no braço assim, outro aqui [aponta para a saia], um caldeirão grande aqui na cabeça e outro no quarto, o que era pequenininho, num dava pra ir de pés (aponta pros quadris), agora isso num só quente que quando chegava lá chega tava ardendo o juízo de quente, aí chegava, dava o almoço aí voltava vinha arrumar a casa e vinha fazer a janta, aí banhava eles tudinho quando chegava aí já tava tudo morto de enfadado, só era dá banho neles, dava as mamadeiras jogava na rede, nós também caia na rede quando era 4 horas já tava no ar. (C. N., 66 anos, colono.)

Naquela época, segundo relato do colono, o arroz era a cultura predominante em São Gonçalo; ainda não havia o plantio de frutíferas. A única cultura permanente era a banana-maçã. Esta espécie foi acometida por uma praga conhecida como mal do Panamá, que inviabilizou o seu cultivo, razão por que, em seguida, foi iniciado o plantio da banana-nanica. Dos sitiantes que já viviam em São Gonçalo, poucos eram proprietários das terras. A maioria, no entanto, trabalhava como moradores, parceiros, arrendatários. A condição de morador, parceiro ou arrendatário implicava a existência de um patrão, para cuja lavoura deveria ser dada prioridade, em detrimento da própria roça.

No sítio, a base econômica era a policultura de subsistência. Plantava-se no sequeiro, o que, segundo as famílias, era inseguro, deixando-as vulneráveis às mudanças do clima. Nessa situação, elas teriam que plantar apenas no período de inverno (das chuvas) e armazenar em silos e depósitos o máximo que podiam, porque, nos meses e anos seguintes, poderia instalar-se uma nova seca. Como todo camponês, esses sitiantes também apresentam uma economia, cuja racionalidade está baseada no "aprovisionamento", que, segundo Godoi (1999, p.91), tomando como base a leitura de Shalins (1970), é uma forma de produzir que não se restringe apenas à produção para uso, mas também à produção para a troca e a obtenção direta e/ou indireta dos bens que não produzem.

Nos períodos de estiagem, não havia água suficiente para atender às necessidades domésticas (lavar, cozinhar, limpar a casa e fazer a higiene pessoal) nem para manter a "miunça", animais de pequeno porte, cuja carne servia de mistura para complementar a dieta alimentar. Animais de grande e médio porte como gado, caprinos e ovelhas eram criados em quantidade bastante reduzida, porque além da falta de água havia a dificuldade de conseguir grãos, ração e pastos para alimentá-los. No tempo da seca, "andava-se léguas em busca de alguma área verde e de cacimbas ou poços que tivessem uma sede d'água ou qualquer sinal de umidade".

Mesmo assim, quando o ano era bom de inverno, não significava, necessariamente, que a colheita estava assegurada, uma vez que os reservatórios de água eram pequenos. Por isso era necessário racionar o uso da água para suprir a carência nos longos períodos de estiagem. E, quando chegava a seca, a alternativa era a migração para os centros urbanos ou o alistamento nas chamadas frentes de trabalho, a *emergência*.[6]

No sítio, muitas vezes, confunde-se o patrão com o padrinho, ou o quase parente. O patrão é o dono da propriedade, uma espécie de protetor. Geralmente, o morador podia plantar o necessário para a subsistência da sua família e criar pequenos animais, mas deveria, primeiro, cuidar da propriedade e dos interesses do proprietário (patrão) e só depois poderia dedicar-se ao seu roçado. Caso houvesse algum acordo entre o patrão e o empregado que implicasse remuneração, esta poderia ser adiantada e, posteriormente, descontada no dia do pagamento.

Na condição de morador, os chefes de família ganhavam pouco e não possuíam casa nem terra. Em geral, não se pegava em dinheiro. Já quando trabalhavam como diaristas, o pagamento era praticamente imediato. Tão logo terminassem o serviço, o patrão pagava o valor acordado. Em qualquer dos contratos, era necessário trabalhar, obrigatoriamente, todos os dias para ganhar ao menos o suficiente para se fazer a feira. Observemos a narrativa:

> O patrão, que eu morei com ele, melhor do que ele não tinha. Podia ter igual. Num era homem que vivia olhando pro que a gente fazia, tomando o que era da gente, não. Mas, por exemplo, trabalhava a semana todinha. Do sábado pro domingo fazia a feira. Na segunda-feira, ia começar a mesma coisa. Num sobrava nada, nem tinha um legume em casa pra comer, se precisasse dum remédio tinha que falar adiantado que em dinheiro mesmo não pegava. Era o da feira e mal, tinha que trabalhar mesmo, se falhasse um dia num dava pra fazer a feira... Hoje em dia não, hoje em dia a gente trabalha, tem dificuldade, mas sempre é melhor, porque o que a gente pega é da gente. Trabalha lá no que é da gente mesmo, né? Onde a gente criou os filhos tudinho. Se fosse como antes eu não sei como era não, eu acho que já tinha era morrido. (C. N., 66 anos, colono.)

Entre os sitiantes de São Gonçalo, além da morada, outras formas de relações de trabalho foram vivenciadas, como a meia e a renda. A meia consistia num tipo de contrato no qual a exploração da terra era feita pelo trabalhador e metade da produção era entregue ao patrão. No caso da renda, o contrato era feito nos seguintes termos: o trabalhador tinha o direito de explorar a terra, produzir e "lucrar" nela por um período de dois, três ou cinco anos. Ao final deste tempo, o rendeiro teria que pagar o valor acordado, em contrato, ao proprietário da terra, além de devolvê-la nas condições em que lhe fora entregue. Observemos a narrativa:

---

[6] "Emergência" é o termo utilizado na língua comum em referência às frentes de trabalho, que consistiam no aproveitamento da força de trabalho disponível, nos períodos de seca, para executar atividades como construção de rodovias, fazer a limpa dos canteiros laterais das estradas, construção de açudes etc. Segundo Andrade (1922, p.65), a vantagem desta política é que dava trabalho aos sertanejos na própria área seca, evitando que eles se deslocassem para o litoral e congestionassem as grandes cidades.

> Eu nasci no sítio Pedregal dos Mendes, né. Meu pai fez uma renda nesse sítio em 35. Até 35, ele morava com os Mendes. O meu pai, quando eu era pequeno, aí ele fez essa renda. Aí, a gente veio pra o Juazerinho e aconteceu que os donos do Juazerinho, que é o pai de Pedroza, ele faleceu aí ficou pra dois o pedaço de terra lá. Aí ficou. Esse Pedroza era um rapaz solteiro e eu tinha uma irmã também solteira, aí aconteceu dele casar com a minha irmã. Aí meu pai, no ano de entregar a renda, meu pai morreu... Essa renda era assim: você arrenda uma propriedade por tantos anos. Eu não lembro o total em dinheiro, acerta o valor da renda e a forma de pagamento, se vai ser com 1 ano, 2 ano, e no final entrega a terra do jeito que pegou. Eu sei que completava a renda em 42. Em 42 ele já ia entregar a renda, né. Aí ele morreu. O menino já tinha casado com a minha irmã. Aí eu fiquei, eu já tava lá, aí fiquei com ele, me casei aí fiquei com ele. Até vim pra cá fiquei trabalhando com meu cunhado. (Sr. M. A. de Sousa, 75 anos, colono.)

As condições de vida (habitação, educação e saúde) dessa população, no tempo do sítio, eram marcadas pelo baixo padrão. Em geral, as casas eram de taipas, chão batido e sem saneamento, não dispunham de água encanada nem energia elétrica. Praticamente não existiam escolas na região, o que explica um índice de analfabetismo elevado. A taxa de mortalidade infantil também era bastante elevada.

Com freqüência, aconteciam mortes, sobretudo de crianças recém-nascidas. Nem mesmo as mães souberam responder quais eram as causas dessas mortes. Algumas ainda explicaram que as mais comuns foram: o nascimento dos dentes, dor de barriga ou porque a criança havia nascido laçada. Na maioria das famílias vindas dos sítios, a quantidade de filhos vivos e criados corresponde a 50% do número de vezes que essas mulheres e mães de família engravidaram. Segundo relato de uma informante: "Nasceram doze filhos e morreram seis de nascimento de dente, morreram tudo novinho".

Nos sítios, as famílias eram geralmente nucleares e numerosas, formadas pelo pai, pela mãe e por doze, quinze, até dezoito filhos. A demanda de trabalho exigia o sacrifício de todos os braços do grupo doméstico. Ainda que houvesse escolas, o trabalho árduo da roça, no sertão árido, aliado às dificuldades geográficas (rios, morros, distâncias e a escuridão da noite) e às irregularidades de chuvas, comprometia o estudo dos filhos. Talvez por essa razão tornar o estudo acessível aos filhos tenha-se transformado num objetivo a ser perseguido. Para essas famílias, instrução, ou estudo, é um bem desejado e importante para a qualidade de vida.

> A gente sempre pensou em dá estudo aos filhos, né. Mesmo depois de casado eu inda tentei com eles, mas não quiseram mais não. E já depois de casado num ia forçar, né? (...) Só a minha filha mais velha é formada, em professora, né. Mas esse que veio aí e outro que tá em casa, depois de casado, inda estudaram, mas depois disse que num tinha condições de trabalhar e estudar. Mas, assim mesmo antes deles casar só ia pra roça de meio dia, porque eu dizia: "Você tem que estudar". De

> manhã ia pra roça, à tarde já ia pra escola, ia cuidar em fazer uma tarefa, fazer uma coisa e eu disse: "Depois de casado vocês podem continuar estudando, que o que eu puder fazer eu faço". Mas não quiseram de jeito nenhum. (Dona N., 57 anos, esposa de colono.)

Nas famílias sitiantes, o pai era o chefe da casa e responsável pela provisão do grupo doméstico, mas, em geral, não tinha acesso ao crédito bancário. Sem terra e sem capital para investir em outro sistema de produção, as famílias praticavam predominantemente a agricultura de subsistência, utilizando, basicamente, a força de trabalho familiar. As técnicas utilizadas caracterizavam-se por um incipiente grau de mecanização, o que resultava em pouca rentabilidade.

A agricultura praticada nos sítios seguia a histórica lógica produtiva do sertão, qual seja, produzir para o autoconsumo. O morador e sua família cuidavam dos pequenos roçados, que mais pareciam manchas restritas em meio à vasta caatinga. As mulheres e os filhos ajudavam trabalhando na roça, dividindo o tempo entre o trabalho da casa e o roçado, onde faziam o serviço maneiro: limpar o terreno, plantar e colher. No tempo do sítio, a terra era boa e a produção, diversificada, dispensando o uso de agrotóxicos. Havia uma interação baseada no "afeto da terra"[7] e na certeza quanto aos direitos individuais e de uso dos recursos, dado que se manifesta numa lógica de equilíbrio entre os homens e a natureza.

Apesar dos profundos limites ao exercício das atividades na roça, esses agricultores, como moradores e rendeiros, podiam, mesmo que precariamente, tomar iniciativas relativas ao processo produtivo, priorizando sempre o plantio daquilo que era necessário para satisfazer as necessidades de consumo do grupo familiar. Nesse caso, os produtos cultivados eram: feijão, milho, mandioca e as culturas de vazante. E, apesar das dificuldades, criavam a "miunça": galinhas, porcos, bodes, que serviam de "mistura" para as refeições mais reforçadas nos fins de semana ou quando recebiam visita.

No sítio, com formas e arquiteturas diferentes, existia o espaço da reza, da escola, da cura, do lazer, tudo isto vivido "numa proximidade máxima da natureza" e numa distância relativa entre as casas dos parentes e vizinhos. Entretanto, a sociabilidade definida pelo prazer da interação era muito forte, porém bastante limitada ao espaço interno do sítio. Longe de ser uma cápsula protetora do camponês, o sítio é um espaço legítimo de reprodução de uma ordem moral relativamente endogâmica, que prioriza

[7] Neste artigo utilizamos a expressão "o afeto da terra" por considerar que é bastante apropriada, todavia, corresponde ao título de uma obra de Brandão (1999, p.63), denotando o significado da terra e do trabalho na roça para aqueles que dela tiram os meios para sobreviver. Assim, ao perguntar a um informante do bairro Chapéu Grande por que, apesar de aposentado, ainda dedicava horas do dia a trabalhar no quintal ou mesmo no terreno dos outros, Brandão afirma que obteve a seguinte resposta do seu informante: "Eu planto porque fiz isso a vida toda e tomei gosto pelo ofício".

o bem-estar do grupo, mas que não exclui sua participação no mercado, em especial nos mercados locais e nas feiras livres, onde sua presença é particularmente visível.

As características da sociabilidade no sítio, descritas pelos informantes, guardam grande semelhança com aquelas registradas nos trabalhos sócio-antropológicos realizados por Maria Izaura Pereira de Queiroz (1973), Antônio Cândido (1964), Lia Fukui (1979), Klass Woortmann (1988), Carlos Rodrigues Brandão (1995) e Ellen Woortmann (1997). Todos consideram que a vida social no sítio é retratada como um lugar em que a família está diretamente integrada à lógica simbólica do trabalho, sendo este lugar constituído por um conjunto de espaços articulados entre si.

Como já afirmamos, as relações de trabalho caracterizavam-se pela exploração, subserviência e privação. Segundo os colonos mais antigos, "o pior mesmo era trabalhar e nunca ter nada". O "lucro" obtido com a venda dos produtos pertencia sempre ao patrão. Não havia como pensar na criação dos filhos nem como planejar o futuro, oferecer-lhes oportunidades para desenvolver habilidades, aptidões e construir seu próprio destino. Nesse sentido, o trabalho na irrigação abriu os horizontes dessas famílias. Observemos a narrativa de um informante quando questionado sobre o que mudou na sua vida quando se tornou irrigante:

> Olhe, mudou porque é o seguinte, eu trabalhava no Maranhão era muito bom, mas, por outro lado, a agricultura de sequeiro é uma agricultura que além de não ter valor é uma cultura incerta, especialmente nas épocas difíceis. Então, o seguinte, a cultura irrigada é uma cultura certa, você tem seu pão certo, tá entendendo, porque tendo água tá tudo certo. É como eu já lhe disse, eu me sinto bem-sucedido graças a Deus, não tenho do que reclamar não. Eu tô muito feliz, Deus nunca me deixou faltar o necessário, a roupa, a alimentação. Meus filhos, hoje, se num estudaram até onde eles quiseram é porque não quiseram. Mas as minhas filhas, as mulheres só têm uma que não fez pedagógico, as outras todas fizeram e não continuaram a estudar porque não quiseram. Os homens inda estudaram até o 2º grau. Hoje, é que eu vejo que a vocação deles é roça mesmo. É tanto que todos eles trabalham na agricultura. (Sr. L. R., colono.)

Constatamos que, apesar dos critérios de seleção adotados pelo DNOCS, o não reconhecimento do saber fazer e dos interesses dos sujeitos beneficiários do Projeto gera tensões que afetam tanto o projeto de autonomia idealizado pelos sitiantes quanto as expectativas do próprio Estado, ou seja, a aceitação sem resistência do novo modo de vida e das normas impostas pelas famílias.

Para o DNOCS, a internalização de normas como não contratar trabalhadores, não plantar cultura branca[8] (milho, feijão, arroz, mandioca), não

[8] "Cultura branca" é um termo utilizado pelos sitiantes para se referir ao cultivo de produtos para o autoconsumo, que compõem a dieta básica destes sujeitos.

fazer reformas nas casas, não criar nas agrovilas e não comercializar fora da cooperativa, era uma condição *sine qua non* para que o projeto de irrigação atingisse os objetivos da política de irrigação. Portanto, ser agricultor não era o único critério para que os sitiantes selecionados se transformassem em empresários. Era necessário construir um novo *habitus*, um conjunto de estruturas e disposições que deveriam ser, antes, internalizadas pelas famílias, como requisito para adquirir essa nova cultura, um novo estilo que, na visão do DNOCS, incluía a aceitação de um conjunto tecnológico para a agricultura e uma visão empreendedora para os sitiantes.

O conjunto tecnológico implica estratégias e técnicas impostas pelo DNOCS aos colonos, com intuito de atingir os objetivos de eficiência na produção e competitividade, tanto no mercado local como no nacional. Entre as estratégias destacam-se o crédito, a assistência técnica e a promoção de técnicas modernas, incluídas no pacote da "revolução verde", ou seja, quimificação (herbicidas, fungicidas e agrotóxicos) e tecnificação (uso de tratores e máquinas nas diversas etapas do processo de produção).

Como estratégia empreendedora para capitalizar os colonos e viabilizar a comercialização da produção, o DNOCS decidiu criar uma Cooperativa. E, em 1973, foi criada a Cooperativa Agrícola Mista dos Irrigantes de São Gonçalo Ltda. (CAMISG), tendo como função, por intermédio do DNOCS, repassar o crédito bancário e orientar as atividades de comercialização, a compra de insumos industriais e a administração dos irrigantes. Costa (1984, p.117) assinala que a CAMISG foi criada de cima para baixo, sendo os colonos obrigados a se filiarem porque esta era uma exigência para que pudessem permanecer no Projeto.

Sem conhecer a dinâmica de uma cooperativa, os colonos entendiam que esse era um meio seguro de captar os recursos necessários para investir na produção. Os colonos produziam com a garantia de entregar a produção a um terceiro, neste caso, à CAMISG, para que esta comercializasse. Após a entrega da produção, os colonos recebiam o pagamento na forma de parcelas.[9] Como a maioria dos cooperados era analfabeta, tornava-se difícil para eles compreender os cálculos.

Ao mesmo tempo que funcionava como um "subsetor" do DNOCS, a cooperativa era também um instrumento de coerção do Estado, que, impondo seu controle ao irrigante, viabilizava o projeto de "modernização" da agricultura. Embora alguns lotes tenham sido entregues aos irrigantes com 1 ha de banana já plantado, a maioria dos colonos chegou ao PISG sem

[9] "Parcelas" era o acerto de contas quinzenal feito em dinheiro entre a cooperativa e os colonos. O valor das parcelas era pago mediante a entrega da produção e após a pesagem do produto. Além da parcela, a cooperativa fornecia também sementes, maquinários, tratores, adubos e fertilizantes. Dispunha de técnicos e transporte para escoar a produção. Com a falência da cooperativa, todas essas facilidades acabaram, ficando os colonos nas mãos dos agiotas, para subsidiar a produção, e dos atravessadores, para comercializá-la.

condição de fazer nenhum investimento. Desse modo, nos primeiros meses das famílias no perímetro, a cooperativa teve de fazer um adiantamento de recursos por empréstimo, para viabilizar a residência delas no Projeto.

Assim, a vida no perímetro passou a ser regulada por um regime que as famílias irrigantes denominam de "tutela do DNOCS" e que traduz a postura assistencialista adotada pelos funcionários e administradores do Projeto. A tensão aventada no início deste ponto afetou diferentemente os atores envolvidos. Os informantes relatam que as condições de bem-estar experimentadas pelas famílias no início do projeto eram uma estratégia para atrair os irrigantes. Já os técnicos afirmam que a atenção dispensada às famílias fez que elas ficassem "mal-acostumadas", acomodadas, esperando que o DNOCS solucionasse todos os seus problemas. No entanto, paralelamente a esse assistencialismo, constata-se, nas atitudes do DNOCS, uma postura autoritária, que subordinava as famílias às regras e decisões do órgão.

Para que essas regras fossem cumpridas, as famílias passavam por treinamentos (estágios), cujo objetivo era instruí-las sobre a nova maneira de produzir e criar. Por exemplo: incentivava-se a produção de culturas com valor de mercado – tomate, melão, arroz, cenoura, melancia, limão, entre outras; não era permitida a criação de animais soltos – galinha, bode, pato; as famílias passaram a residir em agrovilas com vizinhança, casas numeradas, alinhadas em ruas, virada uma para a outra, de forma semelhante aos bairros urbanos. Também eram obrigadas a cumprir horários, trabalhar nos dois turnos, manhã e tarde, sem horário para a "sesta" e, ainda, aproveitar os espaços da casa e da roça como espaços distintos e com especificidades – a casa era exclusivamente para morada, ao passo que a roça era o lugar do trabalho, da produção. Além de orientar a convivência social das famílias, o DNOCS impunha restrições, regras de disciplina e de controle que regulavam não apenas o processo produtivo, mas também a vida social dentro dos núcleos, conforme revela um informante:

> O cabra pra entrar pra ser colono tinha que estagiar 15 dias, o cabra num bebia, num jogava aqui. O chefe daqui, antigamente, se descobrisse que o cabra tava com uma garrafa de cana dentro de casa... Antigamente num tinha geladeira, num tinha nada, tinha um pote, sabe o que é uma manilha? Aí sabe o que era que o cabra fazia? Pegava um pote, botava dentro da manilha, botava a manilha em cima, enchia o pote d'água, botava a garrafa de cana dentro da manilha ali pro cabra nem sonhar, porque se o chefe soubesse que o cabra bebia cachaça, eles tinham um carro velho que dizia: "olhe encha esse carro e vá rodar enquanto o carro tiver óleo, é pra deixar solta lá... só deixe de rodar quando o óleo se acabar, que num é pra ficar essa gente aqui dentro não"(...). (Sr. J. G., 66 anos, colono.)

Vê-se que as regras impostas extrapolavam os limites do público e do privado, de modo que as famílias não podiam receber visitas sem pedir autorização ao gerente do projeto, tampouco fazer qualquer festiva para comemorar datas como aniversário, casamento ou batizado. Alegava-se a necessidade de evitar os vícios e, sob este discurso, o DNOCS cerceava completamente as liberdades individuais. Maria José Carneiro e Monte Môr (1981) analisam essa postura do DNOCS, também conhecida por "tutela", e afirmam que esta expressão explica, por um lado, o comportamento assistencialista e, por outro, as atitudes autoritárias e ditatoriais assumidas pelo órgão.

O regime de tutela era justificado em razão das dificuldades enfrentadas pelas famílias, no início do Projeto, as quais, para serem superadas, exigiriam que as pessoas adquirissem um sentimento de autoconfiança, confiança no trabalho dos técnicos executores da política e no próprio discurso do Estado, por meio de uma relação que consistia na substituição da figura do patrão-protetor, que, nesse caso, não era mais o proprietário da terra, mas o próprio DNOCS.

Essa realidade frustrava as expectativas dos colonos em relação ao fato de se tornarem autônomos, de não viver sob a tutela de um patrão. Para as famílias colonas de São Gonçalo a vida de sujeição assumiu outra configuração no PISG. O DNOCS passou a ser o patrão, em vez do dono da propriedade, a quem as famílias passaram a obedecer, respeitar e agradecer.

Após os treinamentos, muitas pessoas rejeitaram a idéia de trabalhar e viver num *perímetro irrigado*, alegando que o regime de trabalho proposto pelo DNOCS guardava semelhanças com o "cativeiro".[10] Em algumas narrativas, os colonos mencionaram o termo "cativeiro" para definir o que se comentava na época da colonização, como revela a narrativa:

> Aí eu vim direto me inscrever. Muita gente num queria vim, diziam "lá é um cativeiro", aquela história toda de pé de serra. Cativeiro, quer dizer, é trabalhar de escravo, trabalhar sujeito, mas eu digo "rapaz de qualquer maneira nós somos escravos, a liberdade da escravidão existiu, a princesa deu, vamos dizer assim, aos negros, ao escravo... Mas a escravidão não acabou, nós continua sendo escravo, mesmo que num queira, a gente somos escravo do trabalho". De fato, muitos caboclinhos geniosos no estágio deixaram. Os estágios eram dano explicação sobre o trabalho e a convivência que ia ter aqui, como era, aí meu pai disse: "Meu filho, você acha ruim aqui, pior é lá", eu digo: "Meu pai, pior é a gente passar fome esperar por um inverno, porque lá tem água", porque minha vantagem era na água, lá tem água

[10] A categoria "cativeiro", utilizada pelos camponeses, foi encontrada nos textos de Sigaud (1979) para traduzir o sentimento dos trabalhadores das fazendas de cana, da zona da mata pernambucana, em relação ao regime de trabalho a que eram submetidos, caracterizado pela ausência de direitos e de uma legislação que os amparasse. Encontramos também a expressão "cativeiro" nos trabalhos de Martins (1979), quando este analisa as condições de trabalho pré-capitalistas vivenciadas pelos colonos das fazendas de café no Estado de São Paulo. No trabalho realizado por Carneiro (1981, p.49) no PISG, a autora conclui que "o cativeiro é uma situação em que o trabalhador só recebe alguma roupa e comida como pagamento pelo seu trabalho". Woortmann (1990, p.43), ao analisar o tipo de organização social a que eram submetidos os sitiantes, conclui que "o sujeito que trabalha alugado é um cativo, porque não controla o processo de trabalho e porque este é organizado sob as ordens de um patrão e não pelos princípios do parentesco e sob o 'governo' do pai".

todo tempo, a gente tendo água, fogo e sal num morre de fome e pode até pegar um meio, graças a Deus, de dá o estudo aos meus filhos. (Sr. L. D., 67 anos, colono.)

Além do aprendizado das técnicas, o processo de conversão das famílias em irrigantes incluía a crença numa outra racionalidade, por meio do acesso a bens, serviços e relações sociais, até então desconhecidas ou não experimentadas. Por exemplo, acesso aos bens de consumo duráveis, aos meios de comunicação (televisão, rádio, telefone), à oportunidade de adentrar os espaços urbanos, freqüentar escolas na cidade, ter contato com outros agentes (gerentes de banco, compradores em geral e representantes das agroindústrias). Esse fluxo de informações ampliou o ciclo de relações das famílias, contribuiu para modificar o estilo de vida e a visão de mundo, com a cultura adquirida. Estas mudanças refletiram-se nas condições de vida, mas também num novo jeito de produzir, que é parte de uma cadeia de transformações compreendidas pela gestão e organização do trabalho, pelo uso intensivo da terra, de capital e, sobretudo, pela introdução de tecnologias que vão modificando as relações sociais no interior da família e se constituem em aspectos que legitimam a identidade do irrigante. A exemplo das relações entre os casais, encontramos alguns casos de esposas e mães de família que trabalham e são provedoras, ao passo que os homens, pais de família, ficam desobrigados da provisão do grupo doméstico.

A trajetória do Projeto revela que, aos poucos, o DNOCS abandonou o papel de "tutor" e assumiu uma postura mais próxima da de um gerente. Essa transferência de papéis começou quando os colonos assinaram o contrato de compra do lote, financiado a longo prazo (vinte anos), pelo DNOCS. Em seguida, fez-se a transferência da gestão da cooperativa para os associados e a transferência da gestão dos recursos hídricos aos usuários. Podemos dizer que o afastamento do DNOCS deveria consolidar-se com a emancipação[11] do Projeto, embora, na prática, tal processo se tenha concretizado na forma de abandono, como analisa um informante:

> No começo, o DNOCS ajudava, especialmente, no trabalho. O DNOCS tinha técnicos, tinha trator, logo no início, pra começar tinha lote desses que dava até a banana já plantada, né? A nossa mesmo ele deu plantada, ninguém pagava nada, até dois anos eles num cobrava nada, aí quando colocou a cooperativa, aí foi o atraso nosso. Olhe, a cooperativa, o DNOCS sustentou ela, assim, dois anos, num sabe, de dois a três anos, o DNOCS deu gado, deu tudo prontinho, aí quando a cooperativa pegou a desandar um pouco, aí, quando o DNOCS percebeu que a cooperativa tava desandando, ele aí passou pro associado administrar... (Sr. J. G., 66 anos, colono.)

O trabalho do DNOCS, no Projeto de Irrigação, embora voltado para o desenvolvimento e organização da comunidade, não procurou estimular as

[11] O processo de emancipação dos Perímetros Irrigados, para o DNOCS, significa o reconhecimento da autonomia dos irrigantes.

práticas de solidariedade já experimentadas pelas famílias, como as práticas de ajuda mútua, de coletivismo dos grupos de parentesco. O paradoxo dessa situação consiste no fato de que, mais adiante, o próprio DNOCS praticamente obriga as famílias a ficarem sócias da cooperativa, sem que antes pudessem ter convivido e adquirido confiança umas nas outras. Como já afirmamos, o trabalho associativo e cooperado limitava-se à compra e venda dos produtos, assim como a realização de empréstimos foi a alternativa encontrada pelo DNOCS para organizar os colonos e captar os recursos necessários para a produção. Todavia, a concepção do órgão sobre esse processo era meramente burocrática, não respeitando o tempo necessário para que as famílias se conhecessem e adquirissem confiança umas nas outras.

O DNOCS, no entanto, mais interessado nos resultados do trabalho com a irrigação do que nas condições de bem-estar e na qualidade de vida das famílias, propriamente, acreditava que a eficiência dessas famílias dependia da disposição para incorporar novas técnicas de produção. Dessa forma, o DNOCS exigia o envolvimento dos membros das famílias em todas as etapas do processo. Ser irrigante, para o DNOCS, significava dominar as técnicas empregadas na agricultura irrigada. Já para as famílias, tornar-se irrigante era uma estratégia para a realização de um projeto de vida.

As intenções do DNOCS divergiam das expectativas das famílias. As ações desenvolvidas pelas assistentes sociais que trabalhavam na área tiveram como objetivo orientar as famílias para a divisão de tarefas, diluindo a idéia do trabalho familiar e da interdependência do grupo, separando o espaço da casa do espaço da roça, não permitindo que os pais fizessem casas para os filhos no mesmo lote. Mas, para as famílias tornarem-se irrigantes, era uma escolha que não deveria significar necessariamente uma ruptura com uma tradição de trabalho e costumes em comum, Por exemplo, o pai administrava e os filhos trabalhavam na produção e comercialização, e o apurado seria utilizado para atender às necessidades de todos. As famílias pretendiam dar continuidade a um estilo de vida internalizado na vivência nos sítios e pés de serra, marcado pela proximidade dos grupos de parentesco e pela indissociabilidade dos espaços e papéis. Portanto, é este primeiro momento de negociação das famílias sitiantes com o DNOCS que marca a transformação do sitiante em irrigante, que estamos chamando de conversão.

Nazaré Wanderley (2003, p.47) lembra Marcel Jollivet quando este diz que "no agricultor familiar há um camponês adormecido". A autora complementa a análise afirmando que há em todo agricultor um camponês bastante acordado. Portanto, estes colonos, na condição de atores e sujeitos, não são simplesmente reprodutores dos projetos do Estado, mas articuladores de uma lógica que combina duas dimensões: uma cultural, relacionada à tradição de um modo de vida, e outra, conjuntural, determinada pela necessidade de se adaptar às condições modernas de produzir e viver.

Esse processo de construção identitária e conversão revela-se na maneira como as famílias colonas, vivendo como irrigantes, pensam o mundo e agem sobre ele. As atitudes de resistência, evidentes entre as famílias colonas, não permitiam que as regras impostas pelo DNOCS afetassem princípios como o significado da família como uma unidade básica de produção e consumo, adaptando-o às novas lógicas econômicas e institucionais para realizar o projeto de vida do grupo familiar. Entender este quadro implica analisar a própria trajetória de vida das famílias e o processo de incorporação de novas práticas que traduzem o estilo de vida do irrigante.

UM NOVO MODO DE VIDA E A VIDA SOCIAL NO PISG: RESISTÊNCIA E RECONVERSÃO

O espaço do PISG vai ser responsável, ao mesmo tempo, pela construção de uma identidade que não se dissocia do modo de vida, nem da lógica do trabalho, tampouco da família e do lugar, mas articula dimensões indissociáveis de um *éthos* internalizado na continuidade da história particular das famílias, antes sitiantes, que se tornaram irrigantes. Aqui, é importante destacar que garantir a continuidade desse modo de vida foi um processo custoso, dado que se confirma na própria descrição das famílias sobre a organização do espaço.

A área conhecida como Perímetro Irrigado de São Gonçalo (PISG) adquiriu uma identidade das relações objetivas, afetivas e simbólicas estabelecidas entre o lugar e as pessoas que o fazem, que possibilita analisar quem somos nós e quem são os outros, substituindo o espaço comum pelo lugar incomum dotado de significados. O DNOCS, seguindo um projeto-padrão de construção para os Perímetros Irrigados, distinguiu o espaço do trabalho do espaço da casa, ou seja, as agrovilas ou núcleos habitacionais e os lotes agrícolas ou a roça.

O modo como o PISG foi ocupado, sobretudo a ocupação residencial, desde o início, denotava certa estratificação legitimadora de uma determinada hierarquia. Na parte alta do Projeto, ficam as espaçosas e confortáveis casas dos técnicos de nível superior e dos administradores do Perímetro; no acampamento federal, localizado em nível intermediário, entre a parte alta e os núcleos habitacionais, residem os técnicos de nível médio, a grande maioria já aposentada, com filhos e netos que também moram nas instalações do Projeto. E na parte mais baixa estão os núcleos habitacionais,[12] onde residem as famílias colonas.

[12] Em São Gonçalo há três agrovilas (I, II e III), onde residem as famílias dos colonos e que, portanto, ficam separadas do lugar do trabalho, a roça ou lotes agrícolas, que é dividido em setores e fica relativamente distante das casas.

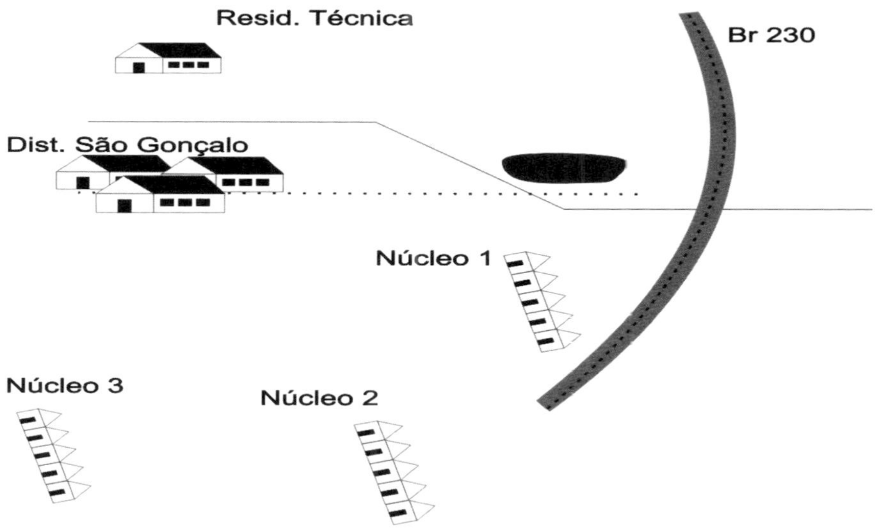

A idéia do DNOCS para organizar a comunidade impunha-se desde as construções. Ao ingressarem no PISG, as famílias passaram a residir nos núcleos habitacionais. Segundo o DNOCS, deveriam ser instaladas nos núcleos apenas as moradias dos colonos e os equipamentos coletivos necessários: escolas, postos de saúde e postos telefônicos.

Atualmente, os núcleos disponibilizam para a população local serviços do tipo: atendimento médico-odontológico, em domicílio, ambulância (com exceção do núcleo 3), ônibus escolar, espaços de lazer e estabelecimentos comerciais. Em todos os núcleos existem igrejas, católicas e evangélicas, das diversas doutrinas, e cada núcleo dispõe de um espaço de lazer, denominado "quadra",[13] e de "estabelecimentos comerciais".[14]

Para Wolf (1970), as construções materiais e/ou simbólicas fazem parte de um "novo estilo de vida", na medida em que modificam as relações sociais. Nesse sentido, os prédios e as construções servem para explicá-las, regulá-las e justificá-las. No PISG, o tamanho-padrão das casas ocupadas pelas famílias colonas era de apenas cinco cômodos: dois quartos, uma sala, uma cozinha e um banheiro.

[13] A quadra é, na verdade, um espaço cercado de palha de coco, descoberto e com piso de cimento, com uma construção nos fundos que serve para guardar *freezer*, fogão etc. e funciona como bar quando acontecem os bailes, serestas e forrós.

[14] Embora no início tenha sido proibida a instalação de bares e casas de comércio, existe hoje nos núcleos, sobretudo na área da "favela", uma série de estabelecimentos que suprem as necessidades do consumo local: mercearias, farmácia, salão de beleza, panificadoras, lanchonetes e postos de venda de gás de cozinha.

Tendo em vista que as famílias colonas do PISG são numerosas, o tamanho-padrão das casas, para a maioria, era insuficiente. A casa é, por sua vez, um espaço simbólico que representa o templo sagrado onde são produzidas disposições que permitem aos indivíduos julgar e atribuir significados aos bens e signos culturais. Portanto, ela não pode ser pensada, apenas, na dimensão da moradia, mas "como dimensão central de um domínio cultural e um mapa simbólico de representações ideológicas" (Woortmann, 1982, p.110-50).

Por isso, havia a necessidade de se reformarem as casas. O tipo de reforma e o material utilizado são elementos que vão confirmar a diferença entre os colonos, segundo o DNOCS, como os "bem-sucedidos" e os que "não prosperaram"[15] e, ainda, entre os colonos e os "favelados".[16]

Esse novo jeito de morar modificou a vida privada das famílias, e a rotina do sitiante cedeu espaço à rotina do irrigante. Esta se manifestava na regulação do tempo, ou seja, na definição dos horários de trabalho, de dormir, de comer, de realizar reuniões, assim como dos hábitos e costumes das famílias, por exemplo, conversar com vizinhos e jogar baralho à "boca da noite", sempre visando, exclusivamente, atingir as metas de produção. E, assim, a percepção do saber, do tempo e dos espaços, tal como fora internalizado pelo sitiante, é reorientada na vivência do trabalho. O conhecimento sobre os fenômenos naturais é apreendido na interpretação das suas manifestações, por exemplo, na variação entre frio e calor, na composição de nuvens nos céus de setembro e outubro e numa infinidade de referenciais herdados dos antepassàdos. Este acervo valioso é substituído por conhecimentos inovadores, como tipos de solos, enxertia de culturas, uso e percentuais de adubos e fertilizantes (agrotóxicos).

A trajetória de vida das famílias é importante para entender o processo de construção identitária, de conversão e de reconversão. Na época do sítio, diariamente, os homens e as mulheres trabalhavam em casa e na roça. No fim da tarde, ao retornarem da lida, as mulheres iam para a cozinha cuidar do jantar, ao passo que as crianças brincavam umas com as outras na frente das casas, jogando bola, contando estórias. Após o jantar, homens e mulheres, parentes e vizinhos, sentavam-se para "aquela" conversa costumeira, contar causos, piadas, estórias de "trancoso" e jogar cartas, enquanto observavam as crianças brincarem. Nos primeiros anos como irrigantes, ninguém possuía televisão, mas os informantes avaliam que, naquele tempo, era tudo mais divertido e as pessoas eram mais felizes, como afirma uma informante:

[15] Analisando as diferenças entre os colonos quanto ao poder aquisitivo, capacidade de consumir, acumular, origem e posse dos lotes, identificamos os seguintes tipos: "os bem-sucedidos", "os colonos que não prosperaram" e "os favelados".

[16] O termo "favelado" é utilizado pelas famílias colonas do PISG para identificar aqueles que não descendem das famílias colonas e que residem na periferia dos núcleos.

Figura 12.1. Acima, casa de colono que não prosperou com puxadas e, abaixo, casa reformada de colono bem-sucedido.

> Ah! Era uma alegria muito grande aqui, muito divertido, porque no início mesmo, todo mundo se conhecendo, os vizinhos... assim, a convivência das pessoas num é, porque saía, sentavam no terreiro à noite pra conversar, depois que chegavam da roça até oito horas, ficavam conversando, jogavam baralho, no fim de semana. Hoje a gente num vê, se eu disser que vejo isso mais é uma coisa muito difícil num tem mais essa... são todos nas suas casas, assistindo televisão, mas antes não, é tanto que antes também nem havia televisão aqui, quando construíram o núcleo. Depois foi que uns dois colonos compraram. A gente ia assistir era uma novidade, mas era muito boa a convivência da gente, era melhor nessa época. (F. S. S., 37 anos, filha de colono.)

A moradia é um espaço marcado por especificidades econômicas e culturais. O lugar onde moramos traduz elementos da nossa identidade, assim como as preferências, os sonhos, os ideais e as necessidades. Foi desse modo que as famílias irrigantes revelaram como a experiência coletiva, vivida por elas na construção do PISG, transformou-se num lugar "legal", onde as famílias podem, ao mesmo tempo, trabalhar e viver.

Michael de Certeau (1994, p.201) analisa a relação entre espaço e lugar, partindo da seguinte distinção: "Um lugar é a ordem (seja qual for) segundo a qual se distribuem elementos nas relações de coexistência. O espaço é um cruzamento de móveis". O lugar é, em si, impessoal, frio, moradia de ninguém e, ao mesmo tempo, de todo mundo. Nesse estudo, o PISG é um espaço onde as pessoas, em movimento, realizam, criam e transformam. Um espaço que se transforma na morada de alguém, José, Maria, Pedro ou Antônia. É algo qualitativamente estilizado pela experiência de cada um deles com o mundo que os cerca.

No início, ter a família numerosa era importante para estruturar a vida no PISG porque havia muito trabalho. Limpar o terreno até deixá-lo totalmente "situado" era uma empreitada que exigia esforço, dedicação e cooperação de todos. Com o passar dos anos, essa família, que já era numerosa, multiplicou-se, dificultando ainda mais a satisfação das necessidades de todos.

Hoje, no PISG, embora não exista um tronco familiar único, de origem e pertencimento, a sociabilidade das famílias guarda semelhanças com a parentela do "Véio Vitorino", analisada por Emília Pietrafesa de Godói (1999) e com a "Família Pereira", estudada por Maria Helena Antuniassi (1998). Essas semelhanças adquirem visibilidade nos laços de proximidade e consideração entre os parentes consangüíneos e vizinhos e na existência de um domicílio central, geralmente de propriedade da família ancestral que lidera a parentela e em torno do qual vivem os demais grupos familiares (as famílias dos filhos e netos dos colonos). Estas permanecem ligadas entre si afetiva e moralmente, mas com relativa independência econômica (Segalen, 1996, p.41).

Observamos que há entre essas famílias traços de uma economia moral, nos termos analisados por Thompson (1991, p.222), que se materializam no costume de realizar trocas, favorecendo a melhoria das condições de vida da parentela como um todo. Como narra a filha de um colono:

> Olhe sempre é qui nem eu, aqui é a casa de meu sogro, é aqui pegada a minha, sempre mora assim, um mora dum lado, tem casa de colono que tem três filho morando pegado, um morando dum lado outro mora do outro, outro mora dentro do muro é tudo perto, porque nem tem lote mais prá fazer casa e já aproveita o espaço, né. A parede de um já diminui aqueles tijolo prá fazer, já faz pegado prá diminuir a despesa sempre é assim e um já fica com o filho do outro, minha sogra mermo fica com o meu. Isso já é uma forma de ajuda. (Sra. G. G., filha de colono.)

Essa é uma das situações que evidenciam a permanência dos valores camponeses, ainda que articulados à lógica do irrigante e presentes num mesmo ator social – a família irrigante. Portanto, um sujeito cuja identidade foi reflexivamente convertida, isto é, ao passo que o DNOCS estimulava a individualidade das famílias, orientando para que cada um se dedicasse ao seu lote, cada uma trabalhando por si, as famílias reproduziam os costumes da tradição como sitiantes por meio da sociabilidade do grupo.

A proximidade do grupo e a interação entre os indivíduos em torno de projetos comuns é um aspecto importante para se compreender a sua sociabilidade e a reconversão destes em sitiantes, representada no *habitus* camponês. A valorização dos costumes, calcados na tradição do sitiante, evidencia-se no desejo de alguns jovens. Ao expressarem o sentimento de pertencimento ao lugar e ao grupo familiar, reafirmam a necessidade, não apenas de espaços de lazer, mas de espaços que sejam adequados ao estilo de vida da comunidade e que reforcem a cultura local, aproximando cada vez mais as pessoas.

Entretanto, como a vida em comunidade impõe limites aos seus membros, esses espaços não agregam os indivíduos na sua totalidade. Como analisa Douglas e Isherwood (2004, p.40), se lembrarmos como uma comunidade funciona, perceberemos que ela também possui mecanismos de censura, de exclusão, mas nem por isso deixa de ter interesses comuns. Essas questões reforçam a vitalidade dos núcleos, de fato, conformando-os numa comunidade, da vivência de velhas e novas práticas.

SOCIABILIDADE E RECONVERSÃO: OS ARRANJOS EM TORNO DO TRABALHO

A diminuição da força de trabalho humano na agricultura mundial é uma realidade. No Brasil, esse movimento atinge especialmente os agricultores familiares, assentados e pequenos irrigantes. A falta de incentivos e de apoio governamental para os programas de desenvolvimento rural desestimula os grupos que vivem no campo. No PISG, as pretensões dos indivíduos, sobretudo dos mais jovens, em seguir carreiras alheias à agricultura são evidentes, seja como estratégia familiar, seja como objetivo pessoal (Mota, 2003, p.47). Mas essa diminuição da ocupação humana na agricultura não significa, necessariamente, que o trabalho em geral, ou que o trabalho na agricultura em particular, tenha deixado de ser uma dimensão central na vida das pessoas; contrariamente, o trabalho é fundamental para entender esse processo de conversão/reconversão identitária.

Como as condições naturais no sítio eram adversas, o trabalho no perímetro irrigado foi mais um elemento a confirmar a viabilidade da aposta feita pelas famílias, ao deixarem o sítio para viver no PISG. O acesso dessas famílias a políticas públicas e serviços sociais possibilitou a melhoria de suas condições de vida, especialmente no que se refere à saúde e à educação. Entre outros aspectos, essas melhorias são simbolicamente representadas no fato de terem-se tornado uma coletividade, numericamente visível, importante e representativa.

Tornar-se irrigante representa claramente uma estratégia de resistência, porque fez desabrochar nessas famílias a esperança de realizar os sonhos e os projetos do grupo familiar. Diversas vezes ouvimos declarações do tipo: "no início foi difícil, pensamos até em desistir, mas não havia mais um lugar pra voltar, não havia mais patrão, nós tinha que continuar e acreditar, graças a Deus deu tudo certo". Essas declarações revelam que, apesar das dificuldades enfrentadas, ainda assim valeu a pena ter ido para o PISG. Em outras palavras, é como se as famílias considerassem o fato de que, antes, a maioria não tinha nada e hoje tem onde morar, trabalhar e viver.

A identidade de irrigante que se constrói neste processo guarda semelhanças com certos ritos de passagem, marcados por testes de resistência, sofrimento e dor. O modo coercitivo com que o DNOCS impôs normas e regras de convivência e conduta às famílias caracterizou a ação do Estado na transformação do sitiante em irrigante. Um dos informantes narrou, com detalhes, este processo que, ao mesmo tempo que é coercitivo para eles, tem o sentido de uma formação profissional e, portanto, dignifica-os e envaidece-os:

> Pra você ser um colono cê tinha que ter um ensinamento, tinha um treinamento, ninguém entrava assim como tava pensando porque era terra do governo... eles pegavam assim, juntava aquela ruma de gente e fazia muitos tipos de coisa que a gente nem pensava que aquilo ali fosse cair ali..., na realidade da situação que você fosse ficar. Vamos supor, como era que eu me dava com os outros entendeu. Às vezes combinava assim, pegava o cara e fechava ele assim, né? Muitas vezes, fazia com que aquela pessoa entrasse numa roda e perguntava: "Você foi inscrito, se por acaso você num passasse o que era que você faria pra entrar aqui?" Ali eles viam, né? Mas aí uma pessoa depois perguntava: "E se o doutor disse que você num plantasse isso e você plantou consorciado feijão, macaxeira, batata doce...", realmente num era pra ser o que era que você faria? Porque se você foi por sua cabeça, porque você achava que esse agrônomo num tava certo, oxênte, se uma pessoa colocasse na cabeça, eu vou plantar batata-teto, ou outra cultura que num fosse a realidade do que o técnico tava mandando ele podia ficar, mas ele era mais exigido e, por muitas vezes, muitos bonito desse num ficou não, porque ele foi aquela pessoa que num

aceitou aquela norma, aí muitos foram embora porque num aceitaram, né? Aquela norma. (Sr. A. A. de S., 56 anos, colono.)

Saber lidar com a terra e dela tirar o sustento da família faz parte das disposições internalizadas pelos sitiantes e que, mesmo associando à técnica, permanece no *éthos do irrigante*. Tedesco (1998, p.58) assinala que "o *éthos* do colono se projeta nos vínculos entre a identidade e as perspectivas a realizar, entre razão e moral"; ou seja, este *éthos* funciona como elemento de mediação, que tanto limita quanto auxilia no discernimento das ações e condições sociais dos indivíduos. A organização do trabalho no lote, a experiência com irrigação e a relação com as políticas públicas mediada pela ação do DNOCS negavam o saber fazer das famílias. O desrespeito ao saber acumulado expressa-se na escolha das culturas, no sistema de irrigação implantado, na organização do sistema de produção, entre outros.

Pelo trabalho na terra ficam asseguradas a sobrevivência da família e a reprodução do patrimônio, que possibilita a continuidade das gerações futuras, a honra e a formação do caráter dos filhos. O saber fazer do camponês é um aprendizado para toda a vida, é o bem que garante a certeza de uma vida sem privações.

O trabalho na terra, como disposição, implica ter domínio de certos conhecimentos, mediante o senso prático, tais como: conhecer as condições meteorológicas favoráveis às chuvas, saber plantar, adequar a cultura ao solo, ter o domínio de todas as etapas do processo produtivo, limpar, brocar, preparar a terra, adubar, pulverizar, irrigar, colher, armazenar e comercializar. Tudo isso constitui a herança, o bem maior aprendido por todos e que deve ser repassado de geração a geração.

Assim, o costume de ir para a roça desde criança é comum a todos. Entretanto, este aprendizado não elimina a necessidade e a importância da educação formal. Na maioria das famílias, os filhos são orientados a conciliar o trabalho na roça com o estudo, dividindo o horário e as funções entre todos os membros do grupo familiar, homens e mulheres. Ao passo que uns vão para a escola pela manhã, outros vão para a roça e, no período da tarde, trocam as atribuições.

Para as famílias irrigantes, a comparação das condições de trabalho no tempo do sítio e as condições atuais no PISG é um aspecto importante para se compreender a sua realização pelo trabalho. Ser administrador, empreendedor na sua própria terra significava, para as famílias, produzir a cultura que consideravam adequada, utilizando o saber que já dominavam e a experiência como sitiante. Para o DNOCS, ser gerente e administrador de um lote implicava, *grosso modo*, não contratar mão-de-obra e envolver cada vez mais os membros do grupo familiar. Um irrigante não deveria, segundo o DNOCS, intervir no lote do outro; cada um cuidava do que era seu.

Assegurar o alimento da família é um dos requisitos da lógica camponesa. Por isso a preocupação das famílias irrigantes com o que deveria ser cultivado primeiro. Para elas, a prioridade era a obtenção dos alimentos que constituíam a dieta básica do grupo. Já o DNOCS determinava que fossem plantadas culturas de irrigação, em especial frutíferas, como caju, coco, goiaba, melão, melancia, banana e tomate. Priorizar essas culturas, que não faziam parte da dieta do sertanejo, era algo incomum para os irrigantes, que nunca esconderam as insatisfações em relação ao tipo de produto que se elegia como prioritário.

A capacidade de se inserir num projeto de irrigação e articular essas duas lógicas, assumindo um novo estilo de vida do colono irrigante, sem romper com os costumes do sitiante, revela que os momentos de conversão e reconversão não foram definidos apenas pela ampliação da capacidade de consumo de bens e serviços, mas, sobretudo, pela firmeza e obstinação, que se revelam na fidelidade ao projeto de vida do grupo familiar, bem como nas estratégias para manter o patrimônio e as condições para viver com dignidade.

Dizemos que a reconversão das famílias irrigantes em sitiantes-camponesas corresponde não ao tipo ideal do camponês tradicional, aquele do modelo original proposto por Lamarche (1993), marcado pelo alto nível de engajamento familiar e pelo grau de dependência do estabelecimento com o mercado local, mas o camponês do modelo final, aquele que evoluiu num contexto sociopolítico específico e que, ao se tornar um agricultor, preserva no seu modo de vida uma ordem moral e simbólica herdada dos seus antepassados, a qual se expressa na solidariedade dos vizinhos, numa certa economia moral que beneficia ao grupo familiar etc. (Wanderley, 2000). É essa herança que vai legitimar um *éthos* pautado na indissociabilidade dos elementos terra, trabalho e família, redefinidos, simbolicamente, por meio de uma racionalidade adaptada que reconhece o mercado e o Estado.

CONSIDERAÇÕES FINAIS

Como dissemos no início deste artigo, a identidade do irrigante, como uma construção mediada pelas políticas de Estado, é um processo complexo que se materializou em sujeitos sociais com interesses diversos. As idéias subjacentes à política de desenvolvimento rural e regional que deu origem aos irrigantes não foram capazes de incorporar nas bases do planejamento o acervo e o passado camponês dessas famílias, representados pelos valores implícitos nos projetos de vida e nas expectativas em relação ao futuro, ou seja, libertar-se da sujeição do patrão, reproduzir o patrimônio e assegurar o futuro dos filhos.

Desse modo, a permanência das famílias irrigantes nos Projetos de Irrigação, gerenciados pelo DNOCS, caracterizou-se, desde o início, por um processo de negociação contraditório. De um lado, o DNOCS, comprometido com os objetivos da política de irrigação, de dinamizar a economia das áreas "fragilizadas", criando uma classe média rural; do outro lado, as famílias–sitiantes–irrigantes, lutando pela continuidade de um modo de vida endógeno que, sem desconsiderar o mercado, privilegiam as estratégias que asseguram a qualidade de vida do grupo familiar.

O trabalho empírico revelou que a construção da identidade do irrigante se inicia no ato de fazer a terra produzir. Esta é uma dimensão básica, porque, simbolicamente, o acesso à terra confere a condição de liberto e a possibilidade de exercitar o saber fazer acumulado. Portanto, tornar-se irrigante implicou a aquisição de certo *status* representado, não apenas pelo fato de deixar de ser sujeito, mas, sobretudo, de poder administrar o patrimônio da família e com a própria família.

Para a maioria das famílias do PISG, a continuidade de um *éthos* camponês dentro de um projeto de irrigação inclui a possibilidade de acumular recursos e multiplicar os bens, como aconteceu com os irrigantes "bem-sucedidos" do PISG. Muitos desses colonos fizeram outros investimentos, como imóveis, comércio, fábricas etc. Assim, passaram a dispor de outras fontes de captação de rendas e recursos, o que confirma a existência de um incipiente processo de diferenciação entre as famílias irrigantes. Percebemos, então, que, apesar das tensões vivenciadas e da postura reguladora do DNOCS, o trabalho na agricultura irrigada propiciou a melhoria das condições de vida para a maioria.

A experiência do PISG revela que irrigante é o sujeito articulador de uma ordem moral e ética, cuja racionalidade legitima a identidade do sitiante-camponês que se revela na vida social dos núcleos e na sociabilidade dos vizinhos e parentes. A relação entre essas ordens constitui o *corpus* de análise que explica a maneira como vêem o mercado (espaço do lucro) e a multiplicidade de atitudes e narrativas que expressam a visão de mundo e os juízos formulados acerca da realidade que os rodeia e da própria vida. A combinação dessas ordens é perceptível quando analisadas na dinâmica do trabalho no PISG. O trabalho na agricultura e a terra são, para essas famílias, bens que incorporam, em si, valores econômicos, culturais e simbólicos.

Os juízos conferidos pelas famílias sobre sua própria realidade reforçam os argumentos de que a identidade do irrigante, para ser compreendida, precisa ser contextualizada em face da cultura e da sociabilidade local endógenas. Por isso é importante conhecer, sem julgar e/ou interpretar, como as pessoas se organizam e de que maneira valores como o trabalho, a origem dos indivíduos e o saber acumulado podem comunicar os valores e a ordem moral do grupo.

REFERÊNCIAS BIBLIOGRÁFICAS

AB'SÁBER, A. N. Sertão e sertanejos: uma geografia humana sofrida. In: *Dossiê Nordeste Seco*. São Paulo: Universidade de São Paulo/IEA. *Revista Estudos Avançado*. v.1, n.1, 1987.

ALMEIDA, H. de. *História da Paraíba*. João Pessoa: Ed. Universitária; UFPB, 1978.

ALVES, S. A. *Análise comparativa da qualidade de vida entre os pequenos produtores rurais do Agreste de Itabaiana e do sertão sergipano*. Viçosa, Dissertação (Mestrado) – Universidade Federal de Viçosa-MG, 1986.

ANTUNIASSI, M. H. R. Família camponesa na bibliografia sócio-antropológica sobre o meio rural: padrões culturais e obtenção dos meios de vida. *Cadernos CERU*, São Paulo, série 2, n.5, 1994.

______. Os núcleos de reforma agrária como espaço de integração social: o caso da família Pereira. In: FERREIRA, A. D. D. (org). *Para pensar outra agricultura*. 1998.

______. *A política*. São Paulo: Martin Claret, 2003.

BAERT, P. Algumas limitações das explicações da escolha racional na ciência política e na sociologia. *Revista Brasileira de Ciências Sociais*, São Paulo. v.12, n.35, p.63-74 , 1997.

BOURDIEU, P. Senso de honra. In: CORRÊA, M. (org.). *Ensaios sobre a África do Norte*. Série Textos Didáticos. n.46, fev. 2002, Campinas: IFCH; Unicamp, 1966.

______. *A economia das trocas simbólicas*. São Paulo: Perspectiva, 1974.

______., SAINT-MARTIN, M. *Actes de la Recherche en Sciences Sociales*. n.5, out. 1976.

______. *La distinction: critique sociales du jugement*. Paris : Lês Editions de Minuit, 1979.

______. *O desencantamento do mundo*. São Paulo: Perspectiva, 1979.

______. Sociologia. In: ORTIZ, R. (org). São Paulo: Ática, 1983. (Coleção Os Grandes Cientistas Sociais).

______. *O poder simbólico*. Rio de Janeiro: Difel, 1989.

______. *Razões práticas*. São Paulo: Papirus, 1996.

BRANDÃO, C. R. Parentes e parceiros. In: ARANTES, A. A. et. al. *Colchas de retalhos: estudos sobre a família no Brasil*. Campinas: Ed. da Unicamp, 1994. (Coleção Momento)

______. *Partilha da vida*. São Paulo: Geic; Cabral, 1995.

______. *O afeto da terra*. Campinas: Ed. da Unicamp, 1999.

BURSZTYN, M. *O poder dos donos*: planejamento e clientelismo no Nordeste. Petrópolis: Vozes, 1984.

CARNEIRO, M. J. Ruralidade: novas identidades em construção. *Estudos Sociedade e Agricultura*, Rio de Janeiro. v.11, p.53-75, 1998.

______. O ideal urbano; campo e cidade no imaginário de jovens rurais. In: SILVA, F. C. T. da, SANTOS, R., COSTA, L. F. de C. *Mundo rural e política: ensaios interdisciplinares*. Rio de Janeiro: Campus, 1998a.

______, MONTE-MÔR, P. (coord.). A transformação do camponês em 'irrigante': estudo das condições de reprodução do pequeno produtor em projeto de irrigação. *Relatório de Pesquisa*. Rio de Janeiro, 1981.

CERTEAU, M. de. *A invenção do cotidiano*. Petrópolis: Vozes, 1990.

______. *A invenção do cotidiano 2*: morar, cozinhar. Rio de Janeiro: Vozes, 1994.

CHAYANOV, A. V. *La organización de la unidad económica campesina*. Buenos Aires: Nueva Vision, 1985.

DNOCS. Ficha Cadastral do Perímetro Irrigado de São Gonçalo. Distrito de São Gonçalo: *Relatório Anual para o Ministério da Integração Nacional*, 2001.

DOUGLAS, M., ISHERWOOD, B. *O mundo dos bens*: para uma antropologia do consumo. Rio de Janeiro: Ed. UFRJ, 2004.

GALESKI, B. Problemas sociológicos de la ocupación de los agricultores. In: SHANIN, T. *Campesinos y sociedades campesinas*. México: Fundo de Cultura Econômica, 1979.

GARCIA Jr., A. R. *Sul*: o caminho do roçado. Rio de Janeiro, UFRJ, 1983a (Doutorado em Antropologia Social).

_______. *Terra de trabalho*: trabalho familiar de pequenos produtores. Rio de Janeiro, UFRJ, 1975 (Mestrado em Antropologia Social).

_______. Libertos e sujeitos: sobre a transição para trabalhadores livres do nordeste. *RBCS*. v.3, n.7, jun. 1988.

GODOI, E. P de. *O trabalho da memória*: cotidiano e história no sertão do Piauí. Campinas: Ed. da Unicamp, 1999.

LAMARCHE, H. *Introdução geral*: a agricultura familiar. Campinas: Ed. da Unicamp, 1993.

_______. A agricultura familiar: uma realidade multiforme. 2. Do mito à realidade. Campinas: Ed. da Unicamp, 1993/1998.

MENDRAS, H. *Sociétés paysannes*. Paris: A Colin, 1976.

MENEZES, M. A. *Histórias de migrantes*. São Paulo: Loyola, 1992.

_______. *Redes e enredos nas trilhas dos migrantes*. João Pessoa: UFPB; Rio de Janeiro: Relume Dumará, 2002.

MINTER/SUDENE. *Plano integrado para o combate preventivo aos efeitos das secas no Nordeste*. Brasília, 1973.

_______. *Nordeste: oportunidade de investimentos*. Recife, 1976.

MOTA, D. M. da. *Os camponeses e a busca da autonomia possível (estratégia de sobrevivência e resistência na implantação de projetos de irrigação no Estado de Sergipe)*. Campina Grande, Universidade Federal de Campina Grande, PPGS/CH, 1990 (Mestrado em Sociologia).

_______. *Trabalho e sociabilidade em espaços rurais: os trabalhadores da fruticultura do platô de Neópolis*. Recife, Universidade Federal de Pernambuco, PPGS/CFCH, 2003 (Doutorado em Sociologia).

QUEIROZ, C. N. de. *O processo de construção da pequena produção (familiar) modernizada: o caso do Perímetro de São Gonçalo-PB*. Campina Grande, Universidade Federal da Paraíba, 1993 (Mestrado em Economia) , 152p.

QUEIROZ, M. I. P. de. A posição social do sitiante na sociedade global brasileira. In: *Cadernos CERU*. São Paulo: USP, 1965.

_______. *O campesinato brasileiro*. São Paulo: Vozes, 1973.

_______. Variações sobre a técnica do gravador no registro da informação viva. *Cadernos CERU*. São Paulo: USP, 1983.

SAHLINS, M. *Cultura e razão prática*. Rio de Janeiro: Zahar, 2003.

SANTOS, B. de S. (org). *A globalização e as ciências sociais*. São Paulo: Cortez, 2002.

SEGALEN, M. *Sociologia da família*. Lisboa: Terramar, 1996.

SIMMEL, G. *A metrópole e a vida mental*. In: VELHO. Rio de Janeiro: Zahar, 1973.

_______. El estilo de vida. In: _______. *Filosofia del Dinero*. Madri: Instituto de Estudios Políticos, 1977.

______. Sociabilidade – um exemplo de sociologia pura ou formal. In: MORAES FILHO, E. (org). *Simmel.* São Paulo: Ática, 1983. (Coleção os Grandes Cientistas Sociais).

SHANIN, T. A definição do camponês: conceituações e desconceituações – o velho e o novo em uma discussão marxista. Trabalho e dominação. *Estudos CEBRAP* 26. Petrópolis: Vozes, 1980.

TEPICHT, J. *Marxisme et agriculture*: le paysan Polonais. Paris: Armand Colin, 1973.

THOMPSON, E. P. *A miséria da teoria ou um planetário de erros.* Rio de Janeiro: Zahar, 1981.

______. *Costumes em comum*: estudos sobre cultura popular tradicional, São Paulo: Companhia das Letras, 1991.

WANDERLEY, M. de N. B. A agricultura familiar no Brasil: um espaço em construção. *Reforma Agrária.* Campinas. v.25, n.2/3, p.37-57, maio/dez. 1995 (Número especial sobre agricultura familiar).

______. A emergência de uma nova ruralidade nas sociedades modernas avançadas: o "rural" como espaço singular e ator coletivo. *Estudos Sociedade e Agricultura.* Rio de Janeiro. v.15 p.69-129, out. 2000.

______. Homenagem ao professor Marcel Jollivet. *Revista Raízes.* Campina Grande. v.21, n.2, dez. 2002.

______. *Agricultura familiar e campesinato*: rupturas e continuidades. *Estudos Sociedade e Agricultura.* Rio de Janeiro. v.21, p.42-62, out. 2003.

WOLF, E. *Sociedades camponesas.* Rio de Janeiro: Zahar, 1970.

WOORTMANN, E. (org). A família trabalhadora. *Ciências Sociais Hoje.* São Paulo: Cortez; ANPOCS, 1984.

______. "Migração, família e campesinato". *Revista Brasileira de Estudos de População,* jan/jun. 1990.

______. A árvore da memória. Série Antropológica. Brasília: Ed. da UNB, 1994.

______. *Herdeiros, parentes e cumpadres.* São Paulo: Hucitec, 1995.

______. *Significados da terra.* Brasília: Ed. UnB, 2004.

WOORTMANN, K. Casa e família operária. *Anuário Antropológico, n.80.* Fortaleza: Ed. Universidade Federal do Ceará; Rio de Janeiro: Tempo Brasileiro, 1982.

______. *Com parente não se neguceia*: o campesinato como ordem moral. Brasília: UNB, 1990.

______. *O trabalho da terra*: a lógica e a simbólica da lavoura camponesa. Brasília: UNB, 1997.

WRIGHT, M. *A imaginação sociológica.* Rio de Janeiro: Zahar, 1982.

Sobre os autores

Afrânio Raúl Garcia Júnior. Antropólogo, mestre e doutor em Antropologia Social pelo PPGAS do Museu Nacional/UFRJ, mestre de conferências da Escolade Altos Estudos em Ciências Sociais (EHESS em Paris), co-diretor do Centro de Pesquisas sobre o Brasil Contemporâneo (CRBC/EHESS)

Alfredo Wagner Berno de Almeida. Antropólogo, professor visitante PPGSCA-UFAM e pesquisador CNPq-FAPEAM.

Beatriz M. A. de Heredia. Doutora em Antropologia, UFRJ; Professora de Antropologia da Universidade Federal do Rio de Janeiro.

Ellen Fensterseifer Woortmann. Doutora em Antropologia pela UnB. Professora associada do PPGAS/UnB.

Emília Pietrafesa de Godoi. Professora do Departamento de Antropologia da UNICAMP. Diretora-Associada do Centro de Estudos Rurais (CERES/IFCH/UNICAMP). Doutora em Antropologia pela Universidade de Paris X-Nanterre, França.

Eric Sabourin. Sociólogo e antropólogo, CIRAD, Departamento de Meio Ambiente e Sociedade, Unidade Arena, Ação coletiva, mercados e políticas públicas. Pesquisador visitante na UnB, Departamento de Sociologia e Centro de Desenvolvimento Sustentável.

José Antônio Magalhães Marinho. Geógrafo, mestre em Planejamento do Desenvolvimento pelo NAEA/UFPA.

Maria Dione Carvalho de Moraes. Doutora em Ciências Sociais pela Universidade Estadual de Campinas e Professora Titular de Sociologia da Universidade Federal do Piauí.

Marilda Aparecida de Menezes. Unidade Acadêmica de Ciências Sociais, Universidade Federal de Campina Grande. Doutora em Sociologia pela Universidade de Manchester, Inglaterra.

Patrick Caron. Veterinário e geógrafo, CIRAD, Diretor do Departamento de Meio Aminete e Sociedade, Montpellier, França.

Ramonildes Alves Gomes. Professora da UFCG, Unidade Acadêmica de Sociologia e Antropologia/UACS; Doutora em Sociologia pelo PPGS/UFPE; pesquisadora do Grupo de Agricultura Familiar-GPAF, da Universidade Federal de Campina Grande.

Ricardo Scoles. Doutorando em Ecologia Tropical, Instituto Nacional de Pesquisas da Amazônia.

R. Parry Scott. Antropólogo, Departamento de Ciências Sociais, Programa de Pós-Graduação em Antropologia e Programa de Pós-Graduação em Sociologia, Universidade Federal de Pernambuco. Coordenador do Núcleo de Pesquisa FAGES –Família, Gênero e Sexualidade, Pesquisador CNPQ.

Sueli Pereira Castro. Doutora em Antropologia Social pela FFLCH/USP; professora adjunta do Departamento de Sociologia e Ciência Política/UFMT; pesquisadora do Núcleo de Estudos Rurais e Urbanos (NERU).

SOBRE O LIVRO

Formato: 16 x 23
Mancha: 26 x 48,6 paicas
Tipologia: StempelSchneidler 10,5/12,6
Papel: Off-set 75 g/m² (miolo)
Supremo 250 g/m² (capa)

1ª edição: 2009

EQUIPE DE REALIZAÇÃO

Edição de Texto
Carla Montagner (Copidesque)
Renata Gonçalves (Preparação de original)
Paula B. P. Mendes (Revisão)

Editoração Eletrônica
Eduardo Seiji Seki

Impressão e Acabamento
FARBE DRUCK
gráfica e editora ltda.